海运经济地理

王　晶
唐丽敏　编著

王家骅　主审

大连海事大学出版社

内容提要

本书详细叙述各大洲沿海国家和地区的自然概况、经济、贸易、交通及重要港口情况；各大洲、诸海域、重要通航海峡、国际运河、国际大陆桥等详细情况介绍及对海运的重要意义；综述世界海运大宗货物的生产布局、货流规律及海运航线与区划。

本书是目前全国第一本较为全面、系统的海运经济地理方面的专著，可供海运院校船舶驾驶、国际航运、外贸运输、国际多式联运、海事法律等专业作为必修教材，也可供从事海运事业的工作者学习参考。

图书在版编目(CIP)数据

海运经济地理/王晶，唐丽敏编著．—大连：大连海事大学出版社，1999.9
(2020.2 重印)
ISBN 7-5632-1320-1

Ⅰ.海…　Ⅱ.①王…　②唐…　Ⅲ.海上运输—运输经济—经济地理　Ⅳ.F550.72

中国版本图书馆 CIP 数据核字(1999)第 42439 号

大连海事大学出版社出版

地址：大连市凌海路 1 号　邮编：116026　电话：0411-84728394　传真：0411-84727996
http://press.dlmu.edu.cn　E-mail:dmupress@dlmu.edu.cn
大连金华光彩色印刷有限公司印装　　大连海事大学出版社发行
1999 年 12 月第 1 版　　2020 年 2 月第 20 次印刷
幅面尺寸：184 mm×260 mm　　印张：14.25
字数：356 千　　印数：55501~56500 册
责任编辑：王在凤　　封面设计：王　艳
责任校对：丁　一　　版式设计：枫　叶
ISBN 978-7-5632-1320-7　　定价：22.00 元
审图号：GS(2020)857 号

编者的话

中国已拥有庞大的远洋船队，航行于太平洋、大西洋、印度洋之间的160多个国家和地区的1 200多个港口，担负着中国对外经济联系的重任。在21世纪来临之际，中国的国际贸易与海运事业的发展将面临新的机遇和挑战，这就要求世贸经营者、海运管理者、船舶驾驶人员，在更新观念和知识的同时，还要更广泛、更深入地掌握海运经济地理最新的知识，才能在未来激烈竞争和挑战中处于不败之地，成为新世纪的强者。

《海运经济地理》是海运院校必备图书，是船舶驾驶专业、国际航运专业、外贸运输专业、国际多式联运专业、海事法律专业等学员必修的课程教材，也是从事海运与外贸工作者的必备参考书。

《海运经济地理》系统、全面地介绍各大洋、诸海域、重要通航海峡、国际运河、国际大陆桥等海上运输的重要作用；详细描述世界沿海国家和地区海运大国的自然概况、经济、贸易、交通、重要港口状况；综述世界海运大宗货物的生产布局、货流规律与区划及海运航线等；并配有大量新近的数字表格和附图。

本书是在《海运经济地理》讲义使用十几年的基础上编写出版的，新版《海运经济地理》融入了编者30多年的经济地理教学经验，听取了众多老航海家、老船长和资深的世贸工作者的宝贵意见，查阅了大量最新出版的专著、杂志、报刊，同时也上网检索，更新了内容，力求使本书更具科学性、实用性。

由于水平所限，世界经济资料更新迅速等原因，本书仍有不足之处，敬请广大读者批评指正。

全书由王晶统稿，书中大部分插图由王晶设计绘制，由武景芬清绘。书中第四章非洲和第五章大洋洲由内蒙古师范大学地理系段岩燕编写。在编写过程中得到中远集装箱运输有限公司的程晓辉，集美航海学院院长滕元良教授及诸多单位的支持和帮助，在此一并表示感谢。

编　者

1999年4月

目　　录

第一章　总　论

第一节　海运经济地理研究的对象和任务

客观世界的各种事物或现象,都有自己发生、发展的客观过程和规律性。任何一门科学都只能研究客观世界的某一个独特范畴的事物,因此,学习或研究某一门科学,首先要涉及它的研究对象问题,明确了这门科学的研究对象,就会明确这门科学所承担的任务,并有益于认识这门科学的性质、研究领域以及与相邻学科的关系。

海运经济地理是经济地理学和区域地理学的组成部分。经济地理学是一门仅有100多年历史的年轻科学,这个概念是法国地理学家于19世纪提出来的,之后才作为一门独立的科学进行研究。关于经济地理学所研究的对象,国内外有好多提法,比较普遍的提法是:经济地理学是研究各国各地区生产力分布规律的科学。其核心是研究区域经济特点,研究生产在地域上的分布规律,是一门地域性、综合性为特色的科学。

海运经济是运输经济中的重要组成部分,是国民经济中的一个基本生产部门。马克思曾说过:"除了开采业、农业和加工制造业,还有第四个物质生产部门……这就是运输业……"这就是说,运输业是生产过程在流通领域内的继续,它是同工农业生产活动密不可分的一个特殊的物质生产部门,是社会同生产全过程(生产、分配、交换、消费)及地区之间、部门之间、城乡之间、企业之间联系的纽带和物质支柱,是实现国家工业化和现代化的基础。就这个意义上来说,海运经济地理的研究对象应该是研究各国各地区海运经济的地理分布规律的科学。

科学的性质决定于科学的研究对象。如果一门科学的研究对象是自然现象,它则具有自然科学的性质;如果一门科学的研究对象是社会现象,它则具有社会科学的性质;如果两者兼而有之,那么,它就兼有自然科学和社会科学的性质。从海运经济地理的研究对象来看,它既研究自然现象,也研究社会现象,如世界各地区的自然资源与经济状况,航线的选择,大宗货物的流量流向等都涉及自然领域与社会领域,所以,海运经济地理具有自然科学和社会科学双重性质,是介于自然科学和社会科学之间的边缘科学。

海运经济地理为社会服务的领域较广,任务也是多方面的。首先,为社会的经济发展和建设服务。研究各国各地区海运经济的地理分布和发展规律及其经验教训,为我所用,合理布局我国的运输生产力,加速现代化建设。其次,为培养从事海运事业的人才,研究各国各地区的自然资源,社会经济发展状况,世界主要航线和大宗贸易货物的运输,对振兴我国的海运经济,促进外贸事业的发展具有重要意义。第三,可以培养从事海运事业人员的爱国主义和国际主义精神。

第二节　世界上的国家及其经济类型

全世界大约有220多个国家和地区。世界各国各地区的情况十分复杂,不仅其面积、人口、领土构成、自然环境与自然资源等多种多样，而且经济贸易发展水平也千差万别。

目前，对世界各国经济类型的划分尚无统一标准，经济地理对国家经济类型的划分与经济统计学不同，主要是以国家综合经济实力为依据，侧重分析部门结构及其能源、原材料以及市场关系，考虑各国及各地区在国际劳动地域分工中的地位、作用的类似性加以组合分类。有以下几种分类方法：

按人均国民生产总值可将各国划分为低收入、中等收入、高收入的国家。

按资源与生产关系的状况可划分为资源型、加工型和混合型的国家。中国、俄罗斯、加拿大、澳大利亚等国家属资源型国家，它们拥有丰富的工业和农业自然资源，其国民经济基础是建立在本国丰富的自然资源基础上的，有些资源还可大量出口。日本和新加坡等国属于典型的加工贸易型国家，它们的资源贫乏，原材料和燃料需要进口，而产品大量出口，对国际市场依赖严重。美国、德国、法国、英国等，有丰富的资源，但由于长期的开发和消耗，一部分资源已供不应求，因此它们在利用本国资源的同时，也大量从国外进口原料、燃料，由于工业发达，其产品对国外市场依赖也很强，形成资源型和加工型的混合型。

按国民经济结构特点划分，经济类型更是多种多样。像美国、俄罗斯、中国、印度、巴西等一些大国，已经形成部门齐全，相互配套的完整的经济体系。有些国家因国土条件、地理位置、资源和生产力水平所限，只能着重发展某些部门，尚未形成完整的国民经济体系。如挪威着重发展水电业，在此基础上建立了耗电量大的电冶金和电化学工业。冰岛以林业、水产业成为国家的经济支柱。还有一些国家由于长期的殖民统治造成单一的经济结构，如古巴的制糖业，赞比亚和智利的采铜业等在国民经济中占有举足轻重的地位。

按一个国家在世界政治、经济、贸易中所处的地位和作用的不同，又可分为以下3种类型：超级大国、发达国家和发展中国家。

1. 超级大国　冷战结束以前，美国与前苏联同属超级大国，两国在资源、人口、经济、政治、军事等方面在全球具有明显的优势。随着前苏联的解体，美国成了当今世界上唯一的超级大国，其领土面积（936.3万km^2）占世界陆地面积的6.7%，人口（2.6亿，1994年）占世界总人口的4.7%，自然资源丰富，种类齐全，储量大且分布集中，为建立超级大国完整的经济体系提供了坚实的物质基础。

2. 发达国家　包括欧洲的绝大部分国家，亚洲的日本，大洋洲的澳大利亚和新西兰及北美洲的加拿大等国。它们的国土面积共占世界陆地面积的30%左右，人口占世界总人口的18%。这些国家经济贸易都比较发达，但内部差异也很大，可细分为三类：第一，高度工业化国家。其中包括第二次世界大战后迅速崛起的日本、德国、意大利以及英、法等老牌殖民帝国和经济技术实力雄厚的北欧各国。第二，工业化的东欧国家。这些国家的经济发展水平明显低于高度工业化的国家，但却高于绝大多数的发展中国家。第三，发达国家中的"资源国"，如加拿大、澳大利亚等国。这些国家的共同特点是地大物博、人口稀少，它们均属世界上主要矿产资源（如铁矿石、铝、锌、镍、石棉、钾盐等金属及非金属矿物）和粮食、畜产品等主要农矿产品的生产国及出口国。这些国家经济较发达，人民生活也很富裕。

3. 发展中国家　发展中国家主要集中在亚洲、非洲、拉丁美洲等极广阔的中低纬度地区，面积占世界陆地总面积的60%多，人口占世界总人口的70%多，而国民收入仅占全世界的20%左右。发展中国家在经济上处于落后状态，目前面临着维护民族独立，发展民族经济的重要任务。发展中国家情况也比较复杂，就其经济结构与发展水平而言，大体上可分为以下几类：

(1) 新兴的工业化国家　少数发展中国家(地区)自60年代以来,工业生产有较大的发展,制成品出口增加,成为新兴的工业化国家(地区),如亚洲的"四小龙"(新加坡、香港、台湾、韩国)、拉丁美洲的巴西、委内瑞拉、墨西哥、阿根廷等,已列入中等收入国家的行列。但是应该指出,这类国家或地区的经济主要依靠外资与国外市场,经济基础比较脆弱。

(2) 石油输出国　这类国家的石油出口一般占本国商品出口额的50%以上,总共不到20个国家,人口约占发展中国家的1/5。70年代以来,由于大量开采和出口石油,带来了巨额的贸易顺差,经济大幅度提高,成为高收入和中等收入国家。大量的石油出口收入,促进了石油输出国的经济发展与工业化进程。

(3) 原料生产国　原料生产国占发展中国家的大多数,主要生产除石油以外的各种农、矿原料(如可可、咖啡、橡胶、茶叶、香蕉、铜、铁、水银、钨砂等),并以这些原料及初级加工产品的出口为国民收入的重要来源。这类国家多属于单一的原料出口型经济,大多数原料生产国人均收入在1 500美元以下,属低收入和中下等收入国家。在国内生产总值的部门构成中,农业和采矿业占36%以上,在出口贸易中,原料及其他初级产品占70%以上。

(4) 经济综合发展国家　个别发展中国家在资金、人力、自然资源和市场潜力等方面具备较优越的条件,中国与印度就属于这类国家。尽管按人均国民生产总值来看,中国与印度还属于低收入国家,但在包括工业、农业、交通运输、商业服务及科学技术等各个领域,表现为综合发展型的大国经济,经济发展潜力很大,且与上述类型的发展中国家相比,对外依赖性小。

(5) 最不发达国家　也叫低收入国家,它们是发展中国家中自然条件较差、资源贫乏、经济发展落后的一些国家。目前最不发达国家共48个,有33个分布在非洲,主要位于撒哈拉沙漠以南及非洲东部高原地区,其余分布在南亚、东南亚和加勒比海地区。这些国家由于自然、历史、政治等方面的原因,工业生产水平低下,农业生产技术落后和自然灾害频繁,加之人口的增长超过粮食的增长速度,人均粮食产量呈下降趋势,大部分人口常年遭受饥饿的威胁。除天灾人祸等原因外,不利的国际经济环境和援助的严重不足限制了它们的发展,债务负担的沉重和贸易条件的恶化使最不发达国家处境艰难,经济状况短期内难以得到根本改变。

除上述划分方法外,国际上还常使用"南北方"和"东西方"的划分概念。所谓"北方"国家,是指发达的资本主义国家及独联体各国和东欧国家。这些国家多集中在北半球,故称"北方"国家。"南方"国家是指亚洲、非洲、拉丁美洲的大多数发展中国家。这些国家多在南半球,故称"南方"国家。至于"东西方"的划分则是一种政治划分,50年代称社会主义阵营为"东方",西方则代表资本主义阵营。

此外,为了方便各国之间进行经济比较,世界银行将人口在3万以上的国家和地区按人均国民生产总值(GNP)进行分类。1993年人均GNP小于695美元的称为低收入国家,这类国家和地区共59个,主要分布在非洲、亚洲和中美洲;人均GNP在696~8 625美元之间的称为中等收入国家,此类国家和地区共有111个,主要分布在东南亚、中亚、东欧和拉美地区;人均GNP大于8 625美元的称为高收入国家,这类国家和地区共有40个,主要是经合组织的成员国,如美国、加拿大、日本、澳大利亚、新西兰和西欧、北欧的国家,新加坡、文莱、以色列、科威特、阿拉伯联合酋长国、巴哈马等国家也在此列。

第三节　世界人口

一、世界人口的增长

人既是物质资料的生产者,同时又是物质资料的消费者,具有明显的双重性。掌握生产工具,使用劳动资料以及具有一定生产经验和劳动技能的人是物质资料的生产者,是生产中首要的能动因素。人类从它产生那天起,就具有独特的社会属性和再生的自然属性。因此,人口的增长、移动和分布都与它的属性、特点及生产力的分布有着密切关系。

在生产力水平极其低下的史前时期,人口的增长速度是极其缓慢的。随着生产力的不断发展,进入资本主义时期,由于几次大的科技革命带来了生产力的大发展,因而促进了世界人口的迅速增长。20 世纪以来,由于亚、非、拉各国纷纷独立,世界范围生产力的迅速发展,人类生活水平的提高以及医疗卫生条件的改善,使世界人口急剧增加。表 1-1 是世界人口每增加 10 亿所需要的时间,从中可以看出人口的增长速度在不断加快。根据联合国预测,2000 年世界人口可达 62.5 亿。

表 1-1　世界人口每增加 10 亿需要的时间

人口数量	达到的大致年代	增加 10 亿所需要的时间
第 1 个 10 亿	1800 年	近 300 万年
第 2 个 10 亿	1930 年	130 年
第 3 个 10 亿	1960 年	30 年
第 4 个 10 亿	1975 年	15 年
第 5 个 10 亿	1987 年	12 年

世界各大洲人口增长很不平衡。地理大发现以前,各大洲人口比重的变化不甚明显,地理大发现以后,新大陆接纳大量的欧洲移民,人口迅速增长,占世界人口比重突然猛增,而旧大陆变化不大。第二次世界大战后,欧洲人口增长速度明显减缓,而非洲、亚洲人口增长速度则加快。其原因是亚洲和非洲是人类古代文明发祥地。第二次世界大战后各国纷纷独立,结束了长期殖民统治和封建压迫,社会经济条件得到改善,加之人口无计划发展,致使人口数量猛增。欧洲是人类生活历史悠久的地区,14 世纪末,由于资本主义经济的发展,生产力水平迅速提高,人口增长十分迅速;但到 19 世纪中叶,欧洲是两次大战的战场,人口大量伤亡,另因欧洲生产力发展到较高水平,人口增长得到控制,使一些国家人口增长缓慢,有些国家出现零增长率或负增长率。美洲和大洋洲是新大陆,开发较晚,长期以来,又在孤立隔绝的状态中独自发展,生产力发展和人口增长均很弛缓。欧洲殖民者入侵后,大量移民及资本主义先进生产方式的传入,使新大陆生产力迅速发展,人口也随之膨胀起来。

发达国家和发展中国家人口增长也很不平衡,具体表现为发达国家人口增长缓慢;而发展中国家人口增长过快。目前,欧洲已有 7 个发达国家人口增长率为零或负增长。在全世界每年增加的 8 000 多万人口中,90% 在发展中国家。国家越穷,人口增长率往往越高。目前,许多发展中国家在粮食供应、住房、就业、卫生和文化教育等方面难以满足人口的激增,压力甚大。除这些显而易见,迫切需要解决的问题以外,人口的过快增长还会引起各种潜在的地区性的乃至全球性的问题。如不少国家为了适应人口的发展,毁林开荒,围湖造田和过度放牧等现象日益严重,使自然生态逐渐失去平衡,造成局部乃至全球的气候异常。所以,有计划地发展和控制人口的过快增长是发展中国家亟待解决的问题。在人口的年龄构成上,发展中国家人口的年龄构成轻,具有很强的增长势能;发达国家人口老龄化程度高。但世界人口总的趋向老化,21 世纪称为“老龄化时代”。

二、世界人口的地理分布

人口的地理分布是人口增长过程在空间上的表现形式。它是一种复杂的社会现象,既深受自然条件的影响,也受社会经济规律的作用,但最终是由生产力的发展和社会经济政治制度所决定的。一般情况下,人口分布方式大致同生产方式相适应,因此,人口的分布同生产力的分布基本上是一致的,两者表现为一种矛盾的对立统一关系。在历史上,生产力的发展和新的生产力的分布都曾引起人口分布的变化,而人口的分布状况又反过来推动生产力的发展及其重新布局。人口分布状况不仅受人口自然增长的影响,而且,人口的迁移,特别是大规模的迁移对人口分布的作用更明显。

世界人口分布最主要的特点是人口分布不平衡。目前,世界人口主要分布在除两极地区以外的六大洲,全球陆地尚有 30%~40%的地方无人居住,平均人口密度每平方公里不足 2 人的占陆地面积的 1/2,全世界人口的 2/3 集中分布在只占陆地面积 1/7 的土地上。从纬度上看,人口主要分布在北半球的中纬度地带,在北纬 20°~40°和 40°~60°地带上,大约居住着世界人口的 50%和 30%,南半球人口只占全世界的 11.5%。随着生产力不断向沿海地区集中,世界上有 2/3 的人口集中分布在离海岸 500 km 以内的地区。

从各大洲人口的分布来看,以亚洲、欧洲人口为最多,共约 39.62 亿人,占世界人口的 3/4 以上,人口密度也最大;大洋洲人口最少,约占世界人口的 0.5%。第二次世界大战以后,国际人口流动的一般趋势是发展中国家人口流向西欧、北美洲、大洋洲的发达国家。

世界人口最密集的地带是印度半岛、斯里兰卡岛、东南亚、中国东部、朝鲜半岛和日本列岛(北海道除外)等地区。这里几乎聚集了世界人口的一半。其中上海、东京、加尔各答、汉城、孟买等城市人口均在 1 000 万人以上。欧洲除北欧和东欧以外地区是世界第 2 个人口密集区,尤其是以利物浦—汉堡—巴塞尔—巴黎为顶点的四边形范围内,聚集了 6 亿多人口,人口密度高达每平方公里 1 000 人。其中伦敦人口达 1 000 多万人,为本区人口最多的城市。第 3 个人口密集地带是北美洲的大西洋沿岸及五大湖地区,包括美国东北部和加拿大东南部,这里聚集了 1 亿多人口。纽约是本区人口最多的城市,人口达 1 700 多万人。人口密度在 50~100 人的较稠密地区是非洲的尼罗河下游、北非地中海沿岸、几内亚湾沿岸、坦噶尼喀湖与维多利亚湖之间的地域、美国西南海岸及澳大利亚东南部。

人口稀少的地区是北极圈地带(包括加拿大北部、美国的阿拉斯加州、俄罗斯的西伯利亚和远东北部、斯堪地纳维亚半岛的北部)和格凌兰岛、非洲的撒哈拉沙漠、澳大利亚的西部沙漠等地区,这些地区自然条件恶劣,影响人们的生产和生活,人烟稀少;另外,南美洲的亚马逊河流域、赤道非洲等地,虽自然条件较好,但因气候炎热、潮湿、病虫害多,热带雨林开发难度大,人口也不多。总之,世界人口的分布可概括为 6 大特点:北半球多,南半球少;平原、盆地等地势低平地区多,山地高原地区少;温暖湿润地区多,干燥、寒冷地区少;沿江、沿湖、沿海、铁路沿线多,交通不便的内地少;开发历史悠久地区多,开发较迟地区少;工农业发达地区多,林牧业地区少。这种 6 多 6 少的人口分布特点,充分反映出世界人口分布的自然地理和社会经济基础的重大地域差异性和世界人口分布的一般规律。

三、世界上的种族和民族

种族和民族是两个不同的概念。种族也称人种,是指人类在体质形态上具有某些共同遗传特征的群体。这些特征包括发型、发色、肤色、眼色、头型、血型、脸盘和脸上柔软部分以及眼、鼻、唇的结构和大小等。它们都是在一定地域内长期适应自然环境而形成的。根据上述特征,一般把人类划分为黄色、黑色、白色以及棕色4大人种。

黄种人主要分布在亚洲东部、东南部,美洲的印第安人及太平洋一些岛屿上的居民也属于黄种人。

黑种人主要分布在非洲的中部和南部,美洲的黑人大多是奴隶贸易时期被殖民者从非洲贩运过去的黑人奴隶的后裔。

白种人主要分布在欧洲、非洲北部、亚洲西部和亚洲南部、南美洲、北美洲和大洋洲等地区。

棕色人种主要分布在大洋洲及太平洋岛屿的美拉尼西亚、密克罗尼西亚和波利尼西亚等群岛上。

除上述人种外,世界上还有一些混血人种和各种过渡型人种。近几年,科学家在非洲发现了"绿色人种",约有3 000人,至今过着穴居的原始生活。在撒哈拉沙漠还发现了人数极少的"蓝种人"。

世界上所有的种族只有体质形态等自然状况的不同,没有优劣之分;任何种族主义观点都是毫无科学根据的。

各种族的人由于经济生活、语言文字、风俗习惯和历史发展的不同又形成许多民族。

民族是人们在历史上形成的一个有共同语言、共同地域、共同经济生活以及表现于共同文化上的共同心理素质的稳定的共同体。现在,世界上约有2 000多个民族,人口在1亿人以上的民族有汉族、印度斯坦族、美利坚族、俄罗斯族、孟加拉族、大和族、巴西族等7个;人口在5 000万人到1亿人之间的民族有德意志族、比哈尔族(印度)、意大利族、爪哇族、墨西哥族、泰卢回族(印度)、英吉利族、朝鲜族等。人口在10万人以上的550多个民族的人数占世界人口的99%,而在其余不足1%的人口中,却包括着大约1 500多个民族。民族与国家这两个概念是息息相关的。世界上各国家的民族构成不同,有单一民族的国家(如朝鲜、日本等);有多民族的国家(世界大多数国家是多民族的国家);也有同一个民族分布在许多个国家里(如阿拉伯民族广泛分布在西亚、北非的许多国家)。

第四节　世界经济贸易的发展趋势

海运需求是国际贸易的派生需求,而国际贸易的发展完全取决于世界经济的发展,所以,世界经济发展的新趋势,国际贸易结构的新变化,将决定海运经济结构的发展。为此,我们首先应了解世界经济、贸易的发展趋势。

当今世界经济贸易的发展出现两大趋势:一是世界经济一体化趋势;二是世界经济贸易区域集团化趋势。虽然"经济一体化(economic integration)"一词在50年代以后才经常被人们使用,但世界经济一体化的开端可以追溯到地理大发现之后;而世界经济贸易区域集团化则是在第二次世界大战以后开始形成。区域性国际经济一体化的概念可以归纳为:两个或两个以上的国家的产品和生产要素可以无阻碍地流动和经济政策的协调,一体化程度的高低是以产品和生产要素自由流动的差别或范围的大小来衡量的。

地理大发现结束了新旧大陆相互隔绝，各自孤立发展的局面，扩大了国际市场，拓展了世界经济联系的范围，并通过殖民制度把国际分工发展到一个空前的阶段。后来的第一次世界大战和第二次世界大战非但不能阻止一体化趋势的发展，相反，伴随着封建制度的瓦解，殖民体系的崩溃以及世界各国政治经济制度的变革，一体化趋势日益加强。通过贸易和投资，国际分工日益发达，世界各国的经济相互渗透，相互影响，以致于不可分割，联成一体。

世界经济一体化使得各国能够最大限度共享国际资源，最快速度提升产业层次，优势互补，促进各国经济的发展。毫无疑问，伴随着国际分工的扩展和加深，世界各国的经济最终将融合成一个整体，成为世界经济的一部分。参与国际分工的国家受世界经济的影响，同时也影响世界经济。第二次世界大战以后，国际经济贸易出现了新的动态。垄断资本主义为了联合自强和争夺市场，以便与其他势力相抗衡，纷纷以周边国家为基地组建经贸集团，世界经济贸易出现了区域集团化的趋势。在区域集团化趋势的作用下，同一个区域（集团）的国家之间的经济合作与协调会得到加强；而不同区域（集团）的国家之间的竞争和摩擦会加剧。

世界经济一体化和区域集团化的出现和发展，是生产力发展和为适应国际经济竞争、资源优化配置、调整产业结构、开发高新技术、扩大商品市场、增强竞争实力的需要，其内容不仅涉及经济贸易关系，也涉及资本、技术、劳动力、财政和金融货币等领域。它是世界经济国际化和国际间相互依存性日益加强的一种表现形式，也是国际竞争和国际合作向更高层次和更新形态发展的一种表现形式。它既是生产发展和社会进步的一种反映，也是世界基本矛盾深化发展和世界多极化趋势的一种反映。

当今世界上任何一个国家，即使是大国，如果实行自我封闭，自我隔绝于世界是绝对行不通的。若采取孤家寡人式的奋斗，游离于国际经济一体化和区域集团化之外，是难以想象的。客观国际环境和条件曾经迫使并将会进一步迫使每个国家自觉和不自觉地卷入和参与国际经济一体化和区域集团化的洪流之中。如何利用和依托一体化和集团化的力量，已是每一个国家在制定经济发展和对外贸易政策时必须认真对待的问题。

目前，世界经济区域集团化主要体现在欧洲、美洲、亚太三大经济圈上。但是，这三大经济圈的内部经济合作分属不同层次，其经济一体化程度差异很大，呈现出不平衡性。

欧洲联盟（原欧洲经济共同体）是 1957 年由法国、联邦德国、意大利、荷兰、比利时、卢森堡六国发起建立的，其首要目标是要拆除隔离欧洲各国经济联系的各种壁垒，实现商品、人员、劳务和资本在各国自由流动。欧共体建立后，成效显著，逐步得到了扩大，丹麦、爱尔兰、英国于 1973 年，希腊于 1981 年，西班牙、葡萄牙于 1986 年，奥地利、芬兰、瑞典于 1995 年先后加入了欧共体。1991 年各成员国还制订了实现经济与货币联盟的时间表，最迟与 1999 年前，建立欧洲中央银行与统一的欧洲货币，使欧洲统一大市场进一步完善。1993 年 1 月 1 日，欧共体内部统一大市场正式启动，在这个大市场中，不但要实现商品自由流通，还将取消资金和人员流动限制，统一海关手续，取消边防检查，统一商品技术和质量标准；1999 年 1 月 1 日欧洲中央银行开始启动，欧元开始流通。这不仅涉及国与国之间的经济关系，更涉及国与国经济运行机制和对内经济政策的协调，从而加强了区域内企业竞争的平等性，加强了对区域外经济关系的抗衡力量，并向经济货币联盟和政治联盟的方向发展。目前，欧洲联盟居于经济区域集团化的最高层次。

北美自由贸易协定标志着包括墨西哥在内的北美自由贸易区有了进一步的发展。但北美自由贸易区仅限于贸易和直接投资，经济一体化程度大大低于西欧，主要原因是美、加、墨三国经济发展水平差距较大，在发达国家与发展中国家之间实行自由贸易的困难甚多。

亚太区域集团化还处于初级阶段，目前，在亚太经合组织范围内如何实现贸易和投资自由化虽然还在探讨过程中，但1994年的“茂物会议”已决定，到2020年要完成这一进程。在三大经济圈中，亚太区域集团化的层次最低，但先后成立了一些次区域经济集团，如东南亚国际联盟和澳新自由贸易协定等正朝着各自的加强生产合作的方向发展。而且亚太经合组织是一种非常独特的经济合作组织，它既不同于欧盟，也不同于北美自由贸易区，其成员既有美国、日本、澳大利亚这样的发达国家，也有中国、马来西亚这样的发展中国家。

80年代后期以来的区域经济一体化具有多样化和多层次的特点。从数量上看，发展中国家组成的经济集团比发达国家组成的经济集团多得多，但决定区域集团化本身发展趋势的却是后者，这也是世界经济区域集团化不平衡性的重要体现。在三大经济圈中，发达国家都处于核心地位，而发展中国家则处于从属地位。在区域内部贸易中，发展中国家所占比重很低，且增长缓慢。这主要是因为，发展中国家之间的产业内部贸易及公司内部贸易远比发达国家落后，发展中国家在世界经济区域集团化中的从属地位，体现在它们对三大经济圈的依附性上。非洲、加勒比海、太平洋的40多个发展中国家通过洛美协定依附于欧盟，拉美国家依附于美国，亚洲发展中国家则要服从于日本的“燕式模式”。世界经济区域集团化中的排他性，主要是发达国家在对外经济关系中对发展中国家的排斥。集团内各国的自由贸易所实行的有关规则，对非成员国的商品贸易不利，但对通过直接投资带动的商品贸易影响不大。绝大多数发展中国家由于无力投资于现有的两大经济集团——欧盟、美加自由贸易区，因而影响了它们参与世界经济区域集团化的程度。

还应当指出的是不能把区域集团化简单地看作是地区贸易保护主义。尽管不同区域国家之间的经济贸易要受到一定的影响，但区域内部自由贸易却得到了较为充分的发展。更不能认为区域集团化趋势与一体化趋势是对立的。事实上，区域集团化趋势是世界经济一体化趋势在特定的历史条件下的延伸，或者说是另一种表现。

世界经济一体化和经济贸易区域集团化趋势的日益加强，对我国的现代化建设和对外经济发展战略，既是严峻的挑战，也提供了难得的机遇，我们应该有效地利用这一发展趋势给我国提供的良好机遇，全面、主动、灵活、积极地参与亚太区域经济合作，更加广泛、积极地参与国际分工、国际交换和国际竞争，致力于全方位地实现与国际接轨，充分发挥一个社会主义大国在世界经济和政治领域中的重要作用。

第二章　亚　洲

第一节　概　述

世界最大的洲　亚洲位于东半球的东北部，东、北、南分别濒临太平洋、北冰洋、印度洋。西以乌拉尔山脉—乌拉尔河—里海—高加索山脉—伊斯坦布尔海峡（博斯普鲁斯海峡）—恰纳卡莱海峡（达达尼尔海峡）与欧洲分界；西南以苏伊士运河—红海与非洲分开；东南有一系列与大洋洲接近的群岛环绕大陆；东北隔着 60 km 的白令海峡与北美洲相望。大陆部分南北长，东西宽均约 8 000 km。包括岛屿在内，总面积为 4 400 万 km^2，约占世界陆地面积的 29.4%。亚洲人口 33.33 亿（1994 年），约占世界人口的 59.2%。因此，亚洲是世界上面积最大，人口最多的一个洲。

亚洲共有 49 个国家和地区。在地理上习惯分为东亚、东南亚、南亚、西亚、中亚和北亚。东亚包括中国、朝鲜、韩国、蒙古和日本。东南亚包括越南、老挝、柬埔寨、缅甸、泰国、马来西亚、新加坡、印度尼西亚、菲律宾、文莱、东帝汶等。南亚包括斯里兰卡、马尔代夫、巴基斯坦、印度、孟加拉国、尼泊尔、不丹和锡金。西亚也叫西南亚，包括阿富汗、伊朗、阿塞拜疆、亚美尼亚、格鲁吉亚、土耳其、塞浦路斯、叙利亚、黎巴嫩、巴勒斯坦国、以色列、约旦、伊拉克、科威特、沙特阿拉伯、也门、阿曼、阿拉伯联合酋长国、卡塔尔和巴林。中亚包括土库曼斯坦、乌兹别克斯坦、吉尔吉斯斯坦、塔吉克斯坦和哈萨克斯坦。北亚指俄罗斯的西伯利亚地区。

亚洲的种族、民族构成比较复杂，尤以南亚为甚。亚洲还是佛教、伊斯兰教和基督教三大宗教的发源地，另外还有印度教、犹太教、神道教、袄教以及原始宗教等。

亚洲地形的总特点是地势高，地表起伏大，平均海拔约 950 m，是除南极洲外世界上地势最高的一洲。山地、高原和丘陵约占总面积的 3/4，平原占总面积的 1/4，全洲大致以帕米尔高原为中心，一系列高大山脉向四方辐射延伸到大陆边缘，主要有天山山脉、昆仑山脉、喜马拉雅山脉、阿尔泰山脉等。亚洲有许多大河，大都源于中部高山地带，呈放射状向四处奔流。

亚洲大陆地跨寒、温、热三带，气候类型复杂多样，季风气候典型和大陆性气候显著。东亚的中南半部是湿润的温带和亚热带季风区，东南亚和南亚是湿润的热带季风区，中亚、西亚和东亚内陆为干旱地区。湿润季风区与内陆干旱区之间，以及北亚的大部分为半湿润、半干旱地区。亚洲大部分地区冬季气温甚低，最冷月平均气温在 0℃ 以下的地区占全洲面积的 2/3，夏季普遍增温，最热月平均气温在 20 ℃以上的地区占全洲面积的 1/2。降水分布的地区差异悬殊，趋势大致是从湿润的东南部向干燥的西北部递减，赤道附近全年多雨，年降水 2 000 mm 以上，印度东北部的乞拉朋齐年平均降水量高达 11 430 mm，为世界最多雨的地区之一，西南亚和中亚为终年少雨区，年降水多在 150~200 mm。

亚洲矿物种类多、储量大，主要有石油、煤、铁、锡、钨、锑、铜、铅、锌、锰、镍、钼、镁、铬、金、银、岩盐、硫磺、宝石等。石油、煤、铁、锡等的储量均居各洲首位，锡矿储量约占世界总储量的 60%以上。

森林总面积约占世界森林总面积的 13%。草原面积约占世界草原总面积的 15%。沿海渔场面积约占世界沿海渔场总面积的 40%。

绵长的海岸线，众多的岛屿及重要的海峡 亚洲的海岸线曲折而漫长，大陆海岸线长达 69 900 km，大陆周围有许多半岛、岛屿、海和海峡。主要半岛有阿拉伯半岛（世界最大的半岛）、印度半岛、中南半岛、朝鲜半岛、堪察加半岛等。东部和东南部太平洋中有星罗棋布的岛屿，呈弧形连续地环绕在大陆附近，自北向南有千岛群岛、萨哈林岛、日本列岛、琉球群岛、台湾岛、马来群岛等，其中马来群岛中的加里曼丹岛是世界第三大岛。在大陆边缘还分布着许多边缘海，太平洋沿海自北而南有鄂霍次克海、日本海、黄海、东海、南海、苏禄海、苏拉威西海、班达海、爪哇海等。这些海都有海峡与大洋相通，自北而南有宗谷海峡、津轻海峡、朝鲜海峡、大隅海峡、台湾海峡、巴士海峡、巴林塘海峡、民都洛海峡、望加锡海峡、巽他海峡、龙目海峡等。这些边缘海和海峡在世界航运中意义重大。印度洋沿岸有阿拉伯海、孟加拉湾、安达曼海等边缘海及波斯湾、红海等内海。波斯湾、红海沿岸有丰富的石油资源。主要海峡有霍尔木兹海峡、曼德海峡、马六甲海峡等，在国际航运中地位十分重要，是繁忙的石油运输线。土耳其海峡由伊斯坦布尔海峡（博斯普鲁斯海峡）、马尔马拉海、恰纳卡莱海峡（达达尼尔海峡）组成，是黑海的唯一出海口，所以也叫黑海海峡。参看图 2-1 所示。

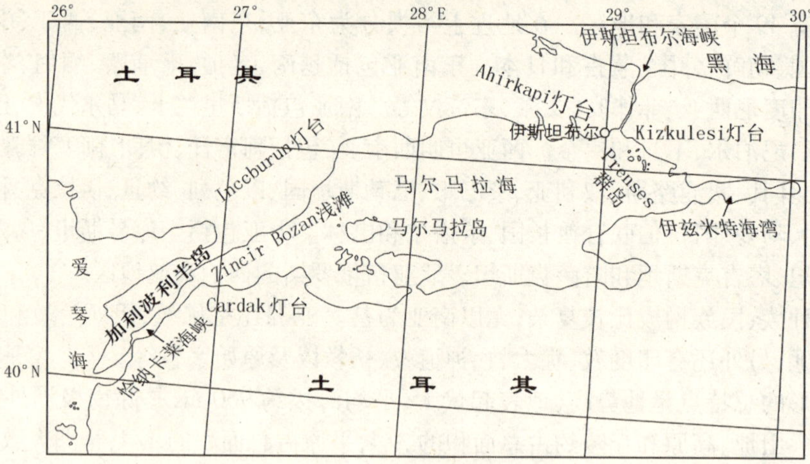

图 2-1 土耳其海峡示意图

表 2-1 亚洲主要海峡

海峡名称	位置	连接的海洋	长度(km)	最窄处的宽度(km)	最大深度(m)	最小深度(m)	航运中的意义
宗谷海峡	北海道岛—萨哈林岛之间	日本海—鄂霍茨克海	101	43	118	51	日本海出入太平洋的北部门户
津轻海峡	本州岛—北海道岛之间	日本海—太平洋	110	18	521	131	日本海通往太平洋的重要水道,建有青函海底隧道
朝鲜海峡	朝鲜半岛—九州岛之间	日本海—东海	120	95	230	115	日本海出入太平洋的南部门户
大隅海峡	九州岛—大隅群岛	东海—太平洋	24	33	150	80	东海通向日本东南岸各港口的捷径。
巴士海峡	台湾岛—菲律宾的巴坦群岛之间	南海—太平洋	222	370	3 000	200	太平洋石油航线的必经之路
巴林塘海峡	巴坦群岛—巴布延群岛之间	南海—太平洋	222	370	3 000	200	同上
巽他海峡	苏门答腊岛—爪哇岛之间	爪哇海—印度洋	120.3	26	1 080	53	南海、爪哇海、巴厘海与印度洋的重要通道
龙目海峡	巴厘岛—龙目岛之间	巴厘海—印度洋	135	20			同上
马六甲海峡	马来半岛—苏门答腊岛之间	安达曼海—新加坡海峡	780	37	117	22	亚太地区联系印度洋、欧洲、非洲的重要通道
新加坡海峡	新加坡—廖内群岛之间	南海—马六甲海峡	110	4.6	157	22	同上
霍尔木兹海峡	伊朗—阿曼之间	波斯湾—阿曼湾	85	56	219	71	扼波斯湾至印度洋的出海口,石油运输线

续表 2-1

海峡名称	位　置	连接的海洋	长度（km）	最窄处的宽度（km）	最大深度（m）	最小深度（m）	航运中的意义
曼德海峡	阿拉伯半岛西南角—吉布提东北岸之间	红海—亚丁湾	50	27	323	182	红海出印度洋的门户，大西洋到印度洋的捷径
伊斯坦布尔（博斯普鲁斯）海峡	土耳其的伊斯坦布尔市	黑海—马尔马拉海	30	0.7	121	33	东欧出黑海的海上要道
恰纳卡莱（达达尼尔）海峡	土耳其	马尔马拉海—爱琴海	71	1.3	106	53	同上

资料来源：海洋手册，郭琨编著。自然地理统计资料，李汝桑编。

经济发展概况　亚洲开发历史悠久，人们经过几千年的辛勤劳动，开发了这块辽阔肥沃的土地，创造了光辉灿烂的历史文化。中国的黄河流域，印度和巴基斯坦的印度河流域，伊拉克的两河（幼发拉底河和底格里斯河）流域都是世界著名的人类古代文明的发祥地。中世纪，亚洲的社会经济发展水平在世界处于领先地位。16 世纪以后，西方殖民主义者入侵，除日本成为帝国主义国家以外，其余国家都沦为殖民地和半殖民地。长期的封建束缚加之长达二三百年的殖民统治，严重阻碍和摧残了亚洲社会经济的发展，致使亚洲各国经济发展缓慢、畸形、片面，形成单一经济结构，长期处于贫困落后状态。沿海国家的海运事业也都是为帝国主义掠夺资源服务的。

第二次世界大战后，许多国家纷纷独立，亚洲的政治版图发生了根本的变化，各国经济迅速恢复和发展，畸形的经济结构正在逐步地发生变化，由单一化向多元化方向发展。

80 年代后，随着亚洲“四小龙”的腾飞、东盟（东南亚国家联盟）的迅速崛起，中国改革开放后经济的突飞猛进，亚洲成了世界上经济发展最有活力的地区。亚洲在世界总产值中的比重已从 1960 年的 4%提高到 1994 年的 25%。90 年代，亚洲已成为全球经济发展最快的地区。但是，亚洲各国和地区经济发展极不平衡，日本发展水平最高，是亚洲唯一的发达国家；新加坡、香港特别行政区、台湾省和韩国成为新兴的工业化国家（地区）；中国及东盟国家经济正在快速发展；西亚国家依靠丰富的石油资源，成为高收入国家；另外还有一些负债累累，至今仍未摆脱贫困的不发达国家和最不发达国家。

第二节　东　亚

中　国

辽阔的海洋，绵长的海岸线，星罗棋布的岛屿　亚洲是世界上最大的大陆，太平洋是世界最大的大洋。中国就位于亚洲的东部，太平洋的西岸，是一个海陆兼备的国家。中国不仅有幅员广大的内陆国土，而且有辽阔的海洋。毗邻我国大陆边缘的海称为“中国海”。中国海的总面积 470 万 km^2，依地理位置不同，自北向南有渤海、黄海、东海、南海。

表 2-2 中国海的自然概况

海域名称	面 积（万 km^2）	平均深度（m）	最大深度（m）	平均水温（℃）	自 然 特 点
渤海	7.7	18	70	10	含盐量低（28‰），表层水温年较差大，冬季大部海面结冰，海面风浪较小。辽河注入。
黄海	38	44	140	12	近岸区含盐量较低，水温变化较大，冬季北部边缘海面有结冰现象，水色黄、黄河、淮河注入。
东海	77	370	2 719	21~22	含盐量较高（33.1‰），水温较高，多大陆岛。夏、秋多台风，长江、钱塘江、闽江注入。
南海	350	1 212	5 559	25~28	含盐量高（35‰），终年水温高。海底高台上多珊瑚岛，珠江注入。

渤海是我国的内海，被辽宁、河北、天津、山东三省一市的大陆环抱，东部以辽东半岛南端的老铁山嘴至山东半岛北岸的蓬莱角间的连线为界，与黄海分开。形势险要，是中国首都北京的海上门户。渤海海峡使其与黄海相连，有丰富的石油等矿产资源。

黄海是中国三大边缘海最北部的一个，北起鸭绿江口，南以长江口北岸至朝鲜济州岛一线与东海分界；是中国和朝鲜半岛之间的水域；是辽宁省、山东省、江苏省濒临的海域。中、北部海岸曲折多天然港湾，主要有胶州湾、海州湾、西朝鲜湾、江华湾、群山湾等。其南部蕴藏有丰富的石油资源。

东海是中国东南部的边缘海，北起黄海的南界，南以闽、粤边界的南澳岛至台湾岛南端的鹅銮鼻的连线与南海分开。东以日本九州岛、琉球群岛使其与太平洋隔开。是上海、浙江、福建、台湾一市三省濒临的海域。海岸曲折多港湾、多岛屿，具有建港的良好条件。主要有杭州湾、三门湾、温州湾等。舟山群岛是最大的群岛，有大小岛屿 1 339 个，是寒暖流交汇海域，又有长江等大河带来丰富饵料，使其成为中国最大的渔场。东海处于中国沿海南北航线的中枢和长江的出海口，同时也是远东和东南亚及大洋洲之间重要的国际航路要冲，船舶往来频繁。主要出海口是朝鲜海峡、大隅海峡、台湾海峡。

南海是中国最大、最深的边缘海。地处热带，水温高，适合珊瑚虫繁殖，形成许多珊瑚岛。是中国广东、广西、海南三省区濒临的海域。南海位于太平洋和印度洋间的航运要冲，是中国与东南亚、南亚、非洲、欧洲、澳新地区海上航运的必经之地，与其他海域由台湾海峡、巴士海峡、巴林塘海峡、新加坡海峡、马六甲海峡连通。在中国对外贸易发展中起重要作用。北部湾有丰富的石油、盐资源。

我国大陆海岸线北起鸭绿江口，南到北仑河口，全长 18 400 km，加上岛屿海岸线总长达 32 000 多 km，为世界上海岸线最长的国家之一。我国海岸线以杭州湾为界，南部多为岩岸，起伏较大，岸线曲折，形成众多的天然港湾。海岸线多处于暖温带和热带，港湾终年不冻，四季皆可通航。北部除辽东半岛和山东半岛以外均为沙岸，海岸平直，少天然港湾，日照充足，利于晒盐。多处于暖温带，只在北部大陆边缘有短时期薄冰外，绝大部分不冻，无碍于海上活动。

沿海星罗棋布的岛屿有 6 500 多个，自北而南有黄海北部的长山群岛，扼渤海咽喉的庙岛群岛，长江口的崇明岛，东海中的舟山群岛，东海与南海交界的台湾岛和澎湖列岛，南海中的海南岛与南海诸岛等，形成海岸的天然屏障，是各所在港口的重要组成部分，使我国大部分港湾风平浪静。这些众多的岛屿地处祖国海防最前哨，结成一条环抱中国大陆的“海上长城”，其国防、经济意义十分重大。

绵长的海岸线为振兴中国的海运事业，提供了良好的自然环境，沿海濒临着辽、冀、津、鲁、苏、沪、浙、闽、台、粤、琼、桂九个省、一个自治区、两个直辖市，还有香港特别行政区和澳门，其中有 14 个开放城市，5 个经济特区，3 个三角洲，3 个半岛。沿海地区的总面积占全国的 14.3%，而人口却占全国的 40%（不含台湾省），工农业总产值所占比重高达 53%。沿海地区交通方便，信息灵通，工业基础雄厚，商品经济发达，是国家对外开放的门户，在全国经济建设中占有举足轻重的地位。

我国自古就是一个海运发达的国家。远在石器时代就有了海上交通，春秋以后逐渐和朝鲜、日本及东南亚各国发生海上联系，唐宋时期又通航到非洲地区，特别是 1405 年至 1433 年间，中国伟大的航海家郑和率领庞大的船队下西洋，到达亚、非 30 多个国家和地区，其规模之大，时间之长，范围之广都是空前的，充分显示了当时中国在经济、文化和航海、造船方面都居于世界领先地位，成为我国航海史上最光辉的一页。但自此以后，海运逐渐衰败，封建统治者出于政治上的需要，推行“闭关锁国”的政策，加之帝国主义的侵略，中国航海业一落千丈。新中国成立前夕，海上运输，特别是远洋运输几乎是一片空白。

建国以来，我国迅速恢复和发展海上运输，并加快远洋船队的组建，以适应大规模经济建设的需要。1961 年 4 月 27 日新中国第一家国际航运企业——中国远洋运输总公司成立。翌日，第一艘悬挂“五星红旗”的“光华”轮，由广州的黄埔港出发，首航印尼首都雅加达的外港丹戎不碌成功，揭开了我国远洋运输的序幕。70 年代以前，由于我国的远洋运输船队还弱小，不适应经济建设发展的需要，仍要花费大量的外汇租用外国船舶。经过不懈的努力，到 1975 年基本上结束了依靠租用外轮承运我国进出口货物的局面。进入 80 年代，改革开放政策给中国的航运业注入了生机和活力。中国远洋运输公司等大型航运企业及时订购各类新型船舶，迅速迈进国际航运市场。90 年代，中国航运业更是进入了发展的黄金时期。目前，我国外贸货物中 90%以上是通过海运完成的。

截至 1996 年底，中国沿海主要港口深水泊位已达 406 个；内河通航里程达到 11 万 km，其中 1 000 t 级航道 5 800 km，内河主要港口码头泊位达到 514 个。到本世纪末，中国内河航运将形成长江干流、西江干流、京杭运河水运主通道；长江三角洲、珠江三角洲航道也将基本贯通。中国民用船舶已发展到 36 万艘，5 000 多万载重吨。从事国际航运的船公司 300 多家，沿海运输的船公司 1 300 多家，内河运输的船公司 5 100 多家。以中远集团为主的国家船队在世界航运界的地位日益提高。

1993 年 2 月 16 日，以中国最大的远洋运输企业——中国远洋运输（集团）总公司为核心，由中国最大的外轮代理企业—中国外轮代理总公司，中国最大的船舶燃料供应企业——中国船舶燃料供应公司，中国最大的汽车运输企业——中国汽车运输总公司等大型企业组成中国远洋运输集团（中远集团），成为一个以运输业为主业，多元化的跨国家、跨地区、跨行业的大型企业集团。今天的中远集团已经由创建初期的4艘船舶,2.26万载重吨,发展成为拥有和经营船舶近600艘,1 700万载重吨的大型综合船队,船舶的类型也从只有普通杂货船发展为由集装箱船、滚装船、多用途船、杂货船、木材船、冷藏船、客货船、散货船和油船组成的一只多功能,种类齐全的船队,货运量逐年增长。到1995年货运量已超过1亿t,达到1亿1千万t,不仅是我国对外贸易海上运输的主力,而且,还进入国际航运市场,承揽第三国的货载。现在,中远集团的船队已航行于五大洲的160多个国家和地区的1 200多个港口;经营的航线除不定期航线外,还开辟了从中国主要港口至世界各国和地区的班轮航线58条,每月有305个航班。中远集团已经成为世界第四大班轮船公司。

据统计,1996年我国全社会水路货运量和货物周转量分别达到12.74多亿t和17 552亿t公里,占5种运输方式总货运量和货物周转量的比重分别达到9.15%和49.11%。中国沿海港口开辟的国际班轮航线达120条,每月航班2 102个。

中国大陆的集装箱运输 世界海上集装箱运输始于60年代中期。我国大陆的集装箱运输始于1973年。1973年9月,中远集团在天津、上海开始了与日本的神户、横滨之间的集装箱运输业务。1974年11月,天津港首先采用国际标准集装箱,装运出口货物到美国、加拿大。此后,国际集装箱运输在上海、青岛、黄埔、大连、张家港等港口先后开展起来。

要开展集装箱运输,并能充分发挥其优越性,就需要有一定的物质经济基础。发展中国家由于经济和技术条件差,开展集装箱运输一般会遇到许多困难。首先是缺乏资金和外汇以进口大型专用设备。第二,大部分发展中国家和发达国家之间贸易不平衡。在货种结构方面,发展中国家进口货物主要是大型机械、成套设备,出口大宗货物主要是原材料,而家用电器、高档消费品、食品等最适合集装箱运输的货物所占比例很低。由于设备得不到充分利用,难以获得最大经济效益。第三,发展中国家多数交通运输技术水平落后,陆域集疏运条件差,因此,难以开展集装箱门到门的多式联运业务。由于上述因素的影响,发展中国家开展集装箱运输所取得的经济效果,远比发达国家要小。

中国也不例外,在开展集装箱运输初期,经济基础差,技术水平低,设备严重不足,因此集装箱运输发展速度不快。到1978年,集装箱运输初具规模。80年代以后,随着改革开放的不断深入,中国经济出现持续稳定增长,中国集装箱运输也得到迅速发展,集装箱货物吞吐量占外贸杂货吞吐量的比重在逐年提高。1980年港口外贸进出口适箱货的集装箱化比重为3.2%,1985年提高到14.2%,1986年上升到17%,1990年已达到33.8%,1995年又上升到52%。到1996年底,全国共有147家集装箱船公司,1 078艘集装箱船,箱位近27万TEU。目前,以中远集团总公司为主的国家船队,拥有140余艘集装箱自营船舶和租用船舶,50多艘驳船,总箱位21万TEU。中远还订造了6艘5 250 TEU的第5代大型集装箱船,首艘“鲁河”号已于1996年底交付使用,标志着中国集装箱运输大型化又上了一个新台阶。

从集装箱码头来看,中国已有50多个港口有集装箱装卸。1997年,全国拥有集装箱专用泊位65个,年设计通过能力1 003万TEU,全国港口国际集装箱吞吐量1 077万TEU,许多沿海和内河港口还在建设新的泊位。列大陆榜首的上海港设计能力只有177万TEU,但1996年完成190万TEU,继1995年首次跻身世界大港前20位,排第19位后,1996年升居第17位,1997年再创佳绩,以252万TEU跃升至第12位。

在航线方面,中国海上国际集装箱运输已形成干线相衔接的合理网络。至1997年底,由中国港口开出的国际集装箱班轮每月2 102班,远洋干线每月179班,分别直达欧洲、北美洲、大洋洲、非洲、南美洲、地中海、波斯湾等。近洋班轮航班每月 1 511 班,分别直达东南亚、日本、香港、韩国等国家和地区,珠江三角洲港口至香港每月 855 班,国内港口间的内支线每月 430 班,基本形成干线运输网络。

1990 年,中国大陆国际集装箱海运量达 130 万 TEU,集装箱货物为 1 160 万 t,为 1980 年的 6 倍;到 1996 年,大陆集装箱水运量达 612.5 万 TEU,集装箱货物为 4 839.4 万 t。

作为国际集装箱运输系统的组成部分,铁路和公路的集装箱运输也得到迅速发展。尤其是中国境内的新亚欧大陆桥的建设与开通,为经中国港口和铁路过境的第三国集装箱运输打开了通道。

80 年代开始,我国对陇海铁路线、兰新铁路线进行了强化建设,扩大了通过能力,修建了连云港国际集装箱专用码头,建成了阿拉山口国境换装站。1992 年 12 月 1 日,从连云港开出了我国首列大陆桥过境运输列车,为中国大陆桥运输拉开了序幕。尤其是 1997 年 4 月 1 日,日均近一列的"五定"班列的开通,大大提高了运输效率,并吸引了大量韩国、日本运往中亚及东欧地区的集装箱货物。集装箱"五定"班列由于实行定点、定线、定车次、定时间和定运价,因而,为客户提供了更方便、更优惠的运输条件。每列车编组 38 辆专用车,共装运 76 TEU,每列运行 23 h,平均走行 5.13 天,比过去未实行"五定"时大陆桥过境运输时间缩短了近 10 天。同时,由于货车是定时、定点运行,还解决了信息跟踪和反馈问题,便于及时查询,随时可掌握途中的运行情况,受到国内外客户的普遍好评。1997 年我国亚欧大陆桥运量超过 3 万 TEU,占中国过境箱量的 90%。

截至 1996 年底,铁路集装箱保有量增至 15.09 万 TEU。现有集装箱专用车 5 200 辆,X6B 型车 1 200 辆。全路目前有集装箱办理站 509 座,具备了国际集装箱 20 ft 箱办理站 230 座、40 ft 办理站 101 座。

虽然中国铁路集装箱运输有较大的发展,但所占的比重仍然很低。1996 年全路集装箱运量 275.8 万 TEU,占全路货运总量的 1.5%;仅占全国集装箱运输总量的 16%左右;铁路国际集装箱发送 10.5 万 TEU,仅占全国 36 座口岸进出口箱量的 0.9%。

到 1995 年全国国际集装箱进出境总量达 1 108.8 万 TEU,其中海运 662.8 万 TEU,占 59.8%;陆路口岸进出境为 446 万 TEU,占 40.2%。陆路口岸进出境箱量绝大多数由公路运输完成,再加上集装箱港口吞吐量的 85%左右由公路进行疏运,所以公路集装箱运输是国际集装箱多式联运不可缺少的重要环节。

1995 年通过公路的集装箱集疏运量为 401.5 万 TEU,占港口吞吐箱量的 86.1%。1985—1995 年的 10 年间公路完成的国际集装箱集疏运量增长了近 20 倍,年均递增 33.3%。公路国际集装箱运输通道主要是从香港地区及大陆沿海港口通往内地。经陆路口岸进出的国际集装箱,95%以上集中在深圳至香港的各公路口岸。

1986 年底,全国集装箱专用卡车仅 1 700 辆,目前,已增加到 1.5 万辆,2 万 TEU。据调查,仅上海、天津、广州、青岛等 4 个口岸及相关腹地,就拥有集装箱专用汽车 5 500 多辆,形成了一定规模的延伸运输能力。1986 年底,全国约建立国际集装箱中转站 30 座,经过"七五"、"八五"时期的发展,目前,全国公路集装箱中转站已达 250 多座。这些场站均设有一定规模的集装箱堆场和拆装箱仓库,并配有大小型装卸机械,所形成的生产能力,可承担目前港口集装箱吞吐量的 80%的集疏运任务,尤其是在上海、天津、广州、青岛、深圳、大连等口岸及其腹地公路通道上,更是形成了较强的集疏运能力。

中国内河集装箱运输也正在开展。除了张家港、南通、武汉港外，广西的梧州港以及上海与无锡之间也有国际集装箱运输业务。

虽然中国集装箱基础设施的建设发展很快，但也面临着以下几个方面的问题：

1. 尚未建成一批有影响的集装箱国际中转枢纽港。沿海诸多港口多为支线港，存在着总体规模小，港口水深不足、计算机管理水平落后等问题。为适应国际集装箱大型化和国民经济快速发展的趋势，今后需要加强全国集装箱码头总体布局的规划，建成一批分布合理，功能先进的国际集装箱枢纽港。

2. 集装箱运输计算机管理水平落后。中国于 1990 年才开始引进集装箱运输电子数据交换系统(即 EDI 系统)，在各港口应用还不普及、不规范。实现集装箱码头计算机应用、通信网络、数据标准化三者有机结合的电子数据交换系统是集装箱运输发展的必然趋势。交通部已组织 EDI 系统及示范工程的“九五”重点科技攻关，集装箱运输的电子化管理可望在“九五”期间有较大的提高和完善。

3. 集装箱装卸效率低，管理、服务水平有待提高。中国集装箱装卸桥的台均小时装卸效率为 15~25 个 TEU，与国际先进水平有较大的差距。码头前沿装卸设备的配置不足也是影响船舶装卸的一个因素。另外，今后在不断提高管理水平和装卸效率的同时，还应大力进行国际集装箱多式联运的尝试和研究，提高在国际集装箱运输竞争中的优势。

4. 集装箱内陆接卸、拆装设施落后，内陆集装箱中转站的建设不能满足需要。“九五”期间，水运建设发展重点是建设一批能源、集装箱、主要原材料装卸泊位，加强“港站主枢纽”的建设，尤其是集装箱码头的建设。通过对长江口深水航道，珠江口出海航道的整治，改建、扩建和新建一批大型的集装箱泊位，使中国的集装箱码头建设、运输和管理水平迈上一个新台阶。

中国集装箱运输航线

中国集装箱运输航线遍及全球，有定期班轮航线，不定期航线等，这里我们仅介绍几条主要的班轮航线。

1. 中国/美西航线

天津新港 渤海—渤海海峡 大连 黄海 青岛—上海 东海—大禹海峡—太平洋—大阪湾 神户 太平洋 长滩—奥克兰 原路返回 青岛—上海。

2. 中国/南非、南美东线

上海港 台湾海峡—南海 香港—新加坡 新加坡—马六甲海峡—安达曼海—印度洋 德班 好望角—大西洋 布宜诺斯艾利斯—蒙得维的亚—桑多斯—维多利亚 返回 德班—上海。

3. 中国/西北欧航线

上海港 东海—黄海 青岛 台湾海峡 香港 南海 新加坡 新加坡—马六甲海峡—安达曼海—印度洋—阿拉伯海—亚丁湾—曼德海峡—红海 苏伊士 地中海—直布罗陀海峡—大西洋—英吉利—多佛尔海峡—北海 菲利克斯托—鹿特丹—汉堡—安特卫普 原路返回 上海—青岛。

注：因为上海港货物较多，如在青岛港装完货再到上海港，船舶出上海港就有困难，所以先靠上海港，再到青岛港。

4. 中国/地中海、美东航线

天津新港 渤海—渤海海峡—黄海—东海 上海 台湾海峡—南海 香港—新加坡

新加坡—马六甲海峡—安达曼海—印度洋—阿拉伯海—亚丁湾—曼德海峡—红海 苏伊士 地中海 海法 墨西拿海峡—第勒尼安海 那波利 利古里亚海 热那亚—福斯—巴塞罗纳 直布罗陀海峡 大西洋 纽约—巴尔的摩—查尔斯顿 大西洋 直布罗陀海峡 地中海 巴伦西亚 原路返回 上海。

5. 中国/澳大利亚航线

上海港 东海—台湾海峡—南海 香港 苏禄海—苏拉威西海—马鲁古海峡—班达海—阿拉弗拉海—托雷斯海峡—珊瑚海 悉尼 塔斯曼海—巴斯海峡 墨尔本—布里斯班 原路返回 马尼拉—香港—青岛—上海。

6. 中国/波斯湾航线

天津新港—青岛—上海—香港—巴西古丹—新加坡 印度洋—阿拉伯海—阿曼湾—霍尔木兹海峡—波斯湾 迪拜—阿里山—达曼 原路返回 卡拉奇—科伦坡 原路返回 天津新港。

7. 中国/东南亚航线

青岛—宁波—厦门—蛇口—香港—槟城—巴生—新加坡—雅加达—苏拉巴亚 原路返回 青岛。

8. 中国/日本航线

1)福州—厦门/横滨—名古屋周班航线

2)厦门—福州/门司—大阪—神户周班航线

3)宁波/神户—大阪—门司定日航线

4)上海/门司—神户周班航线

5)宁波—上海/名古屋—东京—横滨周双班航线

6)南京—张家港—南通/神户—名古屋—横滨周班航线

7)连云港—青岛/门司—名古屋—神户周班航线

8)连云港—青岛/博多定日航线

9)营口—青岛/大阪—东京—横滨周班航线

10)新港—大连/神户—大阪—门司周班航线

11)新港—大连/横滨(东京)(四日市)名古屋周班航线

9. 中国/韩国航线

1)南通—上海/釜山周班航线

2)连云港—日照—青岛/釜山周班航线

3)营口—大连/釜山周班航线

4)新港/釜山周班航线

中国沿海集装箱班轮航线

1. 防城—湛江—香港周班航线

2. 香港—汕头—厦门周班航线

3. 黄埔—香港航线

4. 福州—香港周班航线

5. 上海—连云港—青岛—营口—新港—青岛—上海周班航线

6. 上海—新港—秦皇岛—大连—青岛—连云港—上海周班航线
7. 上海—宁波—温州周班航线
8. 青岛—烟台—龙口周班航线
9. 黄埔—蛇口—上海—新港—营口—大连—青岛—上海—黄埔周班航线

（注:北向航次由黄埔开始至青岛结束;南向航次由新港开始至蛇口结束。）

10. 南通—上海周班航线
11. 张家港—常熟—上海航线
12. 镇江—上海航线
13. 扬州—泰州—上海航线
14. 南京—江阴—上海航线
15. 芜湖—南京—上海航线
16. 九江—安庆—铜陵—上海航线
17. 南昌—上海航线
18. 武汉—黄石—上海航线
19. 武汉—上海航线
20. 长沙—岳阳—上海航线
21. 重庆—宜昌—沙市—上海航线
22. 重庆—上海周班航线

中国沿海主要港口

中国港口经过40多年的建设,已经有了一定的基础。到1996年底,沿海主要港口拥有码头泊位1 282个,其中万吨级以上泊位405个,共完成货物吞吐量8.5亿t,其中外贸货物吞吐量3.2亿t。吞吐量达1000万t以上的沿海港口有大连、营口、秦皇岛、天津、烟台、青岛、日照、连云港、上海、宁波、舟山、福州、厦门、广州、深圳、湛江等16个(如图2-2)。现将大陆沿海主要港口自北向南介绍如下:

大连(DALIAN)港　位于辽东半岛南端东侧大连湾和大窑湾内(38°55′N、121°39′E),面向黄海。是中国重要的外贸口岸和东北地区最大商港,腹地包括东北三省和内蒙古东北部地区。

该港属温带季风气候,盛行北—西北风。年平均气温为10.2℃,最高为35℃,最低曾达-19℃。每年1~2月为结冰期,但无碍航行。全年平均降水量600 mm左右。属半日潮港,最大潮差为3.9m。

大连港临天然港湾,海阔水深,不淤不冻。湾内大部分水深都在10~33 m,万吨级海船出入港自由。港区有码头泊位65个,其中万吨级35个,岸线长11 km。各种装卸设备齐全。有岸吊、门吊、浮吊、集装箱吊及拖船等,其中浮吊最大起重能力达100 t,拖船最大功率为1 736 kW,还有直径为152.4~308 mm的输油管供装卸使用。仓库面积为28万m^2,货物堆场达80 m^2。港区内有铁路专用线长达14.2 km。大连湾内有大港区、寺儿沟港区、香炉礁港区、甘井子码头、和尚岛码头等。大港区为该港最大客货港区,主要装卸钢铁、矿砂、粮食、集装箱、杂货等;寺儿沟港区为成品油码头,位于大港区之东;香炉礁港区位于大港区之西,主要装卸木材、杂货及集装箱;甘井子码头位于大港区之北,是玉米出口码头;和尚岛码头位于大港区之东北,为煤炭和危险品码头。鲇鱼湾的油码头可靠10万载重吨的油船,还有新建的单点系泊浮

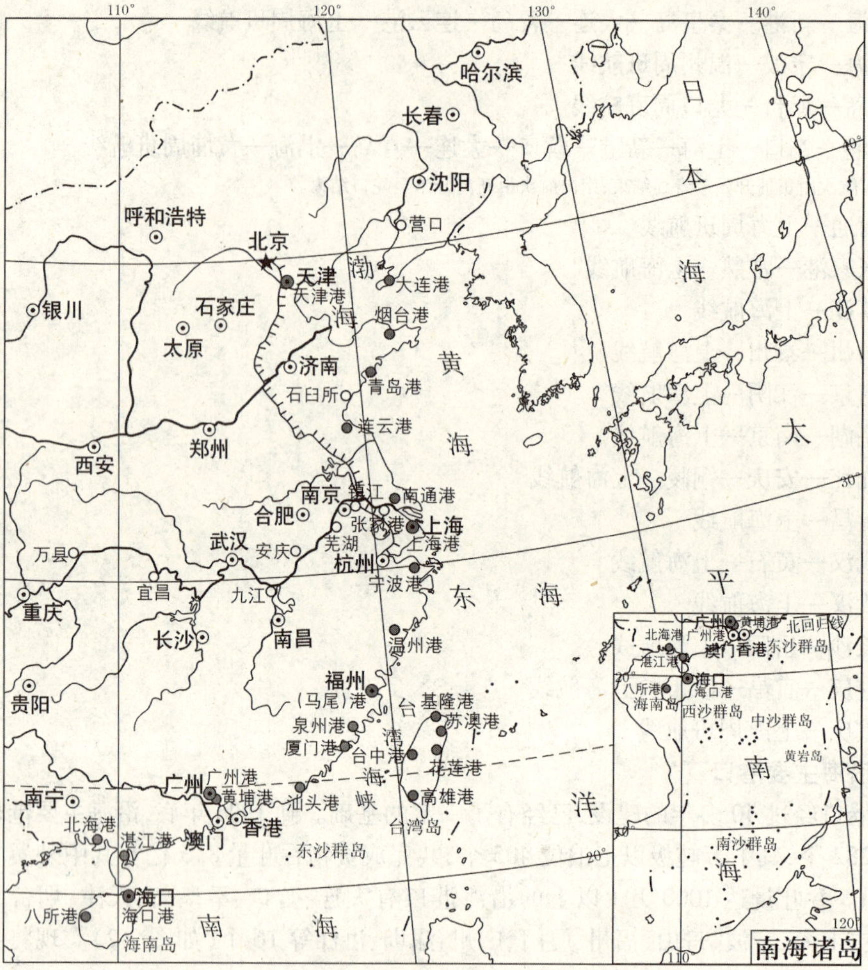

图 2-2 中国对外开放港口分布图

最大可靠 20 万载重吨的大型油船，出口能力可增加 1 200 万 t，最大装速达 7 000 t/h。本港集装箱运输发展迅速，集装箱堆场面积已达 62 万 m^2，一次性堆存能力为 5.4 万 TEU，并且自 1993 年 1 月开始已正式使用包括场站收据、交货记录及设备交接等 3 种国际集装箱新单证。新单证的实施，使大连港的国际集装箱管理方式已与国际惯例接轨，进一步促进了集装箱运输的发展。该港总调度室采用先进的微机控制器完成全港区生产指挥的综合控制，确保安全生产。新建的大窑湾港区在 1993 年 7 月正式开港，它被国家定为中国新开发的四大国际深水港之一，第一期工程共 10 个泊位，包括可靠第 3 代集装箱船舶的泊位和 2.5 万 t 级的多用途泊位，并已投入营运，可增加年吞吐能力达 20 万 TEU。大连保税区位于大窑湾，在 1992 年 11 月经国家海关总署正式批准，并已投入营运。该保税区仿效香港模式，逐步发展为以先进工业为主体，转口贸易为先导，工贸并举，兼营金融、旅游、信息、房地产等多功能综合型的自由港。其隔离设施总长度为 5.9 km，首期用地规模 1.25 km^2。大连港 1997 年货物吞吐量为 7 044 万 t，其中一半以上为外贸货物，集装箱吞吐量达 45.3 万 TEU，主要进出口货物有石油、钢铁、玉米、木材、煤炭、粮食、盐、矿石、纯碱及杂货等。

秦皇岛（QINHUANGDAO）港　位于渤海北岸，华北与东北交接的山海关附近

(39°54′N、119°34′E),邻秦皇岛市。不仅是中国最大的能源输出港,而且是世界最大的煤炭输出港。煤炭输出量占全国沿海煤炭输出量的70%以上,也是其他进出口货物的集散口岸。地处华北与东北两大经济区之间,是连接两区的咽喉要道,有京山、京秦、大秦3条铁路线直达港口,还有输油管道通往大庆和辽河油田。腹地广阔,不仅包括河北省东北部,山西北部,内蒙古、宁夏、北京,还包括东北部分地区。

该港属温带季风气候,冬季盛行东北风,夏季多西南风。年平均气温10℃左右,最高曾达36.4℃,最低达-21℃。每年1月开始结冰,但距岸较远,一般不影响航行。全年平均降水量约700 mm,以6~8月雨量最多。属正规日潮港,平均潮高:高潮为1.29 m,低潮为0.59 m。

本港分东、西两港区。东港区主要为油、煤码头,西港区以散粮、木材及杂货为主,全港共有生产性泊位26个,其中万吨级以上泊位26个,岸线长6.5 km,水深10~16 m。

装卸设备有各种岸吊、门吊、浮吊、装煤机、堆料机、皮带输送机及拖船等,其中浮吊最大起重能力达70 t,拖船的功率最大为2 354 kW。港区库场面积达143万m^2,堆存容量为373万t。煤炭码头最大可靠5万载重吨的船舶,有一条煤炭装卸自动化生产线,整个生产线电子计算机集中控制,并在自动生产线末端设有取样装置,用来核实与保证输出煤炭的质量,同时还有消尘、防尘装置与冲洗设备。装煤速率达6 000 t/h。油码头有输油管可以从大庆油田直通港口再转往北京。该港拥有一套属90年代新科技的DGPS信息系统,它是世界上利用卫星对运动物体定位的先进系统,其定位误差仅为几米。目前已有许多国家应用于海上船舶的导航和定位。秦皇岛港不断开拓港口新功能,发展新业务,在1993年8月首次出口散化肥,仅用了3天时间在码头装完1.1万t散化肥,比预计进度提前8 h。

为了加快港口建设,第四期扩建工程已于1996年底竣工投产,其中包括2个3.5万t级和1个10万t级的泊位,可增加年吞吐能力约3 000万t。1997年货物吞吐量为7 872万t,港口内贸进口以件杂货为主,占总量的0.2%;内贸出口以煤炭、原油为大宗,占总量的71.5%;外贸进口主要是小麦、矿石、木材、钢铁、化肥、糖、水泥及其他件杂货,占总量的5.1%;外贸出口的货物主要是煤炭、原油、非金属矿石、钢铁、粮食及其他杂货,占总量的23.2%。其中国内中转煤炭流向上海、浙江、江苏、福建、山东、广东、广西、海南、辽宁的39个省市,约占港口煤炭吞吐量的77%;外贸煤炭出口流向为日本、香港、东南亚和欧洲等一些国家和地区。

天津(TIANJIN)港　位于渤海湾西岸的海河入海口处(38°59′N、117°41′E)是中国最大的人工商港和国际集装箱中转枢纽港,也是中国最大的焦炭出口港,又是中国最大的稀土金属出口港,它是中国北方重要的国际贸易港口,是首都北京的海上门户。该港是中国北方海陆交通的枢纽,有京哈、京沪两大干线铁路在市内相交,京秦线在北部通过,京津塘高速公路直达港区。本港还可承办经满洲里、二连浩特及阿拉山口三条欧亚大陆桥过境联运业务。港口地处华北的经济中心,腹地辽阔,物产丰富。包钢所属铁矿是目前世界上最大的稀土金属矿区,总储量占世界稀土金属储量的80%,占全国储量的90%。还是著名的大港油田及长芦盐区。该盐区是中国最大的海盐产区,还拥有塘沽、大沽及汉沽等盐场。

港区属温带季风气候,春、秋季多西南风,夏季盛行东南风,冬季多西北风。年平均气温12.5℃,最高曾达39.3℃,最低到-18℃。每年12月至次年3月为海河结冰期,有破冰船协助航行。在7~9月会受台风边缘的影响。年雾日有12天,多发生在秋末,冬初的早晨或傍晚。全年平均降水量约为600 mm,以7~8月最多。属不正规半日潮港,大潮升3.8 m,小潮升3.2 m,最大潮差4.3 m。

装卸设备有各种岸吊、门吊、集装箱吊、浮吊、轮胎式吊、叉车、装卸桥、拖船及滚装设施等，其中浮吊最大起重能力达200 t，拖船的功率最大为2 353 kW。新港码头最大可靠5万载重吨的船舶。全港库场面积达136万 m^2，有铁路专线长约5万余米。大沽口的大船锚地水深达16 m。天津新港的集装箱运输早在70年代初就已开始，该码头目前是全国最大的集装箱码头，可接卸"第四代"集装箱船舶，拥有中国第一台最大负荷和最长外伸臂的集装箱装卸桥，其外伸距达44 m，最大负荷为40.5t，具有90年代国际先进水平，还拥有现代化码头业务电子计算机和闭路电视监控系统。集装箱的装卸效率平均每小时为30箱。本港还有年吞吐能力达350万t的粮谷泊位，年吞吐能力达320万t的散盐泊位，年吞吐能力为50万t的散化肥泊位。该泊位引进了国外先进的散化肥灌包设备，使天津成为全国三大散化肥灌包基地之一。天津港的计算机应用始于1983年，先后在微机上开发了吞吐量统计、工资计算及财会管理等应用项目；并在NEC/S430中型机上开发了集装箱码头管理系统。1991年5月经国务院批准设立天津港保税区，起步区面积1.2 km^2，位于新港港区内，其隔离设施已于1992年4月通过国家海关总署验收，开始正式营运，并确定将保税区面积扩展到5 km^2。该保税区在海关、金融、贸易及税收等方面实施比经济特区、开发区更加灵活、优惠的政策。

港口分内、外两港，内港在海河船闸以西的海河内；外港在海河入海口外淤积浅滩处，周围地势低平，陆上无山岭为屏障，沿岸无基岩依托，全靠防波堤掩护，进港航道回淤较严重，须疏浚维护。全港拥有生产性泊位60个，其中万吨级以上泊位45个，岸线长10 km，水深1.25 m。

天津港国内出口以原油、木材、生铁、成品油为主；进口以杂货、海盐、矿建材料为主。国外出口货物以石油为主，进口以粮食、钢铁、金属矿石、化肥为大宗货物，国际集装箱进出口逐年增多。外贸货物进出口占全港货物吞吐比重之大是本港一大特色，1997年全港吞吐的6 789.7万t货物中，就有3 792.1万t是外贸货物；占总吞吐量的56%。

青岛(QINGDAO)港　　位于山东半岛南岸胶州湾畔(36°04′N、120°19′E)，地处黄海北部的咽喉要道，地理位置优越。港湾水深，不淤不冻，自然条件较好。是中国重要的外贸、能源输出和集装箱进出的综合性港口。

该港属温带季风气候，盛行南及东南风，7~9月间有台风影响。年平均气温为12℃，最高曾达36.2℃，最低为-16℃，每年有雾日约55天，以4~7月最多。全年平均降水量约700 mm，雨量集中在7~8月。属正规半日潮港，大潮升4.09 m，小潮升3.27 m。

装卸设备有各种岸吊、门吊、集装箱吊、浮吊、集装箱装卸桥、叉车、牵引车及拖船等，其中浮吊最大起重能力达250 t，拖船功率最大2 354 kW。港区库场面积达58万 m^2，铁路专用线有1.3万m，并与胶济铁路相接。黄岛油码头最大可靠20万载重吨的大型油船，年通过能力达1 700万t，配有全部计算机操作和管理的控制系统，还安装有中国自行设计制造的第一套大型动态计量装置。该码头曾经利用8万 m^3 地下非金属油灌，仅用21 h成功地接卸5.15万载重吨的进口原油，揭开了青岛港原油接卸直进油罐的历史。青岛港是中国最早开始集装箱运输的港口之一，现有2个集装箱专用泊位，堆场可存放6 000 TEU。1994年1月新开辟的3.5万载重吨的集装箱航线可直航美国西部港口，全程仅15天。该航线开通，对促进山东省与北美的经贸发展有着重要的意义。煤炭码头拥有先进的装卸系统，一艘万吨轮从卸车、输送、堆垛、供料到装船仅用2 h。前湾港区矿石码头是中国北方最大的矿石泊位。1994年4月经过国家验收已正式投入使用，新增通过能力达500万t。本港保税区位于胶州湾西岸青岛新区，北临前湾港区，南靠青岛经济技术开发区，总体规划面积为250万 m^2，现已开发86万 m^2，内设贸易、金融、仓储和加工四大功能区。

青岛港的经济腹地为青岛市、山东省及河南、河北和山西省部分地区，青岛港是胜利油田原油和山西煤炭外运的主要通道之一。全港由青岛老港区大港、中港、北港、黄岛油港、前湾新港等港区组成。其中黄岛油港的原油输出量占青岛港吞吐量的40%左右；煤炭输出占20%左右；金属矿石占10%左右。1997 年货物吞吐量 6 910 万 t，其中吞吐外贸货物占总吞吐量的51%。1997 年前湾码头建成了中国大陆沿海目前最大的泊位，码头岸线全长 400 m，水深14.5 m，可接纳当今国际第 5 代集装箱船进行满载装卸。截止到 1997 年底，全港拥有生产性泊位 44 个，其中万吨级以上泊位 24 个。

连云港（LIANYUNGANG）港　位于江苏省东北部黄海海州湾南岸，（34°44′N、119°25′E）是中原、西北地区经济、便捷的出海口岸，中国境内欧亚大陆桥的桥头堡、陇海铁路的终端。

该港属温带季风气候，盛行偏南风，夏季有台风影响。年平均气温 14.6℃，最高达38.5℃，最低达-12℃。年雾日有 43 天，以 4~5 月最多，8~12 月几乎无雾。全年平均降水量约 900 mm。属半日潮港，大潮升 5 m，小潮升 4 m。

装卸设备有各种岸吊、门吊、浮吊、可移式吊、大型集装箱装卸桥、卸煤机、装船机、堆取料机、牵引车及叉车等，其中浮吊的最大起重能力达 200 t。港区库场面积达 89 万 m^2。该港的煤码头是具有 80 年代先进水平的大型煤炭专用码头，可以同时停靠 3.5 万 t 和 1.6 万 t 级船舶各 1 艘。还有 1993 年 5 月通过国家验收并交付使用的 3.5 万 t 级的现代化大型散粮码头，该码头在生产工艺上，具备能装能卸的双重作用，同时还具有散装、袋装、计量、取样、熏蒸、消防、除尘及测温等多种功能的成套设施。该粮食码头所有生产过程均集中自动控制。集装箱码头目前能靠泊第 2 代集装箱船舶，并拥有计算机跟踪系统处理各种文件。举世瞩目的新亚欧大陆桥已于 1992 年 12 月正式营运，该大陆桥全长 10 900 km，这条大陆桥的贯通，对发展中国西部外向型经济及促进中国对外开放都发挥了很大作用。

连云港海峡西海堤的填筑形成了一个半封闭型的海湾，湾内风平浪静，常年不冻，建港条件极好。拥有的全国最长拦海大堤（全长 6 687 m），已于 1994 年 8 月通过国家验收，它将形成30 km 的全天候港池，可建 100 多个万 t 级泊位，为使连云港达到一个国际集装箱运输的中转枢纽港奠定了基础。

连云港的直接经济腹地为连云港市和江苏省东北部地区，并已辐射到河南、陕西、甘肃、青海、宁夏等地。陇海铁路沿线煤炭资源丰富，煤炭的外运占总吞吐量的 50%左右；粮食和盐各占 10%左右。近年来集装箱运输发展迅速，尤其是新亚欧大陆桥的开通吸引了部分韩国、日本等运往欧洲的集装箱来港中转。截止到 1997 年底，全港拥有生产性泊位 26 个，其中万 t 级以上泊位 21 个，岸线长 3 m，最大水深 14 m。1997 年完成货物吞吐量 1 652 万 t，其中外贸货物吞吐量为 1 015 万 t。

上海（SHANGHAI）港　位于长江口及黄浦江内（31°14′N、121°29′E），地处中国大陆海岸线的中心，依江面海，地理位置十分优越。是中国大陆沿海的最大港口，世界上屈指可数的亿吨大港之一。上海港除金山嘴部分外，都属于河口型海港，船舶由长江口出入，入港航道受长江口的拦门沙影响，年年需要疏浚，且吃水 7 m 以上的船舶须候潮出入。加深入港航道成为当务之急。上海港依托的上海市，是全国最大的经济、科技、贸易、金融、信息、文化中心，并正在建成国际航运中心。上海港的经济腹地覆盖苏、浙、皖、赣、湘、鄂、川等 8 个省市，面积占全国的 15.10%，人口占全国的 40%左右，工农业总产值占全国的 40%以上，外贸收购额占全国的

40%~50%。各省市经上海港中转的货物，占上海港吞吐量的50%左右。上海港是世界最大的煤炭进口港和转口港，1996年煤炭的吞吐量占全港总吞吐量的33%。随着中国经济的高速发展，上海港的国际地位日益提高，集装箱运输发展迅速，1995年首次进入世界集装箱大港前20位，排第19名；1996年升为第17名；1997年又越升至第12名。截止到1997年底，全港拥有生产性泊位142个，其中万t级以上的泊位71个，货物吞吐量16 397万t，其中外货物吞吐量为4 713万t。为适应更大船舶出入港口，上海港的深水码头正在筹建中；另外，为达到优势互补，提高港口的国际竞争能力，上海港同周边的宁波、南通、张家港等港口正在共同组建上海组合港，在长江三角洲形成全国，乃至世界最大的港口群体。

该港属亚热带季风气候，春夏盛行东及东南风，秋冬多北及西北风。年平均气温15.4℃，最高曾达40.2℃，最低为-12℃。每年有雾日43天，海上以3~6月为甚，陆上以2月和11月为多。全年平均降水量约1 100 mm，以春、夏为多。台风、暴雨及寒潮每年都有发生。属不正规半日潮港，大潮升3.6 m，小潮升2.7 m，平均潮差2.3 m，吴淞的最高潮位可达5.72 m。

装卸设备有各种岸吊、门吊、抓斗吊、浮吊、集装箱吊、装卸桥、装船机、卸粮机、卸煤机及拖船等，其中浮吊最大的起重能力达500 t，拖船功率最大为2 354 kW。港区仓库面积为47万m^2，堆场面积达150多万m^2，其中集装箱堆场达2.9万TEU。港区铁路线长达10 km，其中装卸线长2.4 km，由港口自行管理。大船锚地在绿华山南锚地最大水深达54 m。自80年代末以来，上海港有了很大发展，新建和改建的主要码头包括：(1)朱家门煤码头有1个2万t级泊位，备有封闭式链式卸煤机；(2)关港码头建有8个万t级深水泊位；(3)宝山码头的集装箱泊位可靠泊"第2代"集装箱船，原料码头还备有中国第一台双悬臂卸料机，该机在国内仅有3台，机高60 m，双臂伸展超过100 m，每小时装卸量可达1 800 t；(4)民生码头拥有远东地区规模最大的8万t容量的散粮筒仓，备有国外引进的1 000 t连续卸船机和600 t的装船机，同时，还有先进的监测自动控制系统装置，可进行连续装卸和计量，其中包括自美国引进的电子散粮灌包秤；(5)张华浜集装箱码头是1985年通过国家验收的上海港第一座集装箱码头，是水路、铁路、公路融为一体的码头，可同时停靠1艘万t级和1艘2.5万t级第2代集装箱船和5艘万t级多用途船舶，自80年代末开始利用电子计算机对装卸进行控制，使码头的每个管理点都能通过计算机了解货运去向，及时调度，加快了装卸速度，每小时的效率可达50 TEU。还具有国际集装箱堆存、装箱、拆箱、发放、洗箱、修箱、中转等现代化管理的综合功能；(6)外高桥新港区一期工程4个万t级泊位，岸线长900 m，水深达12 m，已经建成投产；(7)宝钢码头建成的首座超大型海船锚地，可同时靠泊2艘10万载重吨的船舶，它将使宝钢码头不仅提高了经济效益，而且加快了船舶的周转期，减少货物的压港现象。

上海港主要进出口货物有钢铁、粮食、煤、石油、化肥、木材、水泥、矿石、盐、玩具、废纸及百货等。本港的外高桥保税区是全国开放度最高的保税区，它是按照国际惯例设置的自由贸易区，到1994年10月为止，通过海关验收的面积已从2 km^2扩至5.5 km^2，是全国13个保税区中最大的，也是开发建设最快的保税区。

宁波(NINGBO)港　位于浙江省东北部杭州湾南侧甬江口内外(29°57′N、121°43′E)，背依长江，地处中国大陆海岸线中部。宁波港的直接腹地为宁波市和浙江省，间接腹地为长江中下游的湖北、安徽、江苏、上海等省市的部分地区。宁波港由宁波的老港、镇海、北仑三港区组成，老港区因受水深及甬江航道的限制，不能适应5 000 t级船舶满载出入，主要用于杂货和客运；镇海港区位于甬江口左岸，建有万吨级泊位，主要用于煤、杂货、化工品和成品油的吞吐；北仑港区位于镇海以东海岸,水域宽广,外有舟山群岛阻挡风浪,水深 18 m 以上,15 万 t 级船可自由入港,20 万 t 级船可侯潮入港,是华东沿海唯一的深水港区,有中国第一个 10 万 t 级矿石码头,主要为上海宝山钢铁厂进口矿石,还相继建成了原油、煤炭、集装箱及多用途泊位。宁波港吞吐的大宗货物是煤炭、矿石、原油,分别约占总吞吐量的 30%、30% 和 20%。截止到 1997 年底,全港拥有生产性泊位 42 个,其中万吨级以上泊位 19 个,货物吞吐量 8 220 万 t,其中外贸货物吞吐量为 3 308 万 t。

厦门(XIAMEN)港　位于福建省南部金门湾内,九龙江入海口处(24°27′N、118°04′E),濒临台湾海峡。这里港阔水深,主要航道深达 12 m 以上,万吨级船舶进出不受影响,而且避风少雾,不淤不冻,为中国东南沿海的深水良港。厦门港的经济腹地以闽南为依托,对内延伸至福建西部、中部及江西、湖南、浙江南部和广东东北部。厦门港目前有 4 个港区:和平区位于厦门市区海滨沿线;东渡港区位于厦门岛西侧;高崎港区位于厦门岛东北侧;刘五店港区位于同安县刘五店。近年来外贸吞吐量占总吞吐量的比重不断提高,1997 年上升为 61.4%,主要外贸进口大宗货物是粮食、化肥、原糖等,外贸出口货物中工业品约占 1/3,煤炭和重晶石约占 1/3,糖、非金属矿石、矿建材料等也占外贸出口的重要比重。截止到 1997 年底,全港共有生产性泊位 47 个,其中万吨级以上泊位 10 个,货物吞吐量 1 754 万 t,其中外贸货物吞吐量为 1 072 万 t。

深圳(SHENZHEN)港　位于珠江口以东,南海大亚湾以西的深圳市两翼。深圳市的海岸线被香港的九龙半岛分成东西两部分,因而深圳港分为西部港区和东部港区。西部港区位于珠江口东岸入海前缘,主要包括蛇口(22°28′N、113°54′E)、赤湾(22°28′N、112°52′E)、妈湾和东角头等港区;东部港区位于南海大鹏湾西北部,主要包括盐田(22°34′N、114°17′E)和沙鱼涌等港区。东西港区均与香港的九龙半岛隔海相望,自然条件优良。深圳是中国改革开放的前沿,工农业飞速发展,金融贸易发达。深圳港的直接腹地为深圳市、惠阳市、东莞市和珠江三角洲的部分地区,运转腹地范围包括京广和京九铁路沿线的湖北、湖南、江西、粤北、粤东、粤西和广西的西江两岸。蛇口港区是深圳市重要的水、陆客货运输枢纽,1997 年底拥有生产性泊位 29 个,其中万吨级以上泊位 8 个;赤湾港区是条件优越的石油服务基地和重要的深水港,化肥灌包是最大宗的进口货物。1997 拥有生产性泊位 11 个,其中万吨级以上泊位 7 个;盐田港区湾阔水深,风平浪静,是中国南部重要的深水港区,于 1985 年开始建设,根据规划,盐田港将有 48 个深水泊位,以集装箱、散货、袋装水泥、木材、矿建材料为主,先期完工的泊位已陆续投产使用。深圳港的集装箱吞吐量主要来自蛇口、赤湾和盐田等港区,近几年其集装箱吞吐量迅速增长,继 1996 年集装箱吞吐量翻番后,1997 年又增长 72%,位居全国第 2 位,成为全国发展最快的港口。1997 年全港货物吞吐量 1 543 万 t,其中外贸货物吞吐量为 835 万 t。

广州(GUANGZHOU)港　位于珠江三角洲北部、珠江口内(23°06′N、113°26′E),临广州市,是华南地区最大的国际贸易港口,还是珠江三角洲水网运输中心和水陆运输枢纽。

该港属亚热带季风气候,盛行东北风。年平均气温为 21.9℃,最高曾达 38.7℃,最低在 0℃左右。全年平均降水量约 1 700 mm。每年夏、秋季有台风袭击。属不正规半日潮港,大潮升 2.4 m,小潮升 2 m。

广州港的经济腹地以广州市为主要依托,包括广东、广西、湖南、湖北、云南、贵州、四川以及河南、江西、福建的部分地区。广州港分为内港、黄埔、西基、新港、新沙等港区,内港港区位于市区珠江沿岸,主要是一些 5 000 t 级以下的泊位和客运及企业自备码头;黄埔港区位于广州市东郊黄埔镇附近，建有万吨级煤炭、矿石和集装箱专用泊位；西基新港港区在东江口北侧珠江东岸，距黄埔港区约 10 km，建有两个 2.4 万 t 级的石油泊位和两个 3.5 万 t 级的煤炭泊位和一些万吨级以上的散粮、化肥及集装箱泊位；新沙港区在新港港区下游约 5 km 的珠江东岸，建有 10 个 3.5 万 t 级泊位，用于煤炭、矿砂、化肥及杂货。

装卸设备有各种岸吊、门吊、集装箱吊、吸粮机、灌包机、轮胎起重机、浮吊及滚装设施等，其中浮吊的最大起重能力达 250 t。港区有铁路专用线直达码头，长达 12 km。码头最大可靠 3.5 万载重吨的船舶。在大屿山锚地可泊 15 万载重吨的各种类型船舶。本港库场面积达 96 万 m^2。1993 年 6 月广州第一座液化气专用码头通过验收正式投产，它拥有 1 000 m^3 的球型储罐，每年可为广州及珠江三角洲地区供气 5 万 t 以上。广州保税区位于经济技术开发区的北围地段，总面积为 1.4 km^2，它是在海关监管下，实行保税制度的特定区域。它还是全国第一家由外资企业全面承担开发经营任务的保税区。

1997 年货物吞吐量 7 518 万 t，其中外贸货物吞吐量为 2 307 万 t。在全港吞吐的货物中，煤炭约占总吞吐量的 30%，石油约占 18%，粮食约占 8%，化肥约占 6%。截止到 1997 年底，全港拥有生产性泊位 114 个，其中万吨级以上泊位 27 个，岸线长 9.5 km，最大水深 12.5 m。

湛江(ZHAMJIANG)港　位于广东省雷州半岛东北部的湛江湾(21°11′N、110°24′E)，临湛江市。是华南和西南地区重要的海陆交通枢纽，还是中国通往东南亚、非洲、欧洲和大洋洲航程最短、运输最经济的港口。其直接经济腹地包括云南、贵州、四川、广西、湘西及粤西地区，间接腹地主要为海南省。湛江湾是个天然海湾，湾内水域宽广，水深浪静。湛江港拥有 5 个各具不同运输功能和特点的装卸区：一区为本港最早建设的码头，主要用于杂货运输；二区在港口西部，主要用于原油和成品油运输；三区在一区东北约 11 km，主要用于矿砂、杂货、煤炭运输；四区位于一区、二区之间，主要用于散粮和杂货等运输；五区位于湛江市经济技术开发区内，建有集装箱专用泊位。进出本港的主要货物是：石油约占 48%；金属矿石约占 11%；非金属矿石约占 9%；化肥约占 8%；粮食约占 7%。外贸货物占总吞吐量的 50% 以上。截止到 1997 年底，全港拥有生产性泊位 31 个，其中万吨级以上泊位 24 个，货物吞吐量 2 050 万 t，其中外贸物货吞吐量为 1 253 万 t。

表 2-3　中国主要港口集装箱吞吐量排名(1997 年)

名次	港口	集装箱吞吐量(万 TEU)	名次	港口	集装箱吞吐量(万 TEU)
1	上海	252.7	11	福州	22.5
2	深圳	114.7	12	南京	13.0
3	青岛	103.3	13	南通	12.2
4	天津	93.6	14	张家港	11.9
5	广州	68.7	15	连云港	11.3

续表 2-3

名次	港口	集装箱吞吐量（万 TEU）	名次	港口	集装箱吞吐量（万 TEU）
6	厦门	54.6	16	烟台	10.0
7	大连	45.3	17	汕头	7.4
8	中山	31.9	18	湛江	4.4
9	珠海	26.2	19	营口	4.1
10	宁波	25.7	20	威海	3.1

资料来源:中国港口 1998 年第 1 期

表 2-4　中国沿海主要港口码头泊位和吞吐量一览表(1996 年)

港口	码头泊位个数（个）		旅客吞吐量（万人）		货物吞吐量(万 t)					
					合计		出口		进口	
		万 t 级以上		出口		外贸		外贸		外贸
合计	1 282	405	5 865	2 988	85 152	32 143	41 157	13 777	43 995	18 366
丹东	8	4	–	–	206	71	143	60	63	12
大连	62	32	535	273	6 427	2 782	4 325	1 762	2 102	1 021
营口	19	9	–	–	1 493	776	1 105	459	388	317
秦皇岛	25	23	–	–	8 312	2 516	7 863	2 090	449	426
天津	60	45	59	28	6 188	3 154	4 839	2 120	1 349	1 034
龙口	17	5	21	10	759	231	462	222	298	9
烟台	23	9	348	175	1 430	749	692	335	738	414
威海	10	2	85	41	409	102	142	45	267	57
青岛	44	24	9	5	6 003	2 742	2 845	1 047	3 158	1 696
日照	18	10	–	–	1 575	723	1 364	602	211	121
连云港	25	20	1	…	1 583	998	1 179	646	404	352
上海	138	69	785	422	16 402	4 136	4 455	1 454	11 947	2 681
宁波	39	17	455	268	7 639	2 859	2 967	278	4 672	2 581
舟山	20	2	564	273	1 187	453	488	24	700	429
台州	10	–	12	6	516	22	22	4	494	18
温州	18	3	111	55	611	43	67	17	544	26
福州	31	6	11	7	1 247	384	380	242	868	142
泉州	28	1	1	1	804	227	334	41	470	186
厦门	47	10	20	11	1 553	857	347	289	1 206	568
汕头	19	3	7	3	832	547	74	14	758	533
蛇口	29	8	350	175	747	456	236	97	511	359
赤湾	11	7	–	–	656	465	225	87	430	378
广州	114	27	187	87	7 450	2 328	2 272	431	5 178	1 897
湛江	29	23	44	22	1 769	904	481	218	1 288	686
海口	15	2	147	77	537	226	176	29	361	197

续表 2-4

港口	码头泊位个数（个）		旅客吞吐量（万人）		货物吞吐量(万 t)					
					合计		出口		进口	
		万 t 级以上		出口		外贸		外贸		外贸
八所	8	4	–	–	265	14	235	7	31	7
三亚	5	–	…	…	31	4	11	2	21	3
北海	5	2	40	20	199	85	76	37	123	48
防城	18	8	–	–	509	488	292	281	216	207
其他	387	30	2 070	1 026	7 813	2 801	3 059	837	4 750	1 961

资料来源：中国交通年鉴　1997 年中国交通年鉴社

香港特别行政区

国际航运的要冲位置　香港位于珠江口东侧深圳河以南的南海之滨，地理坐标是 22°09′N 至 22°27′N，113°52′E 至 114°30′E 之间，由香港岛、九龙半岛、新界本土和新界离岛四部分及 230 多个岛屿组成，总面积 1 078 km^2。其中香港岛为第二大岛，面积 82.5 km^2，成为香港特别行政区的政治、经济中心，人口也多集中于岛内。九龙半岛与香港岛隔着宽约 1.5 km 的维多利亚湾相望，两者之间有海上轮渡、海底隧道及地铁相通，交通十分方便，其他一些大岛之间均有公路大桥相接。香港地处欧亚大陆东南部，太平洋与印度洋的航运要冲，是世界航运中心之一；同时也处于亚太与美洲有利时差区内，成为世界股票、黄金市场 24 h 全球性连续交易的中继点。优越的地理位置成为香港经济发展的重要因素。

香港全境多为陡峭的山丘和岩石裸露的地面，平原面积狭小，区内相对高度相差悬殊，最高的大帽山海拔 957 m，低地常被海水淹没。气候属亚热带海洋性季风气候，全年高温多雨，年平均气温在 22.8°C，年平均降水量为 2 200 mm，但因基岩难以蓄水，地下水资源缺乏，河流又少，随着经济与人口的不断增长，水成为制约香港发展的因素之一，但有大陆的支持就不成什么问题了。台风是香港一大自然灾害。

因为香港多半岛、岛屿，所以形成海湾、岬角、海峡相间的深锯齿状的里亚式海岸，海岸线长约 870 km，多为岩岸。众多的海湾成为香港主要的水产区、风景游览区和海滨浴场。其主要海湾有深圳湾、大鹏湾、清水湾、深水湾、浅水湾等。著名的香港海洋公园就位于深水湾岸边。浅水湾因滩平水滑，有天下第一湾之美誉。主要海峡有鲤鱼门海峡、硫磺海峡、汲水门海峡，成为维多利亚港 3 个主要出入通道。兰塘海峡为维多利亚港东部的出港海峡。另有新界西北部的赤门海峡，位于南丫岛东、西岸的东、西薄寮海峡。

香港特区人口 606 万（1994 年），人口密度为每平方公里 5 790 人。其中华人占 98%，外国人只占 2%，其中有英、日、美等国侨民，人口多集中分布在香港岛和九龙半岛，近年新兴工业城市新界离岛人口发展也很快，三区面积只占全区总面积的 11.6%，却集中了 77%的人口。

快速发展的外向型经济　香港原是广东省新安县珠江口的小渔村，50 年代初期以前只是个经济落后的转口贸易港，其工商业发展的程度远不如上海和广州。50 年代中期开始高速发展，仅用 20 多年的时间一跃成为新兴工业城市和世界闻名的国际大都市。香港之所以发展这样快，其原因是多方面的。第一，优越的地理位置。香港不仅是中国华南地区重要港口，也处于亚太地区航运和国际贸易的中心位置,是西方国家经济贸易活动进入南中国经济特区及广大腹地的主要门户;由欧洲、非洲和南亚次大陆往来于东亚之间的航运船只多以香港为必经之地;美洲和东南亚、南亚次大陆之间的航运船只也多以香港为中转站;也是澳新地区与东亚之间航运的要道。第二,50 年代后期相对稳定发展的外部环境。50 年代的朝鲜战争、越南战争、两伊战争及印度尼西亚的反华事件,香港作为自由港没有受到波及,反而成为这些国家资本的避风港,这为其经济的快速发展提供了资金与机会。另外,战后整个西方国家普遍处于和平发展和相对稳定的局势,使香港处于和平稳定发展的国际环境。第三,实施自由经济政策。香港经济的起飞没有自由经济政策是不可能的。香港政府围绕营造一个自由竞争的经济环境,以维护自由企业制度和保障最大限度地发挥市场自动调节的机能,促进经济繁荣这个总目标,在各个经济领域内均采取自由开放的经济政策,避免对工商及金融界进行干预,尽量让他们在本港和世界市场自由竞争 。有人把这一政策概括为:“你投资我欢迎,你赚钱我抽税,你赔本我不管。”根据这一指导思想,港英当局对工商活动基本采取自由贸易、自由企业、自由外汇的不干预政策。第四,祖国大陆的支持。香港是一个土地面积狭小,资源贫乏的弹丸之地,食品、燃料、原料、机械设备及半成品均需进口,这些除靠西方发达国家市场以外,更离不开祖国大陆的支持。香港回归以后这种依赖性有增无减。内地向香港提供几乎全部淡水、活猪、活鱼、鲜蛋等各种食品、建筑材料及能源等。第五,凭港人的拼搏精神和才智。当今的世界,是个竞争的世界,这里有自由竞争和垄断,关税壁垒、非关税壁垒和倾销,渗透与反渗透等一系列经济竞争。香港能在国际上这种错综复杂的商战中站稳脚跟,取得成效,除了客观上的有利条件和主观上的自由政策之外,港人的顽强拼搏精神和聪明才智也是其经济腾飞的原因之一。港人一向以刻苦耐劳,灵活适应性强而著称,他们的劳动生产率比任何亚洲国家和地区都高。基于上述原因使香港经济在短时间内得到快速发展,受到世界各国的关注,被称为“亚洲四小龙”之一。由于香港经济的快速增长,导致生产规模的不断扩大,从小商埠发展成为国际贸易、金融、航运中心,1991 年跻身于世界十大贸易地区行列,1993 年又上升至第 8 位(表 2-5)。

表 2-5　香港对外贸易在世界的地位

年　份	总贸易额		出口额		进口额	
	亿美元	地位	亿美元	地位	亿美元	地位
1978	249.47	20	114.98	23	134.49	20
1979	320.00	21	151.00	27	171.00	21
1980	421.00	20	197.00	25	224.00	19
1981	465.00	19	218.00	17	247.00	18
1982	446.00	18	210.00	20	236.00	18
1983	460.00	17	220.00	18	240.00	17
1984	569.00	13	283.00	15	286.00	16
1985	597.00	13	301.00	14	296.00	15
1986	709.00	13	355.00	14	354.00	13
1987	960.00	12	480.00	12	480.00	13
1988	1 210.00	11	630.00	11	580.00	12
1989	1 450.00	11	730.00	11	720.00	11
1990	1 640.00	11	820.00	11	820.00	12
1991	1 980.00	10	980.00	10	1 000.00	10
1992	2 400.00	10	1 180.00	10	1 220.00	10
1993	2 780.00	8	1 350.00	8	1 430.00	7

资料来源:主编: 曹淳亮 香港大辞典 经济卷 广州出版社

1995 年香港外贸总额占世界贸易总额的 5%，居世界第 8 位，在亚洲仅次于日本，名列第 2。若按人均计算，则位居世界第 2 位，仅次于新加坡。香港的转口贸易则名列世界第 1 位。目前，香港同世界 200 多个国家和地区有贸易往来。香港有 11 万家贸易公司，雇员人数超过 50 万；有 1 165 家境外跨国公司以香港为亚太地区总部或办事处。1995 年香港国民生产总值达 1 470 亿美元，在世界各国和各地区 GDP 排名当中，1980 年排第 41 位，1985 年排第 37 位，1990 年排第 29 位，1995 年排第 27 位；人均 GDP 1985 年 6 230 美元，列第 26 位，1990 年 12 588 美元，列第 20 位，1995 年 24 436 美元，列第 16 位（如图 2-3 所示）。

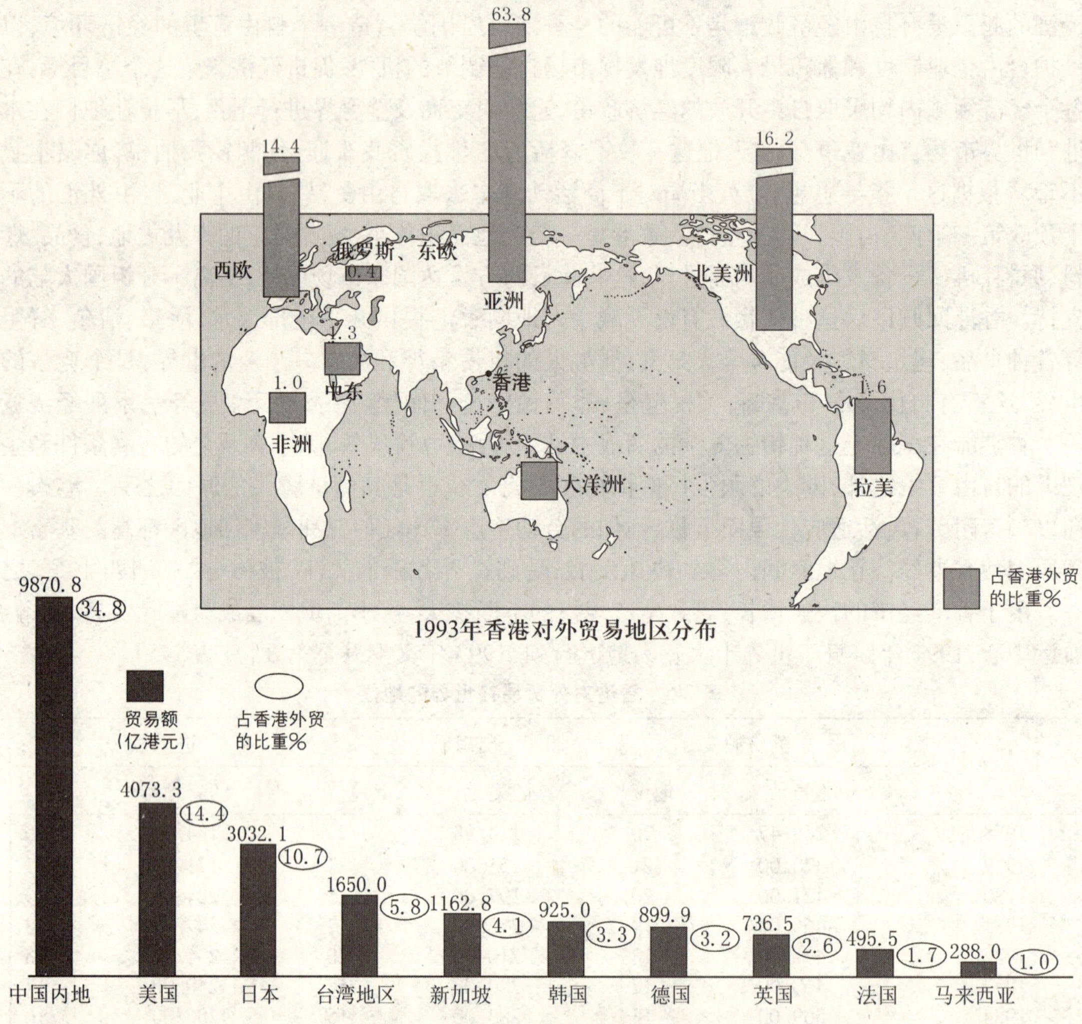

图 2-3　1995 年香港十大贸易伙伴

以航运业为核心的交通运输业　香港的交通运输业是国民经济的基础产业部门，是香港联系世界各地的重要渠道。它的不断发展和完善，既是构成香港良好投资环境，增强对外资吸引力的客观要素，又是推动香港经济腾飞的重要动力之一。香港经济的发展，离不开对外贸易，而交通运输则是开展对外贸易的桥梁和纽带。运输业为香港经济的发展发挥了先行作用，并随着香港经济的发展而同步增长。其特点是：

1. 转口港功能比较突出　香港从开埠到第二次世界大战以前，基本上充当转口港的角色，主要为华南地区和东南亚各国的转口服务，本身并无大量商品出口。以后由于太平洋战争和朝鲜战争的影响，香港的转口贸易受到严重打击，不得不加快自身出口导向型产业的发展。80年代以来，中国实行对外开放政策，香港与内地的贸易关系日益密切，香港转口港的地位和功能再次发挥出来。从表 2-6 中可以看出，自 1988 年后，香港的转口贸易大大超过本地产品的出口。

表 2-6　香港对外贸易额(亿港元)

年　份	进　口	本地出口	转　口	占总额的比重	总　额
1960	59	29	11	11.2%	98
1965	90	50	15	9.7%	155
1970	176	123	29	8.8%	328
1975	335	229	70	11.1%	633
1978	631	407	132	11.3%	1 170
1980	1 117	682	301	14.3%	2 099
1985	2 314	1 299	1 053	22.6%	4 666
1988	4 988	2 178	2 754	27.8%	9 917
1990	6 425	2 259	4 140	32.3%	12 824
1991	7 790	2 310	5 484	35.5%	15 449
1992	9 553	2 341	6 908	36.7%	18 802
1993	10 726	2 230	8 232	38.9%	21 188
1994	12 507	2 209	9 479	39.2%	24 207
1995	14 944	2 317	11 247	39.5%	28 508
1996	15 356	2 122	11 858	40.4%	29 335
1997	16 150	2 110	12 450	40.5%	30 710

资料来源：香港大辞典 经济卷 主编 曹淳亮 广州出版社

海运情报 1998 年第 8 期

2. 自由港优势得到充分发挥　香港是目前世界上最开放的自由港，体现在航运政策方面主要是实行企业自由经营，船舶自由进出和船舶自由登记。企业自由经营表现在不受国籍和投资比例的限制，个人或企业都可以在港投资经营航运业。船舶自由进出，大部分货物免税免检。任何国家或地区的船舶都可自由进出香港港口，无需办理申请手续，只要在 24 h 之前电告海事处属下的港口通信中心即可。进港货物，海关除对烟、酒、化妆品等少数商品征税外，其他商品均免税免检。船舶自由登记是指香港船东的船舶，可以自由选择在任何国家和地区注册登记。凡不在香港注册的船舶，不受香港法律的约束，也无需向香港政府纳税。任何国家的船舶只要符合香港船舶注册法律的规定，均可在港注册，给以船东选择的自由。在航空管理方面也是如此。机场客货进出境手续比较简单，出入方便，尽量减少旅客及货物在机场停留的时间。香港的自由港政策，吸引了众多的国际上实力雄厚的航空公司、航运公司来港开展业务，不仅为香港的航空、航运业提供了充足的运力保证，而且由于宽松的贸易环境和购物条件，使香港发展成为一个万商云集的国际大都会，为航空、航运业提供了充足的货源和客源。因此，自由港优势的充分发挥，是香港经济腾飞及航空、航运业高速发展的重要策略保证。

3. 集装箱化程度不断提高，各种运输方式协调发展　香港运输事业的飞速发展是从 70 年代初葵涌集装箱码头兴建之后开始的。至 90 年代，集装箱运输已普及到海、陆、空各种运输方式之中，在香港对外运输业中占有重要的地位。1987 年起，香港港口集装箱吞吐量位居世界之首，并保持多年的领先地位。公路集装箱运输近年来发展异常迅猛，中国内地与香港之间已有专营集装箱业务的公司50多家，车辆近千辆。铁路集装箱运输也已展开，并将随广深高速铁路通车和京九铁路的建成而逐步发展起来。集装箱运输在航空运输中也占重要位置。香港空运货站为处理长达6 m的航空集装箱设计了特制系统。随着空运货物的增长，集装箱化程度必将进一步提高，并为各种运输方式实现联运创造了前提条件。

4. 硬件设施先进，管理严密，效率一流　香港港口设施和机场设施均相当完善，积极采用先进技术装备，各种助航设施齐备精良，服务周到，管理已实现电脑化，港口装卸效率和机场运作效率都很高。葵涌码头面积狭小，比纽约港、鹿特丹港、高雄港面积都要小，但集装箱吞吐量却高于这些港口。每公顷码头面积一年可处理集装箱2.6万个，堆场上每一公顷土地实堆箱数达1 300多个，堆存密度是纽约港的7倍，鹿特丹港的3倍，高雄港的2倍。每艘船在港停留时间平均13 h，最短为10 h。主要依靠先进的设备，严密的科学管理，规范化的港口运作和员工的勤奋，创造了世界上一流的装卸水平，使香港保持了多年集装箱吞吐量世界第一的地位。

香港的启德机场虽空域、地域面积都比较狭小，但严密的科学管理使其成为世界上最繁忙，效率最高的国际机场之一。90年代以来，无论是葵涌码头还是启德机场的容量已近饱和，扩展已无余地。铁路货运能力不足，货站容量小，使运量长期在180万t左右徘徊，远不能满足中国内地外贸迅速增长的需要。特别是香港国际航运中心的地位，受到来自新加坡港和高雄港的严峻挑战，已引起港府和航运界人士的关注。加快交通基础设施，特别是港口、机场设施的建设已势在必行。香港往日的辉煌，有赖于港口、机场设施的现代化，而要创造香港未来的繁荣，保护香港的国际航运、航空中心的地位，更有赖于交通运输业继续发挥先导作用。1989年10月，港府正式通过了《港口与机场发展策略》总体计划。根据这一计划，一个全新的港口正在大屿山北部和屯门西岸兴建。一个崭新的现代化国际机场已于1998年投入使用并取代了繁忙拥挤的启德机场。

香港的交通运输业主要包括航运业、航空运输业和陆路过镜运输及区内交通运输4部分组成。其中因为地理环境的关系，航运业为交通运输业的核心部门。

香港从100多年前的一个荒僻的小渔村，发展成为今日的国际航运、航空、金融、贸易、旅游、信息中心的国际大都会，其航运业经历了一个反复曲折的发展过程。从1841年到第二次世界大战以前，香港基本上只是一个转口港，经营华南地区和东南亚各国的转口贸易。1937年外贸进口额为9.23亿元，出口额为8.44亿元。1941年日军占领香港以后，香港的航运业和对外贸易受到严重破坏。1946年外贸进口额下降至3.45亿元，出口额仅2.46亿元。战后，香港经济迅速恢复，1947~1950年，贸易总值每年以35%的速度增长，转口业务再度兴旺。1950年进出口总值达到75.03亿元，其中，对中国内地的贸易总值达20.43亿元，占香港贸易总额的27.2%；对内地的出口达12.6亿元，占出口总额的33.9%。朝鲜战争期间，英国追随美国实行对华禁运的政策，香港的贸易和航运再次受到严重影响。进出港的船舶减少，港口货物吞吐量从1950年680万t下降至1953年的480万t。进出口贸易从1950年的75.03亿元，下降至1953年的66.06亿元。50年代后期，香港被迫进行产业结构的调整，加快了出口导向型加工业的发展。为了发展轻工业，需要进口原料、燃料和建筑材料，产品出口数量也逐渐增多，港口功能得到恢复，并开始形成以香港产品出口为主，转口运输降为次要地位的格局。六七十年代是香港经济快速发展的时期，航运业也出现了生机勃勃的局面。港口码头设施不断扩大完善。特别是葵涌集装箱码头的兴建,结束了香港依靠帆船和蒸汽船运输的时代,而进入以集装箱运输为主的现代化高效率的国际港口新时代。优越的地理位置和良好的港口条件,使香港航运业的发展具有得天独厚的优势。香港开埠以后,英国将其辟为自由港,实行各种优惠政策,吸引各国商船、商人到港中转和发展贸易。香港依靠对外贸易带动经济的高速发展,而自由港政策和完善的港口设施又是经济发展的前提和基础。经过 100 多年,尤其是近几十年的建设和扩展,港口的基础设施日益完善、齐备,经营管理良好,服务效率很高,可容纳上百艘远洋船只同时靠泊和系泊作业。到 90 年代初,香港已与世界 100 多个国家和地区的 460 多个港口有运输和贸易往来, 形成一个以香港为枢纽,航线通达五大洲、三大洋的海上运输网络。航线稠密、班轮很多,有 19 条主要航线通达世界各地。每条主要航线都有多家轮船公司排出定期班轮行驶。北美、西欧是这些航线的主要目的地。80 年代以来,随着亚太地区经济的高速增长,香港与亚太地区的航运往来也显著增加。世界各地有来自 300 多家轮船公司的总部、分公司或代理处设在香港。每年有 200 多个国家和地区,悬挂 70 多个国家或地区旗帜的远洋船舶往来于香港与世界各港口之间。1993 年进出香港港口的远洋船舶有 66 496 艘(如图 2-4),其中抵港船舶 32 972 艘,离港船舶 33 524 艘,装卸货物 9 791.9 万 t,其中 60%以上为集装箱运输。香港的集装箱运输比欧美、日本等发达国家晚,但发展迅速,后来居上,在香港航运业发展中具有十分重要的地位和作用。70 年代初,葵涌码头集装箱码头的兴建,使香港航运业进入一个崭新的发展时期。目前,葵涌码头已拥有 8 个集装箱专用码头,18 个泊位。1971 年,全港集装箱吞吐量仅为 25 万个 TEU,1987 年上升至 339.36 万个 TEU,位居全球第一。1993 年吞吐量达 920 万个 TEU,又比 1987 年翻了一番多。其中约有 63%或 580 万个 TEU 由葵涌码头处理。香港紧靠珠江口,与华南地区大小数十个港口相连,水上交通往来十分方便,是内地的重要转口港。1993 年抵港的内河船 132 511 艘,离港船只 131 752 艘,装卸货物 2 070 万 t,对香港海运货物的集疏运起了重要作用。香港拥有一只庞大的独立商船队,是国际航运业中一只重要力量,其规模之大,仅次于日本、希腊等少数国家。1993 年香港船东协会会员拥有远洋船舶 1 294 艘,载重吨位 6 050 万 t,为香港航运业的发展发挥了巨大的作用,在国际航运业中也占有重要地位。至 1993 年,在香港正式注册的大小航运公司和码头公司约 2 000 家,加上为海运服务的企业共 3 612 家,从业人员 34 829 人。就集装箱吞吐量,使用港口设施的船舶数目、吨位和装卸货物量而言,香港港口是世界上最繁忙的港口之一。除货物运输外,香港的客运也很繁忙。香港拥有两座现代化的客运码头,一是位于港岛中环的港澳轮渡码头,1993 年旅客吞吐量达 1 300 万人次;一是位于尖沙嘴的中国客运码头,1993 年旅客吞吐量为 670 万人次。现有 8 家轮船公司经营香港与内地间的 29 条航线。随着世界经济的复苏,全球航运业可望走出低谷,特别是中国经济的持续增长,必将促进香港航运业和集装箱运输的蓬勃发展。维多利亚港位于香港岛和九龙半岛之间。海港面积约 5 200 hm^2。东西长,南北宽。最宽处 9.6 km,最窄处为 1.6 km。港阔水深,终年不冻不淤,与美国的旧金山和巴西的里约热内卢为世界三大天然良港,可容纳上百艘远洋轮船同时靠泊作业。吃水 12 m 深的远洋船舶可以自由进出。海港有 3 个出入口处:(1)东边入港水道为鲤鱼门,可容巨轮进出。凡经太平洋从东北亚、美国、澳洲和日本而来的船舶,入口经鲤鱼门。(2)西边入港水道为硫磺海峡。(3)西北边入港水道为汲水门,凡经大西洋、印度洋从南亚、欧洲、非洲而来的船只入口经汲水门。港内有 3 个大海湾,即九龙湾、红勘湾和爱秩序湾。现有两个避风塘,即九龙油麻地避风塘和港岛铜锣湾避风塘,是一个巨型的深水避风良港。港区内设有 A、B 两级浮筒 76

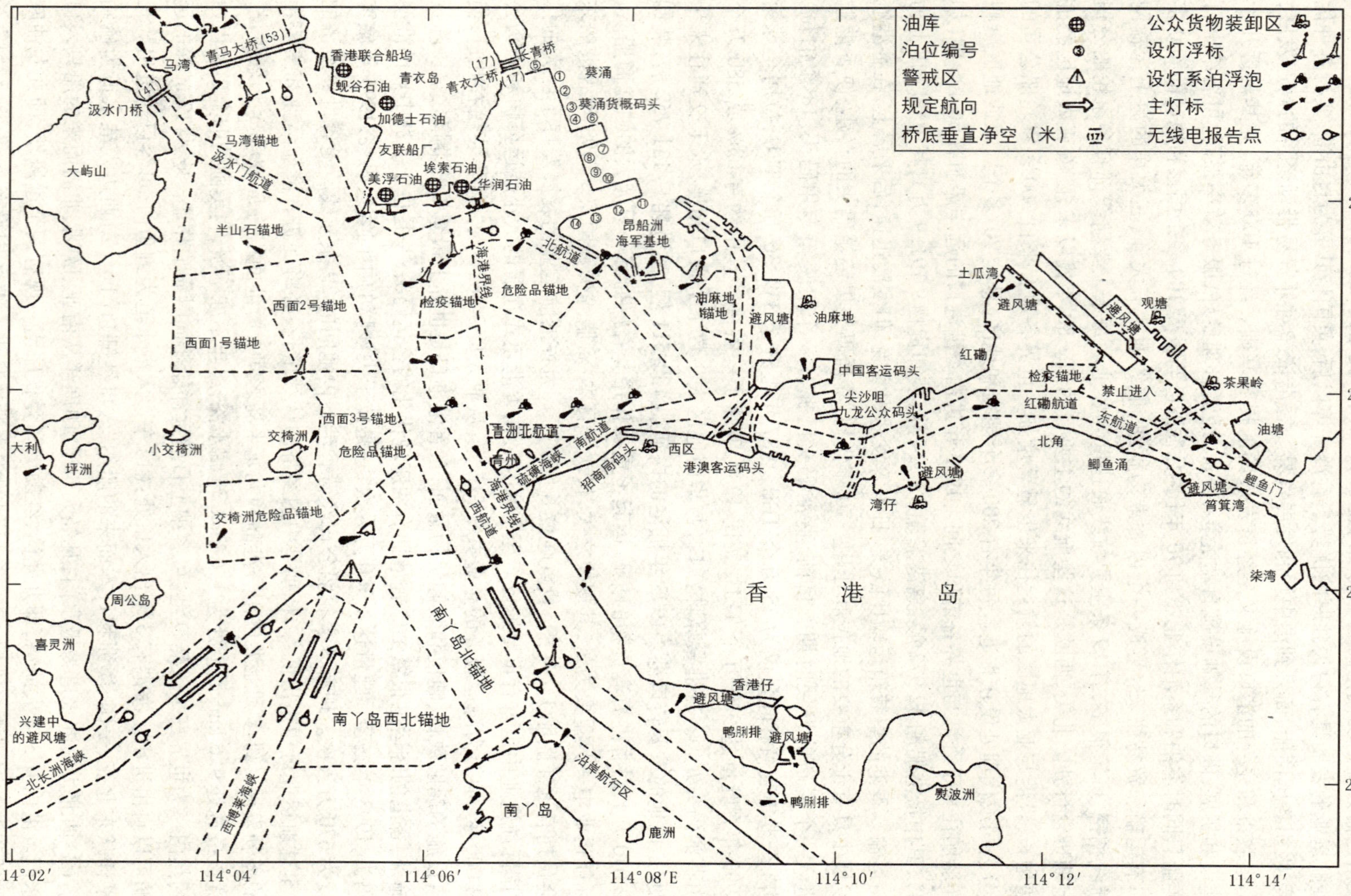
油库
泊位编号
警戒区
规定航向
桥底垂直净空（米）
公众货物装卸区
设灯浮标
设灯系泊浮泡
主灯标
无线电报告点
马湾
青马大桥（53）
汲水门桥
香港联合船坞
青衣岛
蚬谷石油
加德士石油
友联船厂
埃索石油
美浮石油
华润石油
长青桥
青衣大桥
葵涌
葵涌货柜码头
大屿山
马湾锚地
汲水门航道
半山石锚地
西面2号锚地
西面1号锚地
昂船洲
海军基地
北航道
海港界线
检疫锚地
危险品锚地
油麻地锚地
避风塘
油麻地
土瓜湾
观塘
红磡
中国客运码头
尖沙咀
九龙公众码头
检疫锚地
红磡航道
禁止进入
茶果岭
东航道
北角
鲗鱼涌
油塘
鲤鱼门
筲箕湾
柴湾
湾仔
港澳客运码头
西区
招商局码头
南航道
硫磺海峡
青洲
香港北航道
西航道
大利
坪洲
小交椅洲
交椅洲
西面3号锚地
危险品锚地
交椅洲危险品锚地
周公岛
喜灵洲
兴建中的避风塘
北长洲海峡
西博寮海峡
南丫岛西北锚地
南丫岛北锚地
香港岛
香港仔
鸭脷排
南丫岛
鹿洲
沿岸航行区
熨波洲
114°02′
114°04′
114°06′
114°08′E
114°10′
114°12′
114°14′
22°20′
22°18′N
22°16′
22°14′

图 2-4　香港港口图

个,A 级浮筒 44 个,适宜系泊 137~183 m 长的船舶;B 级浮筒 32 个,适宜系泊 137 m 以下的船舶。其中有 60 个是防台风浮筒,可使船舶在台风袭港时仍可系稳。海港经多年建设和发展,港内设施日臻完善,主要进出港航道和若干重要地点共建立了多种助航设施 307 处,包括灯塔、浮标、灯光信标、无线电信标和雷达信标。还有符合国际标准的港口通信中心及 5 个信号站。中心及各站每日 24 h 运作,通过电话、电传等通信手段保持相互间及与船舶的联系,监听船只的运行情况。港内后勤辅助设施齐全,能提供燃料补给、食水供应、船舶建造和维修服务等。每年约有 1 万艘以上船舶在港内碇泊,货运以集装箱运输为主要方式,但也用驳船和货艇装卸货物。位于海港西北角的葵涌集装箱码头是全港航运中心。1995 年进出港远洋轮船 8 万多艘;装卸货物 12 861.8 万 t,60%以上为集装箱运输;运送国际旅客 2 090 万人次。就抵港船只数目、货物吞吐量及出入境旅客数量而言,该港是世界上最繁忙的港口之一,也是装卸效率最高的港口之一。普通货船平均停留两天半,集装箱船平均只停留 13 h。香港与世界 100 多个国家和地区的 460 多个港口有运输和贸易往来,全世界有 300 多家轮船公司的总部、分公司和代理处设在香港。

香港集装箱码头　香港早先的港口中心在维多利亚湾,但该湾对于集装箱码头的发展来说不够宽广,因此,当局决定在九龙的葵涌兴建。葵涌码头于 1972 年起开始兴建,迄今已建成 CT1 号~CT8 号 8 个码头,18 个泊位,年处理量 800 万 TEU 以上,约占全港处理量的 68%左右,还有 25%左右的集装箱是水上装卸(Mid-stream)的,现今大型的驳船可装载 200TEU,且不少配有起重设施。余下的 7%是内河装卸(River Trade)量,这些内河船舶连接澳门、九州港、蛇口和广州等珠江三角洲地区。葵涌集装箱码头拥有 15 m 水深的泊位和 44 m 以上大跨距的桥吊,可以接纳超巴拿马型集装箱船舶。为扩大吞吐能力,CT9 号码头的 4 个泊位于 1997 年动工,1999 年起将陆续交付使用。

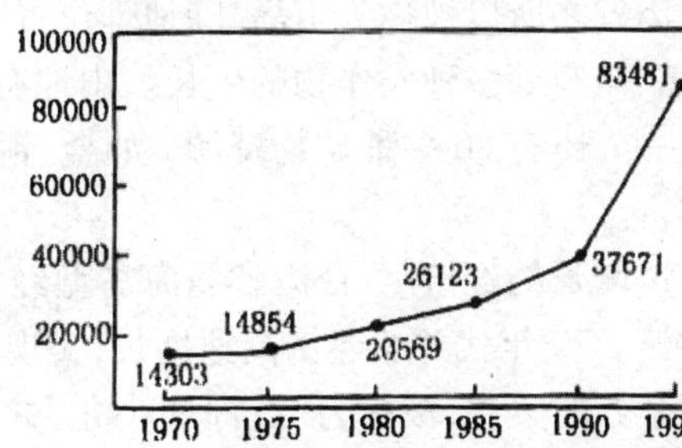

图 2-5　1970—1995 年
进出香港远洋船舶(艘次)

80 年代后期,香港的集装箱处理量迅速增长。1990 年以 510 万 TEU 排在新加坡(520 万 TEU)之后,居世界第 2 位;1992 年以 797 万 TEU 并超越新加坡 26 万的业绩居世界第 1 位;1994 年突破 1 000 万 TEU 大关,1997 年达 1 442 万 TEU,继续保持世界领先水平。

中国的宝岛——台湾省

自然概况　台湾省是中华人民共和国神圣领土不可分割的一部分,简称台。位于中国东南沿海大陆架上,东濒浩瀚的太平洋,西隔台湾海峡与福建省遥遥相望,北临东海,南隔巴士、巴林塘海峡与菲律宾为邻。全省由主岛台湾岛、澎湖列岛、赤尾屿、彭佳屿、兰屿、硫球屿、绿岛(火烧岛)等岛屿组成,面积约 3.6 万 km^2。其中台湾岛面积 3.58 万 km^2,为中国第一大岛。台湾省地理位置正处于太平洋西岸和中国东南沿海的交通要冲。因为台湾海峡和巴士海峡又是东北亚通往东南亚、西亚石油生产国的两条国际航线的必经之路,所以,台湾省有“不沉的航空母舰”之称。台湾省人口 2 147 万(1996 年),汉族占 98%,高山族为原住民族,约有

2 万人。

台湾省地形以山地为主,约占全省总面积的 2/3,大致可分为台东山地、台西平原和台中丘陵 3 个地形区。台东山地由统称为台湾山脉的台东山、中央山脉、雪山——玉山、阿里山组成,台湾山脉的主峰玉山海拔 3 950 m,为中国东部最高峰,台西平原多为三角洲平原,土壤肥沃,为台湾省主要农业区。台中丘陵为前两个地区的过渡地区,东部为丘陵,西部为盆地,山间盆地发育良好,主要有埔里盆地、日月潭盆地、台北盆地、台中盆地等。

河流多发源于山地,向四方流入大海,以流程短、流量大、多险滩、瀑布、水力资源丰富为特点。主要河流有浊水溪、下淡水溪、淡水河等。日月潭为台湾省最大的天然湖泊,也是著名的风景游览区。

台湾省地处北回归线两侧,北至 25°57′N,南至 21°45′N,又受台湾暖流的影响,具有热带、亚热带气候特点,即高温多雨。年平均气温在 20°C 以上,年平均降水量在 2 000 mm 以上,对发展工农业生产都十分有利;但台湾省地处台风多发海域,每年 6 月至 10 月份均有台风入侵,台风成为台湾省一大灾害性天气,往往给经济造成严重损失。

台湾省之所以被称为宝岛,除地理位置重要以外,水热资源丰富,土地肥沃,适宜稻米、甘蔗、香蕉、桂圆等多种农作物的生长。山地有茂密的森林,使其成为世界最大的樟脑和樟油生产地之一。还有 80 多种矿物资源,如金、铜、石油、天然气、铝土矿、海盐、硫磺等。沿海水产资源丰富。

高速增长的经济　台湾省属海岛型经济,致力于以农业为基础经济,向以工业为主导的经济过渡。70 年代开始经济高速增长,实现了经济起飞,正向着现代化发达经济迈进,受到世界经济学界的关注,被称为"亚洲四小龙"之一。1996 年 GDP 为 2 751.44 亿美元,人均 GNP 为 12 872 美元。

台湾经济之所以能发展这么快,其原因是多方面的:主要有以下几点:其一,美国的援助为台湾经济的恢复和发展起了重要的作用。其二,本着工业为主导,农业为基础的原则实行土地改革,刺激农民的积极性,促进农业生产的发展,保证工业化的顺利实现。其三,引进外国资本和技术,实行出口导向工业化发展战略。台湾劳动力资源丰富,工资又低,当时的国际环境有利于出口工业的发展,利用丰富而廉价的劳动力,发展以轻纺工业为主的劳动密集型出口产业,开拓国际市场,发展对外贸易,以带动整个经济的发展。可以说外贸的发展是其经济、社会发展的生命线,从表 2-7 中可以看出 GDP 与外贸的增长关系。此外,对外贸易提供占台湾就业总人口 80%的就业机会。其中,直接从事外贸业务的人员占 30%;制造业中有一半左右就业人员从事加工出口商品。其四,国民党政府撤退到台湾时带来了大量的资金、机械设备和科技人员与劳动力。曾先后三次运到台湾的黄金达 277.5 万两,银元 1 520 万枚①;蒋介石去台湾前通过俞鸿均等人从上海一次运往台湾的黄金达 80 万余两,由孔、宋家族运往美国大众、花旗等银行的美钞高达 20 亿美元②;50 年代以轻纺工业为主的台湾省工业,棉纺锭从 1 万枚增加到 19 万枚,全部是从大陆运去的;同时上海等大都市的企业家、技术人员、管理人才大量涌入台湾,加之蒋介石带过去的 60 万大军,为台湾省以后的经济发展奠定了物质基础。其五,加速经济自由化、国际化。为了建立发达市场经济,从 80 年代开始加强对外贸易的自由化、国际

① 人民日报 1990 年 1 月 8 日。
② 台湾富豪列传香港广角镜出版社 1987 年 2 月版

化,并采取以下措施:改革和健全贸易管理制度,放宽进口管制,简化进出口签证制度,大幅度降低关税;分散外贸市场,减少对美、日的市场依赖,加强与欧洲、东南亚的贸易往来。其六,重视科技、教育,劳动力素质较高。适龄儿童入学率高达99.8%,中、高等教育人数逐年增加,并大量增加教育经费,建设新竹高科技工业园区。国民生产总值年平均增长率的一半是靠技术进步取得的。

表2-7 1952—1992年台湾外贸与GDP增长关系

年度	外贸年均增长%	其中出口增长%	GDP年均增长%
1952—1962	5.6	6.5	0.7
1962—1972	25.6	29.9	15.0
1972—1982	22.3	22.2	19.8
1982—1992	14.1	13.9	16.4

注:(1)GDP按比较年的新台币与当年汇价折算成美元。由于新台币升值因素,按美元计算的GDP年均增长率高于按不变价计算的新台币。

(2)外贸增长按美元计算。

资料来源:中国周边国家及港澳台地区经济介评 王才楠 编著, 经济科学出版社

台湾省工业部门齐全,已建立起能源工业、钢铁工业、电子工业、石油化学工业、造船工业、轻纺工业为主的工业体系,形成以台北市、台中市、高雄市为中心的沿岛弧形工业地带。由于台湾省矿产资源贫乏,原料、燃料多以进口为主。台湾省自然条件对发展农业生产十分有利,由于平原面积较小,适合发展综合农业,即以水稻、甘蔗为主的种植业,以养猪、牛为主的畜牧业,呈垂直分布的多树种的林业,海域广阔、资源丰富的渔业等。

交通运输与对外贸易 台湾省的交通运输业在沟通生产、交流、分配、消费等各个环节,以及联系城乡和地区间的贸易活动、加速经济发展中起重要作用,尤其是为加工出口型经济发展提供良好的条件。省内的交通以铁路、公路及沿海运输为主,对外联系则依靠海运与空运。

铁路运输 截止到1995年台湾省内有铁路2 427 km,以东西两侧的环岛铁路为主,西线北起基隆,经台北、桃园、台中、台南至高雄,全长408.5 km,为复线电气化铁路。沿线人口众多,城镇密布,经济繁荣,客货运量占全省第一。东线北起基隆,经宜兰、苏澳、花莲至台东。1980年开始建设自高雄至台东的南回铁路,于1990年完成。加之通往岛内的各地支线,全岛形成了环岛铁路网。

公路运输 随着公路运输高速化及公路网络的形成,公路运输已成为岛内运输的主力。目前全岛2.0万km的公路承担着70%~80%的运输总量。路网的分布以南北高速公路为骨干,环岛公路、横贯公路、滨海公路及其联络线构成纵横交错的公路运输网络。南北高速公路北起基隆,经新竹、彰化、台南至高雄,全长380 km,基本上与西线铁路平行。为减轻南北高速公路的负担 ,于90年代初建成第2条高速公路,北起基隆附近的汐止向南经南港、新店、中和、大溪、竹东西行,在新竹接南北高速公路。

环岛公路北起基隆,经台北、新竹、台中、嘉义、台南、高雄、屏东,至枫港向东越过中央山脉南端,到寿卡北上,经大武、台东、花莲、苏澳、宜兰至台北,全长962 km。

横贯公路指四条穿越中央山脉的公路。一条是东西横贯公路,西起台中,经和平、梨山、土场、三星至宜兰。第二条北部横贯公路,起自台北县,经桃园县、宜兰县,于三星接东西横贯公

路。第三条南部横贯公路,西起台南,经高雄至台东。第四条屏东知本线西起屏东,东经三地门、雾台至知本。

航空运输 由于台湾省近十几年来发展较快,加之航空业发展迅速,尤其是国际航线飞速发展。货运以桃园、高雄国际机场为最大。进口货物以电机电器、化学制品、纸及其制品、精密仪器等为大宗。进口航线以日本航线为最多,其次是美国、香港、德国、荷兰、韩国、意大利、英国等;出口货物多为电机电器、水产品、纺织服装、橡胶制品、鲜活农产品为大宗。出口航线以美国航线最多,其次是日本、香港、新加坡、德国、加拿大、荷兰、澳大利亚、泰国、菲律宾等。

海洋运输 海洋运输对海岛型经济具有特殊重要意义,尤其是对外经济联系。台湾省海运业在其经济发展中自始至终起主导作用,所以海运具有港口现代化水平高、泊位多、船舶趋于大型化,航线直达世界各港等特点。仅高雄、基隆、台中、花莲、苏澳 5 个大港,就有泊位 260 多个,且分布合理。据统计,1995 年台湾营运船舶 245 艘,总登记吨位 599.20 万 t,载重吨 915.21 万 t,营运量 5 803 亿 t nmile,货物总吞吐量达 42 017 万 t;集装箱吞吐量 785 万 TEU,其中转口 275 万 TEU,占集装箱总吞吐量的 35%,转口业务主要集中在高雄港。主要出口货种有水泥、矿砂、钢铁、青果、蔗糖等;进口货种主要有原油、煤炭、木材、粮食、钢铁、矿砂、机械等。

沿海航运主要是环岛航线,来往于沿海各港之间,主要航线有基隆—台中、高雄、马公、花莲,台中—安平,高雄—安平、马公、东港、台东,花莲—台东、绿岛、兰屿等。

远洋航线以高雄、基隆、台中、花莲等大港为主,开辟通向世界各地的定期与不定期航线。主要定期航线有:

环球航线 分别由基隆、高雄港向东横渡太平洋至美洲西海岸各港,经北美陆桥到东海岸,或经巴拿马运河至东海岸,然后经大西洋到欧洲各港,过直布罗陀海峡、地中海、苏伊士运河、印度洋、马六甲海峡、南海返回台湾。货运以工业品为主,兼揽国际大宗货物。

台美航线 由高雄、基隆分别向北美东西海岸纽约、波斯顿、多伦多、蒙特利尔、洛杉矶、旧金山、西雅图、温哥华等港。出口以工业制成品为主;进口以原棉、煤、粮食、钢铁、机械设备等。

欧洲航线 由基隆、高雄至西欧汉堡、伦敦、鹿特丹港,出口货物以罐头食品、茶叶、杂货为主;进口多以钢铁、机械、五金、化学品为主。

中东航线 由高雄至波斯湾沿岸的迪拜、科威特等港口,红海沿岸的吉达、阿卡巴等港及地中海沿岸的塞得港、亚历山大等港。进口以石油为主,出口钢材、机械设备、水泥、杂货等为主。

加勒比海航线 由高雄、基隆各港至加勒比海沿岸的圣多明各、金斯敦、圣胡安等港。出口以杂货为主,进口多以金属矿石为大宗。

东南亚航线 由高雄、基隆等 5 大港口至马尼拉、新加坡 、曼谷、吉隆坡、雅加达、苏拉巴亚等港。出口以水泥、五金器材、建筑材料为主,进口多为原油、木材、粮食等。香港航线 由高雄、基隆、台中三港至香港。出口多为蔬菜、水泥、钢铁及杂货等;进口为废铁、中药及杂货等。其中有多数是转运大陆的货物。

东亚航线 由高雄、基隆各港至日本大阪、神户、东京、横滨等港。出口以香蕉、菠萝、杂货为主;进口以车辆、机械、五金、厂房设备、化学品等为主。至韩国的釜山、金浦等港,出口水果、杂货等;进口以机械、五金、化学品为主。如图 2-6,8-1 所示。

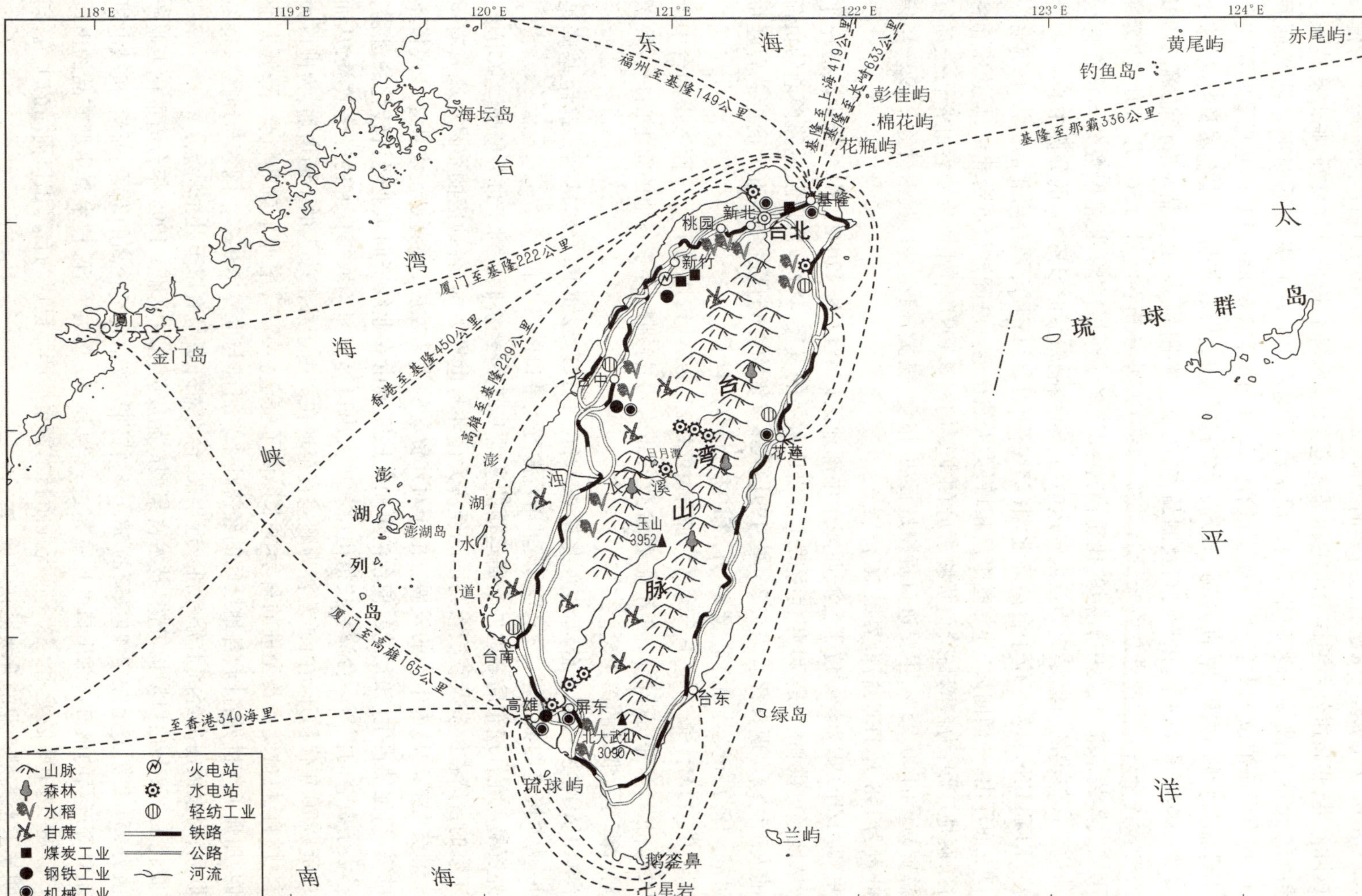

东
海
台
湾
海
峡
南
海
太
平
洋
琉
球
群
岛
海坛岛
厦门
金门岛
澎
湖
列
岛
澎湖岛
澎
湖
水
道
台北
新北
基隆
桃园
新竹
台中
日月潭
台南
高雄
屏东
花莲
台东
绿岛
兰屿
琉球屿
鹅銮鼻
七星岩
台
湾
山
脉
浊
溪
玉山
3952
北大武山
3090
钓鱼岛
黄尾屿
赤尾屿
彭佳屿
棉花屿
花瓶屿
福州至基隆149公里
基隆至上海419公里
基隆至长崎633公里
基隆至那霸336公里
厦门至基隆222公里
香港至基隆450公里
高雄至基隆229公里
厦门至高雄165公里
至香港340海里
山脉
森林
水稻
甘蔗
煤炭工业
钢铁工业
机械工业
火电站
水电站
轻纺工业
铁路
公路
河流

图 2-6 台湾省交通图

主要对外贸易港口有

高雄(GAOXIONG)港　位于台湾省西南海岸(22°37′N、120°16′E)临台湾海峡,是台湾省最大的国际商港,有高速公路通往台中港和基隆港。港域辽阔,掩护条件良好,临海有狭长沙洲,为港湾的天然防波堤。港口航道长 18 km,可通行 10 万 t 级以下船舶。港区面积 27.8 km^2,现有码头泊位 113 个,其中集装箱泊位 22 个,能容纳 6 000 TEU 的超巴拿马型集装箱船。本港输入货物主要为原油、矿砂、煤炭、化学材料及制品;农产品、基本金属及制品;输出货物主要为基本金属及制品,化学材料及制品,橡胶及塑料制品,加工食品及农产品等。1991 年外贸吞吐量占全岛五大商港总吞吐量的58%。1997 年集装箱吞吐量为569 万 TEU ,持续蝉联全球第三大集装箱港口,且中转箱的比重高达 42%,全球闻名的集装箱船务公司均在此设有专用泊位。高雄港的目标是成为亚太营运中心、集装箱转运和全球产品的分拨中心。

基隆(KEELUNG)港　位于台湾岛北端(25°08′N、121°45′E),是台湾北部的海上贸易门户。港口三面环山,一面向海,外与基隆岛相峙,为天然良港。基隆港接近台北市,周边密布各类工业区,腹地广阔,为台湾高价值货物吞吐的主要门户。1991 年外贸货物吞吐量占全岛五大商港总贸易量的 20.25%,主要进口货物是石油、粮食、煤炭、棉花、机械、木材等。1997 年集装箱吞吐量为 198 万 TEU,居世界第 16 位。

台中(TAIZHONG)港　位于台湾西海岸中部地区(24°17′N、120°31′E)。台中港海岸平直,无天然地形可供利用,是 70 年代为适应进出口贸易的发展,以减轻高雄、基隆两港的负荷而兴建的人工商港。现有营运码头 36 座,1991 年外贸货物吞吐量占全岛五大商港总吞吐量的 14.54%。1997 年集装箱吞吐量 84 万 TEU,居世界第 44 位。

花莲(HUALIAN)港　位于台湾岛东海岸中部(23°59′N、121°38′E),与西海岸的台中港的纬度大致相当,东邻琉球群岛的南端,是台湾东部地区,特别是台东谷地的海上门户。外贸吞吐量居台湾五大港口的第 4 位。

苏澳(SUAO)港　位于台湾岛东北岸(24°36′N、121°52′E),天然良港。北距基隆港 50 n mile,为基隆港的辅助港。外贸吞吐量居台湾五大港口的第 5 位。

对外贸易　在合理布局岛内外交通运输的基础上,对外经济联系对于过分依赖国际市场、出口加工型的台湾省经济及积极参与国际经济大循环与世界各国、各地区的贸易往来具有重要意义。首先是推动岛内生产的发展。由于对外贸易的飞速发展,可满足工农业生产规模不断扩大的需求,促使再生产的发展,使台湾可顺利地完成由农业经济向工业经济转化的过程;其次是扩大了资金的积累。台湾在扶植出口和扩大出口等方面均取得良好的经济效益,从而使进出口贸易 70 年代初开始由逆差转为顺差直至现在。由于外汇收入的不断增加,为进口大量的原料、燃料、机械设备及先进的科学技术提供了资金。第三,增加了就业机会,降低失业率。第四,加强了与世界各国、各地区间的经济往来。目前与世界 160 多个国家与地区保持经济贸易联系,对发展海岛经济十分有利。近年来,台湾对外贸易有以下几个特点:

1. 重化工业产品出口增长较快,技术密集型产品成为出口主流。1995 年台湾重化工业产品出口值为 654.2 亿美元,占出口总额的 58.6%,特别是技术含量较高的电子、通信、机械电机和运输工具等产品的出口占总出口的比重超过一半,达 50.9%;而且,技术密集型产品的出口超过进口,顺差达 109 亿美元。这一情况显示技术密集型产品已成为台湾出口商品的主流,同时也说明技术密集型产业的升级已初见成效。

2. 资本设备进口加快,原料的进口额占据首位。从 1995 年台湾的进口情况来看,原料的进口仍居首位，进口额为745.7亿美元，占总进口额的72%；资本设备进口为168.7亿美元，占16.3%；消费品进口为121.3亿美元，占1.7%。说明台湾的原料和资本设备对外依赖程度之高以及设备更新速度加快。

3. 对亚洲地区的出口迅速增长。过去台湾一直以美国为主要出口对象，现在，这种情况已有根本改变。1995年台湾对美国出口占总出口的比重为23.6%，而10年前则为48%，同时台湾对亚洲地区的出口则由10年前占总出口比重的30%大幅增至1995年的52.6%，超过其出口总额的半数。这直接得益于亚洲经济的高速增长，同时也与台商在亚洲地区直接投资快速增大有着密切关系。台湾在亚洲的主要出口对象依次为：香港（含对中国大陆的转口贸易）、日本、新加坡、泰国、马来西亚、印度尼西亚、菲律宾和越南。美国目前虽仍是台湾最大的出口市场，但香港市场有取代美国之势。1995年台湾对香港的出口比重占其出口总额的23.4%，较对美国出口的比重23.6%仅相差0.2个百分点。香港是海峡两岸贸易的最大中转站，台湾商品通过香港转口中国大陆占其输往香港商品总额的80%以上。随着两岸贸易的持续升温，香港很有可能取代美国成为台湾最大的出口对象。

4. 贸易顺差连续下降后出现反弹。自1991年以来，台湾的对外贸易顺差连年下降，1995年出现回升，说明台湾出口的增长速度大于进口的增长速度。

5. 海峡两岸的经贸往来出现新局面。台湾当局对大陆经贸政策进一步开放，如扩大了大陆商品的进口范围，准备适度开放原被严格禁止的“国营事业”与大陆的经贸往来。台湾经济受亚洲金融风暴冲击有限，1998年仍将维持适度增长，其重要因素就是中国大陆经济的持续发展。如果说过去台湾外贸出口与经济增长完全靠美国市场的带动，现在则还需依靠中国大陆市场的支撑。经过20多年的发展，两岸经济关系已经十分密切，中国大陆经济的持续高速增长与日益密切的两岸经贸关系已成为台湾外贸出口与经济增长的一支重要支撑力量。1997年两岸贸易额达到245亿美元，其中台湾对中国大陆出口超过200亿美元，中国大陆已是台湾的第二大出口市场和第三大贸易伙伴，是台湾最大的外贸盈余来源地，目前，台湾累计对中国大陆贸易盈余已超过800亿美元。台商在中国大陆的投资稳定发展，从台湾方面的统计来看，1995年全年核准赴中国大陆的投资项目490个，总金额为10.9亿美元；行业交流逐步深入，如银行、证券、保险、新闻、交通、科技、农业等领域正向着实质性的合作阶段发展。1997年海峡两岸实现了定点直航，首批直航的港口是大陆的厦门、福州和台湾的高雄。

表2-8　1995年台湾省主要进出口商品额（百万美元）

	出口		进口	
	金　额	%	金　额	%
合计	111 688.1	100	103 571.8	100
动物及动物产品	3 092.1	2.8		
植物产品	457.5	0.4	2 642.7	2.6
调制食品、饮料及蔬菜	661.3	0.6	2 163.6	2.1
矿产品			8 240.3	8.0
化学品	3 241.3	2.9	11 622.6	11.2
塑料、橡胶及其制品*	8 079.9	7.2	2 818.2	2.7

续表 2-8

	出口		进口	
	金　额	%	金　额	%
皮革、毛皮制品	1 450.2	1.3		
木材、木制品及编结品、胶合板	741.0	0.7	2 065.6	2.0
纸浆、纸、印刷品			2 648.1	2.6
纺织品	15 623.0	14.0	3 521.3	3.4
鞋、帽、雨伞、羽毛制品等	1 876.5	1.7		
石料、胶泥、水泥、陶瓷、玻璃及其制品	1 089.2	1.0		
珍珠、宝石、贵金属、仿首饰、铸币			1 680.1	1.6
基本金属及其制品	10 029.0	9.0	12 938.5	12.5
机械及电机设备	48 846.4	43.7	35 659.5	34.4
车辆、航空器、船舶及有关运输设备	5 363.6	4.8	6 037.8	5.8
精密仪器、钟表、乐器	2 589.5	2.3	4 164.6	4.0
玩具、运动用品等	2 746.3	2.5		
其他	5 801.3	5.1	7 368.9	7.1

资料来源:中国经济年鉴 1996 年版 中国经济年鉴社

几十年来,台湾省对外贸易结构有很大变化。50 年代以农产品为主,60 年代以后工业品所占比重大大超过农产品,目前出口物资多以轻型和劳动密集型产品为主,品种多、价格低、小巧玲珑,颇受国际市场欢迎。出口物资主要有电机电器、纺织品、塑胶制品、电脑显示器、自行车、千斤顶、缝纫机、鞋、帽、玩具等。近年来,电子计算机、微电脑、光电管、家用电器等电子产品出口量迅速增加。

进口商品则由原燃料、机械设备、消费品三部分构成。原燃料主要有大豆、玉米、原棉、原油、木材、煤炭、铁矿石、化肥、废钢铁、供解体的旧船、铝锭及各种电子零部件;各种机械设备有机械、运输工具、电机、各种仪器、仪表、电子工业用机械;消费品主要有食品饮料、烟、纺织品、日用品、药品、家用电器、电子产品、小轿车等。

主要输出入港口为高雄、基隆、花莲、台中、苏澳等港。但进口贸易商多集中在台北市,形成台湾对外贸易业的集结点。

表 2-9　1995 年台湾省与主要国家和地区的贸易额(百万美元)

	出口		进口	
	金　额	%	金　额	%
合计	111 688.1	100	130 571.8	100
美国	26 410.2	23.6	20 769.1	20.1
香港	26 121.1	23.4	1 842.5	1.8
日本	13 167.2	11.8	30 270.5	29.2

续表 2-9

	出口		进口	
	金　额	%	金　额	%
新加坡	4 407.1	3.9	2 958.0	2.9
德国	3 839.7	3.4	5 683.3	5.5
荷兰	3 209.5	2.9	1 320.1	1.3
泰国	3 072.2	2.8	1 485.2	1.4
马来西亚	2 900.5	2.6	2 953.7	2.9
韩国	2 574.6	2.3	4 327.4	4.2
英国	2 408.7	2.2	1 643.2	1.6
印度尼西亚	1 870.1	1.7	2 150.4	2.1
澳大利亚	1 755.6	1.6	2 575.3	2.5
菲律宾	1 653.5	1.5	643.4	0.6
加拿大	1 429.6	1.3	1 593.8	1.5
法国	1 204.9	1.1	1 784.2	1.7
意大利	1 004.1	0.9	1 565.3	1.5
巴西	775.5	0.7	592.4	0.6
比利时	622.7	0.6	850.0	0.8
沙特阿拉伯	449.9	0.4	1 763.4	1.7
瑞士	368.4	0.3	1 316.7	1.3
其他	12 443.0	11.0	15 483.9	14.8

资料来源：同上

朝鲜半岛

朝鲜半岛位于亚洲东部，黄海和日本海之间，北隔鸭绿江和图们江与中国为邻，东北部与俄罗斯接壤，东南部隔朝鲜海峡与日本相望。朝鲜半岛和附近3 300多个大小岛屿的面积约22万km^2。半岛海岸线长约8 610 km（不包括岛屿），是亚洲太平洋地区和日本列岛通往大陆的“桥梁”，朝鲜海峡又是俄罗斯远东地区通往东南亚最短航线的必经之地，地理位置十分重要。朝鲜半岛有丰富的有色金属矿，其中金、钨、铝、锌、钼、镁等储量均居世界前列，多分布在北半部。南半部地势平坦，气候温暖多雨，适合于各种农作物生长，盛产水稻，素有“粮仓”之称。半岛三面环海，并且处于寒暖流交汇地区，渔业资源丰富。

朝鲜半岛居民为单一民族朝鲜族构成，1901年沦为日本帝国主义的殖民地，于1945年8月获得解放。同时，前苏联和美国军队以北纬38°线为界分别进驻北半部和南半部。北半部面积12.27万km^2，人口2 200多万（1994年），于1948年成立朝鲜民主主义人民共和国；南半部面积9.92万km^2，人口4 445.3万（1994年7月），于1948年宣告成立大韩民国。由于南北两半部分经济沿着不同方向发展，因而经济特征截然不同。目前，朝鲜工农业均不发达，而韩国已成为新兴的工业化国家。

韩　国

韩国位于朝鲜半岛的南半部，东濒日本海，西面与中国山东省隔黄海相望。地形多为丘陵和平原，属温带季风气候，年平均降水量 1 500 mm 左右。在自然环境中除气候、地形优于北半部外，其他均不如北半部，特别是矿产资源十分贫乏。但第二次世界大战后由于多种原因，发展很快。

战后经济发展概况　第二次世界大战以后，韩国的经济大致分为四个阶段。

1. 经济恢复和重建时期(1945—1961 年)

第二次世界大战以后，朝鲜半岛虽然摆脱了日本的殖民统治，但朝鲜半岛也同时被分成了两个部分，分裂前，劳动力资源主要集中在北方，大多数重工业企业也集中在北方。北方矿产资源丰富，森林面积较大。南北分裂之后，韩国一时既缺乏劳动力资源，又缺乏重工业基础，加之战争的严重破坏，其经济处于瘫痪状态。经济联系的突然断裂，使整个韩国经济比战前倒退了一大步，1948 年工、农业产值仅相当于 1940 年的 21%和 72%。战后初期，由于日本遣返了大量韩国难民，人口的大量增加使韩国的经济雪上加霜。战后初期的韩国政局不稳、通货膨胀、物价飞涨、市场混乱，居民大多数消费品得不到满足。经济真正开始恢复是 1953 年 7 月朝鲜战争结束后。

韩国经济的恢复得益于以下 3 个有利条件。第一，受到美国政府的干预和指导，并获得了大量的物资和资金援助。这期间，美国提供约 20 多亿美元的援助，约占其重建资金总额的 70%，这无疑对其重建经济发挥了重要作用。第二，美国将没收来的在韩日本人的大量资产转赠给韩国政府，这些资本涉及国民经济的许多重要领域，包括工厂、矿山、银行、铁路、通信、房地产及其他财产，由此为韩国经济的重建提供了必要的资本。第三，韩国政府进行了土地制度的改革。对大地主的土地实行有偿剥夺，再有偿重新分配，为促进农业的发展起到积极的作用。

1953—1960 年期间，韩国经济年均增长率为 5. 1%，这一时期经济发展的重点放在恢复和发展轻工业部门以及其他消费资料工业，其中纤维工业和食品工业发展最快。经济结构仍以分散的个体农业为基础，农林水产业在国民生产总值中占 45%左右，工业仅占 12%。

在经济恢复和重建时期，韩国实行的是进口替代发展战略，依靠高关税壁垒和严格的进口限额来实行非耐用消费品和中间产品的进口替代，以满足国内市场的需求并逐步实现工业化。但由于韩国自身条件的制约，如缺乏资源、技术和先进的机械设备等，在这种情况下，将经济发展的基点放在国内有限的人力、物力和财力上，不参与国际经济交流与竞争，致使韩国经济出现了一系列的问题，如从事进口替代生产所需要的原材料仍要依赖进口；国内市场狭小，企业资本不足，国内购买力低下，反过来又制约了生产力的发展；再加上出口不振，出口额只占国民生产总值的 1%，外汇收入不足，国际收支逆差扩大，对外依赖加深。因此进口替代战略收效甚微。

2. 经济高速增长时期(1962—1979 年)

这一时期是韩国现代经济增长的最重要时期。由于韩国的农业生产基础较差，因此在其经济发展过程中采取的是“先工业化后农业化”的不平衡发展步骤。60 年代初期韩国政府将经济建设作为一项最重要,最迫切的工作来抓,提出了“经济增长第一”、“工业立国”和“贸易立国”的路线,把促进经济的高速增长和实现国民经济的现代化作为首要目标。经济发展战略实行了重大转变,开始从“进口替代”转向“出口导向”的外向型经济发展战略。在这一战略的引导下,采取了一系列经济政策和措施:(1)大力引进外国资本和先进技术;(2)优先发展服装、鞋类、胶合板等劳动密集型工业部门;(3)大力发展出口工业,建立出口商品基地;(4)扩大劳务输出;(5)建立出口自由加工区,鼓励外国人投资;(6)从财政、金融、税收上给出口企业以种种的优惠和支持,如大幅度提高银行利率,从年利率 12%提高到 26.4%以鼓励储蓄,利用市场机制调动国内资金,解决企业资金不足的问题;将韩国元实行大幅度贬值,以提高出口商品在国际上的竞争力;1965 年建立了统一管理的外汇制度;政府还对为出口生产而进口的生产资料和原材料减免关税,对出口企业实行宽松的信贷,简化海关手续,加速对出口商的折旧减免,增加出口补贴等等。这些政策和措施的实施取得了明显的成效,使韩国的经济有了长足的发展,出口贸易有了大幅度的提高。其经济结构也发生了显著的变化。按当年不变价格计算,农林水产业在国民生产总值的比重由 1962 年的 35.6%下降到 1979 年的 20.6%;同期,工矿业由 16.5%上升到 28.5%;电力、交通、建筑、商业服务业比重由 46.9%上升到 50.9%。从制造业内部结构看,1962 年重、轻工业比重为 26.8∶73.2,而到 1979 年,重、轻工业比重为 55∶45,工业内部结构由以轻工业为中心转变为以重工业为中心,表明韩国的经济结构逐渐趋向合理化、现代化。出口贸易的迅速增长和工业结构的日益完善,促进了韩国经济的持续高速增长,1960—1978 年间,韩国经济年均增长率为 8.6%。1979 年国民生产总值为 623.7 亿美元,相对于 1962 年的 23.1 亿美元,增长了 29 倍;人均国民生产总值由 1962 年的 87 美元,上升到 1979 年的 1662 美元,增长了 18 倍。韩国已从 50 年代的小农经济国家一跃而成为新兴的工业化国家。

3. 经济调整和稳步增长时期(1980 年至今)

长期实行高速增长和出口第一的政策,导致了韩国经济结构的畸形,主要表现在:经济基础脆弱,资本、技术、原材料以及商品销售市场严重依赖国外,一些部门如石油化工、电子电器等深受美、日垄断财团的直接或间接控制;出口加工工业发展较快,而国内所需工业、采掘业和农业发展相对落后,导致国民经济比例失调,国内市场萎缩,加深了对外依赖性;企业自有资本少,而借贷资本较多;多年来韩国政府采取了赤字预算、信贷扩张等刺激经济的政策,导致了严重的通货膨胀等,这些都是产生经济危机的根源。

1979 年下半年,韩国经济出现了一些紧张迹象,实际出口下降了 4%,国民经济增长率降至 6.5%,1980 年更出现了 5.2%的负增长率,这是 20 年来的第一次,因此从 1982 年开始的第五个经济和社会发展五年计划(1982—1986 年)作了较大的调整,强调“稳定、效率、平衡”,经济发展从高速增长转为稳定增长,年平均增长率定为 7.6%。将经济体制由过去的政府直接干预转向更多地依靠间接指导和市场调节;投资重点由重工业转向技术、知识密集型和节省能源的产业上;积极促进社会开发,谋求地区、部门之间的均衡发展。采取了上述政策后,尽管 80 年代出现了世界性的经济衰退,但韩国的国民生产总值在 1980 年出现了 5.2%的负增长以后,从 1981 年开始迅速回升(见表 2-10),1986 年韩国国民生产总值为 951 亿美元,人均国民生产总值 2 296 美元,对外贸易从长期入超变为出超,国际收支的经常项目,自 1977 年以来第一次出现了 46.2 亿美元的黑字。1986 年之后连续 3 年的高增长,远远超过原定计划的 7%。

1989 年韩国的经济形势变得严峻，贸易顺差额也从上年的 114 亿美元下降到 46 亿美元。1990 年和 1991 年，经济增长率虽有回升，但贸易收支由顺差又转入逆差，且居高不下。

表 2-10　韩国经济增长主要指标

年份	人均 GNP（美元）	GNP（10 亿美元）	GNP 增长率（%）	通货膨胀（%）	贸易平衡（百万美元）	出口（百万美元）	外债（百万美元）	失业率（%）	汇率（韩国/美元）
1960	80	1.95	1.1	10.5	−310	33	−	11.7	65.0
1961	82	2.10	5.6	12.2	−242	41	−	12.2	130.0
1962	87	2.31	2.2	15.4	−335	55	−	9.8	130.0
1963	100	2.72	9.1	22.7	−410	87	157	8.2	130.0
1964	103	2.88	9.6	23.0	−245	119	177	7.7	256.0
1965	105	3.01	5.8	5.8	−240	175	206	7.4	272.1
1966	125	3.67	12.7	12.7	−430	250	392	7.1	271.5
1967	142	4.27	6.6	13.5	−574	320	645	6.2	274.6
1968	169	5.23	11.3	13.8	−835	435	1 199	5.1	281.5
1969	210	6.63	13.8	12.9	−992	623	1 800	4.8	304.5
1970	243	7.99	7.6	13.5	−922	882	2 245	4.5	316.7
1971	285	9.37	9.1	13.9	−1 046	1 132	2 922	4.5	373.2
1972	316	10.57	5.3	16.1	−574	1 676	3 589	4.5	398.9
1973	396	13.50	14.0	13.4	−566	3 271	4 260	4.0	397.5
1974	535	18.55	8.5	29.5	−1 937	4 515	5 937	4.1	484.0
1975	591	20.85	6.8	26.7	−1 671	5 003	8 456	4.1	484.0
1976	800	28.65	13.4	20.7	−591	7 715	10 533	3.9	484.0
1977	1 028	37.43	10.7	15.7	−477	10 047	12 648	3.8	484.0
1978	1 406	51.96	11.0	21.9	−1 781	12 710	14 871	3.2	484.0
1979	1 662	62.37	7.0	21.2	−4 396	14 705	20 287	3.8	484.0
1980	1 589	60.30	−4.8	25.6	−4 384	17 214	24 170	5.2	659.9
1981	1 719	66.20	6.6	15.4	−3 628	20 671	32 433	4.5	700.5
1982	1 773	69.30	5.4	6.7	−2 594	20 879	37 083	4.4	748.8
1983	1 914	76.0	11.9	3.9	−1 764	23 204	40 378	4.1	795.5
1984	2 044	82.40	8.4	3.8	−1 036	26 334	43 053	3.8	827.4
1985	2 150	83.70	5.4	4.1	−19	26 442	46 729	4.0	890.2
1986	2 300	95.30	12.3	2.7	4 206	33 913	44 500	3.8	861.4
1987	3 098	118.6	12.8	3.7	7 659	26 244	35 600	3.1	792.3
1988	4 040	169.2	12.2	4.3	8 848	60 649	31 500	2.5	684.1

注：国民生产总值（GNP）和人均国民生产总值以现时价格计算。

资料来源：韩国经济发展的政治分析　上海人民出版社

进入 80 年代以后，由于两次石油危机的冲击，世界经济进入了一个新的重建时期，生产力的发展及世界经济一体化进程的加快，金融自由化、国际化趋势日益加强，贸易摩擦加剧，促使贸易保护主义日益严重。为适应世界经济发展的潮流，这一时期，韩国政府制定了国际化、自由化、科技化发展战略。其特点是：(1)经济的自由化、国际化。在国内外经济形势日趋严峻的情况下，韩国决心顺应时代的潮流，积极参与国际分工和合作，确保国民经济在更高的层次上发展。首先，继续巩固和发展同美、日的分工合作关系，引进美、日先进技术，促进汽车、电子、电气和机械等战略产业的发展，而且，还积极开展对中、俄等东北亚国家的经济技术合作与贸易关系，力争改变在贸易上依赖美、日的局面。促进外贸市场多元化。其次，积极参与亚太经济区域集团化的活动与合作。先后提出了“黄海经济圈”和“东北亚经济圈”的构想。再次，大量引进国外资金。从1984年起制定了新的鼓励外商直接投资的政策，外国直接投资开始大幅度增加。同时，也积极扩大对外投资，促使国际资本的双向流动。此外，韩国政府还不同程度地开放了国内金融市场，实行金融自由化。(2)进一步实施科技立国，促进经济结构的升级。如增加科技研究与开发的投资，使其在国民生产总值中所占的比重逐步提高。1980年科技研究与投资开发总额占国民生产总值的比重为0.61%，1986年提高到2%，1995年提高到4%；此外加快人才培养和高科技产业，以改善经济结构和出口产业结构，增加经济的整体实力和竞争力。

主要产业部门及其分布

60年代以前韩国的工业主要以纺织工业和食品工业为主，进入70年代以后，新建了钢铁、造船、汽车、石油化工、电子等工业部门，使重工业有了较大发展，改变了工业内部结构。

钢铁工业　朝鲜战争后，在美国政府的援助下，韩国先后建立了一批钢铁厂，到1970年，已具备一定的钢铁生产能力，年产量48.1万t，但仍不能满足本国需求，还需进口43%。1970年引进外资，开始修建浦项钢铁厂。到1981年韩国钢铁年产量突破1 000万t，1993年钢铁产量达3 325万t，不仅自给有余，产量的40%还可供出口。1995年，其钢铁产量达3 374万t，居世界第6位。

浦项制铁株式会社是韩国最大的钢铁企业，在世界大钢铁厂中排名第2位。浦项以进口澳大利亚、印度和南美的铁矿石，以及澳大利亚和北美洲的焦炭为原、燃料。

汽车工业　韩国的汽车工业起步较晚，但发展迅猛。1976年生产出首批外销小轿车，成为世界上第16个能够完全自产小轿车的国家。80年代中期，终以质量可靠、价格低廉的优势打入美国市场。1986年产量突破100万辆；1990年达132万辆，超过英国，居世界第9位；1993年生产205万辆，居世界第7位；1995产量达225万辆，居世界第5位。生产的汽车主要销往中东、南美、和非洲等发展中国家，以及西欧、北美等发达国家。著名的六大汽车制造商有现代、大宇、起亚、双龙、亚洲、三星等公司。

电子工业　韩国的电子工业起步于60年代前后，进入80年代电子工业迅速发展。其多种主要电子产品在国际市场上已居举足轻重的地位。不仅家电产品在国际市场上具有一定的竞争力，而且已开发出高级精密的电子产品，半导体集成电路的发展尤为迅速。1987年率先开发出256K芯片和1兆位随机存储器芯片；1994年又率先研制成功256兆位存储芯片(DRAM)，均居当时世界先进水平。目前，韩国的电子工业以高技术密集型产品为主，为世界十大电子工业国之一。电子工业技术与日本和美国相比，设计技术约相当于日本的50%～60%；生产和组装技术相当于日本的80%；在4兆位芯片的国际市场上，日本占50%，韩国占25%，居第2位，美国占16%。电子工业产品已成为韩国的主要出口物资之一。

韩国电子行业的大型企业主要是三星、乐喜、金星、大宇、现代。

造船工业　韩国三面临海，港多水深，有发展造船工业的良好条件。但在60年代以前，韩国只有十几家小型造船厂，60年代以后，造船工业逐渐发展起来。进入70年代，国际上造船业较景气，“现代”、“大宇”等大型企业集团先后建立了蔚山、玉浦等大造船厂，能建造25万t级大型油船。进入80年代，造船能力大增。1987年新船吨位达209万t，仅次于造船大国日本，居世界第2位。1993年因日元升值，韩国的新造船订单为951.9万t，超过日本，居世界第

1位。总体来说,韩国的造船能力仅次于日本。由于韩国造船出口占造船总量的85%,因而造船业景气与否严重依赖于世界造船市场的行情。

纺织工业　纺织工业是韩国的传统工业,但在60年代以前,出口纺织品很有限。70年代后,随着纺织工业的迅速发展,纺织品出口增长迅速。1987年纺织品出口额突破1亿美元,使韩国成为居意大利和德国之后的第3大纺织品出口国。为适应世界纺织工业流行变化快的特点,已建立起"快速反应生产系统",计划在2000年成为纺织品年出口300亿美元的世界第一大纺织品出口国。韩国工业主要分布在两个地区,一是以汉城和仁川为中心的京仁工业区,二是以釜山为中心的东南沿海工业区。这两个地区的产值约占全国总产值的50%。汉城以纺织、服装、印刷、食品等轻工业为主;仁川重工业比较发达;釜山则是石油、化学、造船、纺织工业等都发达的综合性工业区。自1964年以来,南部先后建立了30个出口工业区、重化工业区和出口加工区。新建的出口工业基地有浦项(钢铁工业基地)、冒源(机械工业基地)、龟尾(电子制品工业基地)、蔚山、丽水(石油化工基地)。70年代建有马山、里里出口加工区。近年来,大力开发西南沿海地区,计划投资320亿美元开发西海岸,还要建设连接仁川、群山、木浦与顺天的483 km的高速公路;在牙山和群山建设两个新港;兴建始华、群山、牙山、木浦4个大工业区,着重发展知识密集型产业和高技术产业。

对外贸易及主要港口　韩国的进出口总额占国民生产总值的40%左右,和世界上170多个国家和地区有经济贸易关系。1995年出口贸易世界排名第13位,主要进口产品有原油、煤、焦炭、原棉、原糖、铝、原木等;主要出口产品有电子、纺织品、钢铁产品、化工、汽车、船舶、机械等。

韩国现有港口48个,主要港口有釜山、仁川、群山、木浦、浦项、济洲湾等。

釜山(BUSAN)　位于朝鲜半岛东南角、釜山湾内(35°07′N、129°02′E)临朝鲜海峡,是韩国最大的港口,年吞吐量达6 400万t,1997年集装箱吞吐量达523.39万TEU,蝉联世界第5位。为扩大吞吐能力,新港正在建设当中,它将成为韩国最大的物流中心和世界级大港。新港口的集装箱专用码头将有24个泊位,汽车专用码头有一个泊位。新港竣工后将具有年处理460万TEU的集装箱和30万辆汽车的能力。

仁川(INCHON)　位于朝鲜半岛西海岸中腰江华湾内(37°29′N、126°38′E),为首都汉城之外港,两地相距40 km,有铁路和高速公路相通,吞吐能力6 000多万t。

日　本

地理位置与领土组成　日本是亚洲大陆东缘西北太平洋上的一个群岛国家。北临鄂霍次克海,东濒太平洋,西隔东海、黄海、朝鲜海峡、日本海同中国、朝鲜、俄罗斯相望。日本领土由北海道、本州、四国,九州4个大岛及周围3 900多个小岛组成。其总面积为37.78万km^2,相当于中国黑龙江省面积的2/3,其中四个大岛面积占全国总面积的96%,本州一岛占全国61%,面积最大,地位也最突出。齿午群岛、色丹岛、国后岛、择捉岛称为日本北方四岛,是日本的固有领土,第二次世界大战后被前苏联占领。钓鱼岛是中国固有领土,第二次世界大战后被日本占领。海岸线长3万km,领海定为12 n mile,沿岸向外200 n mile定为专属渔业区。

日本列岛东北—西南狭长,岛屿分散,海域较广。4个大岛南北跨14个纬度,东西跨16个经度,岛屿跨的经纬度就更广了,这样的地理位置是十分优越的。其意义是多方面的,主要有以下两点：首先地居北半球中纬地区，其气候大部属温带气候，只是南北两端属亚热带和寒温带气候，又因日本介于亚洲大陆和太平洋之间，因此具有东亚海洋性季风气候的特征，从而使日本有足够的水热资源。其次是海岛位置的经济意义十分重要，有利于海上活动，特别是有利于同海外的经济联系与文化交流。就其与大陆的关系来说，由于距亚洲大陆较近，便于交往，早期就与中国有密切联系，往来频繁。中国的文化、思想、生产技术及城市建筑形式等先后传入日本；而与欧洲远隔重洋，则联系较少。但这一切都随着不同的历史时期和生产力发展水平而不断变化。在古代生产力水平低下，四周环海，对文化和经济的交流曾起过隔绝作用；随着生产力水平的提高，航海技术的发展，岛国位置竟成为日本对外联系的有利条件。特别是随着日本资本主义的发展，海岛位置成为日本与各国交往的通途，海洋成为它输入原料，远销商品的重要运输线，因而在临海地带形成了日本重要的工业地带。同时，日本军国主义又利用其靠近大陆的位置，作为它对外扩张的重要条件，对中国、朝鲜等国进行侵略和掠夺。战后，由于国内外形势的变化，使其对外经济、政治联系面向太平洋，特别是与美国的关系日渐密切，临近大陆位置的作用相对下降。70 年代初，日中恢复邦交后，临近大陆位置重新发挥其作用。

自然状况 日本面积虽小，但自然条件非常复杂且独具特色。地形以山地、丘陵占优势，占全国总面积的 75%。富士山为日本最高峰（3 776 m），是活火山。地表崎岖，多火山、地震，山脉纵横是日本地形的基本特点。平原面积狭小，分布零散，仅占国土面积的 13%，多分布于河流下游和沿海地区，利根川下游的关东平原为最大。平原面积虽小，但对经济生活却有重大意义，是日本人口最集中、工厂林立、经济最发达地区。

日本气候属温带海洋性季风气候，以终年温和湿润、四季分明、冬无严寒、夏无酷暑为主要特征。但南北差异较大，年平均气温较高，无霜期较长，除北部以外，大部地区农作物可达两年三熟或一年两熟。台风频繁，北部低温寒冷都是不利因素。

狭长的岛国，地形崎岖，河流短小，水流急，多峡谷瀑布，水力资源丰富，这对矿物能源缺乏的日本来说具有重要意义。

日本矿物资源种类多，储量小，分布零散，且开采条件差，是个贫矿的国家。主要矿种有铜、铁、煤、石油等，地热资源丰富，森林茂密。

日本人口 1.26 亿（1996 年），仅次于中国、印度、俄罗斯、美国、印度尼西亚、巴西，居世界第 7 位。近半个世纪以来，日本人口增加了一倍，人口密度高达 330 人/km^2，名列世界前茅。人口分布不均匀，太平洋沿岸工业地带大城市人口最密集，集中了全国人口的 60%。其次是大城市周围及中间地带。而北海道、东北、山阴、南四国、南九州等地是日本自然条件较差和地理位置不利的地区，人口稀疏。

日本民族构成比较单纯，大和民族占绝对优势，少数民族是日本原住居民阿伊努人，由于长期的民族压迫和岐视，现已不足两万人，主要分布在北海道中、北部。日本多数居民信奉神道和佛教。在日本居住的外国侨民有 60 多万人，以朝侨为最多，还有华侨和美国侨民。

战后日本经济发展概况

战后日本经济大致经历了以下四个阶段：

1. 经济恢复时期（1946—1954 年）

第二次世界大战以德、意、日等侵略者的失败而告终。第二次世界大战不仅给被侵略国造成极大损失，也给侵略国自身经济带来严重破坏。据日本官方统计，第二次世界大战期间，日本国民财富的 42% 毁于战火，其中包括 40% 的城市建筑遭到基本破坏；40% 左右的工业设备遭到不同程度的损坏;受到破坏最严重的是商船,战前日本拥有600多万t商船,战时又建造了400多万t,然而战争期间被击沉了860万t,只剩下不足150万t,且其中2/3需要大修。在战争后期,由于海上通道被封锁,进口原料断绝,使90%的工业设备闲置,物价上涨,物资奇缺,失业人数高达数百万。1945年日本工业生产大幅度地降低到1941年的20%左右,日本经济受到严重打击。

战后初期,日本被以美国为代表的同盟军占领,在美国方面的督促下,日本进行了一场内容广泛的体制改革,其目的是铲除旧有的政权基础和经济体制,确立一种民主、和平的新型体制。这场改革在经济方面的中心内容是土地改革、解散财阀和劳工平等。到1949年,土地改革基本完成时,日本农村基本没有了地主和佃农,户户有地种,形成了小农经济所有制。解散财阀主要是解除财阀对企业的控制,分割大企业,消除过度集中,以建立恢复经济中的合理公平竞争原则。在劳工平等方面主要是通过颁布各种法律,提高工人的社会地位,保护劳动者的基本权利,实现了日本劳资关系的民主化。在政治方面的改革主要是修改宪法、改革公务员制度和教育改革等。通过改革,基本达到了摧毁日本旧经济体制的目的,为日本新经济体制的诞生奠定了基础。正是在这种新型体制之上,产生了日后令世人瞩目的"日本经济奇迹"。

到1955年,日本除了商品进出口尚未恢复到战前水平以外,其他重要经济指标都已达到了并略微超过了战前状态。国民生产总值达18.13万亿日元,人口8 928万人,人均国民生产总值为20.3万日元,约合560美元。如果以1934—1936年实际国民生产总值年平均为100的话,那么,1946年为62,1952年为111,1955年为136。

2. 经济高速增长时期(1955—1973年)

这一时期,日本取得了不同寻常的高经济增长率,用了近20年时间走完了其他发达国家近半个世纪才走完的道路,被誉为"日本的经济奇迹"。这是因为,当原西德的国民生产总值在50年代前半期创下年增长率9.3%的记录时,报刊评论都普遍地把这一成就说成是奇迹,然而继原西德之后,日本经济的腾飞更是一大奇迹(参看表2-11)。

表2-11　不同时期经济增长率的国家比较(%)

国家	1955—1960	1960—1965	1965—1970	国家	1955—1960	1960—1965	1965—1970
日　本	8.9	10.1	12.1	加拿大	3.4	5.5	4.8
美　国	2.2	4.8	3.2	丹　麦	4.6	5.2	4.2
英　国	2.5	3.3	2.3	荷　兰	3.9	5.0	5.0
原西德	6.3	5.0	4.8	瑞　典	3.6	5.3	2.3
法　国	4.7	5.8	5.8	瑞　士	4.0	5.3	3.6
意大利	4.5	5.3	4.9				

尤其在制造业,日本和其他发达国家相比,劳动生产率的增长率(如表2-12)一直保持非常高的水平,累计比较更为注目。若以1950年的水平为100的话,1973年日本的指数高达1 412,而美国和英国各是210,原西德是411,即日本劳动生产率的增长速度比美国和英国要快6倍左右。

表 2-12　制造业劳动生产率的国际比较（%）

年　份	日　本	美　国	英　国	原西德
1950—1955	17.5	2.8	2.5	9.3
1955—1960	6.2	2.7	2.4	6.6
1960—1965	8.9	4.6	3.1	5.0
1965—1970	17.8	1.3	3.5	4.7
1970—1973	10.4	4.7	6.1	3.0*

注：* 1970~1974 年的平均值

资料来源：日本的资本主义-以战败为契机的战后经济发展［日］都留众人 著 复旦大学日本研究中心译

其次，在产业结构方面，日本这个时期已经达到了现代化水平，这主要表现在：(1)产业结构的高级化。第一产业占就业人口和国民生产总值的比重趋于下降；第二产业、第三产业的比重则趋于上升。部门内部结构的高级化，即在工业内部结构中，重工业、化学工业的比重有了明显的提高。至 1970 年日本已成为主要资本主义国家中重工业、化学工业率（重工业和化学工业产品的出厂量与整个制造工业产量之比）最高的国家，达 68.9%，而同年其他国家的比率为美国 57.4%、英国 61%、原联邦德国 62.4%、法国 65.2%、意大利 51.7%[①]。

1955—1973 年，由于大力发展出口贸易，日本出口额由 20 亿美元猛增至 369 亿美元，增长 17.45 倍，年均增长 17.6%，比同期国民生产总值增长速度高 87%。

经过 1956—1973 年的高速增长，日本在世界经济中的地位得到了飞跃的发展。1955 年，日本的国民生产总值只有 204 亿美元，仅相当于美国的 6%，原联邦德国的 56%；人均国民收入为 194 美元，在资本主义世界中居第 34 位。13 年以后，即到 1965 年，日本在国民生产总值方面已相继超过了加拿大、法国、英国和原联邦德国，一跃成为世界中仅次于美国的第二经济大国，从而用二三十年的时间走完了西方国家半个多世纪的历程。1973 年日本的国民生产总值为 6 840 万亿日元（约 6 250 美元）。

3. 经济低速增长时期（1974—1986 年）

1974 年既是资本主义世界经济的转折点，也是日本经济发展的转折点，从此日本受资本主义经济危机的影响，国民经济发展速度放慢。

由于日本是一个原料、燃料严重匮乏的国家，特别容易受到世界市场上原料、燃料涨价的影响。1973 年 10 月至 1974 年 1 月间，石油价格增长 4 倍，顷刻间就对日本经济产生了影响，加之战后许多临时性促进经济增长的因素，其大多数效用已经或多或少地发挥出来了，以及对高增长率有贡献的产业向高附加值部门转移的结构性变化，这些都是导致日本经济进入低速增长的原因。

1973—1986 年，日本国民生产总值由 185.9 万亿日元（折 6 840 亿美元）上升到 298.3 万亿日元（折 17 682 亿美元），年均增长率按日元计为 3.7%；按美元计为 7.5%（美元与日元比价，1955 年为 1∶361.9；1973 年为 1∶271.8；1986 年为 1∶168.7）。同期，出口贸易仍然快速增长，由 369 亿美元上升到 2 092 亿美元，年均增长 14.3%。上述发展速度在主要发达国家中仍居领先地位。

---

① 《亚太地区经济发展多元化研究》，赵春明著

1986 年日本的国民生产总值相当于美国的 36. 9%，原联邦德国的 210%，加拿大的 430%，约等于法国、英国和意大利 3 国之和。就人均国民生产总值而言，日本 1980 年尚排在世界的第 18 位，西方 7 国中的第 6 位。时隔 7 年之后，已跃升到世界第 9 位，西方 7 国中的第 3 位，并首次超过了美国（19 530 美元对 18 413 美元）。在资产拥有权上，日本的对外净资产（即资产与负债之差）于 1985 年达到 1 298 亿美元，成为世界最大债权国，而自 1914 年以来就雄居债权国榜首的美国则沦为世界最大的债务国（1985 年对外净负债为 1 119 亿美元）。①

4.“泡沫经济”及其破灭时期（80 年代后期至今）

80 年代后期，日本开始陷入“泡沫经济”困境，国民经济发展速度再次放慢。所谓“泡沫经济”是指虚拟资产（以有价证券的形式存在，并能给持有者带来一定收入的资本，如股票、债券等，它们本身没有任何价值，而只是代表取得收益的权利）和房地产价格的超常上涨而导致的虚拟经济繁荣，它与一般意义上的经济高涨或繁荣有本质上的区别。一般意义上的经济高涨是以正常的需求和投资关系为基础，它常常伴随着实体经济的发展，因而意味着国家财富的同步增长；而“泡沫经济”则不然，它是由虚拟的高盈利预期和投机行为带动起来的，在这个过程中，表面化的交易活动相当活跃，而内在化的物质生产却呈停滞之势，因此，它的发展并不意味着国民财富的真正增加，而只是昙花一现的虚假繁荣。总的来说，1955—1985 年期间，日本的虚拟经济（含土地价格）与实际活动的规模基本上是同步增长的，比如日经平均股票价格从 425 日元升至 13 113 日元，年均增长率为 12. 1%；地价年平均增长率为 13. 1%，同期名义国民生产总值从 8. 62 万亿日元增加到 321. 56 万亿日元，年均增长 12. 8%。②但从 80 年代中期以后，情况则发生了很大变化。1985—1989 年日本名义国民生产总值年均增长率为 5. 7%，而在 1986—1989 年期间，日本股票平均价格却年均上涨 31. 3%，创日本战后股票史上的最高记录，达 38 915 日元，土地价格也陡然猛涨，从 1987 年到 1990 年上半年，全国城市土地价格平均上涨 14%以上，在地价上涨的顶峰时期，仅为美国国土面积 1/25 的日本土地，其地价总额却竟然 4 倍于美国，即每一单位国土面积的价格，日本是美国的 100 倍，其土地价格的膨胀程度可想而知。随着股市和地价的超常上涨，它们在国民生产总值中所占的比重也大幅度上升。1985 年末至 1989 年末，日本股票时价总额、土地资产总额所占国民生产总值的比重分别从 75%和 3. 26 倍增至 2. 24 倍和 5. 47 倍。1988 年末，土地和金融资产合计占国民总资产的 84. 6%，可见自 80 年代中期以后，“泡沫经济”在日本出现和形成已既成事实③。

对日本来说，“泡沫经济”的出现和形成，在短期内和一定程度上确实也起到了一定的积极作用，比如它促进了个人消费的增长，改善了企业的资金状况，推动了民间的设备投资等等。但“泡沫经济”毕竟是一种虚假繁荣，是一种对经济实体运行的背离，一旦虚假繁荣结束，上述积极作用马上便会逆转为消极影响。事实也正如此，在“泡沫经济”形成时期，1987—1991 年日本国内生产总值出现了年均 5. 0%的较高增长，1991 年日本的人均国民生产总值为 27 326 美元，仅次于瑞士而大大超过了其他主要资本主义国家（美国 22 556 美元，德国 21 475 美元，法国 21 188 美元，英国 22 550 美元）。但进入 90 年代后，随着国外局势的恶化，（如苏联解体、海湾战争爆发、西方主要国家经济衰退等）及本国金融管理的加强，几年之内急剧膨胀起来的“泡沫经济”开始破灭，自 1990 年初起，股价便开始迅速下滑。1992 年 8 月，日经平均股价指数创世界三大股市下跌率之冠。银行业陷入危机，许多房地产公司破产倒闭，经济转入低速增

---

① ②③:《亚太地区经济发展多元化研究》，赵春明著

长时期,虽说1996年开始明显走向好转,但至今仍未走出“泡沫经济”破灭的阴影。“泡沫经济”只能维持短期的繁荣,紧接着是金融崩溃,而且需要很长时间才能收拾残局。

经济发展的基本特征

1. 经济的高速增长

战后日本经济增长速度高于其他资本主义国家同期增长速度,取得了世人瞩目的经济奇迹。日本经济高速增长的经济成果反映在经济规模的扩大,主要产品产量的增加,对外贸易的发展等方面,从而大大提高了日本在世界经济中的地位。战后初期(1950年),日本国民生产总值排名居美、前苏联、原联邦德国、法、英、意大利之后;1965年超过英国,1968年又超过法国和原联邦德国;1981年超过前苏联,成为世界第二经济大国。主要工业部门的生产规模迅速扩大,许多工业产品的产量在世界名列前茅,如汽车、船舶、钢铁、石油制品、电子工业产品等多种产品产量均居世界第1位、第2位;出口贸易也飞速发展,50年代,出口贸易额占世界贸易总额的2%,仅高于意大利;60年代占4.5%,超过前苏联;70年代又超过英国和法国,占世界贸易总额的7.1%,成为仅次于美国和原联邦德国的世界第3贸易大国。

战后,日本经济迅速发展,是在特定的历史条件下实现的。日本巧妙地利用了国际、国内的政治、经济条件,从而赢得了经济的高速发展。就国际因素而言主要是:(1)美国的扶持和朝鲜、越南战争的刺激。战后初期,美国政府在指导日本政府进行一系列改革的同时,还对日本实行了扶持政策,表现为经济援助、经济贷款、直接投资和技术输出,这在一定程度上弥补了日本自身资金和技术相对不足的缺陷。此外,美国发动的侵朝、侵越两次战争对日本经济的发展产生很大刺激作用。侵朝、侵越战争期间,美国将日本变成了军事补给基地,1950—1953年美国4年的军事特需订货共达23.9亿美元,4年平均占日本出口总额的50%,大大增加了日本的外汇收入,同时也解决了许多人的就业问题。(2)低价输入原料与燃料和高价输出其工业品。日本是一个资源严重匮乏的岛国,在原料、燃料方面对外依赖程度很高。且在其经济高速增长时期,随着重工业和化学工业的迅猛发展,原、燃料的消耗迅速增加。而在日本经济高速发展的近20年间,国际市场上原料、燃料、粮食等初级产品货源充足,价格很低,而工业品价格很高,一些发展中国家为发展民族工业,需要购进大量工业设备,世界工业品市场达到前所未有的规模。另一方面,日本则采取限制农业发展,重点扶持重、化工业的政策,加速工业化进程,以低价进口原料、燃料,高价出口工业设备,因此积累了大量资金。日本经济高速发展的国内因素主要有:(1)减少军事和国防开支。战后日本解散了军队,自卫队编制也不大,军费开支占GNP的比重在60年代、70年代、80年代分别为1.2,0.8,0.9,(而美国则分别为8.2,7.8,5.0),节省下来的大量资金用于搞经济建设。(2)设备投资率高、更新快。企业设备投资占国民生产总值的比重不断上升,1955年只有13.1%,1960年为22.3%,1965年有所下降,为18.0%,1970年为23.0%。从1955年至1970年间,日本私人设备投资平均增长率为17%,设备更新速度加快,从而大大提高了劳动生产率和产品在国际市场上的竞争力。(3)重视技术引进和研究开发。第二次世界大战后,日本的科学技术大约落后于欧美主要国家20—30年。日本依靠技术引进和研究开发等手段,迅速缩短了与欧美国家之间的差距,并在70年代达到了世界领先水平,大大缩短了工业化的历程。迄今为止,日本的支柱产业——钢铁、造船、石油化工、合成纤维、汽车、电力及电子工业等无一不是在引进国外先进技术的基础上发展起来的。(4)充分利用海运这一优越条件。除上述原因外,战后日本政局稳定,政策宽松,重视科学文化教育,独具特色的日本式企业管理制度和方法,建立起强大的信息情报网等因素对经济高速增长都起着积极作用。

2. 经济基础脆弱,对外依赖严重

日本本来就是一个资源极其贫乏的国家,随着资本主义经济的高速发展,资源消耗得越来越多,资源消耗率的增长超过了国民生产总值的增长速度,国内资源十分不足,对外依赖严重。据统计,工业生产所需要的主要原料、燃料大部分依靠进口,如磷酸盐、铝土、原油、铁矿石、盐、原料煤等对外依赖程度高达87%,而镍、铀、天然橡胶、棉花、羊毛等几乎全部进口。其资源进口占全国进口总额的64.4%,占世界资源贸易的12%,世界第二经济大国同时也是世界上资源进口最多的国家。同时,日本出口商品占全国工业总产值的比重不断增加,目前有1/3以上的产品远销世界各地,如照相机、电视机、钟表、船舶、计算机等对外依赖程度高达50%以上。因此日本在原、燃料进口和主要工业品出口方面对国际市场的依赖程度很高,任何世界性政治与经济的波动都会对日本的经济产生极大的影响。

3. 生产与资本的高度集中和垄断

第二次世界大战前,日本十大财团掌握着经济命脉和国家机器,在经济和政治上实行强力统治,是日本军国主义的支柱。目前,在日本居于最高垄断地位的仍然是少数大财团。三菱、住友、三井、富士、三和和第一六大财团,控制全国总资本的70%以上,掌握着金融、工业、交通、对外贸易等日本的经济命脉,其经济实力和垄断程度大大超过战前,成为日本对内、对外政策的决策者。随着市场竞争的激烈化,中小企业纷纷倒闭,企业兼并、合并和系列化与日俱增,更加强了生产和资本的集中和垄断。与此同时,还形成了众多的重要垄断组织,如新日本钢铁公司、日本钢管公司、住友金属工业公司、日立制作所、东京芝浦电器公司、富士通公司、松下电器产业公司、索尼公司、丰田汽车公司、日产汽车公司等等。

4. 经济结构变化显著

日本在高速发展时期,根据当时国内外的条件,为了不断增强其在国际市场的竞争能力,采取的是集中发展重、化工业的方针,轻工业与农业发展缓慢,从而引起了国民经济结构的显著变化。在国民经济中农业地位急剧下降,工业具有绝对优势并成为日本经济的主体。日本经济结构的变化对经济高速增长起着巨大的促进作用,但也带来了粮食自给率下降等一系列问题。近年来,日本大力进行产业结构调整,目标是实行国际化、高科技化与服务化,即大量增加对外直接投资,加强高新技术的开发与研究,大力发展信息、通信、金融、保险、教育等在内的第三产业,经济结构变化表现出六大趋势:从高耗能走向低耗能;从劳动资本密集型走向技术知识密集型;从规模经济走向适应经济;从单一化走向多样化;新兴工业和传统工业并存发展,物质生产部门和非物质生产部门相辅相成。

5. 经济地域分布不平衡

日本除森林、荒地、河流等以外,人们可居住的面积仅占全国面积的21%,就在这块狭小的土地上,却拥有占世界第2位的国民生产总值。日本是世界上生产密度最高的国家。战后,太平洋沿岸的经济发展越来越快,成为全国经济最发达地区。全区面积占全国总面积的31%,人口占全国总人口的50%多,全国10个百万以上人口的大城市在这里就集中了8个。据1979年的统计,这里集中了全国工厂数的61.2%,工业就业人数的62.7%,工业产值的67.3%,成为日本乃至世界的大工业带。而日本海沿岸,面积占全国总面积的19.1%,人口只占10%左右。拥有的工厂数只占全国工厂总数的10.9%,工业产值的8%,但拥有全国耕地面积的17.7%,水稻产量占全国总产的30%,成为全国重要的水稻产区和商品粮基地。可见,东西海岸经济发展水平相差悬殊。另外,整个国土的南、北两端也是日本经济比较落后的农业地区。

主要产业部门及其分布

工业 日本工业是沿着欧美资本主义国家的发展道路,从轻纺工业开始的。战争期间同军事有关的重、化工业得到迅速发展。战后,工业结构又转向以汽车、石油加工、石油化工、造船、钢铁、电力等为中心的重工业,重化工业在全部工业总产值中所占的比重从 1955 年的 44.6%提高到 1974 年的 66.4%,从而建立起以机械、钢铁、石油加工和石油化工为主体的重化工业体系,轻工业发展缓慢。70 年代以来,日本工业进入新的时期,世界石油等燃料、原料相继涨价,供给出现紧张局面,国际垄断组织间争夺资源的斗争不断尖锐化,且工业污染严重;另一方面,工业品的消费需求有了新的变化,电子工业和家电产品需求量激增,在这种情况下,日本工业明显由大量消费原料的"基础资源型工业"向发展快、工艺过程复杂、技术水平高、消耗原料少、成本低、产值高、污染少的"技术密集型"的工业转换。随后,高新技术产业如情报处理、省力机械、宇航工业、原子能开发、海洋开发、太阳能与地热能利用等迅速发展,信息情报产业中的电子工业发展最快。日本工业发展的原料、燃料及市场对外依赖严重,这是战后日本考虑工业布局的出发点。日本的人口、工业和国民收入大多聚集在东京湾、伊势湾、大阪湾及濑户内海的"三湾一海"地区,并形成了东起东京湾东侧的鹿岛,向西经千叶、东京、横滨、骏河湾沿岸、名古屋、大阪、神户、濑户内海沿岸,最后直达北九州的长达 1 000 km,包括京滨、中京、阪神、濑户内海、北九州等五大工业地带,称为"太平洋带状工业地带"。该地带约占全国总面积的 24%,拥有全国人口和工厂数的 60%,工业产值的 75%,大型钢铁联合企业设备能力的 95%,重化工业产值的 80%以上。特别是第二次世界大战以后新建的大量消耗原料的资源型工业,全部都分布在这一地带的填海新陆上,成为世界临海型工业区的典型代表。太平洋带状工业地带不仅是日本,也是目前世界上最发达的工业区之一。

钢铁工业 战后日本的钢铁工业发展迅速,钢铁产量 1959 年超过法国,1961 年超过英国,1964 年超过联邦德国,1982 年超过美国,年钢铁产量超过亿吨,成为世界上唯一没有铁矿石资源的"钢铁王国"。同时,其钢铁生产的能耗量和焦比都是世界上最低的,在国际市场上很有竞争力。钢铁工业产值约占日本工业总产值的 10%左右,占对外贸易的 15%以上。日本钢铁工业原料、燃料几乎完全依靠进口。铁矿石主要来自澳大利亚、印度、巴西、智利、南非、菲律宾、加拿大、俄罗斯、乌克兰等国。日本每年还需要进口约 8 000 万 t 煤,其中 80%以上是焦煤,成为世界上最大煤炭进口国。煤炭主要来自澳大利亚、美国、加拿大、俄罗斯和中国等。重油是日本钢铁工业的重要能源之一,可转化为钢铁工业所需的电力。重油间接来源于石油,石油则主要来自海湾地区、北非地中海沿岸、西非几内亚湾沿岸和东南亚的印度尼西亚、文莱等地。

日本还是世界上最大的钢和钢材出口国。近年来,其钢和钢材出口量都在 3 000 万 t 左右,约占世界钢和钢材出口市场的 1/4,占日本国内钢产量的 1/3。日本钢铁输出地区中,东南亚居第 1 位,其次为北美、中东、西北欧、拉丁美洲和非洲等。

钢铁工业的地区分布也表现为临海性特点,21 座大型钢铁联合企业有 19 座集中在太平洋带状工业地带内,只有少数炼钢厂或特殊钢厂设在日本海沿岸或内地。钢铁工业多集中在阪神、京滨、濑户内海沿岸、北九州及中京等 5 个工业区内,其中阪神是最大的钢铁工业基地。

汽车工业 20 世纪 20 年代,当汽车在美国已进入大众化时代的时候,日本的汽车工业在战后刚刚由军用转为民用。1949 年小汽车年产量仅为 1 000 辆左右，且质量差、价格高。1952 年日本政府决定了扶持汽车工业的方针，通过搞技术合作、合办企业，缩小同欧美之间的差距。1956 年从美国引进了连续自动工作机等生产技术。进入 60 年代后，汽车工业发展迅速，1964 年小汽车产量接近 100 万辆；1971 年突破 1 300 万辆，超过英、法、意等西欧国家，与美国、联邦德国形成鼎足之势。现在，日本已成为世界最大的汽车生产国与出口国，1995 年汽车产量为 1 078 万辆，居世界第 1 位。目前，汽车已超过钢铁、船舶而成为日本第一大出口商品，产量的一半以上用于出口，主要出口到美国、西欧以及亚洲一些国家。

日本的汽车工业主要分布在东京湾和伊势湾沿岸的京滨和中京两个工业区，丰田市是日本的汽车城，此外还有名古屋、川崎、东京等地区。

日本的汽车生产主要集中于丰田、日产、东洋工业、三菱、本田五大公司，它们控制了日本汽车总产量的 80%以上。在世界十大汽车公司中，日本占了 4 个（丰田、日产、三菱、东洋工业），丰田汽车制造公司是目前仅次于美国通用汽车公司的世界第二大汽车厂家，它已控制了全日本汽车产量的 1/3。

造船工业　造船工业是日本战后发展最快的部门。1950 年开始，先后从原西德、丹麦、瑞士引进技术，1957 年船舶下水量就达到 173 万 t，居世界第 1 位，1965 年日本船舶出口占世界船舶市场的一半，成为称霸世界的“造船王国”。日本有造船厂 1 500 多家，世界最大的几家造船公司几乎都是日本公司。日本的造船业以生产商船为主，以油船产量最大，还有矿石船、液化气船、集装箱等专用船。

近年来，为适应世界贸易发展的需要，船舶向大型化、高速化、专业化和自动化方向发展。在世界航运市场繁荣的 70 年代，年造船吨位达到 1 500 多万 t，近年由于世界经济衰退引起航运业不景气，使得日本船舶定单减少，但仍以技术水平高，价格低而保持着持有订单最多的造船大国的地位（1993 年因日元大幅升值，曾被韩国超过）。

日本的造船能力已达每年 2 000 万总吨。大型船厂主要集中在太平洋沿岸带状工业地带的港口和钢铁、机械制造工业中心，其中北九州的长崎造船厂历史悠久，已成为日本和世界最大的造船中心。

电子工业　电子工业是战后日本新兴的工业部门，60 年代以来发展迅猛，发展速度远远超过其他发达资本主义国家，目前，生产规模仅次于美国居世界第 2 位，且以质高价廉在国际市场上很有竞争力。日本电子工业的生产重点，60 年代是音响产品；70 年代是视像产品；80 年代为集成电路；90 年代则是包括计算机与通信设备在内的信息技术产品。

在半导体技术的开发与生产上，日本已明显超过美国。1989 年日本半导体工业产值已高达 191 亿美元，占世界半导体工业产值的 39.3%，高居榜首。在计算机生产方面，日本比欧美国家起步晚 10 年，但发展迅速，在大型机方面，日本已于 1970 年赶上美国，日本机数拥有量常年居世界首位，1988 年，拥有工业机器人 17.6 万台，而美国仅拥有 3.3 万台。在世界 10 大计算机公司中，日本占有 3 家。日本的富士通公司已成为仅次于美国 IBM 公司的世界第二大计算机公司。在家用电器的生产方面，日本更居世界领先地位。

日本的电子工业也集中在京滨与阪神工业区。近年来九州已成为日本最大的集成电路生产基地，被称为可与美国“硅谷”相媲美的“硅岛”——筑波城设有几十个研究机构和十几家公司。

能源工业　战后，日本的能源消费构成由过去以煤炭为主转向以石油为主，石油加工业发展迅速。日本是个贫油的国家,但炼油工业却很发达。目前日本是世界第二大石油消费国和最大的石油进口国,石油主要来自于西亚、东南亚一些石油输出国。石油加工工业全部集中于沿海地区,特别是太平洋带状工业地区,集中了全国炼油能力的88.2%,京滨工业区是全国最大的石油工业基地。煤炭多用于钢铁工业,主要从澳大利亚、美国、加拿大、俄罗斯和中国进口。电力工业发展迅速,总发电量已占世界总发电量的7.4%,居世界第3位。以火电为主,火电站主要分布在五大工业区,其中以鹿岛的设备能力最大。为减少石油的进口,近年来建立了一些核电站和地热电站。核电站主要分布在福井和福岛两县;地热电站主要分布在岩手和大分等县;水电站建立在本州中部和各河上游。

石化工业　日本的石油化学工业是50年代中期随着石油加工业的发展而出现的新兴工业部门。石油化工产品约占化工总产量的1/3以上。目前,乙烯产量仅次于美国,居世界第2位。合成橡胶、塑料、化学纤维、都居世界前列。主要石油化工中心全部集中在太平洋带状地区,其中规模较大的有川崎、千叶、鹿岛、四日市和水岛等。各工厂之间在地带布局上相距较近,以输油管道联成一体。

纺织工业　纺织工业是日本的传统工业。战后由于迅速发展重、化工业,以及一系列新兴工业部门的兴起,纺织工业地位日趋下降,但合成纤维发展极为迅速,产量仅次于美国居世界第2位。

农业　日本现有耕地约占国土面积的14.5%,人均耕地不足0.7亩,每平方公里耕地的人口密度为2 844人,居世界前列。日本农业可谓地少人多,“先天不足”,但后天却得到了补偿。日本农业的最大特点是在小农经济的基础上实行机械化商品性生产,依靠大量使用优良品种以及化肥和农药来提高作物产量。因此日本农业规模小而集约化程度高,单位面积的投工量和产值均高于欧美,但劳动生产率低于他国。

日本农业长期以来以水稻生产为主,随着人们生活水平多样化的需要,农业生产的重点及时转向畜牧业和水果、蔬菜的生产,而用地多、收益少的小麦、大豆和饲料等则依靠进口,腾出土地用于发展畜牧业和水果、蔬菜的生产。如今,水稻、蔬菜水果以及畜牧业已成为日本农业的三大支柱。

水稻是日本的主要粮食作物,约占总播种面积的42%,农业产值的32.8%。日本是世界上主要稻米生产国之一,由于生产的现代化,已达到稳定、高产的程度,每公顷平均产量5.6 t,居世界前列。水稻种植遍及全国,主要集中在本州岛的东北和中部的北陆地区。玉米几乎全由美国进口;小麦约有一半从美国进口,其余由加拿大、澳大利亚等地进口。

蔬菜种植面积约占耕地面积的12%,农业产值的17.6%,蔬菜自给率达97%。水果占全部农业用地的7.2%,农业产值的7.3%.水果以关东平原为界,北以苹果、南以柑橘为主。

畜牧业发展很快,形成了一些生产基地,奶牛主要分布在北海道东部与本州北部;肉牛以南九州为最多;养猪业和养鸡业分布普遍。

日本海岸线长约3万km,寒暖流在东北部沿海相汇,渔产资源丰富,年鱼获量在1 000万~2 000万t,约占世界的15%左右,居世界首位。

日本林业资源丰富,森林面积占国土面积67%,居世界前列。木材蓄积量达21.8亿m^3,树种多种多样。60年代以来,木材采伐量迅速增长,但仍不能满足要求,需大量进口,使日本成为世界上木材进口大国之一。

交通运输业　日本交通运输发达,海运、铁路、公路、航空等运输门类齐全,运输技术与手段先进。随着沿海工业的形成和汽车工业的发展,运输业的结构也发生了很大变化。铁路在运输业中的比重明显下降,公路运输的地位显著提高,海运业成为对外经济联系的重要运输方式,占货运总量的44.5%。

公路运输　日本的公路运输发展迅速,现有公路总长113万多km,其中高速公路7 850 km,全国已建立起发达的公路网,公路运输不仅限于连接铁路、海运的短途运输,而且已能单独承担长途运输任务。拥有汽车5 000多万辆,占世界汽车保有量的9%,仅次于美国居世界第2位。

铁路运输　日本是世界上铁路运输发达的国家之一,铁路营运里程2.8万km,约有一半以上实现了电气化,主要铁路多分布在沿海地带,并与海岸平行,这一分布特点在世界上也是少有的。此外,还有不少横贯东西的铁路,连接日本海沿岸和太平洋沿岸的一些城市。位于北海道与本州之间的津轻海峡,宽20~50 km,1988年青函海底隧道建成通车,加之连接本州与四国的濑户内海大桥的建成通车,日本四大岛已由2万多km的铁路线贯通一体,交通十分方便。从60年代起修建的"新干线"高速铁路,现已通车的有东海新干线(东京—福冈)、山阳新干线(大阪—博多)、东北新干线(大宫—盛冈)及上越新干线(大宫—新泻)。营运于新干线上的磁悬浮铁路列车,速度可达每小时500多km。

航空运输　空运在日本国内长距离客运和国际旅客运输中占重要地位。日本是世界航空枢纽之一,航空客运量仅次于美国和前苏联,居世界第3位。东京的成田国际机场和大阪的关西国际机场已步入亚洲乃至世界的大机场行列。

海洋运输　日本海岸线绵长,加之对外原料、燃料及市场的严重依赖,海运量极大,使日本的海运业在交通运输业中占有特殊重要的地位。战后几十年的发展,使日本实现了海运业的现代化,成为世界海运强国之一。由于方便旗船的国外登记,使日本商船队总吨位逐渐下降,1996年日本商船队拥有1 947万总吨,世界排名第7位,并始终保持平均船龄世界最小和船舶自动化程度高等特点。而且运输各种散装货、原料、燃料和件杂货船趋向大型化、专用化和集装箱化,最大的油船已超过50万t,在世界商船队中油船总吨位居第1位。近年来日本海上进出口货物运量不断增长,70年代后半期年平均6亿t;80年代年平均7亿t;90年代年平均8亿t,1996年达8.6亿t,其中出口1亿t,进口7.6亿t。在进口货物中以原油(29.4%)、煤炭(17.1%)、铁矿石(15.7%)为主;出口货物以钢铁(20.0%)、水泥(12.4%)、机械类(11.4%)、电器(8.5%)为主,按各航线的具体流量计算,占首要地位的是波斯湾—马六甲(龙目)海峡—日本航线,每年通过该航线输入原油2亿多吨,输出主要是汽车和高档消费品;其次是日本—大洋洲航线,主要输入澳大利亚的煤炭和铁矿石,新西兰的羊毛,巴布亚新几内亚的铜矿石;再次是日本—美国西海岸、日本—巴拿马运河—美国东海岸,由于美国是日本的最大贸易伙伴,因此,这两条航线一直很兴旺,出入货种繁多,大批纺织品、汽车、家电产品等源源不断地输往美国市场,回程货物则以煤炭、粮食、水果为主,也有部分工业品。

随着中国经济和中日间贸易的发展,中国已成为日本第二大贸易伙伴,中日航线货运量逐年增加,现在日本各主要港口同中国的许多港口都有直达航班。从日本运往中国的主要是钢铁、机械设备、化工产品等;由中国运往日本的主要有石油、煤炭、盐、农产品等。

主要港口　据1996年7月1日统计,日本全国拥有大小港口1 102个,特定重要港口21个,重要港口112个,地方港口901个,其他港口68个。所谓特定重要港口是指在对外贸易中具有特殊意义的港口;重要港口是指在对外贸易或国内贸易中具有重要意义的港口。日本是拥有吞吐量超亿吨的世界级大港最多的国家,吞吐量在1亿吨以上的港口有5个,吞吐量在8 000万t以上的港口有12个。

表2-13 日本特定重要港口吞吐量和入港船舶情况(1995年)

港口名称	货物吞吐量(千吨)	入港船舶	
		艘数	千总吨
千叶	176 196	77 867	137 734
名古屋	142 618	42 867	199 949
横滨	131 483	55 338	249 739
大阪	121 668	69 265	186 194
川崎	100 694	58 206	101 305
北九州	97 104	71 322	92 528
神户	91 702	68 994	172 988
东京	87 290	48 450	133 292
界泉北	83 548	47 228	78 840
占小牧	83 316	12 142	55 953
德山下松	59 294	31 845	37 015
四日市	55 851	24 041	51 256
和歌山下津	55 377	28 565	46 691
室兰	50 115	8 463	38 809
姬路	44 180	32 283	34 167
博多	35 716	31 640	46 810
新泻	32 928	10 898	57 608
广岛	20 943	77 318	43 683
清水	18 878	8 907	42 729

资料来源:日本船主协会,船协海运年报,1997

特定重要港除上述19个外,还有下关和伏木富山。

日本港口在地理分布上具有明显的不平衡性,大多数集中在太平洋沿岸一侧,而日本海沿岸海岸线平直,港湾稀少。全国21个特定重要港口除室兰、占小牧、新泻、伏木富山以外,其余均分布在三湾一海地带。如图2-7所示。

千叶(CHIBA) 港位于东京湾东北岸(35°36′N、140°07′E),东京以东50 km。千叶是个以钢铁、炼油、化工为主的新兴工业城市,千叶港是日本最大的工业港口,共有泊位300多个,其中绝大多数是专用泊位。进港货物以石油、天然气、铁矿石、木材、农产品为主;输出以汽车为主,其次是钢铁、化工产品等。

名古屋(NAGOYA) 港位于伊势湾北端(35°05′N、136°53′E),为知多半岛和纪伊半岛所围护,是个天然良港。因背倚中京工业区,发展迅速。名古屋的纺织、机械、汽车、钢铁、化学工业发达,纺织与陶瓷工业居全国之首。

该港属亚热带季风气候,盛行西北风。年平均气温10℃~27℃。每年4~6月为海雾最盛期。全年平均降水量约1 000 mm。属半日潮港,大潮升2.4 m,小潮升1.8 m。

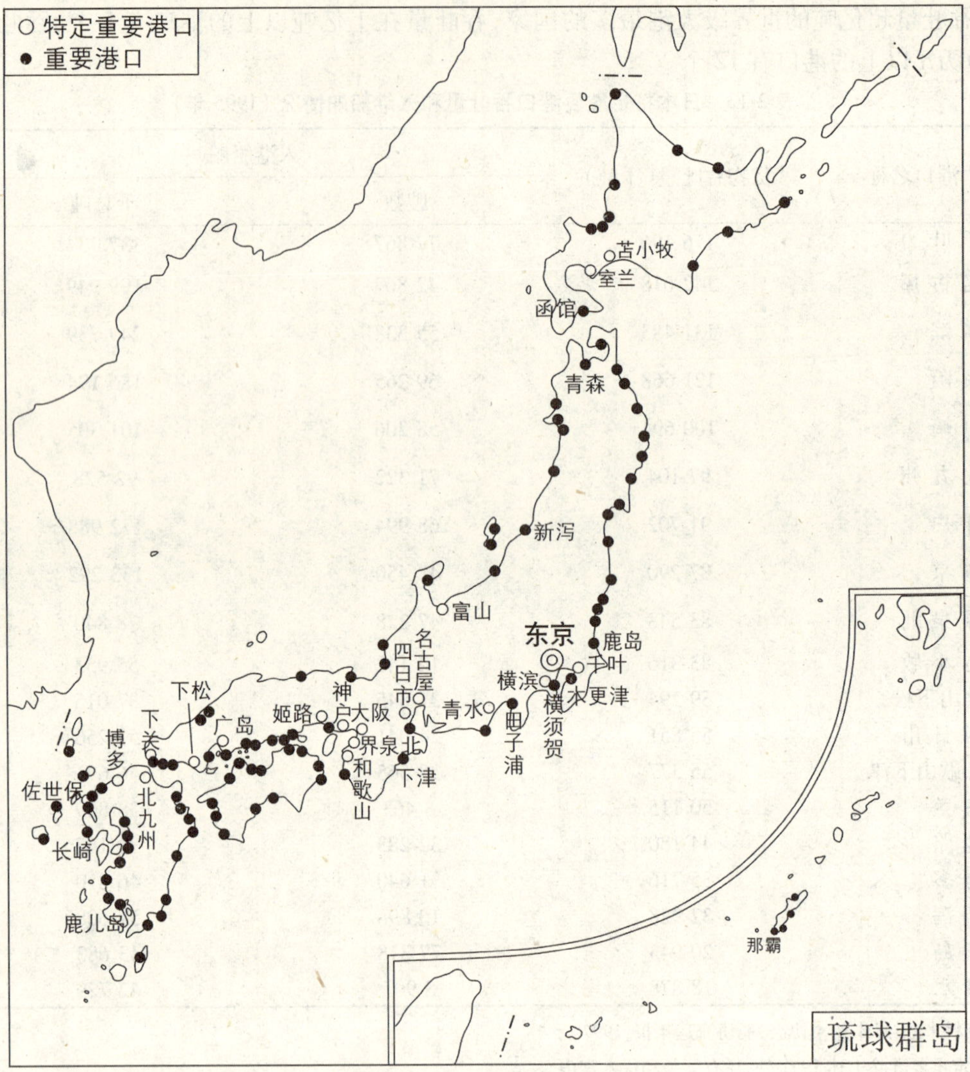

图 2-7　日本重要港口分布图

本港背靠平原，湾口有半岛和小岛为屏障，湾内风平浪静，是一个得天独厚的优良深水港口。港区主要码头泊位有 256 个，岸线长 12.6 km，最大水深 14 m。

装卸设备有各种岸吊、门吊、集装箱吊、浮吊及拖船等，其中浮吊最大起重能力达 120 t，拖船最大功率为 235 kW，还有直径为 101.6~308 mm 的输油管供装卸使用。集装箱码头最大可靠 5 万载重吨的集装箱船舶。在伊势湾的海上泊位可泊 20 万载重吨的大型油船。装卸效率：重油 1 000 t/h，柴油 700 t/h，燃油 1 000 t/h，原油 2 000 t/h。港区仓库及货棚面积为 130 万 m^2，货物堆场面积达 570 万 m^2。进港货物以木材、矿石、粮食、棉花为主；输出汽车、陶瓷、钢铁等。

横滨（YOKOHAMA）　港位于东京湾西岸（35°27′N、139°38′E），距东京 30 km，它是作为东京的深水外港而发展起来的。近年来吞吐量和集装箱量超过神户而成为日本最大集装箱港口和世界 10 大集装箱港口之一。横滨是日本第 3 大城市和工业中心，造船、汽车、钢铁、炼油、化工等工业发达。

该港属亚热带季风气候，夏季盛行东南风，冬季多西北风。年平均气温10℃～27℃。每年有雾日33天，雷雨日有10天。全年平均降水量约1 000 mm。属半日潮港，大潮升1.9 m，小潮升1.4 m。

本港外有两个天然半岛及防波堤进行围护。港区主要码头泊位有91个，岸线长16 km，最大水深17 m。

装卸设备有各种岸吊、集装箱吊、装卸桥、浮吊、门吊、牵引及滚装设施等，其中浮吊最大起重能力达650 t，还有直径为203.2～508 mm的输油管供装卸石油使用。港区的仓库及货棚面积为21.7 m^2，货物堆场面积为47.8万 m^2，木材堆场面积为63万 m^2。整个码头实施现代化的管理手段，新型码头监视系统已于1992年3月设置完成。在国际集装箱码头的装卸桥、管理楼、照明塔等8个地方均有摄像机对拖车作出指令。1992年10月该港建成了日本最大的集装箱码头——大黑C3(DAIKOKU PIERC3)，码头长350 m，纵深500 m，面积17.5万m，可靠泊"第4代"大型集装箱船舶。码头上有超级装卸桥，最大起重能力达40.6 t，集装箱堆场可存放7 540TEU，还有面积为6 016 m^2 的集装箱货运站，有550只冷藏电源插座，可在办公楼内进行操作管理。本港另有海上泊位最大可靠泊20万载重吨的大型油船。装卸效率：燃油5 000 t/h，石脑油2 500 t/h，原油8 000 t/h。

为了适应集装箱运输日益发展的需要，横滨港务当局正在加强港口的建设，本牧A码头各泊位的水道将浚深到14 m，B码头与C码头之间的水域正在填海造地，以建造多用途泊位并配备以适合超宽巴拿马型船舶使用的新式集装箱起重机，根据扩建和发展计划，将超过东京(TOKYO)港的规模。进港货物主要以原油、煤炭为主；输出以汽车、汽车零件、船舶、机电产品为主。

大阪(OSAKA)港　位于本州西部大阪湾东北岸(34°39′N、135°26′E)。大阪是全国第二大城市，阪神经济圈的核心，轻、重工业都很发达，以机械、化工、造船、石化工业为主。进港货物以煤炭、铁、铁矿石为主；输出钢铁、金属制品、家电产品、工艺品等。港口有泊位174个，水深612 m，岸线长10 km。各种装卸设备齐全，普通仓库面积134万 m^2，冷藏库90万 m^3，集装箱理货场地面积56万 m^2。港口还拥有最先进的电脑系统，设立了综合流通中心，能以最高效率处理集装箱货物。

川崎(KAWASAKI)港　位于东京与横滨之间(35°30′N、139°46′E)。川崎是重要的工业城市，有大型的钢铁厂、造船厂、炼油厂和石油化工厂等，川崎港是典型的工业港，以输入工业原料和能源为主，进口原油、矿石、焦炭。

该港有泊位136个，水深5～21m，其中京滨制铁所原料码头可泊25万t级大型船，是世界最大的直接靠岸式码头之一。

北九州(KITAKYUSHU)港　位于九州岛的北端(33°53′N、130°50′E)是西日本最大的国际贸易港口，与中国仅一水之隔。

该港有泊位237个，水深45～17m，岸线长5 km。出口货物以钢材、水泥、化肥为主，进口货物有粮食、煤炭、石油、铁矿石等。

神户(KOBE)港　位于濑户内海东端、大阪湾的西北岸(34°40′N、135°12′E)，离大阪26 km。港口所在的关西地区工商业发达，经济基础雄厚。神户市重化工业和食品工业十分发达。为解决港口用地不足，在海中填筑了港岛和六甲岛两个人工岛。现有的38个集装箱泊位中有34个建在人工岛上。

该港属亚热带季风气候，夏季盛行东南风，冬季多西北风。年平均气温10℃~27℃，年雷雨日有12天，降雪日有19天。全年平均降水量约1 300 mm。属半日潮港，有日潮不等现象，大潮升1.4 m，小潮升1.1 m。

本港的特点是填海建造的人工岛，如港岛及罗卡岛等有桥梁可与大陆连接，港区主要码头泊位有320个，岸线长38 m，最大水深12.6 m。

装卸设备有各种岸吊、门吊、集装箱吊、浮吊及跨运车等，其中浮吊最大起重能力达200 t。码头最大可靠15万载重吨的船舶。谷物装卸效率1 500 t/h。港岛——C码头有13个集装箱专用泊位，最大水深为12.1m。摩耶港区有6个集装箱专用泊位，最大水深为11.9 m。另有系船浮筒26个。本港仓库面积达134万m^2，露天堆场为28万m^2，煤场近6万m^2，货物转运站为27万m^2。1994年进港全集装箱船达1 653艘，1994年集装箱吞吐量达278万TEU，比1993年增长3.4%，居世界第6位。1994年货物吞吐量达1.68亿t。该港主要出口货物为机械、车船、纺织品、钢铁及家用电器等，进口货物主要有粮谷、棉花、原油、矿石、小麦、天然橡胶及食品等。

1995年的阪神大地震给神户港带来了毁灭性打击，但强大的经济实力使神户港仅用了2年的时间就基本恢复了活力。进港货物主要是农产品、服装、石油制品等；出港货物主要是纺织品、机械、钢铁制品等。

东京(TOKYO)港　位于东京湾西北隅(35°43′N、139°46′E)。是日本的5大港口之一，又是世界20大集装箱港口之一。本港已有40多年的历史，本世纪30年代末疏通航道后，远洋巨轮方始进港。战后滨海工业的发展推动了港口建设，成为日本的主要港口之一。它是日本的首都，全国政治、经济及文化的中心，是全日本最大的工业城市，主要工业有汽车、钢铁、机械、化工、精密仪器、服装、印刷及电机制造等。东京是世界大金融中心之一，拥有世界闻名的股票市场，在东京港的周围已形成高度密集的交通网，有9条高速公路，5条干线公路及5条铁路和港区相连。各类大专院校有190多所，东京的出版社占全国2/3以上，而书籍发行量则占90%，国际机场可飞往世界各地。

该港属亚热带季风气候，年平均气温为16℃。年雾日有33天，雷雨天集中在5~9月。全年平均降水量约1 500 mm。属半日潮港，大潮升2 m，小潮升1.5 m。

港区主要码头泊位有180个，岸线长20 km，水深10~12 m。

装卸设备有各种岸吊、门吊、集装箱吊、旋吊、卸船机、皮带输送机及滚装设施等。其中门吊最大起重能力为49 t，还有直径为203.2~304.8 mm的输油管供装卸使用。港区有堆场面积达27.7万m^2，仓库容量43万t，其中冷库为14万t。本港码头最大可靠3.5万载重吨的船舶。装卸速率，煤2 000 t/日，矿砂1 000 t/日，原油1 000 t/日，谷物1 000 t/日，木材1 000 t/日。1994年1月日本大阪商三井船舶公司开始在大井集装箱码头启用“21世纪集装箱码头系统”，该系统由16个子系统构成，以其中的堆场操作、堆场计划、车船计划子系统为主，还包括集装箱堆场、集装箱货运站、修理费用等子系统。其主要出口货物为钢铁、船舶、汽车、家用电器、化工产品及纺织品等，进口货物主要有煤、石油、机械设备、食品、木材、粮食、肉类及砂糖等。

1996年日本8大集装箱港口是横滨、东京、名古屋、神户、大阪、清水、四日市、北九州，其中横滨、东京、神户已进入世界前20位集装箱港口的行列，它们不仅是日本的重要门户港，而且还是亚洲地区的主要转口港。

对外贸易　日本是个资源靠进口,产品靠外销的“加工贸易型”国家,对外贸易在国民经济中占有非常重要的地位,历届政府都推行“贸易立国”的政策,因此,日本对外贸易的发展速度在世界上是遥遥领先。现在日本的对外贸易总额仅次于美国和德国,居世界第3位。

日本的主要贸易对象是美国、中国、中国台湾、韩国、法国。日本商品在美国市场占有重要地位,从70年代初的世界性经济危机导致国际贸易出现萎缩后,许多国家采取贸易保护主义政策,欧美各国对日本的具有较强竞争力的商品采取限制政策,特别是美日之间的贸易摩擦的不断升级,使日本的出口贸易具有较大阻力,而日本同亚洲地区各国间的贸易却有较大发展。

表 2-14　日本的进出口商品构成

进口商品	占进口量	出口商品	占出口量
石油及其制品	32.2%	钢铁	20.0%
液化天然气	6.1%	水泥	12.4%
煤炭	17.1%	机械类	11.4%
铁矿石	15.7%	电器制品	8.5%
粮食	3.8%	塑料制品	3.7%
盐	1.0%	汽车	3.6%
木材、纸浆等	5.3%	化肥	1.0%
其他	18.8%	其他	39.4%

资料来源:亚洲国家概况 1995—1996年 世界知识出版社

表 2-15　1994年日本同主要贸易对象的贸易额及占日本进出口贸易的百分比

主要贸易对象国	出口额(亿美元)	占出口总额%	进口额(亿美元)	占进口总额%
美国	1 175.60	29.7	626.59	22.8
中国	186.82	4.7	275.66	10.0
中国台湾	237.92	6.0	107.54	3.9
中国香港	257.40	6.5	21.46	0.7
韩国	243.59	6.1	135.09	4.9
德国	177.88	2.9	111.33	4.0
英国	127.34	3.2	58.14	2.1
法国	52.60	1.3	56.83	2.0
意大利	33.57	0.8	49.37	1.7
澳大利亚	87.18	2.1	136.27	4.9
新加坡	196.05	4.9	46.46	1.6
泰国	147.02	3.7	81.84	2.9

资料来源:亚洲国家概况 1995—1996年 世界知识出版社

第三节　东南亚

东南亚位于亚洲东南部,由中南半岛、马来群岛和伊里安岛东半部组成。马来群岛是世界上最大的群岛，由 12 000 个岛屿组成，面积 200 万 km^2。由大巽他群岛、努沙登加拉群岛、菲律宾群岛、马鲁骨群岛、东南群岛、西南群岛组成。北至巴坦群岛、南至罗地岛；西至苏门答腊岛，东至东南群岛。东南亚包括越南、老挝、柬埔寨、缅甸、泰国、马来西亚、新加坡、印度尼西亚、菲律宾、文莱和东帝汶等国家和地区。总面积 448 万 km^2，大陆海岸线长约 11 700 km，人口 4.40 亿多，是世界上人口稠密地区之一，以印度尼西亚人口最多，约占东南亚人口总数的 43.7%；以新加坡人口最稠密，人口密度高达每 3 968 人/km^2，为亚洲人口密度最大的国家。民族众多，语言复杂。中南半岛是佛教盛行地区，其他地区居民多信伊斯兰教、天主教、基督教、印度教等。

东南亚的海域被马来群岛分隔成许多不同的海。其中属于太平洋的有班达海、爪哇海、苏拉威西海、苏禄海、马鲁古海、斯兰海、巴厘海、佛罗勒斯海等。属于印度洋的有帝汶海、安达曼海、阿拉佛拉海。南海南部、泰国湾、马六甲海峡、巽他海峡和爪哇海这一广大海域，深度不超过 100 m，称为巽他大陆架，有丰富的矿产资源，特别是石油资源。海洋中珊瑚礁分布较广。

东南亚地处太平洋与印度洋、亚洲与大洋洲之间的十字路口，是联系亚洲、欧洲、非洲的海上必经之地，交通位置十分重要。马六甲海峡、巽他海峡、卡里马塔海峡、龙目海峡、望加锡海峡、民都洛海峡、马鲁骨海峡等在世界航运中意义重大。马六甲海峡位于马来半岛和苏门答腊岛之间，连接南海和安达曼海，长约 800 km，最窄处宽约 40 km，水深 25~113 m，新加坡港位于其南部入口处。马六甲海峡水域风平浪静，海流缓慢，潮差较小，并有良好的导航设备，是航行于太平洋与南亚、西亚、非洲、欧洲各国之间船舶的捷径，是世界三大最繁忙海峡之一。但超过 20 万 t 的油轮满载时只能绕道龙目海峡，航程增加 2 000 km。苏禄海和苏拉威西海是东亚各国与大洋洲之间的海上交通要冲（见图 2-8）。

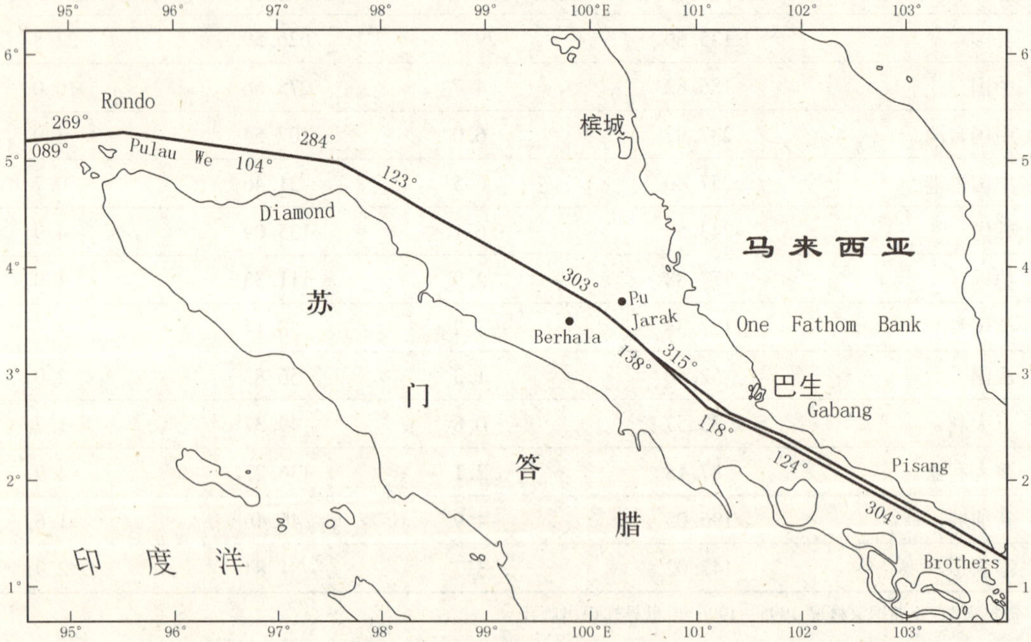

图 2-8 马六甲海峡航线示意图

东南亚各国人口众多，资源丰富，自然条件比较优越。农业在东南亚经济中占重要地位。除新加坡外，各国农业人口比重、农业产值在工农业总产值中所占的比重均在 50% 以上。稻米、橡胶、椰子等热带作物,由于历史的原因成为一些国家发展国民经济的重要支柱。东南亚是世界最大的稻米出口地区,泰国和缅甸是世界主要稻米输出国,曼谷和仰光被誉为世界两大米市。东南亚一直是世界上最大的天然橡胶的生产与出口地区,共有胶园 500 万 hm^2,年产胶约 320 万 t。,均占世界 80%以上。橡胶在东南亚广泛种植,马来西亚、印度尼西亚、泰国为世界三大产胶国。除此之外,还有马尼拉麻、棕油、木棉、金鸡纳霜、胡椒等热带作物,产量和出口量均占世界 90%多。森林资源丰富,覆盖率高达 57%,缅甸和泰国以产柚木而闻名世界。70 年代末开始,印度尼西亚、马来西亚、菲律宾等大力开发原始森林,木材产量猛增,相继进入世界主要原木和木材出口国行列。渔业在东南亚居民生活中占重要地位,以洞里萨湖鱼产量最多,是世界上平均单位面积鱼产量最高的水域,但因战争的原因,产量有所下降。

东南亚采矿业约占国民生产总值的 10%,矿产资源丰富,主要有锡、石油,其次是金、铬、铜、镍等。世界著名的环太平洋锡矿带主要分布在印度尼西亚的勿里洞岛,邦加岛经马来半岛直至缅甸东部的掸邦高原一带。泰国、马来西亚、印尼、缅甸四国锡的储量占世界总储量的 50%左右;石油主要分布在印度尼西亚的几个大岛上,其中以苏门答腊南部油田最为重要,其次是文莱和缅甸中部地区,巽他大陆架也有丰富的石油。60 年代以来,石油开发极为活跃,产量迅速上升,现已达 1 亿吨以上,其中海上石油占 2/5。印度尼西亚、马来西亚、泰国三国的天然气储量共达 86 000 亿 m^3,占世界第 7 位,是世界天然气的重要产区之一。

东南亚国家联盟　东南亚国家联盟(Association of South Asia Nations)简称东盟(ASSE-AN),是 1967 年由印度尼西亚、马来西亚、菲律宾、新加坡 、泰国为促进东南亚的和平、稳定和经济发展,在曼谷成立的区域性组织,总部设在印度尼西亚首都雅加达,后文莱与越南加入,1997 年又吸收了缅甸和老挝,并于 1998 年通过了吸纳柬埔寨为其成员的决议,不久将实现东南亚 10 个国家全部参与的组织。东盟的宗旨是加速地区的经济增长、社会进步和文化发展,促进地区的和平与稳定,并在平等和合作的基础上建立一个繁荣、和平的东南亚国家共同体。东盟各国人口众多,自然条件良好,除新加坡以外,资源丰富,发展经济的条件十分优越。战前都曾是帝国主义的殖民地和附属国,具有类似的经济结构,工业化水平低下,农业在国民经济中占重要地位。战后各国纷纷独立,经济取得较快发展,特别是东盟成立后,各成员国发展速度更快。60 年代经济年平均增长率为 6. 4%;70 年代达 7. 4%;80 年代至 90 年代前半期年经济增长率均在 5%以上,有的高达 10%以上。东南亚地区已成为全球经济最有活力,经济发展速度最快的地区之一。

东盟各国可以分为以下几类:

(1)新加坡——新兴的工业化国家,制造业发达,1995 年人均 GNP 26 730 美元。文莱——石油输出国,工业化程度较高,其出口的 98%和国内生产总值的 60%均来自石油收入,人均已达 1. 45 万美元(1993 年);两国已进入高收入国家行列;

(2)马来西亚、泰国、印度尼西亚和菲律宾——近年来外向型出口加工工业发展迅速,已进入中等收入国家行列;

(3)老挝、柬埔寨、缅甸、越南——经济发展较缓慢,工业不发达,人均收入尚属低收入国家行列。

东盟国家大多实行开放型市场经济,国际市场的变化对其经济发展影响较大,在世界发展中国家中,东盟国家较早地设立了出口加工区,目前共有 40 多个,以新加坡为最多。出口加工区吸引外资,引进技术,扩大出口,促进了各国经济的发展。

对外贸易在东盟各国中占有十分重要的地位，其对外贸易额也在不断增加。在进出口商品结构中，主要出口劳动密集型产品和农矿初级产品；进口以机械设备、技术以至原材料都从国外进口，主要贸易伙伴是日本、美国、澳大利亚、新西兰、加拿大及欧盟。

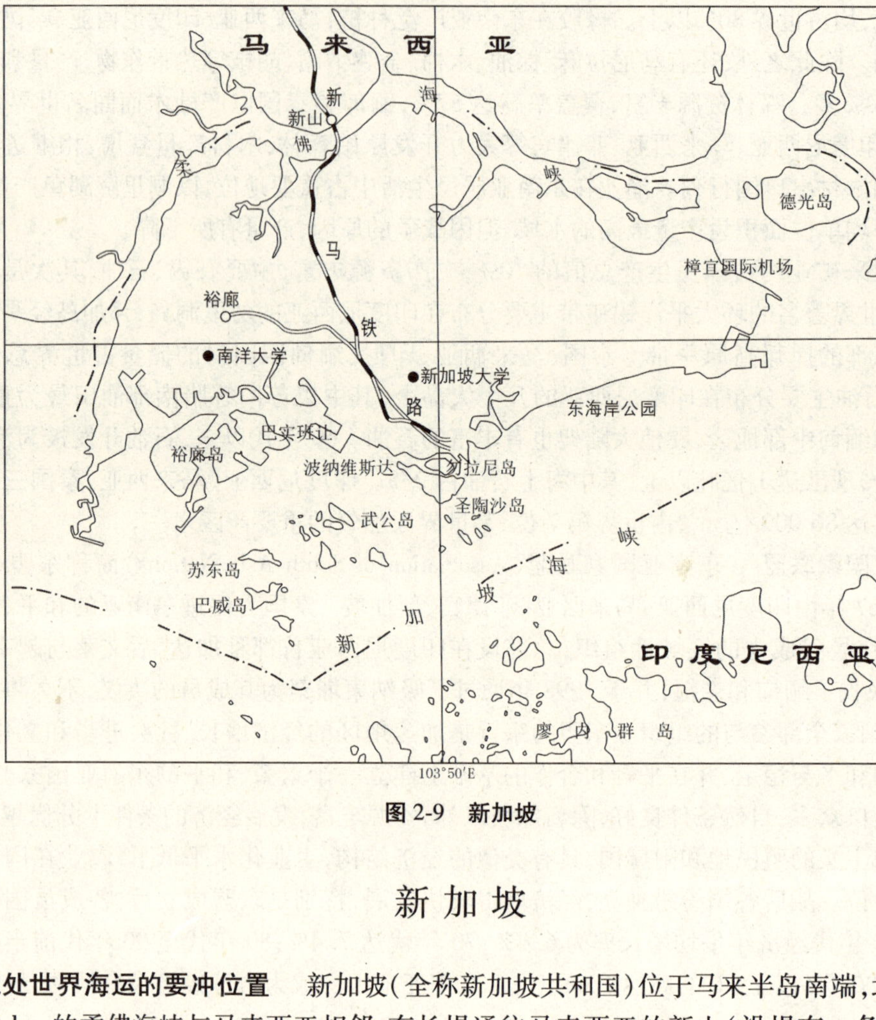

图 2-9 新加坡

新加坡

地处世界海运的要冲位置 新加坡(全称新加坡共和国)位于马来半岛南端，北隔宽度仅为 1~3 km 的柔佛海峡与马来西亚相邻，有长堤通往马来西亚的新山(沿堤有一条公路，一条铁路，并敷设有一条向新加坡供应淡水的输水管道)，南隔宽约 20 km 的新加坡海峡与印度尼西亚的廖内群岛相望。新加坡地处太平洋与印度洋航运要道——马六甲海峡的出入口。新加坡正是因为处于这种国际航运的要冲位置，才能使其经济高速增长，成为世界主要的炼油、修造船、电子产品、钻井平台等生产中心，而且金融、旅游业成为其支柱产业和创汇的主要来源。

新加坡由新加坡岛与周围 54 个小岛组成，面积 641.4 km^2(1993 年《新加坡年鉴》)，新加坡岛占全国面积的 91.6%。岛上地势较平坦，最高海拔 166 m。因离赤道 137 km，属热带海洋性气候，常年高温多雨，年平均气温 24℃~27℃，年平均降水量 2 400 mm 左右。如图 2-9 所示。

新加坡人口 310 万(1996 年)，是东南亚人口最少的国家之一，但人口密度却最高，达 3 968 人/km^2。其中华人占 77.5%，马来人占 14.2%，印度人占 7.1%，其他占 1.2%。

"出口主导型"经济 新加坡原为马来柔佛王国的一部分。1824 年沦为英国的殖民地，一直是英国在远东地区的转口贸易商埠和在东南亚的主要军事基地。1942 年日本入侵,1945 年英国恢复殖民统治,1959 年实行自治。1963 年作为一个自治州并入马来西亚,1965 年 8 月,宣布成立共和国。

由于长期的殖民统治和遭到外埠侵略,加之资源十分匮乏,新加坡的经济长期处在畸形、不发达的状态中。独立以后,新加坡政府充分利用了它的优势,即拥有设施先进的港口,重要的战略位置,技术水平高于邻国等,制定适当的经济发展战略,大力吸收外资,发展多元化经济,加上国内政局稳定,在新加坡人民的辛勤努力下,在不到 30 年的时间里,其经济发展速度、增长率在亚洲及东南亚地区位居前列,目前其人均收入仅次于日本,位居亚洲第 2 位,并在 1995 年被世界经济合作与发展组织列入“更先进的发展中国家”行列。

60 年代以来新加坡经济的发展大致经历了 3 个阶段。从 1961 年开始实行工业化至 1979 年 6 月为工业化的第一阶段。这一阶段又经历了两个 10 年发展计划。第一个 10 年发展时期(1960—1969 年)主要是利用新加坡有利的地理位置大力发展海运业及海事工业,初步实现工业化。为此新加坡重点发展基础设施,创造良好的投资环境,大量引进外资,建立劳动密集型的面向出口的工业,第一个 10 年发展时期取得了很大成就,年经济平均增长率为 8.7%。第二个 10 年发展时期(1970—1979 年)重点是使工业向更高层次发展,如半导体、电视机、钻井平台、精密机械和工具等,并开始较大规模发展炼油业。70 年代,新加坡年均经济增长率达 9.4%。1979 年新加坡提出了第二次工业革命战略,经济发展强调多元化,着重发展资本集约型和技术集约型工业来代替劳动集约型工业,以生产高技术产品打入国际市场,并以运输、通信、贸易制造和金融为其经济的 5 大支柱。80 年代中期后,又将其外向型经济推到更广泛的国际服务领域,形成了以制造业为中心,交通运输、金融、旅游业发达的多元化经济。目前,新加坡已成为或开始成为世界上引人注目的石油工业中心,海空交通运输中心及航空和海事工业中心,电子工业中心,金融中心和国际会议中心。

主要产业部门

制造业　新加坡的工业以制造业为主,包括炼油、石油化工、修造船、电子电器、纺织、交通设备等。制造业的设备与原料绝大部分依靠进口,产品主要供出口,且外资比重大,主要来自美国、日本和欧盟。

电子工业　电子工业是新加坡政府优先发展的工业部门,在制造业中占主导地位,是制造业中产值最大,人数最多的行业,其特点是资金雄厚、规模大、工艺水平高。主要生产电子计算机、雷达、导航设备、高级集成电路、彩电等。新加坡是世界上电脑磁盘机和集成电路的主要生产国,其电脑磁盘驱动器的生产几乎占世界市场的 50%。新加坡已成为东南亚地区电子元件、电子产品、家用电器、电子计算机、高级集成电路等的生产中心,产品大部分外销欧美和日本等地。随着越来越多的国际高新技术和电子公司将其重心转移到这里,新加坡正在成为东南亚的“硅谷”。上述无污染的高新技术工业多分布在新加坡岛内。

炼油业　炼油业是仅次于电子工业的第二大产业,其原油加工量相当于东南亚地区的 40%,是东南亚地区的炼油中心、分销中心和储存中心,也是世界上仅次于鹿特丹和休斯敦的第三大炼油中心。原油主要来自中东、马来西亚和文莱等地,石油产品的 90% 供出口。炼油工业全部分布在新加坡岛周围的小岛上,可以说一个小岛为一个炼油厂,而且环岛有绿化带,对新加坡岛没有形成污染。

造船业　新加坡拥有大、中、小型船厂 60 多家,使其成为亚洲最大的修造船中心之一。

还是世界3大钻井平台的生产基地之一。其每年建造的石油钻井平台占世界石油钻井平台总数的1/4。

电子工业、炼油业、造船业是新加坡制造业的3大支柱。此外还有食品加工、纺织服装、木材及造纸等。这些工业部门的产品也向出口高档商品方向发展。

近20年来,新规划的工业城镇不断出现,裕廊是其中突出的代表,是新加坡制造业的中心。

旅游业　新加坡属热带海洋性气候,终年温暖湿润,新加坡利用其宜人的气候,花园般的城市国家风貌,航运要冲的地理位置,每年过往船只达3万多艘次,加之发达的航空运输条件,大力发展旅游业,其旅游业已成为国家外汇的主要来源之一。

金融业　新加坡以优惠的条件吸引外资,以解决本国的资金不足。加之新加坡处于东南亚的中心位置,经济活跃的东南亚地区成为新加坡金融业的腹地,使其金融业发展迅速。目前全国拥有500多家跨国公司,130多家外国银行。新加坡已与伦敦、纽约、香港同成为世界四大金融中心,也是亚洲的美元中心。

交通运输业　新加坡地处国际航道马六甲海峡的出入口,扼守太平洋与印度洋的咽喉,是连接亚、欧、非、大洋洲的海上交通枢纽,地理位置极为重要。新加坡港是世界著名的天然良港之一,港阔水深,各类船只终年畅通无阻。从60年代起,政府拨巨款扩建码头,改善交通运输设施,现有100多个泊位,港区面积583 km^2,水深适宜,吃水在13 m左右的船舶可顺利进出港。

装卸设备有各种岸吊、门吊、集装箱吊、汽车吊、铲车、叉车、卸货机、吸扬机、牵引车、拖船及滚装设施等,其浮吊最大起重能力达203 t,拖船功率最大为1 400 kW,还有直径为150 mm~600 mm的输油管供装卸石油使用。另有海上泊位多个,最大可泊35万载重吨的超级油船。丹戎巴葛码头为集装箱专用码头,有9个干线泊位和3个支线泊位,其中有6个泊位可靠6艘"第3代"集装箱船舶同时作业,集装箱堆场可存放3.1万TEU,有最新式的用于堆垛集装箱的橡胶轮胎式装卸机。这批装卸机最大起重能力达40 t,跨距22.7 m,提升高度19 m,轴距8 m;运行速度在提升时为17 m/min,在横移时为70 m/min,在行走时为134 m/min;最高能堆垛7层,而普通装卸机只能堆垛5层,并能自动将吊钩放到集装箱上方所需的位置上,另外在两个大门口还设有16个车道的电子地磅,已使新加坡成为仅次于香港的世界第二大集装箱港口,其装卸第三代集装箱船的效率在世界各港口中遥遥领先,而费用却低于世界其他大港(见表2-16和表2-17)。新加坡港一个泊位一年吞吐集装箱达50万~75万TEU,为上海港的4~6倍。新加坡港以优质、高效、低价的服务吸引了大量的船只前来港口中转,中转箱比重达80%以上,成为亚洲乃至世界著名的中转港口。

裕廊码头的周围是新加坡最大的裕廊工业区,它对该码头干、液、散货的输出入起了一定作用。该码头有9个深水泊位,最大可停靠30万载重吨的船舶,有仓库8.5万 m^2,堆场23.4万 m^2,谷仓容量达4.8万t,有链带式干散货卸货机,可直接把货物运往仓库,散货的装卸能力1.4万t/日。该港炼油厂的贮藏容量达80万 m^2,精炼能力为120万桶/日(约16万t)。该港早在1891年就开始转口贸易,自由贸易区分布在港区内,面积达4.05 km^2,码头岸线长达4.83 km。过境货物仓库为12万 m^2,露天堆场为8.4万 m^2。

近几年来,新加坡港已成为世界上最繁忙的港口,共有250多条航线来往世界各地,约有80个国家和地区的130多家船公司的各种船舶日夜进出该港,平均每12 min就有一艘船舶进出。一年之内相当于世界现有货船都在新加坡停泊了一次。所以新加坡有"世界利用率最高的港口"之誉称。

就其港口的吞吐量来说,自 1990 年开始超过保持近百年世界第一大港地位的鹿特丹港,1997 年新加坡港完成货物吞吐量 3.27 亿 t(鹿特丹港完成货物吞吐量 3.07 亿 t),预计这一世界第一大港的地位将持续到下个世纪。

新加坡能取得国际航运中心的地位,主要是由于拥有卓越的基础设施以及处于优越的地理位置,与此同时,健全的银行与金融服务,四通八达的电讯网络,稳定的政治,熟练而又富有纪律的工作人员,都是促使新加坡成为亚太地区最富有效力的海事中心的因素。根据世界经济论坛所发表的世界竞争力报告,新加坡在"提供海港设施"符合商业水平的评估项目里,居发达国家之首。

新加坡的樟宜机场现代化设施齐全,已成为联系亚、欧、非和大洋洲的航空枢纽。

表 2-16　装卸第 3 代集装箱船的效率

名次	港名	TEU/h
1	新加坡	86
2	香港	74
3	鹿特丹	56
4	东京	4
8	不来梅哈文	48
6	高雄	44
7	巴生	41
8	大阪	35

表 2-17　40 英尺集装箱港口费用的国际比较

港口	费用(美元)
神户	356
香港	355
洛杉矶	320
鹿特丹	316
新加坡	187
釜山	169
高雄	165

对外贸易　新加坡国土狭小、资源匮乏,经济对外依赖性很强,对外贸易是国民经济的重要支柱。1994 年进出口总额 1 949.8 亿美元,其中出口额 938.7 亿美元,进口额 1 011.1 亿美元。主要进口原油、机械设备、工业原料和食品等;出口石化产品、电子产品、纺织品等。主要贸易伙伴是美国、日本、东盟其他成员国、西欧等地区。

新加坡是自由港,除对汽车、烟、酒及石油产品收取进口关税外,其他货物可自由进出。新加坡同中国的经贸往来历史悠久,近年来发展迅速。出口到中国的主要商品是电子产品、橡胶、棕油、石油制品等;从中国进口的主要是轻纺、粮油、食品、土特产品等。新加坡是东南亚国家中最早同中国进行经济合作的国家,现已成为第 5 大对华投资国。

东南亚地区的主要港口

除新加坡以外,东南亚地区还有一些重要港口,现分别介绍如下。

曼谷(BANKON)　位于泰国湾的北端、湄南河的出海口(13°40′N、100°36′E),既是河港,又是海港。曼谷是泰国的首都,全国最大的城市,政治、经济、文化和交通的中心,也是世界著名的米市。市区河道纵横,多用船舶进行买卖活动,有"水上市场"之称。曼谷港是全国最大的港口,是水陆转运的枢纽,也是进出口商品的最大集散地。目前。泰国进口货物的 95% 及出口货物的 75% 由此吞吐。主要输出大米、天然橡胶、锡矿砂、钨、柚木等;输入机械、纺织品等。其北部 24 km 处的廓曼机场是东南亚重要的航空港。

槟城(PINANG)　位于马六甲海峡北端(05°25′N、100°21′E)是马来西亚最大港口,主要出口锡矿砂和农、林产品。

巴生(PORT KELANG)　位于马来半岛西岸中部(23°38′N、58°31′E),马来西亚首都吉隆坡的外港

马六甲(MALACCA)　位于马六甲海峡中段北部(02°10′N、102°14′E),是马六甲海峡的主要港口。

古晋(KUCHING)　位于加里曼丹岛西北岸(01°53′N、110°21′E),是沙劳越地区最大的港口。

丹戎不碌(TANJUNG PRIOK))　是印度尼西亚首都雅加达的外港,全国最大的货运港口,在雅加达东约 10 km 处,濒爪哇海和雅加达湾,主要输出橡胶、咖啡等热带作物,进口杂货。1996 年集装箱吞吐量跃入世界前 20 位的行列。

苏腊巴亚(泗水)(SURABAYA)　位于爪哇岛东北岸(07°13′S、112°44′E),为印度尼西亚第 2 大城市和重要的对外贸易港、军港和渔港。是爪哇岛东部和马都拉岛农产品的集散地。

巨港(巴邻旁)(PALEMBANG)　位于苏门答腊岛东南慕西河下游,距河口 90 km(03°S、104°50′E),是苏门答腊岛南部最大港口和贸易中心,主要出口原油及其制品。

望加锡(乌戎潘当)(MACASSAR)　位于苏拉威西岛西南岸,临望加锡海峡(05°10′S、119°24′E),是印度尼西亚东北地区贸易集散中心,是农产品、橡胶和木材的主要出口港。

杜迈(DUMAI)　位于苏门答腊岛东海岸中段,濒杜迈海峡(01°41′N、101°27′E),目前,是印度尼西亚最大的石油输出港。

沙璜(SABANG)　印度尼西亚西北部港口,位于韦岛东北岸(05°50′N、095°20′E),为苏门答腊岛西北部货物中转港和煤炭输出港。

马尼拉(MANILA)　位于吕宋岛西南、马尼拉湾畔(14°35′N、121°E),是全国最大的港口和海陆空交通中心,集中了菲律宾对外贸易货物的 80%左右。马尼拉港分南北两个港区。其中集装箱吞吐量近年来一直保持位居世界前 20 位行列内。

宿务(CEBU)　位于菲律宾中部宿务岛东海岸(10°20′N、123°50′E),工商业繁荣,有全国最大的椰油厂,还有制糖、卷烟、啤酒等工厂。农业发达,是椰干、马尼拉麻、烟草、木材的集散地。

此外还有怡朗(HOILO)、达沃(DAVAO)、三宝颜(ZAMBOANGA)等港口,均以输出农产品为主。

第四节　南 亚

南亚指喜马拉雅山脉南侧的亚洲南部地区,因北部有一系列高耸山岭与亚洲大陆主体分开,在地理上有相对的独立性,称南亚次大陆(印巴次大陆)。大陆东、西濒临孟加拉湾和阿拉伯湾,南临浩瀚的印度洋。面积 430 万 km^2,约占亚洲总面积的 1/10。全区包括印度、巴基斯坦、孟加拉国、斯里兰卡和马尔代夫五个沿海国家和尼泊尔、锡金、不丹 3 个内陆国家及克什米尔地区。人口 11.5 亿多,占世界人口的 20%。人口密度为 267 人/km^2,是世界上人口最稠密的地区之一。人种兼有白、黑、黄 3 个种族,语言繁多,英语为官方语言。南亚是婆罗门教和佛

教的发源地,公元八九世纪演变成印度教,目前流传在印度和尼泊尔等地;佛教是斯里兰卡的国教;巴基斯坦、孟加拉国、马尔代夫以信奉伊斯兰教为主。

经济发展概况　南亚历史悠久,印度河流域是古代世界四大文明发祥地之一。很早以前,这里已有发达的农业和手工业。15世纪以前,南亚一直是世界上经济文化发展水平较高的地区之一。15世纪时,欧洲工业革命前夕,西欧一批冒险家早就对南亚的财富垂涎三尺,积极开辟通往东方的航线。1498年葡萄牙人绕过好望角首航成功,葡、荷、法、英等殖民主义者相继入侵南亚。由于长期的殖民统治和封建束缚,南亚经济一直处于落后状态,独立以后发展也很缓慢。1977年世界上人均国民生产总值不足200美元的最穷的21个国家中,南亚有6个,孟加拉国不足80美元。近十几年有所发展,但仍赶不上世界平均水平。

农业是南亚的经济主导部门,农业人口占总人口的2/3以上,其中印度农业人口占全部劳动力的70%,尼泊尔则高达90%以上;农业产值占国民生产总值的30%以上,其中印度为30%,尼泊尔为58%;农产品出口占出口商品的1/3以上,这些比重都高于世界其他地区。

南亚东部地区地势平坦,土壤肥沃,水热充足,为发展农业提供了有利条件。茶叶、黄麻等产量居世界重要地位。斯里兰卡是热带岛国,盛产茶叶、椰子和橡胶等,产销量居世界前列,这三项出口就占了该国出口总额的一半以上;马尔代夫是个渔业岛国,鱼干出口占出口总值的90%。孟加拉主要出口黄麻及其制品;巴基斯坦则出口棉花、羊毛及其制品。

在南亚各国中,印度农业生产规模最大,仅次于中、美、俄,居世界第4位,近年来通过推行发展农牧业生产的“绿色革命”和“白色革命”,使农牧业生产获得较大发展,现基本实现了粮食自给。1994—1995年度大米产量1.2亿t,居世界第2位,1995年出口大米380万t,次于泰国,居世界第2位。粮食虽基本自给,但由于人口增长率高达20‰以上,粮食问题仍然是一个严峻的问题。印度的经济作物在农业生产中也占重要地位,是其出口创汇的重要产品。主要有棉花、黄麻、花生、茶叶、烟草、芒果、腰果等,其产销量均居世界前茅。印度还是仅次于中国的第二大生丝生产国。

南亚蕴藏较丰富的矿产、水力和森林资源,有利于工业发展。由于长期的殖民统治,使南亚各国成为宗主国的原料供应地和产品销售市场。民族工业得不到发展。第二次世界大战后,工业发展也很缓慢,工业产值占国民生产总值均在30%以下。印度在南亚各国中重工业规模较大,重工业在工业中的比重已由当初的不足25%提高到60%,冶金、机械、动力等部门在发展中国家中占突出地位。能源工业是南亚各国突出的薄弱环节,每年把出口收入的40%~70%用来进口石油,成为南亚各国严重的经济负担,严重地影响了其他工业的发展。

对外贸易　南亚因生产水平低,人口多,各国工农业产品大多都是满足国内市场需要,出口品种虽然不少,但数量不大,且多为农副产品和劳动密集型产品,因而对外贸易额较小。在世界贸易总额中,南亚所占比重只有1%,且呈下降趋势,也是亚洲各贸易区中贸易额最低的地区。在进出口比例中,各国长期处于逆差状况,多数通过借外债及劳务出口等手段来弥补,所有国家都严重依赖外援。

交通运输　南亚交通运输比较发达,但内部差异较大。印度是世界上交通运输比较发达的国家之一,铁路占主要地位,1992年铁路总长达6.25万km,居亚洲第1位、世界第4位;近年来,公路运输发展极快,公路总长200多万km,为世界最大的公路网之一;印度海岸线长6 083 km,沿海有港口150多个,主要港口有孟买、加尔各答、马德拉斯等;拥有机场近百个,其中有5个国际机场:新德里、孟买、加尔各答、马德拉斯和特里朗特。孟加拉国则以内河航运为主,海运主要港口有吉大港和恰那尔港。斯里兰卡国内交通主要依靠铁路和公路;对外联系主要靠全国最大港口科伦坡。卡拉奇是巴基斯坦唯一的国际港口,也是南亚的现代化港口之一。

南亚地区的主要港口:

孟买(BOMBAY) 位于阿拉伯海东岸(18°56′N、072°51′E),印度最大的天然良港,年吞吐量在2 000万t以上,承担全国海运货物的1/5和集装箱的1/2。主要出口纺织品、大米、花生、黄麻等;进口原油、工业设备等。

加尔各答(CALCUTTA) 位于孟加拉湾北岸(22°32′N、088°22′E),是印度最大城市和第二大港口,年吞吐量1 000多万t,是世界最大的黄麻加工中心。主要出口黄麻制品、机械、土产品等;进口工业设备、石油、钢材、水泥、化肥等。

莫穆冈(MOMUGAO) 位于印度半岛西海岸(15°25′N、073°47′E),印度第二大天然良港,主要向欧洲输出铁矿石。

维沙卡帕特南(VISHAKHAPATNAM) 位于印度半岛东海岸(17°41′N、083°18′E),天然良港。印度最大的铁矿石输出港,年吞吐量1 200多万t,还是印度重要的造船工业和炼油工业中心。

马德拉斯(MADRAS) 位于孟加拉湾西岸(13°06′N、080°08′E),印度最大的人工港,南部货物集散中心,年吞吐量1 100多万t。主要出口农产品、矿石、杂货;进口石油及其制品、机械、钢铁、化肥、小麦、纸张等。

卡拉奇(KARACHI) 位于阿拉伯海北岸、印度河口西侧(24°50′N、066°59′E),是巴基斯坦的最大港口,担负本国95%和阿富汗部分货物的进出口任务。主要输出棉花、粮食、羊毛、皮革等;输入燃料油、机械、化工产品和钢铁等。

科伦坡(COLOMBO) 位于斯里兰卡西海岸、凯拉尼河口(6°56′N、079°50′E),是斯里兰卡最大的人工港,是斯里兰卡的首都和全国政治、经济、交通和文化的中心,又是世界航道上印度洋的重要航站,是横渡印度洋过往船只的补给站。它是全国的交通枢纽,有铁路和公路通往全国各地。主要工业有纺织、炼油、化肥、轮胎、机器制造及钢铁等。港口距国际机场约18 km,有定期航班飞往世界许多大城市。

该港属热带季风气候,盛行偏西风。年平均气温22℃~32℃,全年平均降水量约2 300 mm。平均潮高:高潮为0.7 m,低潮0.1 m。

港区泊位有20个,岸线长4.6 km,最大水深13 m。

装卸设备有各种岸吊、汽车吊、门式集装箱吊、铲车及直径为254~609.6 mm的输油管等,其中集装箱吊最大起重能力为35 t。装卸效率:燃油500 t/h,原油1 000 t/h。码头最大可靠6万载重吨的船舶。铁路线可以直通码头进行装卸作业。码头还有专用的卸粮设备,可将面粉直接输进工厂,卸200 t/h。

主要出口货物有茶叶、咖啡、可可、椰干、橡胶、椰油及皮革等,进口货物有石油、煤、大米、金属制品、棉制品、水泥及化肥等。

吉大港(CHITTAGONG) 位于孟加拉湾东北岸(22°19′N、091°48′E),卡富利河下游,距海16 km。该港是孟加拉国最大的港口,主要出口农产品。

第五节　西 亚

地处三洲五海之间　西亚指东起阿富汗，西止土耳其的亚洲西南部，故亦称西南亚。包括阿富汗、伊朗、阿塞拜疆、亚美尼亚、格鲁吉亚、伊拉克、叙利亚、黎巴嫩、巴勒斯坦、约旦、以色列、沙特阿拉伯、科威特、也门、阿曼、阿拉伯联合酋长国、卡塔尔、巴林、土耳其、塞浦路斯20个国家和地区。除阿富汗、阿塞拜疆、亚美尼亚外，都是临海国家。面积735.4万km^2（不含土耳其在欧洲的面积）。国际上所说的“中东”一词，其范围大体与西亚相当，“中东”不包括阿富汗，而把非洲的埃及包括在内。人口1.58亿，是世界上人口最稀少的地区之一。平均人口密度22人/km^2。但人口分布极不平衡，巴林人口密度高达518人/km^2，而沙特阿拉伯只有4~6人/km^2，西亚还是战后世界上人口增长最迅速的地区，尤其是海湾国家。西亚民族构成比较复杂，阿拉伯人占50%以上，是世界上阿拉伯人聚居地区，集中分布在南部和中部，称阿拉伯国家，北部为非阿拉伯国家。西亚是伊斯兰教、基督教、犹太教等宗教的发源地，居民98%信奉伊斯兰教，宗教在其社会生活中有着巨大而深刻的影响。

西亚地处亚、欧、非三大洲的连接地带，介于地中海、红海、阿拉伯海、黑海、里海（最大的内陆湖泊）之间，自古以来就是国际交通要冲，著名的“丝绸之路”就是横贯西亚，把中国和欧洲联系起来。1869年苏伊士运河的开凿，沟通了地中海和红海，大大缩短了印度洋和大西洋的航程；土耳其海峡又是黑海出入地中海的唯一出口和门户；霍尔木兹海峡和曼德海峡又是国际石油重要的海上运输线的必经之地，具有重要的战略意义。

世界能源的中心　西亚是世界石油蕴藏最丰富的地区，对世界经济的发展起着重要的作用。石油集中分布在波斯湾沿岸及周围100万km^2的范围内。海湾地区在世界能源领域的中心地位可以从以下几个数字得到证明：拥有世界石油探明储量的65.7%；年产量约占世界的34%，销售量约占世界的65%；石油剩余探明储量约占世界的65.2%；储采比为93.1年，而其他地区最高不超过40年。迄今，探明石油储量最多的5个国家全部集中在海湾地区，它们是沙特阿拉伯、科威特、伊拉克、阿拉伯联合酋长国和伊朗。其中沙特阿拉伯一国已探明的石油储量就达383亿t，占世界总储量的1/4，比所有发达国家的总和还要多1.4倍，号称“石油王国”。海湾国家不仅石油储量极为丰富，而且开发条件也十分优越。如图2-10所示。

1. 油田规模大，单井产量高

海湾地区虽石油储量极大，但油田总数并不多，总计不到160个（其中海上油田50个），而油田的平均储量高达5.5亿t。比世界其他产油国油田平均储量高几十倍。据统计，海湾地区储量超过6.8亿t（约50亿桶）的特大型油田共27个，沙特阿拉伯的加瓦尔油田和科威特的布尔甘油田储量均在90亿t左右，相当于美国的总储量。目前，加瓦尔油田年产量高达2.6亿t；布尔甘油田年产量也超过1亿t。且单井产量高，一般在日产500~3 000 t，而美国日产仅为1.64吨，前苏联为10.9 t。

2. 地质条件好，气候条件有利开采

波斯湾地区有深厚的沉积层和一系列巨大的背斜或穹窿构造，并具有分布集中、构造简单的特点。油气埋藏浅，渗透性强，油井自喷率高达83%（其中科威特、沙特阿拉伯和卡塔尔均为100%，而美国仅为6%）。此外，波斯湾地区的气候条件十分有利于石油开发，这里几乎终年晴朗，陆地平坦干燥，海域水浅，且少风暴，虽然有的地方缺乏淡水，但总的自然条件远优于

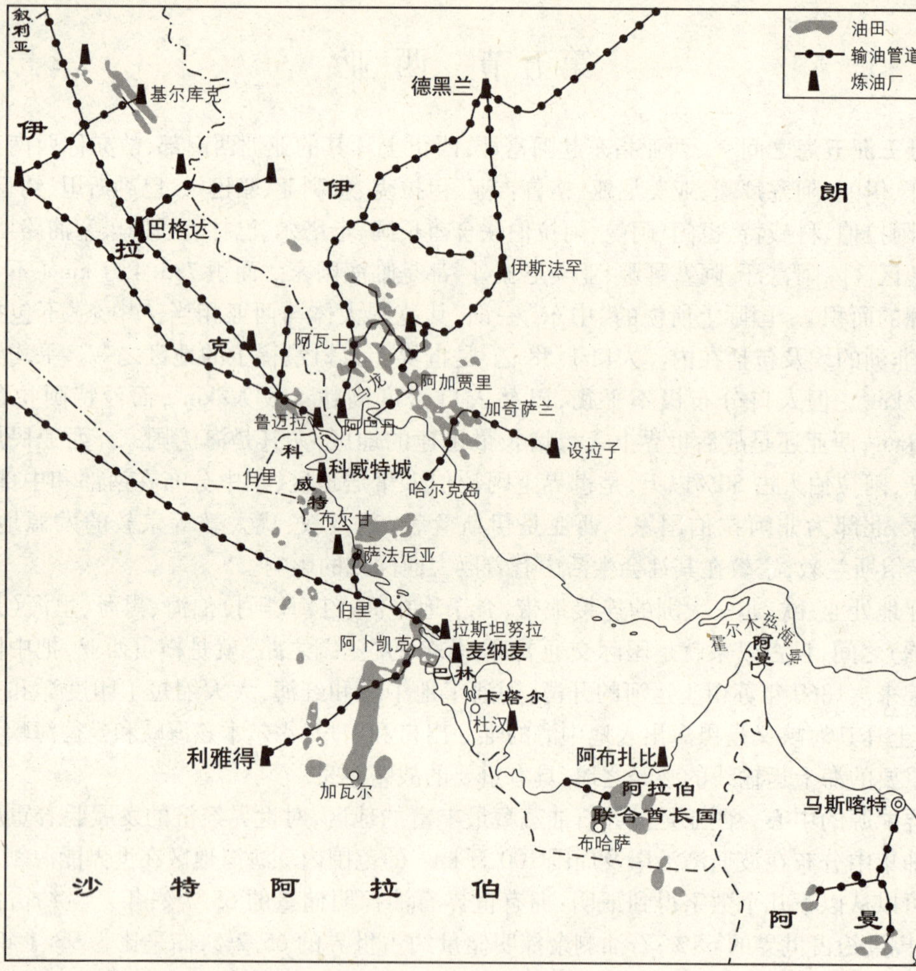

图 2-10　西亚油田分布图

世界上其他一些大产油区。因此开采成本低，据 70 年代初统计，每开采 1 t 石油的成本，美国是 9.72 美元，印度尼西亚是 6.04 美元，委内瑞拉是 3.55 美元，而科威特只有 46 美分。

3. 油气质量好

波斯湾地区的石油以经济价值较高的中、轻质油为主，含蜡少，凝固点低，便于运输。

4. 油田离海近，原油外运方便。

除伊拉克北部的几个油田外，波斯湾地区的油田大部分都分布在海岸线附近的陆上和海上，距油港最远的也不过 100 km，油管运输距离短，原油外运十分方便。所以，得天独厚的石油资源优势使海湾地区的石油开采业能够取得其他地区无法比拟的高经济效益。这里每形成 1 t 石油生产能力所需的投资和每生产 1t 石油所需的成本都是世界上最低的。五六十年代，这里的原油成本为 1.18 美元/t，同期，美国为 8.53 美元/t；近年来，北海和其他地区石油成本每吨为 73.53 美元，而海湾成本每吨只升至 7.28~10.96 美元。

波斯湾石油沉积盆地根据不同的地质特点可分为北、中、南三大产油区。北区包括伊拉克北部和伊朗陆上各油田；中部主要指伊拉克南部、科威特、中立地区（沙伊之间）及沙特阿拉伯西北部各油田；南部主要包括沙特阿拉伯东南部、巴林、卡塔尔、阿拉伯联合酋长国、阿曼等各油田。其中沙特阿拉伯的加瓦尔油田为世界最大油田,探明储量 90 亿 t 左右,其年产量最高达 2. 8 亿 t,独占全区产量的 30%;其他十几个年产石油在 3 000 万~7 000 万 t 的大油田合计占全区产量的 40%,它们是:沙特阿拉伯的萨法尼亚(海底)、伯里(海底)、阿卜凯克,科威特的布尔甘,伊拉克的基尔库克、鲁迈拉,伊朗的马龙、阿瓦士、加奇萨兰、阿加贾里。在波斯湾中部还分布着一些大型海底油田,自 50 年代初以来,产量上升很快,自 1971 年超过委内瑞拉的马拉开波湖后,就一直是世界上最大的海洋石油产区,约占世界海洋石油总产量的 1/3。

西亚地区采油业虽规模大,产量高,但本地仅消费其中的 6%,其余均出口。在世界石油市场上占有非常重要的地位。对许多国家和地区的能源供应起着决定性的作用。至今,日本、西欧和大洋洲每年进口石油的 70%来自西亚,美国的 30%来自西亚,南亚则有 90%来自西亚。

西亚石油出口向以海运为主,少量通过管道运输。海运由波斯湾各输油港为起点,经霍尔木兹海峡运出。霍尔木兹海峡是连接波斯湾和阿曼湾的水道,是波斯湾通往印度洋的唯一出海口。该海峡呈"人"字形,东西长约 150 km,宽 50~95 km,但大部分地方水浅多礁,目前仅在南侧阿曼领海内辟有两条各宽 2 n mile 的航道。在 70 年代末 80 年代初,流经该海峡的石油运量每天平均达 270 余万 t。近年来,由于石油贸易量的下降运量也随之减少,但由该海峡输出的石油仍占海湾地区石油总输出量的 90%以上,这条石油大动脉十分繁忙,是一个关系许多石油进口国家安危的战略要地,因而是一条世界闻名的"石油海峡"。如图 2-11 所示。

为了减轻霍尔木兹海峡的负担,减少石油运输对海峡的依赖,海湾国家还兴建了几条大型输油管道。如 1981 年建成的由沙特阿拉伯油田横越阿拉伯半岛至红海沿岸的延布港输油管道,长 1 200 多 km,年输油能力为 9 250 万 t。1985 年建成的由伊拉克南部油田通往延布港的管道,年输油能力达 2 500 万 t。但 1991 年的海湾战争爆发后,该输油管被迫关闭。为了缩短至欧洲的航程,伊拉克和沙特阿拉伯还曾铺设了几条通达叙利亚和黎巴嫩的地中海港口的输油管,但由于受战争和其他政治、经济因素的影响,其营运很不正常,至 80 年代初已基本全部关闭。为了免受这种不利因素的干扰,伊拉克于 1977 年建成了以土耳其的德尔特约尔港为终点的输油管道,长 1 000 km,年输油 5 000 万 t,后经扩建运力增至 8 000 万 t。输油管道的建成和使用,使西亚石油运输地理发生了变化。

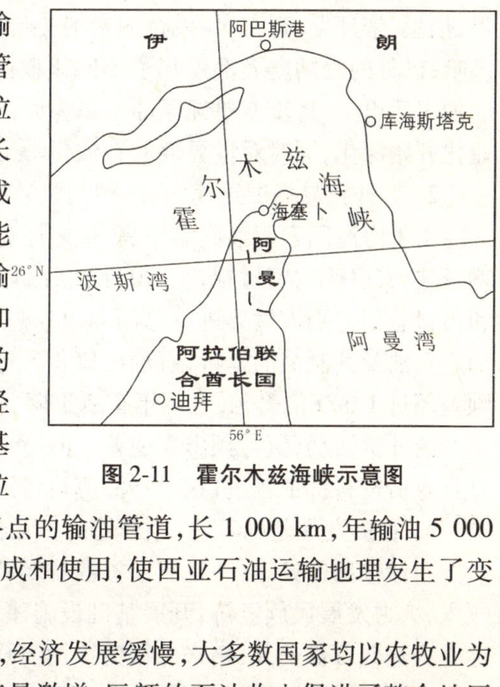

图 2-11　霍尔木兹海峡示意图

经济发展特点　西亚在第二次世界大战以前,经济发展缓慢,大多数国家均以农牧业为基本经济部门。自 50 年代以来,波斯湾地区石油产量激增,巨额的石油收入促进了整个地区经济贸易的发展,尤其是一些石油输出国,经济增长迅速,人均收入迅速进入世界前列。而一些非石油输出国发展则相对缓慢。西亚各国的经济特征可分为两种类型,即石油输出国与非石油输出国。

石油输出国的经济特征　石油输出国指沙特阿拉伯、伊朗、伊拉克、科威特、阿拉伯联合酋长国、阿曼、巴林(现已不出口石油)、卡塔尔 8 国。这些国家由于气候炎热干燥,沙多水少,地广人稀,加之社会和政治等原因,在石油开发以前,经济不发达,科学文化落后,人民生活贫困,多以捕鱼、畜牧、灌溉农业为主;部分以航海经商为生。石油生产在海湾国家兴起后,丰富的石油资源成为他们经济起飞的物质基础,很快由落后的贫穷国家一跃成为亚洲最富有的国家。从50年代中期到80年代初,海湾8国的经济增长速度之快在世界各大地理区域首屈一指,在整个人类经济史上也是罕见的。1985年阿拉伯联合酋长国、卡塔尔和科威特人均国民生产总值分别高达21 340美元、21 170美元和18 180美元,分别居世界1、2、4位。在1973—1982的10年石油高价繁荣期间,8国累计获得了高达1万亿美元的巨额石油收入。1982年以后,随着石油价格的不断下跌,石油美元收入明显减少。

1. 石油业是国家的经济命脉

从国民经济结构看,8国均以石油业为其基本经济部门,石油业分别占8国国民生产总值的比重在36%(伊朗)和70%(科威特)之间,占商品出口额的比重普遍高达95%以上。而且,建筑业、运输业、制造业和商业等其他经济部门在很大程度上也都以石油为其赖以生存的基础,国民经济结构之单一程度在当今世界上也是少见的。如1980年阿曼的石油产值竟超过农业的23倍,超过制造业的80倍。由于经济结构过于单一,其经济基础的脆弱也是不言而喻的。近年来,海湾8国逐步认识到过分依赖石油对国家经济发展不利,因此,开始利用巨额的石油收入,发展其他经济部门。如炼油工业和石油化学工业迅速发展,各国先后建起了一些大型炼油厂和石油化工厂。伊朗的阿巴丹、哈尔克岛、设拉子;沙特阿拉伯的腊斯塔努拉、利雅得、伯里、朱拜勒、延布;科威特的米纳艾哈麦迪、劳扎塔因舒艾巴;伊拉克的巴格达;卡塔尔的多哈;巴林的麦纳麦等都建起了不同规模的炼油厂和石化工业基地。各国将20%~25%的原油加工后出口,逐步变单纯原油出口为原油及石油制品混合出口。这标志着石油输出国的工业化开始深化,同时对世界性的石油化学工业逐步向原料地转移,也将产生巨大的影响。

2. 对外贸易发展迅速,有巨额的贸易顺差

由于海湾国家石油商品率高,加之原有的经济基础差,其对外贸易特点表现为贸易额大,增长快,有巨额的贸易顺差。70年代后期,海湾各国人均出口额居世界首位,1980年进口总额和出口总额分别占世界进口总额和出口总额的9.91%和9.20%,成为世界三大贸易区之一。加之石油及其制品的提价,石油出口收入迅速增长,使其在对外贸易中处于巨额顺差的状态,顺差超过1 000亿美元,近几年有所下降,但仍保持顺差,只是伊拉克和伊朗因战争影响石油生产与外贸活动,贸易额出现逆差。海湾地区不仅石油出口量大,对进口商品的需求量也大,日常生活资料都依赖进口。另外,海湾各国中小商人多,关税低,转口贸易活跃。

3. 积极发展基础工业,经济趋向多元化、现代化

石油输出国知道,一旦石油资源枯竭,“石油繁荣”就会消失。因此,它们利用巨额的石油收入,大力发展民族经济,开展基础设施建设,积极发展现代化工业。近几年来,这里每年的招标工程达数百亿美元,招来外籍劳工达300万~500万人,建成了大批港口、公路、机场、住房、学校、清真寺等基础设施。在工业方面,除发展炼油和石化工业外,还大力发展为石油生产和建筑业服务的工业,如钢铁、造船、有色金属冶炼、建材、机械、水泥等的生产都达到一定的规模。还有独具特色的海水淡化工程,也随着工业和生活用淡水的增加而大量兴建,如科威特所用淡水的96%,来自海水淡化。在以前还属空白的纺织工业也在发展中。现在与70年代中期(1975年)相比,石油输出国的石油收入所占国内生产总值的比例下降了一半(由72%降为36.9%);而非石油工业部门收入的比重却增长了一倍(由4.6%上升为9.4%)。由于西亚地区干燥少雨,发展农业比较困难,但各国增加农业投资,扩大农牧业生产,土地利用率不断提

高，长期以来的粮食和副食品不能自给的状况得到改善。如沙特阿拉伯农业发展迅速，粮食、蛋奶等基本自给，1992 年小麦产量达 400 万 t，还出口 220 万 t。由于食品生产的发展，大大降低了用于进口食品的外汇支出。此外，一些土特产如伊朗传统的生丝，伊拉克的椰枣出口量均在世界占重要地位。

大量的石油外汇收入还促进了本地区银行业的兴起，科威特把石油收入的一半存入银行，以改变以前大量存入外国银行的被动局面。巴林利用有利的地理位置，招徕外资，办起了近百家银行，成为亚洲的一个金融中心，它可以为海湾地区和世界其他国家提供贷款。海湾国家银行业的兴起，使它们在国际经济及政治生活中的地位和作用更加重要。

由于石油输出国的经济以石油为基础，因此，总体来说这种经济是脆弱的，不稳定的。近年来，随着世界各地经济危机的频繁出现，购买力大大降低，加之发达国家石油库存富足及采取节能和开辟多能源渠道等措施，世界石油市场出现供过于求的现象，油价逐年下降，首当其冲的受害者是石油输出国，财政收入大受影响。此外，战争亦对石油输出国产生巨大影响，1991 年的海湾战争爆发以后，海湾地区经济遭受重大打击，损失惨重，科威特的石油工业和基础设施遭到了毁灭性的打击，全国 900 多口油井中，有 100 多口被战毁，200 多口被点燃，仅石油工业的损失即达 750 亿美元；伊拉克国民经济更是连遭重创，并受到国际社会的经济制裁，生产力倒退了几十年；沙特阿拉伯也因海湾战争而在财政上背起了沉重的负担，因此，战争对海湾地区经济的影响是巨大而深远的。

非石油输出国的经济特征　除海湾 8 国外，西亚的其余 9 个国家石油的储藏、产量均不多，除个别国家有少量石油出口外，其他国家均不能自给，需进口石油。这些国家的经贸特点和海湾石油输出国明显不同。

1. 经济以农牧业为主

在非石油输出国中，以色列工业化程度高，经济发达；黎巴嫩则以商贸、金融和旅游服务业为主要经济部门；而其他国家则均以农牧业为主，农牧业在国民生产总值中占 20%~50%，农业劳动力占国内从事经济活动劳动力的 50%~75%，农牧产品占出口贸易额的 50%~80%。西亚气候干燥少雨，对农牧业生产十分不利，灌溉对西亚有着特殊的重要意义，所以西亚各国自古以来对水源非常重视。目前水浇地占全部耕地面积的 1/3，这对西亚农业生产发展起到一定的促进作用。农作物以旱地作物为主，粮食作物主要有小麦、玉米，除土耳其、叙利亚等少数几个地中海沿岸国家外，其他国家粮食均不能自给。经济作物主要有棉花、桑蚕、咖啡、烟草及各种水果等。西亚有宽广的热带、亚热带草原，发展畜牧业条件较好。但由于长期粗放经营，草原遭破坏，给西亚畜牧业带来极不利的影响。主要畜种有羊、骆驼等，畜产品是重要的出口商品，羊皮、驼绒闻名世界。

2. 巨额的外贸逆差

长期以来，发达国家把西亚当作原料、农副产品的供应基地和工业品的销售市场。这些国家既无像石油那样的资源可供出口，又无坚实的工农业生产作为外贸的基础，仅靠出口一些初级产品、工艺品、轻工业品等换取价格昂贵的机械设备、石油等，必然造成外贸逆差。70 年代后期，整个非石油输出国年进口额都比出口额大 100 多倍，有的高出 100 多倍。如土耳其是这个地区最大的农业国，多年来外贸逆差累计已达几百亿美元。目前各国利用劳务输出、开办旅游业、借外债等办法解决外汇储备不足等问题。

3. 经济上与石油输出国关系密切

非石油输出国由于毗邻最大的石油产区，在经济上同石油输出国关系十分密切，他们向邻近的石油输出国出口大量的蔬菜和干鲜果品，而从石油输出国那里进口原油，兴建石油化学工业。如也门的亚丁炼油厂提供了全国工业总产值的80%以上；叙利亚原油加工占西亚全区石油加工总量的1/3。石油输出国缺乏劳动力，非石油输出国就向他们输出劳务，赚取外汇来弥补外贸逆差。另外还通过收取石油管道过境费和港口码头服务费，为石油输出国提供金融和后勤服务等办法，促进本国经济的发展。如黎巴嫩的贝鲁特是中东地区最大的金融中心之一，由于为石油业提供金融服务，使在战火中的黎巴嫩还能保持兴旺不衰。石油输出国也通过各种形式给穆斯林兄弟国家一些财政方面的援助，这对双方经济的发展都起着积极的作用。

西亚地区主要港口

吉达(JEADAH)　位于沙特阿拉伯红海沿岸中部，东距麦加70 km(21°28′N、039°11′E)，是沙特阿拉伯第一大港和主要经济中心，年吞吐量在1 000万t以上。

腊斯塔努拉(RAS TANURAH)　位于沙特东部波斯湾沿岸，邻近巴林岛西北端(36°38′N、050°10′E)，是沙特阿拉伯最大的原油输出港，共有泊位174个，年输油能力2亿t以上。

延布(YENBO)　位于沙特阿拉伯红海沿岸，吉达以北约300 km处(24°05′N、038°03′E)，是原油输出港，也是沙特阿拉伯最大的原油管道的出口，年输油能力在9 000万t以上。

达曼(DAMMAN)　位于沙特阿拉伯东部波斯湾沿岸，腊斯塔努拉港以南(26°30′N、050°12′E)，是沙特阿拉伯波斯湾沿岸最大的商港。

巴士拉(BASRAH)　位于阿拉伯河南西岸，距河口120 km(30°31′N、047°50′E)，伊拉克最大的石油、椰枣输出港。

法奥(AL FAW)　位于波斯湾的北部，靠近阿拉伯河(29°58′N、048°29′E)，是伊拉克南部油田的输出港。

阿巴丹(ABADAN)　位于阿拉伯河东岸，距巴士拉约50 km处(30°20′N、048°16′E)，伊朗最大的港口，也是世界最大的炼油中心之一，主要输出成品油。

哈尔克岛港(KHARK)　位于波斯湾东北的哈尔克岛上，东距大陆40 km(29°14′N、050°19′E)，是世界上最大的石油输出港之一，储油能力达145万t，年输油能力在2亿t以上，仅次于沙特的腊斯塔努拉。原油经海底油管由大陆运来，可停泊50万t级的超级油轮。

霍拉姆沙赫尔(KHORRAMSHAHR)　位于阿拉伯河与卡伦河交汇处以北，距入海口104 km(30°26′N、048°10′E)，是伊朗最大的干货贸易港。

霍梅尼港(BANDAR KHOMEINI)　位于波斯湾西北的木萨湾内(30°27′N、049°05′E)，为伊朗新建的重要干货贸易港。

艾哈麦迪港(MIAN AL AHMADI)　位于科威特城以南36 km的波斯湾沿岸(29°14′N、048°09′E)，是科威特最大的原油输出港，年吞吐量在1亿t以上。

多哈(DOHA)　位于卡塔尔半岛东岸(25°17′N、051°32′E)，卡塔尔的首都和最大的商港。

迪拜港(DUBAI)　位于波斯湾沿岸迪拜城西南约35 km处(25°08′N、054°55′E)，1991年由拉希德港和贝勒阿里港合并而成，是海湾地区天然深水良港，也是整个中东地区最大的港口和中转港。1996年集装箱吞吐量世界排名第13位。

苏来曼(MIAN SULMAN)港　位于巴林国的木哈腊克岛上(26°14′N、050°37′E)，巴林最大的商港。

亚丁(ADEN)港　位于亚丁湾西北岸(12°48′N、044°54′E)，也门最大的港口。

第三章 欧 洲

第一节 概 述

自然概况 欧罗巴洲(Europe),简称欧洲。位于东半球的西北部,亚洲的西面。北临北冰洋,西濒大西洋,南隔地中海与非洲相望,东以乌拉尔山脉—乌拉尔河—高加索山脉—伊斯坦布尔海峡(博斯普鲁斯海峡)—恰纳卡莱海峡(达达尼尔海峡)与亚洲大陆相连,西北隔格陵兰海、丹麦海峡与北美洲相望。面积 1 016 万 km^2,约占世界陆地总面积的 6.8%,仅大于大洋洲,是世界第六大洲。

大陆海岸线长 3.79 万 km,是世界上海岸线最曲折的一个洲。多半岛、岛屿和港湾。半岛和岛屿的总面积约占全洲面积的 1/3(其中半岛面积约 240 万 km^2,约占全洲面积的 24%;岛屿面积约 75 万 km^2,约占全洲总面积的 7%)。此外还有许多深入大陆的内海和海湾。

欧洲地形总特点是以平原为主,海拔 200 m 以下的平原约占全洲面积的 60%,平原西起大西洋岸,东至乌拉尔山脉,绵延数千里,形成横贯欧洲的大平原。高山峻岭大多汇集南部,最大的山脉是阿尔卑斯山脉,此外还有比利牛斯山脉、亚平宁山脉、狄那里克阿尔卑斯山脉、喀尔巴阡山脉、高加索山脉,斯堪的那维亚山脉位于欧洲的西北部。

欧洲绝大部分地区气候具有温和湿润的特征,除北部沿海及北冰洋中的岛屿属寒带,南欧沿海地区属亚热带,地中海沿岸属地中海式气候以外,几乎全部都在温带,是世界上海洋性气候分布面积最广的一洲。最冷月大部地区在 0℃~16℃之间;最热月平均气温多在 8℃~24℃之间。降水量及其分布情况因距大西洋的远近和盛行风向的不同而有差别。靠近大西洋的向风坡,年平均降水量达 1 000 mm 以上,广大的低山、丘陵、高原和平原地区,年降水量在 500~1 000 mm 之间,南欧三大半岛的南部属亚热带地中海式气候,夏季干燥炎热,冬季温暖湿润,冬季降水约占全年降水量的 30%~50%。

欧洲河网比较稠密,多短小而水量丰沛的河流,不少河流之间有运河相连,主要河流有伏尔加河、多瑙河、乌拉尔河、第聂伯河、顿河、莱茵河、罗讷河、泰晤士河等。

欧洲有 44 个国家和地区。在地理上习惯分为南欧、西欧、中欧、北欧和东欧 5 个地区。南欧指阿尔卑斯山脉以南的巴尔干半岛、亚平宁半岛、伊比利亚半岛和附近岛屿,包括南斯拉夫、克罗地亚、斯洛文尼亚、波斯尼亚和黑塞哥维那、马其顿、罗马尼亚、保加利亚、阿尔巴尼亚、希腊、意大利、梵蒂冈、圣马力诺、马尔他、西班牙、葡萄牙和安道尔。西欧狭义上指欧洲西部濒大西洋地区和附近岛屿,包括英国、爱尔兰、荷兰、比利时、卢森堡、法国和摩纳哥。中欧指波罗的海以南,阿尔卑斯山脉以北的欧洲中部地区,包括波兰、捷克、斯洛伐克、匈牙利、德国、奥地利、瑞士、列支敦士登。北欧指欧洲北部的日德兰半岛、斯堪的纳维亚半岛一带,包括冰岛、法罗群岛(丹)、丹麦、挪威、瑞典和芬兰。东欧指欧洲东部地区,在地理上指爱沙尼亚、拉托维亚、立陶宛、白俄罗斯、乌克兰、摩尔多瓦和俄罗斯的欧洲部分。

欧洲人口 7.33 亿(1994 年),约占世界人口的 13%。欧洲是人口密度最大的一个洲。绝大部分居民是白种人，在各大洲中种族构成相对比较单一，全洲有 70 多个民族，绝大多数民族的人口均达到一定数量，多数国家的民族构成也比较单一，民族构成较复杂的国家有俄罗斯、瑞士等。

欧洲人的宗教信仰由来已久，不同的国家和地区信奉不同的宗教，主要有天主教、基督教、新教、东正教，其次为伊斯兰教、犹太教等。

欧洲的主要矿产资源有石油、天然气、煤炭、铁矿、铜矿、铬矿，其次，铅、锌、汞、硫磺的储量也较丰富。森林面积达 8.74 亿 hm^2，约占世界森林总面积的 23%，草原面积约占世界草原总面积的 15%。渔业资源丰富，渔场面积约占世界沿海渔场总面积的 32%，捕鱼量约占世界的 30%。

国际航运中的重要水域、水道　欧洲有许多海、海峡、运河及河流，地处国际航运的要冲位置，成为繁忙的海运要道。在欧洲各国间及其与世界各大洲之间的经济联系、贸易往来、文化交流中起着重要作用。主要的边缘海与内海有北海、比斯开湾、波罗的海、地中海、黑海等；主要的海峡有英吉利海峡、多佛尔海峡、直布罗陀海峡等（见表 3-1）；主要通航河流有莱茵河、多瑙河等。

莱茵河发源于瑞士南部的阿尔卑斯山脉北麓，流经瑞士、列支敦士登、法国、德国、荷兰，西入北海。全长 1 320 km，干流通航 885 km，重要的支流有美茵河、摩泽尔河、鲁尔河等。各支流间有运河相连，与欧洲威悉河、塞纳河、多瑙河等也有运河相通。由于莱茵河流经西欧经济最发达地区，河海联运，货运量大，运输繁忙，成为欧洲最大的水运大动脉，也是主要的海船通航河道。其下游近海处座落着世界级大港鹿特丹。如图 3-1 所示。

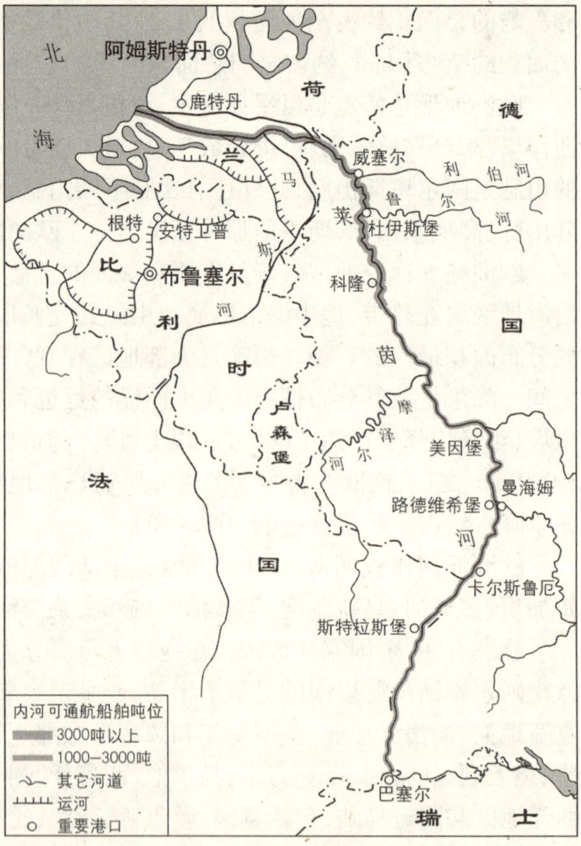

图 3-1　莱茵河航运图

多瑙河发源于德国南部黑森林山区，蜿蜒向东流经德国、奥地利、斯洛伐克、匈牙利、南斯拉夫、克罗地亚、保加利亚、罗马尼亚和乌克兰等国家，东入黑海。全长 2 850 km，是世界上干流流经国家最多的河流和欧洲第二大河流。其支流众多，水量丰沛，流域面积大，与莱茵河和黑海有运河沟通，是中欧一些国家出海的重要通道。

此外，欧洲具有航运价值的河流还有易北河、伏尔加河、顿河、第聂伯河、维斯拉河、威悉河、塞纳河、卢瓦尔河、加龙河、罗纳河、泰晤士河等。

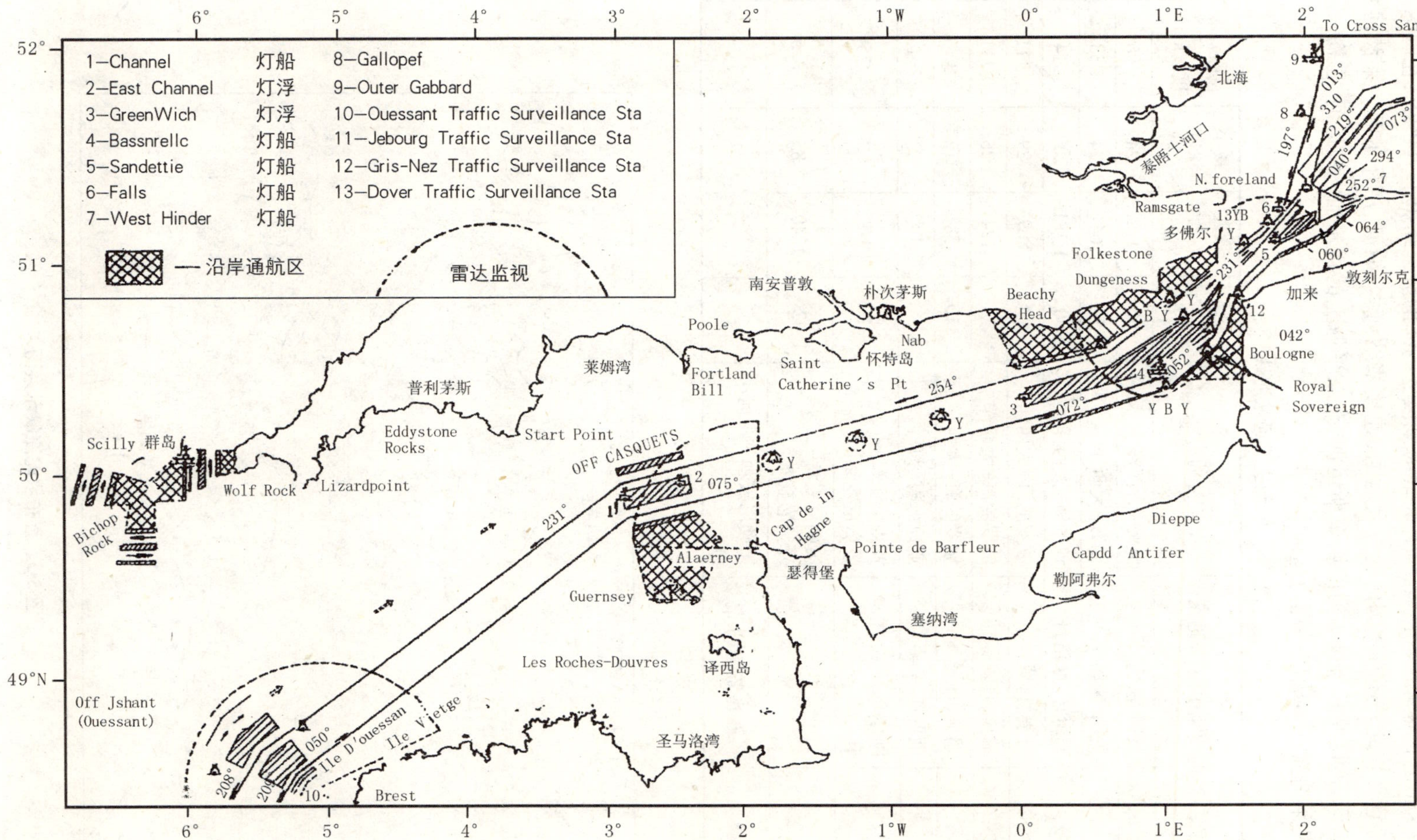

图 3-2 英吉利海峡-多佛尔海峡示意图

欧洲还有一些重要的运河。北海—波罗的海运河(基尔运河),位于德国北部日德兰半岛,全长98.7 km,它沟通北海和波罗的海,将北海到波罗的海的航程缩短了760 km,在国际航运中具有重要意义。此外还有法国的南方大运河,连接塞纳河、罗纳河、卢瓦尔河。莱茵河水系的中德大运河,连接北海与鲁尔河的埃姆斯运河,东欧平原上的伏尔加—顿运河,白海—波罗的海运河及莱茵河—多瑙河—黑海运河。

表 3-1　欧洲主要通航海峡

海峡名称	沿岸国家和地区	连接的海洋	长度(km)	最大深度(m)	最小深度(m)	最窄处宽度(km)
英吉利海峡	英国、法国	北海-大西洋	56	172	24	96
多佛尔海峡	英国、法国	北海-大西洋	56	64	24	33
直布罗陀海峡	西班牙、摩洛哥	地中海-大西洋	90	1 181	200	14
斯卡格拉克海峡	丹麦、挪威	波罗的海-大西洋		809	29	111
卡特加特海峡	瑞典、丹麦	波罗的海-大西洋		124	26	111
厄勒海峡	瑞典、丹麦	波罗的海-大西洋	110	38	12	3. 7
刻赤海峡	俄罗斯、乌克兰	亚速海-黑海		13	5	4
奥特朗托海峡	阿尔巴尼亚、意大利	亚得里亚海-爱奥尼亚海	120	978	115	75
摩西拿海峡	意大利	第勒尼安海-爱奥尼亚海	42	1240	85	3.5
博尼法乔海峡	科西嘉岛、撒丁岛	第勒尼安海-西地中海				

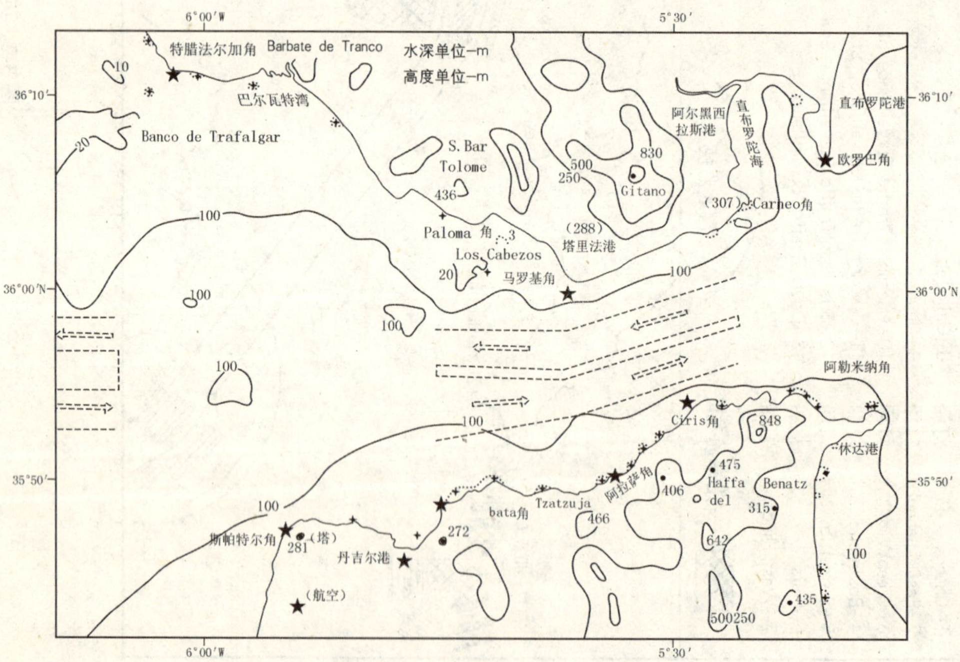

图 3-3　直布罗陀海峡示意图

第二节　北　　欧

北欧是指欧洲北部的日德兰半岛、斯堪的那维亚半岛、冰岛、设得兰群岛及法罗群岛，包括挪威、瑞典、芬兰、丹麦、冰岛 5 国。总面积 132 万 km^2，占欧洲面积的 13%，人口 2 354 万（1993 年）约占欧洲人口的 3.3%，人口密度 18 人/km^2，人口比较稀少。

北欧地处波罗的海和巴伦支海通向北海，或由北冰洋通往大西洋的航线上，交通位置重要。

斯堪的那维亚半岛是北欧最大的半岛，地形高低相差悬殊。半岛中部为挪威和瑞典交界的斯堪的那维亚山脉，高达 2 000 多 m，东南部有面积较大的平原，其余为狭长的沿海平原。挪威全境 2/3 为山地和高原，平原狭小。瑞典地势北高南低，由高原到平原，大部分海拔 300~400 m。丹麦全境地势低平，平均海拔为 30 m 左右。芬兰是著名的千湖之国，冰岛多火山地震。北欧 5 国全部位于 54°N 以北的高纬度地区，大部地区因受盛行西风带和北大西洋暖流的影响，气候均具有温和湿润的海洋性特点，比同纬度其他地区冬季气温偏高，夏季气温稍低，如丹麦 1 月平均气温 0℃左右，7 月平均气温 16℃。

挪威濒临大西洋的 3 个边缘海，从北而南依次是巴伦支海、挪威海和北海。这三个海都有广阔的大陆架。浅海大陆架不仅拥有丰富的渔业资源，而且还蕴藏有大量的石油和天然气。除此之外，挪威还有丰富的水力、木材、石油等资源。全国可利用的经济水能达 1 300 多万 kW，挪威河流多发源于高山冰川，急流险滩和瀑布众多，一般不需修高坝，多利用隧洞引水发电。挪威森林覆盖面积高达 8.33 万 hm^2，占国土总面积的 21%，以丰富的森林资源为基础，挪威大力发展木材加工、纸浆和造纸工业。60 年代中期，在北海发现了大油田。此外在挪威海和巴伦支海也发现了储油构造。70 年代初正式开采石油和天然气，现在，挪威是西方工业国中为数不多的石油净出口国之一。

芬兰全境有大小湖泊 6 万多个，故有“万湖之国”之称，水力资源和水产资源都十分丰富。另外森林资源也极为丰富，林地占国土面积的 70%以上，森林在芬兰被称为“绿色的金子”，用工业手段对森林资源进行大规模的开采和利用，可以说构成了芬兰工业化的开端。铜是芬兰的主要矿藏，储量约为 2 000 万 t。此外还有丰富的泥炭资源，其能量相当于 40 亿 t 石油。

丹麦的森林资源也十分丰富。但天然森林较少，主要是人造林。国家有计划地在贫瘠的地带种植成材林，森林面积 100 多年来由占全国面积的 4%增加到 9%。

瑞典的自然资源主要是森林、水力和铁矿。森林面积占全境的 1/2，境内河流众多，水流湍急，易于发电，水电约占全国总发电量的 70%。瑞典还是世界上铁矿资源最丰富的国家之一和最重要的铁矿砂出口国之一。铁矿蕴藏量在 40 亿 t 以上，且多为含铁量 60%~70%的富矿。年开采量 3 000 多万 t，居西欧第 1 位。所产铁矿砂的 80%供出口，主要销往德国和英国。瑞典铀矿的蕴藏量约为 25 亿~30 亿 t，为欧洲铀藏量最多的国家，不过由于含量较低，至今未被开采利用。泥炭资源丰富，另外，铜、锌、铅、锰、钛、钒等矿藏也较丰富。

冰岛是欧洲第二大岛，其自然资源匮乏，没有具有开采和利用价值的森林和矿产资源，但有丰富的渔业、水力和地热资源。冰岛的周围海域是北冰洋寒流和北大西洋暖流的交汇之处，适合于鱼类的繁衍生长，丰富的渔业资源使得冰岛成为世界上最大的渔业国之一。渔业是冰岛国民经济的主要支柱。工业以鱼产品和畜产品加工为主。冰岛还拥有对小国来说相当大的水力和地热资源，是按人口平均拥有能源资源最多的国家之一。

表 3-2　北欧 5 国的基本情况

	面　积 (km^2)	人口（万）(1995 年)	人均 GNP (美元,1995 年)
挪　威	386 974	437	33 520
瑞　典	449 964	875	25 955
芬　兰	337 032	505	24 457
丹　麦	43 080	519	33 135
冰　岛	103 106	265	26 074

表 3-3　北欧各国 1993 年国内生产总值的产业来源

产　　业	产值占国内生产总值的比重(%)				
	挪威	瑞典	芬兰	丹麦	冰岛
农、林、渔业	2.8	3.1	6.5	6.4	17.0
石油、天然气生产	15.8				
采掘、加工及制造业	13.5	23.8	28.7	21.9	12.6
建筑业	3.4	5.9	6.7	5.0	8.4
服务业	64.5	56.0	54.5	64.9	57.7
其他		11.2	3.7	1.8	4.3
合计	100.0	100.0	100.0	100.0	100.0

资料来源:李占五等《北欧市场经济》时事出版社

从分析表 3-3 中北欧各国各个产业在国内生产总值中的比重我们可以了解这些国家的产业结构。第二次世界大战后,北欧国家的产业结构迅速变化,表现在农、林、牧、渔业在国内生产总值比重大幅度下降,工业和建筑业的比重也在不断下降,而交通运输、商业和服务业的比重则快速上升。

挪威工业发达,主要传统工业部门有水电、电力冶金、化工、造纸、木材加工、鱼产品加工和造船业。挪威是西欧最大的铝生产国与出口国,镁的产量居世界第 2 位,硅铁合金产品大部分供出口。70 年代兴起的近海石油工业已成为国民经济的重要支柱。1994 年生产石油 11 185 万 t,居世界第 8 位,西欧第 1 位。还是世界第三大石油出口国。新闻纸产量居世界第 7 位。

瑞典工业发达,主要工业部门有矿业、机械制造业、电力设备、汽车、纸浆造纸、化工、森林工业等。新闻纸产量居世界第 4 位。

芬兰的木材加工和金属工业为经济的两大支柱,造纸工业具有世界先进水平,是世界第二大纸张、纸板出口国,第四大纸浆出口国,新闻纸产量居世界第 5 位。

丹麦工业发达,工业企业以中小型和轻型为主,主要有石油开采、造船、水泥、电子、化工、制药、纺织、食品加工等。是世界主要船用主机生产国和输出国,产量占世界的 25%~30%。此外,水泥设备、助听器、纺织品、啤酒、酶制剂和人造胰岛素等产品在世界享有声誉。工业品的 60%供出口,约占出口总额的 3/4。

冰岛工业基础薄弱，除鱼产品加工业外，主要为炼铝等高能耗产业。

北欧5国地理和气候条件对发展农业生产不利，农业生产都以畜牧业为主，畜牧业占农业生产总值均在70%以上，主要畜产品可以自给有余，部分可供出口。挪威粮食自给率只有40%，每年需要大量进口粮食；瑞典农业现代化水平和劳动生产率居于欧洲国家前列，目前粮食自给有余，部分出口；芬兰在农业现代化方面也取得了明显的进展，粮食已达到自给有余。丹麦的农牧业生产高度发达，农业科技水平和生产效率居世界先进国家之列，农畜产品不仅满足国内市场需求，而且2/3供出口，猪肉、奶酪和黄油出口量居世界前列；冰岛肉、蛋、奶自给有余，而粮食、蔬菜、水果基本依靠进口，渔业为其经济支柱，鱼产品出口约占商品出口总额的80%。

总之，北欧5国都是发达国家，均居世界高收入国家和地区之列。

北欧5国的国土多由半岛和岛屿组成，受海洋影响很大，又恰处在波罗的海和巴伦支海通向北海、北冰洋通向大西洋的重要航线上，在国际航运和战略上具有重要意义。5国交通运输业以海运为主，铁、公路均不甚发达，特别是冰岛，全国无铁路。5国中海运最发达的是挪威，是世界著名的航海大国之一，它的商船队很早就著称于世，后来，由于方便旗船海外登记吨位的增加，在本国登记的船队规模缩小了，1996年在世界商船队中排名第8位。挪威商船队以为外国服务为主，从而赚取了大量的航运外汇收入。

北欧主要贸易港口

哥德堡(GOTEBORG)港　位于瑞典西南，卡特加特海峡之滨(57°42′N、011°57′E)，北欧最大贸易港口，又是瑞典西部的工业中心，主要工业有造船、炼油、汽车、机械、木材加工及食品等，有全国规模最大的造船厂和炼油厂。

该港属北温带海洋性气候，全年多南—西风。3~5月多雾。12~2月海面有冰，但不封港。年平均气温9℃。全年平均降水量约550 mm。潮差不显著，一般为0.25 m。

港口分布在约塔河南北两岸和河口以北的海峡沿岸，与斯德哥尔摩港之间有一条运河相连，哥德堡港是瑞典进出大西洋最近的港口。港区主要码头泊位40个，岸线长10 km，最大水深20 m。

装卸设备有各种岸吊、门吊、卷扬机、传送带、集装箱吊、浮吊及滚装设施等，其中集装箱吊最大起重能力为60 t，浮吊最大起重能力达260 t，还有直径为203.2~406.4 mm的输油管供装卸石油之用。集装箱码头可靠3.5万载重吨的船舶；油码头最大可泊25万载重吨的大型油船。货棚与仓库面积为88万 m^2，露天堆场面积达180万 m^2。港口有运河与铁路可通斯德哥尔摩港。本港自由港区的面积达30万 m^2。哥德堡新引进了一条自动化技术检测系统——DICAMOS系统(数字摄像监控系统)，安装在码头大门的进出口通道，每条通道都有固定的摄像机，把通过大门的拖车及集装箱情况，仅用20 s即可将视频信号记录器的检测系统记录下来，并将图像储存在磁盘上。每个磁盘可以存入约500 t辆拖车的信息，每辆拖车可以有14个镜头。这些磁盘被保留下来，以便在可能发生的货物运输过程某个环节中的纠纷时之用。港口主要进口货物为煤、焦炭、机械、小汽车、铀矿、金属、铁、棉花、羊毛、丝织品、谷物、食品、水果及化工品等，出口货物主要有纸浆、木制品、纸张、钢铁、纸板、化工产品、汽车、机械及石油产品等。

斯德哥尔摩(STOCKHOLM)港　位于波罗的海西岸(59°19′N、018°03′E)，瑞典首都，第二大港。全国政治、经济、文化的中心，有钢铁、机械、造船、炼油、化工、纺织等工业。

马尔默(MALMO)港　位于波罗的海口,临厄勒海峡(55°37′N、013°E),瑞典南部重要港口,输出谷物、糖、水泥、机械等。1983年由国际海协创办的世界海运大学设在这里。

赫尔辛基(HELSINKI)港　位于芬兰湾北岸(60°10′N、025°00′E),芬兰首都,重要的天然良港,港阔水深,冬季结冰5个月左右。年吞吐量2 000万t以上,1997年集装箱吞吐量39.4万TEU。

奥斯陆(OSLO) 位于斯卡格拉克海峡北岸奥斯陆峡湾北端(59°54′N、010°43′E),挪威首都,是全国政治、经济、文化和交通的中心,又是全国最大的工业中心。工业产值占全国总产值的1/4以上,主要工业有造船、机械、电子、木材加工、造纸、纺织及食品等;它还是世界裘皮加工、出口的中心之一,有"裘皮之都"的誉称。港口距机场约8 km,有定期航班飞往欧、美及远东各地。

该港属北温带海洋性气候,盛行西—西南风,很少有大风。年平均气温9℃,全年平均降水量约900 mm。平均潮高:大潮高潮为0.4 m,低潮为0.1 m;小潮高潮为0.4 m,低潮为0.2 m。

港口由群山环抱,港阔水深,是天然良好的海港。冬季湾内有冰,但港内不冻,不影响航行。港区主要码头泊位有31个,岸线长5 846 m,最大水深15 m。

装卸设备有各种岸吊、可移式吊、集装箱吊、浮吊、吸粮机及滚装设施等,其中集装箱吊起重力为35 t,浮吊的最大起重能力达100 t。集装箱码头可泊2.5万载重吨的船舶,油码头最大可泊8万载重吨的油船。装卸效率:可卸粮食150 t/h。仓库和货棚面积达32万m^2,另有车库2座。大船锚地良好,在西港区最大水深达20 m。1992年集装箱吞吐量为10.6万TEU,年货物吞吐能力约2 000万t。主要出口货物为纸浆、纸板、化工原料、毛皮、爆炸品、机器、日用品及化工产品等,进口货物主要有棉纺织品、燃油、谷物、咖啡、纺织纤维及运输设备等。

卑尔根(BERGEN)港　位于挪威西南海岸(60°24′N、005°19′E),挪威最大港口,是天然良港,无潮、避风、不冻。港区有码头泊位20个,岸线长4.6 km,最大水深24 m。年吞吐量1 000万t以上,主要进口粮食、焦炭、铁矿石、石油等,出口鱼及其制品,纸张、生铁、纺织品、电机等。

特隆赫姆(TRONDHEIM)港　位于挪威海特隆赫姆湾(63°25′N、010°24′E)。挪威第三大城市,西海岸中部重要港口。主要出口纸浆、木材、铁矿、鱼及其产品;进口煤、石油、粮食、糖、盐等。

纳尔维克(NARVIK)港　位于挪威北部挪威海韦斯特峡湾内(68°26′N、017°25′E),有电气铁路通往瑞典基律纳铁矿区。主要为瑞典出口铁矿石,年吞吐量1 600万t。

哥本哈根(KOBENHAVN)港　位于波罗的海出入厄勒海峡南口西岸(55°42′N、012°37′E),丹麦首都,全国最大的商港,工商业繁荣,年吞吐量2 000万t以上,出口主要为食品、化工品、纺织品、机械和船舶等,进口主要是原油、液化气、煤、生铁、木材等。

奥尔胡斯(ARHUS)港　位于日德兰半岛东岸中腰奥尔胡斯湾(56°09′N、010°13′E),丹麦第二大港市。年吞吐量1 000万t以上,是日德兰半岛谷物和畜产品的集散地。

第三节　东　欧

俄罗斯

90 年代以来，前苏联和东欧局势发生巨大变化，其中前苏联的解体尤为引人注目。前苏原有 15 个加盟共和国，1990 年 3 月—1991 年 12 月间，除俄罗斯以外的 14 个加盟共和国爱沙尼亚、拉托维亚、立陶宛、白俄罗斯、乌克兰、摩尔多瓦、格鲁吉亚、亚美尼亚、阿塞拜疆、土库曼斯坦、乌兹别克斯坦、塔吉克斯坦、吉尔吉斯斯坦、哈萨克斯坦先后宣布独立。1991 年 12 月，前苏联的俄罗斯、乌克兰等 11 个加盟共和国宣布成立独立国家联合体（即独联体），俄罗斯苏维埃联邦社会主义共和国更名为俄罗斯联邦，“苏联”不复存在。格鲁吉亚于 1993 年 10 月加入独联体，现独联体共有 12 个成员国。

“独立国家联合体”是在尊重参加国主权的前提下，在某些领域进行政策协调，即以“独立”为主，以“联合”为辅，在独联体各国中，俄罗斯具有突出重要的地位，其不仅继承了前苏联的国际法地位，而且，在人口规模、经济发展水平等各方面大大领先于其他国家，实际上是取代了前苏联的位置，成为世界政治、经济中的重要成员。

表 3-4　前苏联各国基本情况一览表（1994 年）

国　家	人　口		国土面积		国民生产总值	
	总　数（万人）	比重（%）	总数（万 km^2）	比重 %	总数（亿美元）	比重（%）
合　计	29 310	100	2 227.5	100	5 651.57	100
俄罗斯	14 820	50.60	1 707.5	76.65	3765.55	66.63
乌克兰	5 190	17.71	60.4	2.71	913.07	16.15
白俄罗斯	1 040	3.54	20.8	0.94	202.87	3.59
哈萨克斯坦	1 680	5.73	271.7	12.19	181.67	3.21
乌兹别克斯坦	2 240	7.64	44.7	2.00	215.08	3.81
吉尔吉斯斯坦	450	1.53	19.8	0.89	26.66	0.47
土库曼斯坦	440	1.50	48.8	2.19	51.56	0.91
塔吉克斯坦	580	1.98	14.3	0.64	20.09	0.36
亚美尼亚	370	1.26	3.0	0.14	26.07	0.46
阿塞拜疆	750	2.56	8.7	0.39	35.41	0.63
格鲁吉亚	540	1.84	7.0	0.32	20.63	0.37
摩尔多瓦	430	1.47	3.4	0.15	36.72	0.65
立陶宛	370	1.26	6.5	0.30	52.24	0.92
拉托维亚	250	0.86	6.4	0.29	58.17	1.03
爱沙尼亚	150	0.52	4.5	0.20	45.78	0.81

资料来源：世界银行 1996 年世界发展报告 中国财政经济出版社

世界面积最大的国家 俄罗斯拥有前苏联领土的76%，总面积1 707万km^2，是世界上领土最大的国家。俄罗斯地跨欧亚两洲，领土由欧洲东部的大部分和亚洲北部的广大地区组成。东西长10 000 km，南北宽5 000 km。俄罗斯海岸线长约4万km，是世界上海岸线最长的国家。北濒北冰洋，东临太平洋，西接波罗的海的芬兰湾，南邻黑海和里海，主要边缘海有太平洋水系的白令海、鄂霍次克海、日本海，为俄罗斯远东地区联系亚太地区的海域，每年有5个月的封冻期；大西洋水系的黑海、亚速海、波罗的海，为俄罗斯重要的通航海域；北冰洋水系的白海、巴伦支海、喀拉海、拉普捷夫海、东西伯利亚海、楚科奇海，海岸线长达1万多km，均在北极圈内，终年被冰雪覆盖，多为闭锁性海岸，不利于海上航运。陆上同14个国家接壤：西北边同挪威与芬兰毗邻；西面同爱沙尼亚、拉托维亚、立陶宛、波兰、白俄罗斯、乌克兰接壤；南面同格鲁吉亚、阿塞拜疆、哈萨克斯坦相邻；东南面同蒙古、中国、朝鲜交界；隔海与日本、美国的阿拉斯加州相望。

在俄罗斯的领土中，亚洲部分约占3/4，但其政治、经济、文化中心却位于欧洲部分。第二次世界大战后，前苏联积极改善生产力的布局，加大亚洲部分的投资与开发，亚洲部分的经济确有较快的增长，但并未改变其欧洲部分的传统核心地位，其首都、大部分人口、工业中心、交通中心等都在欧洲部分，因此，俄罗斯是一个传统的欧洲国家。

俄罗斯地形的总体特征：以叶塞尼河为界，分为东西两个部分，西部以平原为主，东部多高原和山地，整个地形呈东南高，西北低。叶塞尼河以西地形可分为4个区域：乌拉尔山脉以西的东欧平原（又称俄罗斯平原）、乌拉尔山脉以东的西西伯利亚平原、乌拉尔山地、南部黑海与里海之间的高加索山地。叶塞尼河以东地形可分为两个区域：勒拿河以西的中西伯利亚高原、勒拿河以东区域主要由一系列山脉组成，称为东西伯利亚山地。

俄罗斯大部分地区纬度较高，基本上属于北半球寒温带及寒带大陆性气候，大部分地区冬季漫长而寒冷，夏季短促而温凉。全年温差大，1月平均气温除个别地区外，均在-10℃以下，西西伯利亚为-25℃，东西伯利亚则降到-40℃，上扬斯克和奥伊尔米亚康极端最低气温曾分别达-70℃和-71℃，成为北半球的寒极；7月平均气温在1℃~25℃。在长期严寒气候影响下，俄罗斯形成了大面积的冻土层，占国土面积一半以上。由于地域广阔，俄罗斯各地区气候条件也存在明显差异，总体特征是自西向东大陆性逐渐加强。东欧平原西部受北大西洋暖流影响，气候比较温和湿润，广大的西伯利亚地区受极地寒冷气候影响，冬季异常寒冷，大陆性气候十分明显，北极圈至北冰洋沿岸一带占国土面积的12%以上，终年积雪，形成永久冻土带，属极地气候，远东地区则为季风气候。俄罗斯降水由西向东逐渐减少，西部东欧平原约500~700 mm，西西伯利亚平原为300~400 mm，中西伯利亚高原为200~300 mm，太平洋沿岸及黑海沿岸的一些地区降水较多，可超过1 000 mm。

俄罗斯境内有许多大河。欧洲部分以伏尔加河为最长，也是欧洲最长的河流，全长3 690 km，流域面积138万km^2。干支流大部河段可通航，约承担全国河运总量的2/3，通航期长7~9个月。通过伏尔加—顿运河可达黑海。此外，还有顿河、北德维纳河、伯朝拉河等。东部西伯利亚地区的鄂毕河、叶塞尼河和勒拿河都发源于南部山地，向北注入北冰洋，这些河流水量丰沛，水力资源丰富，但冬季封冻期长，通航期不足半年。俄罗斯的河流多自南向北流入北冰洋，北部水资源丰富，热量资源少；而南部热量资源较丰富，水资源则少，影响农业生产的发展，北水南调成为俄罗斯长期没有解决的问题。贝加尔湖是世界最深的湖泊，最深处达1 620 m。

俄罗斯自然资源极其丰富，而且种类多、储量大、自给程度高。主要矿产资源有煤、石油、天然气、铁矿石、钾盐等，储量均居世界前列。其他如泥炭、磷灰石、黄金、铜、锌、锡、银等储量也很丰富。俄罗斯还是世界上林木资源最丰富的国家，森林覆盖面积占全国领土面积的2/5以上，约占世界森林面积的1/5以上，木材蓄积量约占世界的1/4，森林面积和木材蓄积量均居世界第1位。此外，还有大量的水产品资源和野生动植物资源等。丰富的资源为俄罗斯的发展提供了重要的物质基础，但俄罗斯资源的绝大部分分布在乌拉尔山脉以东地区，这里经济落后，交通不便，给资源的开发利用带来困难。

俄罗斯人口1.482亿(1995年1月)，占前苏联人口的51%，仅次于中国、印度、美国、印度尼西亚和巴西，居世界第6位。全俄共有大小民族100多个，其中俄罗斯人占82.6%，其他主要少数民族有鞑靼族、乌克兰族、楚瓦氏族、摩尔多瓦族、达格斯坦族、白俄罗斯族、日耳曼族、犹太族等。主要宗教为东正教，其次为伊斯兰教。

经济发展概况　俄罗斯是前苏联经济实力最强的一个共和国，前苏联的经济基础与骨架基本上分布在俄罗斯境内。根据前苏联解体前的1990年的资料，俄罗斯拥有前苏联国民财富的60%，固定资产的62.1%，国民生产总值的58.7%，石油、天然气和煤炭储量的4/5、2/3和3/5左右，均高于其人口所占的比重。前苏联的一些工业、科技区域也大多分布在俄罗斯。在前苏联各共和国中，俄罗斯人均国民生产总值排名第3。作为前苏联的主要组成部分，俄罗斯自然资源丰富，技术水平高，重工业基础雄厚，军事、宇航等工业部门具有世界领先水平，可以说，俄罗斯仍是一个门类齐全、实力强大的经济大国。其经济特征可概括为以下几点：

(一) 经济结构严重畸形

俄罗斯从前苏联继承下来的是一个畸形化的经济结构，主要表现为国民经济军事化及农轻重关系不协调。1992年俄罗斯实行改革后，没有及时地调整严重不合理的经济结构。7年来，俄罗斯不仅没有调整其畸形的经济结构，反而使其更加畸形。这样，它的生产难以符合市场的需要，经济发展难以有后劲，在某个时期经济上去了，最后还会降下来，即出现结构性下降。俄罗斯畸形的经济结构，必然在对外经贸方面带来不可忽视的消极作用，即靠出口大量原材料和初级产品去换取轻工产品和食品。在俄罗斯国内大中城市商店里出售的食品中，60%左右是进口的，这种进出口结构会产生“自发性和退化性的反工业化趋势”。另外，在这种进出口结构条件下，俄罗斯在对外开放市场时，又不采取有效措施来保护本国经济，这必将影响民族经济的发展。现在，俄罗斯的轻工业与食品工业已被西方国家冲跨。

从3大产业在国内生产总值中的比重来看，1991—1994年，农业从13.4%下降到6.5%，工业及建筑业从45.8%下降到36.0%，服务业从35.9%上升到48.9%(主要是由于商业、金融业的发展及服务业中劳务价格的上涨)。

在整个工业中，采掘工业比重上升(从1991年的15.8%上升到1996年的17.7%)，加工工业比重下降(从84.2%下降到82.3%)。在工业产值中，能源和原材料生产部门的比重提高，而机器制造和金属加工业以及轻工业和食品工业的比重减小(表3-5)。

为了赚取外汇，支持衰退的经济，俄罗斯不惜付出使经济结构进一步畸形化的代价，扩大能源和原材料产品的出口。在俄罗斯出口商品结构中，化肥和能源占45%、黑色和有色金属占17%、化工产品占8%、木材占5%、农业原料占3%。到1997年，依仗能源和原材料部门的支持，俄罗斯的外贸部门成为保持6年连续增长的唯一部门，俄罗斯GDP的1/5靠石油和天然气的出口取得。然而，从1997年起，由于世界能源和原材料产品价格的下跌及亚洲金融危机的影响，俄罗斯的外贸出现颓势。1998 年上半年形势更加严峻，进口下降 3.6%，出口下降 13%，其中天然气出口下降 18.4%，这充分说明俄罗斯经济的脆弱性和对初级产品生产部门的依赖。

表 3-5　近年俄罗斯工业结构变化情况

产　业　部　门	1991	1992	1993	1994	1995	1996
工业总产值(%)	100	100	100	100	100	100
其中:						
电力工业	4.0	6.4	9.1	13.4	12.5	13.0
燃料工业	7.3	18.6	16.3	15.0	16.6	15.5
黑色冶金工业	4.9	8.2	8.3	8.3	9.3	7.5
化学和石油化学工业	7.1	8.3	7.2	7.4	8.1	6.5
机器制造和金属加工业	24.9	20.5	20.5	19.6	18.2	16.3
森林、木材加工和纸浆造纸工业	5.8	4.8	4.3	4.6	5.2	3.6
建筑材料工业	3.7	3.3	4.2	4.8	4.9	4.0
轻工业	16.2	7.1	5.1	3.2	2.5	1.7
食品工业	15.9	11.7	13.0	12.5	12.1	10.2
其他工业部门	10.2	11.1	12.0	11.2	10.6	21.7

资料来源:世界知识 1998 年 第 19 期

（二）减少军费开支，把有限的资金用于发展经济，提高人民的生活水平

前苏联军费开支庞大，影响国民经济发展速度，国民经济各部门渗透军事化，使国民经济结构比例失调。俄罗斯自 1992 年改革以来，连年经济危机，政府不得不顶着军方的压力削减军费开支，军费占国内生产总值的比重逐年下降，从 7 年前的 7.6%降至 1997 年的 3.8%，基于这种情况，采取大规模裁军、合并兵种、加强军事科研等措施。军队将由目前的 170 万减至 100 万人，武装力量将由目前的 5 大军种向 3 大军种过渡。在军费结构中，科研费达到 10%～12%，军事改革最终达到用现代化武器装备军队和提高军队整体战斗水平的目的，其宗旨是削减数量，提高质量，走精兵之路。

（三）生产力布局继续向东转移

俄罗斯生产力布局长期集中在欧洲部分，而资源多分布在乌拉尔山脉以东的亚洲部分。欧洲部分的资源由于长期开采，某些资源已满足不了经济发展的需要。前苏联从 70 年代开始越过乌拉尔山脉向东发展，首先建立起乌拉尔—库兹巴斯煤炭—冶金基地，开发了乌拉尔—伏尔加河油田，全苏最大且具世界规模的秋明油田，采伐西伯利亚和远东地区的森林资源。1984 年，东部又建成贝阿大铁路，同时加强对东部港口的建设。在前苏联向东发展的基础上，俄罗斯就目前国内、国际形势，进一步向东发展。随着太平洋时代的到来，俄罗斯加快与亚太大国改善和发展关系的步伐。1996 年俄中建立面向 21 世纪的战略协作伙伴关系，把加强经济关系作为充实中俄战略协作伙伴关系的基础，为实现 21 世纪初贸易额达 200 亿美元的目标，提出一系列大型双边经济合作项目。1997 年 4 月，俄、中、哈、吉、塔 5 国签署边境裁军协定，规

定把5国边界线两侧各100 km内的军事力量裁减到与睦邻友好相适应的最低水平。同年7月俄日两国签署本世纪末俄日和平条约，把"相互信赖"，"互利"和"长远的观点"作为全面改善日俄关系的新原则，并就北方四岛问题提出了共同开发、共同利用的"两国一制"的新思路。对美国采取在斗争中求合作的策略，俄罗斯反对"美国控制的单极世界"。通过加强与独联体和东欧国家的关系，反对和抵御西方势力的渗透。但俄罗斯要实现恢复大国地位和振兴经济的长远战略目标，仍有求于美国。这就为俄罗斯生产力布局向东发展创造有利的国内和国际条件。

(四)俄罗斯地域辽阔，资源丰富多样，经济发展建立在本国资源和国内市场的基础上，基础工业比较坚实

由于转轨造成的经济危机是暂时的，一旦经济复苏，还可以重新确立俄罗斯大国地位，重树俄罗斯在多极世界上的威望，发挥其在世界上大国应有的作用。

主要产业部门及其分布

由于前苏联长期以来实行重重工业，轻轻工业和农业的政策，独立后的俄罗斯国民经济结构也不平衡，重工业高度发达，轻工业和农业则发展缓慢；高技术产业和军事工业发展迅速，而民用工业增长缓慢。

工业　前苏联是世界上重要的工业国之一，其主要工业品的产量居世界前列。从各联邦的情况来看，俄罗斯的工业在前苏联占有举足轻重的地位，其工业总产值约占前苏联的2/3。前苏联主要的工业产品和燃料、原材料都产自俄罗斯。如前苏联石油总产量的92%、天然气总产量的68%、电力的63%、煤的55%、钢的57%、化纤的53%等都是由俄罗斯生产的。前苏联解体后，由于政治局势不稳，经济状况恶化，前苏联各共和国间紧密相联的经济关系受到破坏，加之经济运行机制不能适应市场经济的要求，以及过高的通货膨胀率等因素使俄罗斯的工业生产连年萎缩，工业总产值从1991年到1994年已下降了一半左右。主要工业品的产量连年下降。(表3-6)

表3-6　近几年俄罗斯主要工业产品产量的变化及在世界上的位次

产　品	1991年(前苏联)		1992年	1993年	1994年	1995年	
	产量	位次				产量	位次
钢(万 t)	13 992	1	8 040	5 810	4 880	4 882	4
原油(万 t)	51 533	1	40 000	35 111	31 800	30 680	3
煤炭(万 t)	55 757	3	31 600	30 978	27 200	26 040	6
电力(亿 kW·h)	16 339	2	8 408	9 522	8 760	8 675	3
水泥(万 t)	12 240	2	6 110	4 960	3 720	6 697	4
化肥(万 t)	3 109	1	1 200	1 010	827	5	

资料来源：中国统计年鉴1993、1994、1995、1996、1997，中国统计出版社

陈秀英 主编. 世界经济统计简编. 物价出版社 1997

燃料动力工业　在丰富的资源基础上发展起来的燃料动力工业是俄罗斯的支柱产业，也是其取得外汇的重要来源。在近几年的工业大滑坡中，燃料动力工业虽也有一定程度的下降，但与其他部门比较，其下降幅度较小。

(1)石油、天然气工业　俄罗斯是世界上主要原油生产国之一。目前,俄罗斯主要原油产区有伏尔加—乌拉尔油田、西西伯利亚地区的秋明油田,其中秋明油田是俄罗斯最大的石油储区和生产区。炼油工业也居世界前列,油田有大型炼油厂。天然气是俄罗斯能源工业中的另一重要部门,其特点是储量大、产量高。天然气主要分布于西伯利亚和远东地区。

(2)煤炭工业　煤炭工业具有储量大,煤种齐全,易于大规模开采等特点,是世界上煤炭资源最丰富的国家之一。由于部分煤炭资源位于60°N以北的冻土地区,不易开采,采煤工业主要分布在60°N以南地区。主要煤炭生产基地有库兹巴斯、卡拉干达等。近年来,由于煤炭需求下降和运输距离长等问题,许多煤炭企业被迫停产或减产,产量逐年下降。

(3)电力工业　丰富的燃料动力资源和先进的技术为俄罗斯电力工业的发展创造了很好的条件,俄发电量居世界前列。电力结构中以火电为主,约占总发电量的5/6,主要分布在西部,随着东部地区的开发,电力工业布局也正在东移。

钢铁工业　前苏联是世界上最大的钢铁生产国,自70年代后,钢铁产量稳居世界首位,最大的钢铁工业基地位于乌克兰。俄罗斯境内的主要钢铁工业基地有以马哥尼托哥尔斯克为中心的乌拉尔钢铁工业基地;以利佩茨克为中心的中央钢铁工业基地;以新库兹涅茨克为中心的西西伯利亚钢铁工业基地等。由于俄独立后,国内对金属产品需求量的减少,钢铁企业的产量有较大幅度的降低。

机械制造业　前苏联机械制造业十分发达,多种产品产量位居世界前列,尤其以各种车辆、飞机、动力机械、农用机械、电机和仪器制造等最为发达。由于俄独立后,基建投资规模紧缩,设备老化,机械制造业面临严重困境,各种机械设备产量大幅度下降,到1994年底,汽车、机床、拖拉机、发电机等主要产品均降至独立前的1/3左右。机械制造工业主要分布在中央区、伏尔加河流域、西北地区和乌拉尔河一带。

化学工业与石化工业　前苏联化学工业发达,曾一度占世界总产值的15%,居世界第二位,且门类齐全,种类繁多,是重要的工业部门。俄罗斯独立后,化学工业和石化工业也遭受较大损失,产量下降。到1994年底,多种产品的产量都降至独立前的2/3以下。

轻工业　俄罗斯轻工业在前苏联居首位,纺织品产量占前苏联的80%,鞋产量占50%。但由于前苏联长期忽视消费品的生产,片面强调发展重工业,所以,俄罗斯轻工业发展比较缓慢,技术水平相对落后,产品质量较差,花色品种单一,远远不能满足消费者的需要。俄独立后,大量外国的轻工产品涌入俄罗斯市场,这一方面缓解了市场轻工产品严重匮乏的局面,但另一方面也冲击了俄民族工业,许多生产轻工产品的企业,因其产品缺乏竞争性,面临亏损和半停产状态。为摆脱困境,许多轻工企业转而寻求外国投资者,引进先进的设备和技术,目前,俄轻工业正处在大规模技术改造和设备更新换代时期。

农业　俄罗斯的农业在前苏联中占有重要的地位,以1990年为例,俄罗斯的农业产值占该年前苏联农业产值的47%,居第1位。粮食作物产量占54%,甜菜产量占38%,葵花籽产量占52%,马铃薯产量占48%,蔬菜产量占39%,肉类产量占51%,奶类产量占51%,鸡蛋产量占58%。

俄罗斯的北高加索、伏尔加河流域、西伯利亚、中央黑土区是大型商品谷物生产区;中央黑土区还是甜菜、水果的主要产区;西西伯利亚、中央黑土区和北高加索为牛奶和蛋类生产区;蔬菜产区集中在俄罗斯南部地区及一些大城市、工业中心和城郊地区。

俄罗斯农业受自然地理条件和气候的影响比较大,其北部主要粮食作物产区土壤水分虽充足，但热量不足，夏季易受低温、干旱的影响；南部地区热量条件好于北部地区。总体而言，俄罗斯农业用地面积虽大，但土、热、水的诸因素的结合较差，土壤、水分条件没有美国好，农业用地的总的生物气候潜力比美国低一半以上。

俄罗斯成为独立国家后，于1992年下半年开始推行国有资产私有化进程，在农业领域主要实行国营农场和集体农庄的私人农场化，但国家在推行土地私有化方面的进展迟缓，农民对私有化的心理承受能力有限等原因，农村私有化进程十分缓慢，农业生产也出现了较大的下滑。1994年的粮食产量8 130万t，仅为独立前1990年的70%左右，其他经济作物也有不同程度的下降。

畜牧业是俄罗斯农业中的另一重要部门。目前，在俄罗斯的农业生产中，畜牧业约占农业总产值的60%。畜产品主要有牛、羊、猪、马、家禽等，尚不能满足本国的需求。

粗放经营是俄罗斯农业的另一重要特点。俄罗斯地广人稀，自然条件对农业的发展又有许多不利之处，因此一直采用广种薄收的粗放经营方式。其现有耕地1.31亿hm^2，其中灌溉面积为615.9万hm^2，仅占4.7%，绝大部分地区仍未摆脱靠天吃饭的局面，农业单产水平低而不稳。加之畜牧业发展的需要，俄罗斯每年需进口大量粮食，主要来源于欧美国家。

交通运输业 俄罗斯国土面积广大，生产与资源分布不平衡，各地区间生产发展水平差异较大，交通运输业在国民经济中占有非常重要的地位，已经形成了包括铁路、公路、航空、内河、海运、管道的完整的交通运输体系。

铁路运输 铁路运输长期以来在俄的运输业中居主要地位，而且在世界铁路运输中也占有重要地位。占世界铁路总长度7%的俄罗斯铁路，却完成了世界铁路货运量的35%和客运量的15%。铁路总长15.81万km，其中电气化铁路长3.8万km。在欧洲形成以莫斯科、圣彼得堡为中心的四通八达的稠密的铁路网，与东欧其他国家有铁路相连，与白海、波罗的海、黑海沿岸港口可铁路联运，亚洲部分有两条西伯利亚大铁路横贯东西。一条从莫斯科开始向东至符拉迪沃斯托克（海参崴），全长10 000 km，为双轨电气化铁路，是俄罗斯联系其欧洲部分、西伯利亚、远东地区的大动脉。1984年又建成第二条西伯利亚大铁路——贝阿大铁路，西起贝加尔西部的泰谢特，东至太平洋沿岸的苏维埃港，全长4 275 km。这条干线位于西伯利亚大铁路北180~600 km，两者几乎是平行的。这条铁路的建设，对开发东部资源，减轻西伯利亚大铁路的负担起着重要的作用，它使贝加尔通往苏维埃港的路程缩短了500 km，通往萨哈林、楚科奇和堪察加的路程缩短了1 000 km。西伯利亚大铁路西同俄欧洲部分的铁路网相连，成为沟通欧亚两大洲的陆上通道——欧亚大陆桥，它不仅承担俄罗斯的运输任务，而且还承担俄罗斯同其他国家以及俄罗斯以外国家之间的货物的转运，其国际意义重大。1994年俄铁路货运量为13.27亿t。

公路运输 公路运输在俄罗斯的运输中也占有重要地位，主要承担着中、短途货物运输的任务。随着国际集装箱联运业务的发展，跨国间长距离的汽车集装箱运输也越来越普遍。俄罗斯公路发展不平衡，其欧洲部分发展很快，公路网四通八达；但在西伯利亚及远东地区，由于地广人稀，加之自然条件恶劣，公路建设发展较慢。公路总长87.91万km，其中硬面公路65.25万km。与发达国家相比俄罗斯的公路仍显落后。1990年俄罗斯的公路密度为54 km/千km^2，而美国1978年已达663 km/千km^2，日本为2 876 km/千km^2，联邦德国为1 891 km/千km^2。1994年俄公路完成货运量20亿t。

管道运输 前苏联的管道运输发达，技术先进，以此为基础，管道运输在俄罗斯货物运输中也居重要位置。现有石油管道长6.51万km,天然气管道长14.36万km。各油气田基本上都有管道通至用户。部分煤炭、矿砂也由管道运输。

内河运输　内河航道总长10.2万km,1994年完成货运量1.53亿t。

海洋运输　俄罗斯周围虽海域广大,但缺少暖海和不冻港,前苏联解体后,俄罗斯的海运系统已非前苏联所拥有的完整统一的强大的海运系统,而是被分割为12个互不相联的海区。1996年商船队拥有1 375.5万总t,在世界排名第11位。前苏联有70个海港,年货物吞吐能力为3.4亿t,实际完成的货物吞吐量为2.6亿t,约占其能力的77%,但目前俄罗斯只剩下40个海港,其中11个海港完成国内装卸量的70%和全部外贸货物的装卸。由于政治、经济局势动荡,近年来货运量有所下降。俄罗斯海港分布于波罗的海、黑海和日本海沿岸。其中波罗的海和黑海沿岸的港口主要承担往来于欧洲和非洲的货物;日本海沿岸的港口主要承担往来于日本、韩国、中国、美国、东南亚国家的货物及向马加丹州、萨哈林州等北部地区运送货物。

主要外贸港口:

圣·彼得堡(SAINT PETERBURG)　位于波罗的海芬兰湾东岸涅瓦河口(60°N、030°20′E),目前是俄罗斯最大的港口和第二大城市,重要的水陆交通枢纽之一。工业发达,以机械工业为主。

该港属北温带大陆性气候,春季多雾。年平均气温2℃。全年平均降水量约700 mm。涅瓦河口在秋、冬季水位差较大,有西南大风时可达3.5 m,一般在0.2~0.3 m。全年通航,但11月末至次年4月中旬须用破冰船协助。

港区主要码头泊位有49个,码头前沿水深为6.5~11.5 m。共分5个装卸区:第一装卸区为件货作业区,第二装卸区为木材作业区,第三装卸区为集装箱作业区,第四装卸区为煤炭、粮食、糖作业区,第五装卸区为原油作业区。码头上有现代化的装卸设备,包括各种岸吊、集装箱吊、浮吊、吸扬机、传送带及铲车等,其中浮吊最大起重能力达300 t。大船锚地水深约20~25 m。本港自由贸易区包括出口加工区和保税区,经市政府批准在1993年底已开始运行,该自由贸易区的目的旨在吸引西方投资者前往投资,除货物进口免税外,运出自由贸易区进入俄罗斯关境之前也不用交税。港口主要进口货物为工业产品,出口货物有木材、谷物、牛油、原油及蛋品等。

为了适应外贸运输发展的需要,港务当局已与瑞士一家公司合作,正在建设一个年吞吐能力为10万~15万TEU的集装箱码头。另外,俄罗斯百万富翁、现任格兰特公司总裁,投资20亿美元,在本港西南130 km处兴建年吞吐能力达1 700万t的巴斯金港,这也是俄罗斯第一个由私人兴建的港口。巴斯金港将能与荷兰的阿姆斯特丹港比美,拥有国际先进新技术。该港将以装卸石油、谷物和杂货为主。

摩尔曼斯克(MURMANSK)　位于巴伦支海科拉湾东岸(68°54′N、033°20′E),由于受西风和暖流影响,终年不冻。俄罗斯北冰洋沿岸最大商港兼渔港。码头泊位有20多个,最大水深12 m,有现代化的装卸设备。年吞吐量近900万t,主要出口磷矿石、亚麻、矿砂及杂货等,进口有煤炭等。

新罗西斯克(NOVOROSSIYSK)　位于黑海东北岸(44°40′N、038°E),黑海沿岸最大港口,年吞吐量4 760万t,是俄罗斯最大原油输出港。始建于1838年,自本世纪60年代以来,政府为了发展对外贸易,使该港得到了迅速发展,成为南方深水不冻港。本港还是俄罗斯最大水泥生产中心,其他工业还有车辆制造、船舶修理及农业配件等。

该港属温带大陆性气候，在秋、冬季节常有风暴出现，当地名为“布拉”(BORA)，即干冷的东北大风。在海水温度偏低时有轻雾。全年平均降水量约700 mm。

本港东、西两侧有高山屏蔽，共分内、外两个港区，主要码头泊位有35个。内港区为水泥及木材等干货船码头，水深为11.5 m；外港区为突堤油码头，吃水达19 m，最大可泊25万载重吨的大型油船。港区有现代化的散、杂货装卸设备，其中集装箱门吊最大起重能力为40 t，浮吊的最大起重能力达100 t，还有直径为203.2~406.4 mm的输油管道供装卸石油使用。大船锚地最大水深达27 m。主要出口货物除石油外，还有水泥、粮食、木材及冷冻食品等，进口货物以机械及杂货为主。

俄罗斯政府为了适应外贸运输发展的需要，加速港口的建设，拟扩大现有港口的规模，将该港变为黑海的主要港口，并在附近建立新港。目前已成为输出能力为1 500万t的深水港。

图阿普谢(TUAPSE)　位于黑海东北岸(44°05′N、039°04′E)，是俄罗斯南部的石油输出港，有6个油船泊位，水深12 m，大船锚地水深23 m。可全年通航。

符拉迪沃斯托克(VLADIVOSTOK)　即海参崴，位于阿穆尔湾与乌苏里湾之间(43°N、132°40′E)，濒日本海，是西伯利亚大铁路东部的起点，欧亚大陆桥的转运港之一。工业以舰船修造业为主，现为远东地区最大的经济中心。年吞吐量410万t，主要为散货和杂货。冬季港口封冻，要靠破冰船协助航行。

纳霍德卡/东方港(NAKHODKA/VOSTOCHNY PORT)　位于日本海西北海岸的符兰格尔海湾内，(42°50′N、132°50′E)，东方港位于纳霍德卡东侧18 km处，为俄罗斯远东地区最大港口，年吞吐量1 250万t，主要是煤炭、集装箱和木材。港区内风力不大，冬季不结冰。纳霍德卡在海参崴的东南方约80 km处，欧亚大陆桥的转运港之一。年吞吐量为520万t，主要为杂货和木材。每年有4个月左右的封冻期。

对外贸易　独立后，俄罗斯的外贸体制还处在变化之中。由于近年来俄工农业生产呈下降趋势，对外贸易额也在下降或缓慢增长(表3-7)。

表3-7　俄罗斯进出口贸易额(亿美元)

	1992年	1993年	1994年
进出口总额	731	762	762
出口额	381	459	480
进口额	350	303	282
顺差	31	156	198

注：不包括与独联体其他国家的贸易额。

资料来源：欧洲国家概况 1995—1996 世界知识出版社

根据上表的统计情况，1994年俄罗斯的出口额世界排名第20位。由于俄罗斯同独联体其他国家之间经济联系十分密切，若包括俄同独联体其他国家之间的贸易额，俄罗斯1994年对外贸易总额为1 010.37亿美元，其中进口383.97亿美元，出口626.40亿美元，贸易顺差242.43亿美元。在俄罗斯的出口商品中，原料、燃料占主要地位，而机械设备等工业制成品所占的比重不大。在1994年的出口商品中，燃料动力产品约为280亿美元，占出口总额的44.7%；黑色、有色金属及其制品约127亿美元，占20.2%；化学工业产品约48亿美元，占

7.6%；机械设备约33亿美元，占5.3%；木材和纸浆等约27亿美元，占4.3%。在俄的进口商品中，机械设备、食品和日用消费品占较大比重。在1994年的进口商品中，机械设备约82亿美元，占进口总额的34%；食品约为68亿美元，占28%；化工产品约26亿美元，占10.7%；纺织、鞋类等约为15亿美元，占6.8%；黑色、有色金属及其制品约8.5亿美元，占3.5%。

就地区而言，西欧国家在俄罗斯的对外贸易中占有突出的地位，约占俄罗斯进出口总额的40%。西欧国家与俄罗斯开展贸易较早，经济上互补性比较强，能提供俄罗斯迫切需要的食品、轻工产品和机械设备，同时有较强的购买力，是俄罗斯燃料和动力产品的主要客户。由于传统的经济联系，独联体国家仍然是俄重要的贸易伙伴，约占俄罗斯出口的22.2%和进口的27%。

就国家而言，俄罗斯的主要贸易伙伴为乌克兰、德国、美国、白俄罗斯、英国和哈萨克斯坦。1994年上述6国共占俄罗斯出口的40%和进口的45%。其中乌克兰是俄罗斯最大的贸易伙伴，俄出口的10.5%和进口的11.6%是同乌克兰进行的，乌克兰是前苏联中位居第2位的经济强国。此外，白俄罗斯和哈萨克斯坦也在俄对外贸易中占据重要地位。德国是西方国家中与俄罗斯经贸联系最密切的国家，也是俄罗斯的第二大贸易伙伴，占俄罗斯出口的8.5%和进口的14.6%；同时，德国还是外国在俄罗斯投资最多的国家。

中国也是俄罗斯较大的贸易伙伴，占俄罗斯出口贸易的4.5%和进口贸易的2.5%。中俄两国地域上相互邻近，有几千公里的共同边界，贸易商品结构上有明显的互补性。中国向俄罗斯出口的商品主要有布料、运动衣、日用品等轻工产品和食品，以及部分技术设备、运输设备、手动工具、电脑等；从俄罗斯进口的商品主要有发电机、飞机、铁路设备、金属原料、木材、石油产品、化肥等。中俄双边经济合作与贸易有着广阔的前景。

东欧其他港口

敖德萨(ODESSA)　位于乌克兰南部沿海敖德萨湾南岸(46°29′N、030°45′E)，是乌克兰黑海西北沿海最大港口，也是乌克兰的重要油港。现为乌克兰南部工业、科学、文化和旅游中心。主要工业有农机、精密机床、起重机、化工及食品加工等。也是乌克兰最美丽的城市之一，驰名世界的旅游和疗养胜地。城市建筑新颖而雄伟，风格各异。

该港属温带大陆性气候，盛行西北风，冬季多雾，尤其是12月。年平均气温约8℃。每年12月的下半月至次年2月为冰冻期，需破冰船协助通航。全年平均降水量约500 mm。水位升降一般可达0.6~1 m。

港区主要为突堤码头所组成，东部和北部有防波堤遮护。全港分7个港池，共有38个泊位，最大水深达12 m。除主要油码头外，还有散、杂货及集装箱等专用码头。装卸设备有各种岸吊、门吊、浮吊、卷扬机及其它装卸设备和运输工具等。其中门吊最大起重能力为45 t，浮吊最大起重能力达100 t。油码头可靠5万载重吨的油船。大船锚地最大水深达14 m。该港已和世界60多个国家的200多港口有贸易往来。主要进口货物为原油、煤、棉花及机械等，出口货物主要有粮谷、糖、木材、羊毛及杂货等。年货物吞吐能力约3 000万t。

1993年初，乌克兰黑海航运公司与以色列的“马诺”海轮公司联合开通”敖德萨—海法(以色列)—敖德萨”定期海上客运航线，全程来回一个星期。该航线的开通使敖德萨至海法不仅不必借助于第三国的港湾，而且还大大缩短乌克兰、以色列两国间的航程。

第四节 中　欧

中欧指波罗的海以南,阿尔卑斯山脉以北的欧洲中部地区。包括波兰、捷克、匈牙利、德国、奥地利、瑞士、列支敦士登等7个国家,总面积101万km^2,人口约1.55亿。这些国家除德国和波兰是沿海国家外,均为内陆国家。

中欧的北、南两面同日德兰和亚平宁两半岛接壤,西南与西欧地体毗连,东面又同东欧为邻,这就使它成为联结地中海、北海、波罗的海,以及南北欧和东西欧之间的通衢和十字路口。自古以来,这里的平原、低地和山间隘口与河谷盆地是欧洲各国间商业贸易的主要通道,并具有十分重要的战略意义。

自然条件具有过渡性。南部为高大的阿尔卑斯山脉及其喀尔巴阡山脉所盘踞,阿尔卑斯山脉西起利古里亚海滨,东至维也纳盆地,绵延1 200 km,是欧洲最高大雄伟的山脉。北部是平原,多冰川地貌和湖泊,中部是过渡地带,地形错综复杂。

气候从西部的温带海洋性过渡到东部的温带大陆性。一月平均气温0℃~7 ℃,七月平均气温17℃~19℃,冬无严寒,夏无酷暑,降水量年均600~800 mm,有利于农业发展。

主要河流有莱茵河、多瑙河、易北河、奥得河、斯维瓦河等,海岸线短,除德国外,其他国家海运不发达。

矿产资源种类少,储量小。主要矿产资源是煤炭,波兰最多,探明储量1 500亿 t,居世界第6位。还有硫磺、钾盐、铁、铜、铅锌等矿物资源;森林资源丰富,各国林地面积均占国土面积的1/4以上。

中欧各国近代工业起步较晚,但发展较快,尤其是战后增长迅速。在欧洲乃至世界的地位日益重要。许多国家建立了电力、钢铁、煤、化学等基础工业,并发展了机械制造业,使中欧成为世界工业最发达地区之一。机械制造业是工业的核心部门,以运输机械和造船业为主,采煤业为传统的工业部门,轻纺工业以质优闻名于世。

农业在中欧各国中居次要地位,以畜牧业为主,尤以乳用和肉用畜牧业最发达,多数国家畜产品能自给或少量出口;种植业是薄弱环节,粮食需大量进口,经济作物以甜菜生产最为重要,是世界甜菜糖的主要产区和出口地区之一。

中欧多数国家属于加工贸易型经济,其国民收入的1/3是通过进出口贸易来实现的,因而对外贸易在各国中占特殊重要地位。大多以进口原油、天然气、矿物原料、粮食及农业原料为主;出口主要是多种机械产品、电子元件、电器、仪表、钟表、精密仪器等工业品。此外,旅游经济发展迅速,现已成为一些国家赚取外汇的主要来源之一。

交通运输业以铁路为主,但内河和海运也很重要。中欧是欧洲国际间水运和铁路运输的必经之地。

德　国

德国(全称德意志联邦共和国)位于中欧西部,北临北海和波罗的海,陆上同荷兰、比利时、卢森堡、法国、瑞士、奥地利、捷克、波兰、丹麦等9国接壤,面积35.65万km^2,人口8 141万(1994年),是欧洲除俄罗斯之外人口最多的国家。人口密度高达229人/km^2,绝大多数为德意志人,少数为丹麦人和吉普赛人,40%左右的人口信奉基督教,35%左右的人口信奉天主教。

城市人口所占比重高达 80%以上。但百万人口以上的大城市较少。

德国本是一个统一的国家，是两次世界大战的发动者，第二次世界大战后，被美、英、法、苏四国占领。1949 年 9 月，美、英、法合并占领的西部建立德意志联邦共和国，简称西德。同年 10 月，苏占区东部成立德意志民主共和国，简称东德。1990 年 10 月，民主德国正式加入联邦德国，德国实现统一。

自然条件与资源　德国地形南高北低，南部横卧着高大的阿尔卑斯山脉，北部是波德平原的一部分北德平原，中部是丘陵与不高的山地，以平原面积最大，占领土总面积的 2/5 以上。

境内河流众多，主要有莱茵河、威悉河、多瑙河和易北河。莱茵河是西欧最大河流，全长 1 320 km，在德国境内航道有 860 km，流经北德平原的工业发达地区，其水量稳定，利于航行，又多支流，流域面积广阔，是德国最具经济价值的河流，也是中欧一些内陆国家对外贸易的水上通道。多瑙河不仅是德国南部的重要水道，还是德国联系中欧、东南欧各国的重要国际航道。德国境内主要河流之间均以运河沟通，中部大运河将莱茵河、威悉河、易北河连接起来，在德国北部形成东西向运输大动脉。莱茵河——多瑙河运河成为南部东西向的水运通道，构成了通向全国重要地区并联系主要邻国的内河水运网，对德国经济的发展具有重要的意义。

德国西北部属温带海洋性气候，湿度大、日照少、温差小，不利于种植业的发展，有利于发展畜牧业。东南部逐渐过渡到温带大陆性气候。南部山地，水量丰沛适于种植业发展，位于黑森林山区以西的莱茵谷地，气候湿润，地势低平，土壤肥沃，是德国农业发达和人口密集区。

矿产资源以煤炭、钾盐和磷矿为主。硬煤的探明储量 230 万亿 t，仅次于俄罗斯、中国、美国，居世界第 4 位，主要分布在鲁尔和萨尔区及北部煤田区。鲁尔以南，莱茵河以西地区广泛分布着褐煤。钾盐主要分布在哈次山的两侧以及易北河与威悉河之间，汉诺威附近的钾盐最丰富。磷矿集中分布在北德平原南部。天然气需求量的 1/4 可在国内满足。东南部有少量铀矿。其他矿产资源贫乏，尤其是石油和铁矿石大都依靠进口。森林面积广大，覆盖面积占全国面积的 29%。

经济发展概况　第二次世界大战前，德国是仅次于美国的资本主义世界第 2 位经济大国。虽然第二次世界大战中经济受到严重破坏，但战后原西德经济发展速度较快，1950 年工业生产就恢复到 1936 年的水平，农业超过战前水平；1950 年至 1980 年的 30 年间，国内生产总值年平均增长率超过 5%，仅次于日本居世界第 2 位；80 年代以后，增长速度放慢，年均增长率为 2.5%。1982 年成为仅次于美国、前苏联、日本的世界第 4 经济大国。1995 年国民生产总值达 24 158 亿美元，人均国民生产总值 27 510 美元，居第 3 位，其经济快速发展的原因是：第一，战后继承了原德国资源丰富和经济发达的西部地区。这里位置优越，有丰富的煤炭资源，原有工业基础好，技术力量强，有大量熟练的劳动力，农业基础较好。第二，获得了美国的援助。在美国的扶植下，大量的各种形式的“援助和贷款”成为前西德资金的来源之一。第三，制定了长期的发展方针，投资重点突出，而且随不同时期有计划转移。50 年代重点放在农业、电力、钢铁工业；60 年代转移到石油化工、电子电器和飞机、汽车等新兴工业部门；70 年代又转移到节约能源和有利于提高国际竞争能力以及消费品的生产上。第四，重视教育与科学的发展，在国家财政支出中，教育经费处于优先地位，其增长大大超过国民生产总值的增长；重视科学技术的研究和新技术的引进，劳动生产率不断提高。第五，重视固定资本的投资。在主要资本主义国家中，前西德的固定资本投资额仅次于日本，居世界第 2 位，使得设备不断更新，保持世界先进水平。第六，大力发展对外贸易。利用战后国际市场充足、稳定、廉价的原料、燃料供应，发展加工工业,大量出口高附加值的工业产品,既刺激了本国生产的发展,又获得了巨额的外贸收入,从而为经济的大发展提供了资金。

相对而言,战后东德的基础条件不如西德,这给东德经济的恢复与发展带来很大困难。战后初期,东德实行生产资料国有化,建立了社会主义国有企业,同时进行了土地改革,1950 年,工农业生产达到战前 1936 年的水平。1960 年实现了农业合作化,1981 年全国实现了工业企业联合化。1988 年,东德国民生产总值达 11 300 亿美元,人均国民生产总值 6 807 美元,成为世界上经济发展水平较高的国家。

1990 年 10 月,东、西两德统一后,由于东部的经济陷入全面转轨的危机,生产下降、企业倒闭、失业严重、物价上涨,德国政府为此投入大量精力、财力,使西部经济增长速度放慢,通货膨胀率大大提高,1992 年经济增长率为 2.2%(低于美国)。德国经济由于给东部地区的大量"输血"和向独联体以及东欧国家援助,加之国际市场行情恶化对德国的出口生产产生强烈的抑制,使德国丧失了长期以来一直很高的贸易顺差,从而导致出口居很重要地位的德国经济陷于停滞。1993 年,德国经济增长率为负 1.2%。虽然目前东部地区经济发展水平远落后于西部地区,其国民生产总值和出口值只占全德的 7.7%和 2%,但从长远来看,东西德的统一会给德国经济发展注入新的活力,向东部地区的投资,高素质低价格劳动力的出现以及内需市场的扩大都会带动经济的增长,经过一段适应和调整,德国经济实力将更强大。1994 年和 1995 年德国经济增长率分别为 2.9%和 1.9%。

总之,德国是一个经济高度发达的国家,经济实力居欧洲的首位,仅次于美国和日本居世界第 3 位,在贸易上是仅次于美国的世界第二大贸易国。人均国内生产总值 29 570 美元,居世界前列。德国是欧盟、北约和欧安会的重要成员,它的存在与发展必将对世界经济的发展产生极大的影响。

主要产业部门及其分布

工业　德国工业在国民经济中占绝对优势,工业产值占国内生产总值 35%以上,工业就业人数占总就业人数 38%左右,西部地区工业高度发达。工业结构及特点是(1)侧重重工业。机械、钢铁、化工、电子电气和汽车等部门是工业的支柱,占全部工业产值的 40%以上,其他如石油加工、核能利用、航空和航天等部门也很发达。(2)布局均衡。各地区根据资源和地理条件,因地制宜发展工业。(3)外向型。主要产品一半或一半以上销往国外。(4)垄断程度高。只占工业企业总数 2.5%、1 000 人以上的大企业占工业就业人数 40%和营业额的一半以上。(5)中小企业多。大约 2/3 的工业企业雇员不到 100 名,众多的中小企业专业化较强,平均技术水平较高。(6)重心正在南移。传统工业集中于北部,第二次世界大战后,南部地区优先发展工业,南德成了全国最大新兴工业密集区。目前以慕尼黑—斯图加特 —法兰克福为顶点的三角经济区已成为德国经济重心地区,巴登—符腾堡州、拜恩州和黑森州的社会总产值已占全国的 45%,而原来经济发达的北威州等 4 个州社会总产值的比重连年下降。

能源工业　德国是能源消耗大国,除煤炭资源丰富,基本自给外,石油和天然气资源贫乏。煤炭工业是其经济发展最早的支柱,50 年代中期以前,在德国能源消费构成中,煤炭占 85%以上。60 年代后,在进口廉价石油的竞争下,能源消费构成发生重大变化,从以煤炭为主转为以石油和天然气为主,进入 90 年代,煤炭占能源消费构成的 30%左右,德国能源从自给有余变成依赖进口。

1994 年,德国煤炭产量 2.65 亿 t,居世界第 5 位。鲁尔区以优质炼焦煤为主,萨尔区以动力用煤为主,褐煤主要产自东部的莱比锡、哈勒和科特布斯以及西部的莱茵地区。德国是世界最大的褐煤生产国,年产量约占世界褐煤总产量的30%。

石油资源较少,主要分布在北德低地。炼油工业主要依靠进口原油。第二次世界大战后炼油工业发展迅速,目前年精炼原油1亿t左右。炼油工业分布较普遍,鲁尔区是炼油工业的集中地区,有输油管道从鹿特丹港与威廉港输入原油;中莱茵地区的卡尔斯鲁厄—曼海姆—法兰克福一带的炼油业,则依靠法国地中海沿岸的福斯港北上的输油管道输送原油;南部以多瑙河畔因戈耳施塔特为中心的炼油区,有两条输油管道从意大利沿海翻越阿尔卑斯山脉输送原油;而北部沿海的汉堡、威廉港、埃姆登等,利用海运进口石油的便利,炼油工业也很发达。

天然气储量约5 000亿m^3,主要分布在西北部埃姆斯河至威悉河口附近地区,以及德国的北海大陆架地区,自给率仅为30%,其余需进口。

电力工业是燃料动力工业中的重要部门,以燃煤火电为主,约占发电量的65.7%,发电站主要集中在莱茵煤田与鲁尔煤田区;核电发展迅速,技术先进,正在运行的核电站有20座,占总发电量的30%;水电主要分布在南部的阿尔卑斯山地区,约占发电量的4.27%。

钢铁工业 德国钢铁工业发展历史悠久,技术先进。1995年钢铁产量4 180万t,位居西欧第1位,世界第5位;出口量1 762万t,占产量的41.5%,且以出口钢管和钢板为主。钢铁工业多分布在内地,且布局集中,多靠近煤炭产地。60年代以后,世界主要钢铁生产国的钢铁工业多向沿海发展,而德国由于境内有方便的莱茵河航运,并可利用莱茵河口的鹿特丹港转运矿石,因此,除不来梅港建有沿海钢铁厂外,主要钢铁工业基地大都分布在内地。鲁尔区是钢铁工业的最大基地,产量约占全国的80%,全国生产能力超过4 000万t的8个钢铁企业中,有6个分布在鲁尔区。因为这里煤炭资源丰富,且半数以上是炼焦煤,加之地理位置优越,交通方便。第二大钢铁基地邻近萨尔煤田,还可就近进口法国、卢森堡的铁矿石。此外在北德平原东部的铁矿附近,有扎耳吉茨特钢铁基地。

化学工业 德国是现代化学工业的发源地。战前的德国就利用丰富的煤炭资源,在世界最先发展起煤化学工业。60年代后,以石油、天然气为原料的石化工业迅速发展,塑料、合成纤维、合成橡胶等有机化工部门与染料的生产都居世界前列,化工产品的出口居世界首位,目前,化工产品的出口在德国出口总额中仅次于机械或汽车居第2、3位。鲁尔区是德国和西欧重要的化工基地,此外,法兰克福、路德维希港、曼海姆、不来梅港等都是重要的化工中心。位于德国东部的莱纳化学联合企业是利用当地的钾盐和褐煤发展起来的,现已成为世界大的化工企业之一。世界最大的5大化工企业中,德国就占了3家,即目前控制德国化学工业的赫希斯特、巴斯夫和拜耳。

机械工业 机械工业是德国最大的工业部门,其产值和就业人数均占整个工业部门的1/3左右,机械产品出口值约占全国出口总值的一半。目前,机械设备的出口雄居世界首位,其产品以技术先进,质量可靠,在国际市场上具有强大竞争力。主要产品是机床、印刷机械、冶金设备、纺织机械以及木材与塑料加工设备等。80年代后,电子技术的发展给德国传统的机械工业注入了新的活力,目前,德国生产的55%的机械设备都由微电子技术控制操作,并以大量柔性生产线代替了传统的大型机械设备,适应了信息社会少批量、多品种、勤转产的工业生产特点。鲁尔区是全国最大的重型机械工业基地,主要中心有埃森、多特蒙德、杜塞尔多夫等;马格德堡与柏林是重要的机床生产中心;莱比锡和卡尔—马克思城为印刷机和纺织机械生产中心;耶那为光学精密仪器制造中心。德国生产的数控机床、打字机、测量仪器、医学设备,多波段航空航天照像机、高精度显微镜等享誉世界,出口均占世界重要地位。

汽车工业　德国是世界汽车的发祥地之一。汽车工业在德国工业中占有重要地位,已成为德国仅次于机械的第二大出口产品。1994 年生产汽车 451 万辆,仅次于日本和美国,居世界第 3 位,出口 241 万辆,占总产量的 53%,且以品种多、性能好,在国际市场上具有强大竞争力。"戴姆勒—奔驰"、"大众"和"宝马"是汽车工业的三巨头,以"戴姆勒—奔驰"营业额最高,"大众"产量最多。汽车工业分布集中,大众汽车公司总部所在地沃尔夫斯堡是最大的汽车生产中心,"戴姆勒—奔驰"汽车公司总部所在地斯图加特也是重要的汽车生产基地。此外,斯图加特以南的巴登—符腾堡、科隆、慕尼黑等都有汽车工业。

电气电子工业　是德国战后发展最快的部门,第二次世界大战后不仅投资增长迅速,还大量引进外国资本和先进技术,生产规模不断扩大,设备不断更新,电子产品在国际市场上具有相当高的竞争力,除生产发动机、发电机、变压器、蓄电池、家用电器外,还重点生产数据处理机、电子计算机、各种新型电子元件与电信器材,电脑生产居欧洲首位。电子电气工业的分布几乎遍及全国各个工业城市,其中南部拜恩州与巴登—符腾堡州最为重要,慕尼黑、斯图加特、纽伦堡、柏林、莱比锡与德雷斯顿是最大的中心,慕尼黑已成为欧洲最大的微电子中心,被称为德国的"硅谷",世界最大的电器、电子公司之一,德国的"电子大王"西门子公司总部就设在这里。

农业　农业在德国国民经济中比重不大,1993 年农林渔业产值占国内生产总值的 1.2%,农业就业人数占总就业人数的 3%,但农业机械化程度高,劳动生产率和经济效益均很高,农产品可满足本国需求的 80%,农业内部结构以畜牧业为主,农林牧结合,综合发展为特点,畜牧业产值占农业产值的 2/3。农产品还有大量出口,同时德国还是世界上最大的农产品进口国。1995 年,德国农产品出口 368 亿美元,占世界的 6.1%,居世界第 4 位;进口占世界农产品进口额的 9.9%,居世界第 1 位。畜牧业以养牛、猪为主,畜产品中以肉类产值最高,约占农业总产值的 40%。种植业以粮食作物为主,兼营水果、经济作物、花卉和牧草。森林长期保持优质高产,采伐量低于生长量,集约经营,林产品加工业发达。

对外贸易　对外贸易是德国经济发展的重要支柱,德国是世界第二贸易大国,也是西方主要工业国中对外依赖程度较高的国家。1986 年以后,连续 3 年出口额居世界第 1 位。德国还是世界上主要的贸易顺差国之一,1988 年顺差额高达 720 亿美元,1990 年两德实行货币联盟后,内需增加,导致进口大幅增加,加之经济衰退,东欧市场不景气,使外贸盈余连年减少。1992 年开始,随着世界贸易形势的好转,顺差开始回升(表 3-8)。

德国的出口产品主要是汽车、机械、化工和电器产品,在世界市场上,其金属加工机械出口占 40%,运输设备占 24.3%,建筑机械占 20%以上,这些都超过美国和日本而居世界首位,是世界出口技术密集型产品专业化程度最高的国家之一。由于德国是个贫矿的国家,96%的石油、75%的天然气、99%的铜、87%的铅及铁矿石、锰、钛、锡、铬、镍、钨、铝矾土等有色金属与稀有金属全部依赖国外,此外各类消费品和食品也是其进口的主要商品。贸易对象主要是西方工业国,分别占德国进出口贸易额的 80%和 85%以上,主要贸易伙伴为法国、意大利、荷兰、美国、欧盟的其他成员国及日本。

表 3-8 1985—1994 年德国对外贸易情况(亿美元)

年　份	进出口总额	出口额	进口额	差　额
1985	3 424	1 839	1 585	+254
1986	4 344	2 433	1 911	+522
1987	5 220	2 940	2 280	+660
1988	5 740	3 230	2 510	+720
1989	6 110	3 410	2 700	+710
1990	7 770	4 210	3 560	+650
1991	7 930	4 030	3 900	+130
1992	8 260	4 240	4 020	+220
1993	7 250	3 780	3 470	+310
1994	8 091	4 272	3 819	+453

资料来源:陈秀英 主编　世界经济统计简编　中国物价出版社　1997

交通运输　德国的交通运输业十分发达,现代化水平高、运量大、速度快、各种运输方式互相连接,构成了稠密的运输网。其中公路运输比重最大,公路密度为世界之冠。1992 年货运总量达 45.2 亿 t,周转量为 3 633 亿 t km,其中公路占 80.7%、铁路占 8.4%、内河占 5.1%、管道 1.8%、海运 3.9%、航空 0.03%。

公路运输　1993 年全国公路总长 64 万 km,其中高速公路 1.1 万 km,高速公路长度居世界第 2 位,高速公路密度居世界首位。已形成高速公路为主干的完整的公路网,并向运输大型化、专用化、高速化以及集装箱运输和拖挂运输发展。

铁路运输　1992 年铁路总长 44 467 km,其中电气化铁路 16 729 km,占 38%,是欧洲电气化铁路最多的国家。虽然由于公路运输的发展,铁路运输的地位比战前大大降低,但德国却是欧洲国际铁路的重要组成部分。重要的铁路干线有卢卑克、汉堡经汉诺威、法兰克福,向南直达瑞士的巴塞尔,再穿越阿尔卑斯山到达意大利的热那亚,或向西南经法国东部的贝耳福,再缘索恩—罗纳河谷直抵马塞港。这条铁路既是纵贯德国西部的南北要道,也是联系北欧和南欧的主要国际快车线。另一条以汉诺威为中心,向东至柏林,到达东欧各国;向西则横贯鲁尔区,经科隆通向比利时的布鲁塞尔和北法工业区及巴黎。这是横贯德国中部并联通整个东西欧的国际快车线。还有一条是西起荷兰的鹿特丹,进入德国的鲁尔区,经科隆、法兰克福、纽伦堡、慕尼黑,再到奥地利的萨尔斯堡,经由维也纳、贝尔格莱德、伊斯坦布尔,直到中东各国。这条国际铁路是斜贯德国西部并连通西欧和中东的重要干线。柏林、科隆、慕尼黑是整个欧洲重要的铁路枢纽。

航空运输　德国航空运输业发达,各主要城市都有空运联系,法兰克福、汉堡、柏林、波恩、科隆与纽伦堡等都是重要的国际航空站。

管道运输　是德国原油的重要运输方式,1992 年输送了 8 000 多万 t 原油。

海运、内河及重要港口　德国是世界上内河运输最发达的国家之一,境内河道纵横、海河相通,南北流向的天然水道与东西流向的运河构成了稠密的水运网。内河航道总长

7 348 km,其中天然河道约占 70%,人工运河约占 30%。莱茵河是欧洲最繁忙的一条河流,约承担德国国内河运量的 70%,被称为德国和欧洲的"黄金水道"。

德国东北面的基尔湾、卢卑克湾通向波罗的海,西北临北海,海岸线虽不长(1 333 km),但海运业发达。

基尔运河在北部横穿日德兰半岛,全长 98.7 km,是世界三大国际运河之一。它西起易北河口的布伦斯比特尔科格港,东至基尔湾的基尔港,提供了一条从北海南部到波罗的海的捷径,将北海到波罗的海的航程缩短了 760 km,对德国而言,不必经过外国控制的海峡,即可由波罗的海通往大西洋,在航运和军事上都具有重要意义,德国依靠基尔运河对国外过往船只征收的费用增加了德国的外汇收入。(见图 3-4)

沿海有许多重要港口,多位于河流下游河口处,如汉堡、不来梅、威廉港、埃姆登港等都是河口港,内河为港口提供了便利的集疏运条件。

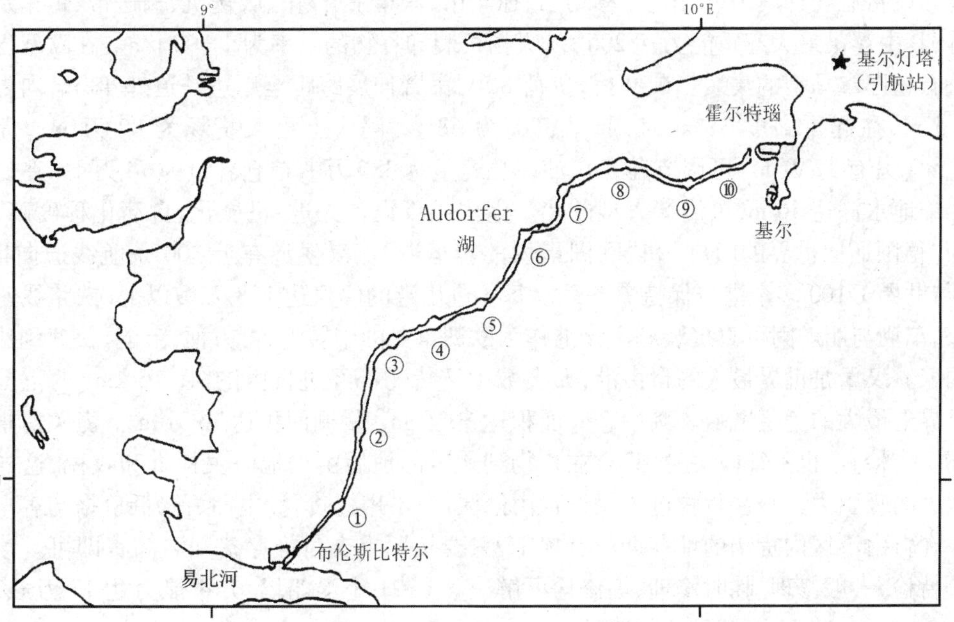

图 3-4　基尔运河示意图

(1)9 km 附近 Kudensee Siding;
(2)21 km 附近 Duckerswisch Siding;
(3)35 km 附近 Fischerhutte Siding;
(4)40 km 附近 Oldenbuttel Siding;
(5)49 km 附近 Breiholz Siding;
(6)57 km 附近 Schulp Siding;
(7)69 km 附近 Audorf Rade Siding;
(8)80 km 附近 Konigsforde Siding;
(9)85 km 附近 Grossnordsee Siding;
(10)92 km 附近 Schwartenbek Siding。

汉堡(HAMBURG)港　位于易北河下游两岸(53°33′N、009°59′E),北距河口约 100 km,临北海,海船可直达。是德国最大商港,也是欧洲第 2 大集装箱港。始建于 1189 年,迄今有 800 多年的历史,已发展成为世界上最大的自由港,在自由港的中心有世界上最大的仓储城,面积达 50 万 m^2。同时,它有别于其他海港,那就是它位于欧洲市场的中心,从而使它成为欧洲最重要的中转海港。它是德国重要的铁路和航空枢纽,市区跨越易北河两岸,市内河道纵横,多桥梁,在易北河底有横越隧道相通。工商业发达,是德国的造船工业中心,主要工业除造船外还有电子、石油提炼、冶金、机械、化工、橡胶及食品等。港口距机场约 15 km。

该港属温带海洋性气候,全年多偏西风,温和湿润,冬雨较多,年平均气温 8℃,全年平均降水量约 800 mm。平均潮差为 2.8 m。

汉堡总面积为 91 km^2,其中陆地为 44 km^2,水域为 31 km^2,另外 16 km^2 为自由港区。本港主要码头泊位有 75 个,岸线长 17 km,最大水深 14.5 m。

装卸设备有各种岸吊、桥吊、可移动吊、抓斗吊、汽车吊、浮吊、吸场机、输送带、铲车及滚装设施等,其中浮吊最大起重能力达 200 t。吸扬机装卸谷物的效率为 1 300 t/h。在欧罗巴集装箱码头有超巴拿马型的集装箱装卸桥,负荷 80 t,吊臂伸展跨距至岸边铁道外 48 m,向内可伸展 23.5 m,在起重高度 31 m 时,起吊负荷为 68 t。码头上露天货场为 82 万 m^2,货棚为 105 万 m^2(另有 12 万 m^2 可调节温度),油库总容量达 380 万 t,粮仓容量为 74 万 t。在易北河的大船锚地水深达 36 m,可泊特大型的船。港内不仅设备先进,机械化、自动化程度高,而且被称为"德国通向世界的门户"和"欧洲最快的转运港"。汉堡港有近 300 条航线通向世界 5 大洲,与世界 1 100 多个港口保持着联系。每年进出港的船只达 1.8 万艘以上,铁路线遍及所有码头,车辆与船舶间可直接装卸。该港作为欧洲重要的中转港,可方便、节能、快速到达内陆各个国家。汉堡是世界最大的自由港,大多数中转货物都经过自由港,在 16 km^2 的范围内提供了世界上最大的免税区域。其中仓库面积达 60 万 m^2,货棚面积达 76 万 m^2。海关对报关的货物均不作检查,也不征收关税,只有在货物到达目的地后由当地海关检查和收税,这样对货主有很大的吸引力。一些货物进入汉堡自由港区后,不用提货,货主即可降低价格与客户洽谈生意。在自由港区内货物的堆存期没有规定,只要按要求支付堆存费和装卸费即可。该港对船舶的特检、一般修理、临时修理、坞修均可解决。有 21 个浮船坞,升举能力达 13 万载重吨,干船坞最大可容纳 32 万载重吨的船舶。

目前汉堡港已建立了欧洲第一流的港口情报系统——DAKOSY(数据通信系统)。该系统不仅能在港内进行数据交换,而且可用于各种运输手段之间的协作,是货主选择最佳运输方案的手段。为了适应集装箱运输的发展,汉堡市将在阿尔滕韦尔代尔开发 250 万 m^2 的新集装箱装卸区的计划,总共有 4 个集装箱码头,年吞吐量可达 6 000 万 t,1997 年集装箱吞吐量达 3 307 万 TEU。到 21 世纪,汉堡港将成为欧洲大经济圈的中心,预计该港区 2000 年的货物吞吐量将达到 1.2 亿 t,集装箱吞吐量可达 400 万 TEU。

主要进口货物为煤、木材、矿石、原油、棉花、粮谷、水果、羊毛、烟叶、菜油、冰肉、蛋类、橡胶、咖啡、可可及杂货等,出口货物主要有焦炭、水泥、钢铁、机器及零件、车辆、电气用品、石油、人造肥料、糖、盐、玻璃器皿、纸张及化工品等。

不来梅/不来梅港(BREMEN/BREMER HAVEN)　位于德国北部威悉河下游及河口(53°N、08°E)。两港区相距 60 km。不来梅市港区分布在不来梅市区河道两岸,随着船舶大型化及货物吞吐量的增多,不来梅市内航道与港区已不能适应,于是在威悉河口区建了深水外港,即不来梅港。两港归属一个港务局,是内港与外港的关系,为德国第二大港,年吞吐量3 000 万 t,1997 年集装箱吞吐量 170.3 tTEU,列世界第 19 位。随着通往不来梅的航道加深到 14.5 m,港口勿须候潮,可接纳第 4 代集装箱船。港内设有自由贸易区。

该港属温带海洋性气候,盛行西南风,冬不冷夏不热,气温变化较小。年平均气温约 13℃。全年平均降水量约 800 mm。平均潮差约 3.6 m。

不来梅码头泊位有 55 个,岸线长 12 km,最大水深 11.5 m。

装卸设备有各种岸吊、龙门吊、浮吊、装煤机、液货桥吊、特种装舱机、吸扬机及滚装设施等,其中浮吊的最大起重能力达 200 t。码头上有集装箱堆场约 12 万 m^2,油库容量约 14.8 t,粮库容量约 15 万 t,糖浆库容约 2.6 万 t。承接船舶修理的干坞最大可容纳 24 万载重吨的大型船舶。不来梅仓储公司(BLG)负责装卸船舶和驳船的货物,并最先建立包括全部作业在内的数据处理技术系统。该系统有下列几个方面:(1) COMASS;不来梅和不来梅港的港口情报、文件处理系统;(2) DAVIS:输出厂家的物流系统;(3) CCL:集装箱国际管理用的物流系统;(4) CAR:出口汽车运输船装运用的系统;(5) STORE:进口货物港内分配处理用的系统。这 5 个系统总称"LOTSE"(物流通信服务)。这个系统的应用能降低成本,提高作业的效率和水平。装卸效率:每昼夜装煤 9 000 t、装焦炭 6 000 t、装钢板 5 000 t、卸矿石 8 000 t。该港自由贸易区在 EUROPAHAFEN、UBERSEEHAFEN、NEUSTADTERHAFEN 等 3 个港区,仓库面积达 53 万 m^2,其中 NEUSTADTERHAFEN 是不来梅最现代化的码头,属多用途码头,负责装卸集装箱、杂货及工业设备等。主要进出口货物有煤、石油、矿石、木材、钢铁、汽车、焦炭、食品、糖浆、化肥、粮谷、燃料油、化学品、钢铁制品及杂货等。

不来梅港码头泊位有 43 个,岸线长 10 km,最大水深 14 m。

装卸设备有各种岸吊、龙门吊、集装箱吊、浮吊、跨运车、叉车及滚装设施等,其中浮吊的最大起重能力达 800 t,还有各种尺寸的输油管道及油船洗舱污水处理船等。供修理船舶用的干船坞最大可容纳 7.5 t 级的船舶。现代化的装卸香蕉的设施,每年吞吐量可超过 35 万 t,卸矿机的速率达 2 000 t/h。码头上有货场面积约 41.6 m^2,油库容积约 6.4 万 m^3,可停放车辆的库场达 40 万 m^2。在集装箱堆场上按两层堆垛可堆放 3 万 TEU,有全套搬运集装箱的汽车设备。在斯特伦卡耶(STROMKAJE)码头上能同时停靠 8 艘大型集装箱船舶。大船锚地在威悉河口,水深达 20 m。港口的工作效率和质量相当高。在不来梅港的数据处理中心有一个庞大的信息处理系统。它能为国内外各公司提供货物情况和流向等有关数据。在整个作业现场采用计算机控制,每台跨运车装有终端,随时接受来自控制中心的遥控指挥,整个作业秩序有条不紊,万吨级船舶只需 2~4 h 就可装卸完毕。没有船等港,只有港等船现象,使港口效率成倍增长。该港 KAISERHAFEN、CLOUMBUS、KAJE 和 WESER PORT 为自由港区,面积达 700 hm^2。

为了适应船舶大型化,1996 年建成适应下一代集装箱船的第 3 集装箱码头,该码头岸线总长达 3 km,第 3 集装箱码头建成 12 个泊位,水深达 14.5 m,设置适应超宽巴拿马型集装箱船的装卸桥,扩大集装箱堆场面积到 80 万 m^2。能在 12 个泊位上同时进行装卸作业。

主要出口货物除汽车、机械、化工产品外,还有化肥、水泥、布匹、钢铁及杂货等,进口货物主要有矿石、燃油、粮谷、煤、麻、烟叶、鱼、木材、纸及热带水果等。

威廉(WILHELMSHAVEN)港　位于德国西北部北海沿岸,不来梅西 40 km 处(53°31′N、008°10′E)。是德国北部最大的石油进口港,有输油管道通往法兰克福,年吞吐量 3 000 万 t。还是海军基地和渔业中心。

港区码头泊位是一个油船突堤，长 701 m，突堤顶端岸线长 640 m，有 4 个卸油泊位，水深低潮时为 14.9 m，高潮时可达 19.2 m。码头最大可靠 25 万 t 重的大型油船。

主要进口货物有石油、煤、粮食、面粉、布匹、原木等；出口货物有机器及零件、废铁及杂货等。

埃姆登(EMDEN)港　位于德国西北部埃姆斯河口(53°23′N、007°13′E)，通过多特蒙德埃姆斯运河与鲁尔工业区相连，是鲁尔区进出口货物不经荷兰直接出海的重要通道，港内设有自由贸易区。

港口有码头泊位 20 个，岸线长 5 km，最大水深 12 m。有各种岸吊、可移式吊、装船机、运输机及滚装设备等。有露天堆场 14.6 万 m^2，油罐容量 3 万 m^3。主要进口货物有粮食、木材、糖、面粉、新闻纸、原油、汽车和杂货等。出口货物有汽车、水泥、化肥、煤、钢铁、石油产品、矿石及化工产品等。

卢卑克(LUBECK)港　位于德国波罗的海沿岸(53°51′N、010°40′E)，中型海船可直达，有运河通易北河，年吞吐量 1 000 万 t 以上，是德国波罗的海沿岸的重要港口。

罗斯托克(ROSTOCK)　位于德国波罗的海沿岸(59°09′N、012°08′E)，年吐量 2 000 t 以上，为德国东部重要港口。

第五节　西　欧

地理上的西欧指欧洲濒临大西洋的地区及附近岛屿，包括爱尔兰、英国、荷兰、比利时、卢森堡、法国、摩纳哥，除卢森堡以外，均为临海国家，海运十分发达。西欧是世界上资本主义经济发展最早地区，也是世界现代工业的发源地。目前，这里仍是世界资本主义经济最集中，最发达的地区之一，有生产水平先进的工业和高度集约化的资本主义农业，对外贸易额在世界总贸易额中占相当重要地位。人均收入较高，还集中着伦敦、巴黎、鹿特丹、安特卫普等世界著名的工业、贸易、金融中心、交通枢纽。西欧不仅在欧洲，而且在世界的政治、经济中占有举足轻重的地位。

英　国

领土组成与位置　英国全称叫大不列颠及北爱尔兰联合王国。是欧洲西北部大西洋中的一个岛国，由大不列颠岛、爱尔兰岛东北部及其附近 5 000 多个小岛组成，但 80% 的小岛无经济意义，面积 24.4 万 km^2。大不列颠岛又可分为英格兰、威尔士和苏格兰 3 个部分，以英格兰为最大，集中全国人口的 80%，是英国的政治和经济中心。

英国是四面环海的岛国，西海岸临大西洋和爱尔兰海，隔大西洋与北美洲相望，东北部濒北海，东南和南部隔多佛尔、英吉利海峡与欧洲大陆各国相对，与法国最窄处只有 33.8 km，即英国的多佛尔与法国的加莱之间的距离。

英国是最早走上资本主义道路的老牌帝国主义国家，也是最早衰落的帝国，它所处的地理位置在帝国的兴衰中起着重要的作用，不妨回顾一下英国的发展史：

(1)公元初，当人类历史上文化发达中心还在东方的亚洲时，欧洲的经济文化中心仅限于地中海沿岸，这时的英国处于封建割据，为古罗马的殖民地和边疆，西欧航线没有打通，英国基本上与外界隔绝，这时的海岛位置严重地影响英国经济的发展。

（2）公元 12—15 世纪，由于蒸汽机的发明和广泛应用，世界航海业有了很大发展，北海、波罗的海、地中海沿岸的一些国家开始贸易往来，英国成为这些国家贸易往来的中转站。英格兰为当时欧洲大陆毛皮的供应基地，伦敦也随着发展成重要的贸易城。

（3）地理大发现以后，西北欧资本主义迅速发展，对美洲、非洲、亚洲进行侵略和掠夺，贸易航线由地中海转向大西洋，英国正位于国际贸易与航运中心。这时的海岛位置就从阻碍生产力发展转变为有助于经济发展的突出位置上来。到 18 世纪就取得海上无敌的霸权地位，有“海上马车夫”的称号。成为当时最大的殖民帝国，拥有相当于英国领土面积 150 倍的殖民地。这些殖民地国家为英国重要的原料供应地，产品销售市场和投资场所，为英帝国迅速实现工业化积累了大量的资本，促进资本主义经济的发展，使英国成为当时的日不落帝国和世界工厂。

（4）19 世纪中后期，英国建成世界第一条铁路后，欧美许多国家有了铁路运输，为欧洲大陆国家接近贸易航线提供了方便条件，从而促进了各国经济的发展，形成了新的世界市场。20 世纪初，巴拿马运河的开凿，沟通了大西洋与太平洋，太平洋地区的经济地位有很大提高。第二次世界大战严重地削弱了英国的经济势力，加之第二次世界大战后，前苏联与东欧集团国家经济地位有了很大提高，促进了新的贸易航线和世界市场的形成，使英国殖民体系彻底崩溃，在世界航运和贸易中的地位也降低了。

英国的海岛位置尽管在英国经济发展中起着不同作用，但总的看来，从 1066 年到现在的 900 多年的历史进程中，英国没有被别的国家侵占过；由于是岛国，四面环海，使它有可能充分利用这一优势建立起一支强大的海军商船队，发达的造船业；即使是现在，英国的地理位置仍很重要，这不仅是因为它地处世界工业带的关键部位，东部和南部面向着欧洲经济最发达地区，向西可直达大西洋彼岸的北美工业地带，而且，它还扼守着西欧和北欧许多重要水道的出口，处于北欧、西欧沿海国家通往北美、地中海、印度洋等的航运要冲。岛国的位置和优越的海运条件，依然是当代英国得以保持经济发展优势的有利因素。

自然条件与资源　大不列颠群岛原是欧洲古陆的一部分，第四纪冰川后，由于大陆冰川融化，海水面上升，陆地相对下沉，出现了英吉利海峡，将其与大陆分开，形成今日群岛之雏形。大不列颠岛地势大致东南低、西北高，山地和高原多分布于北部和西部，主要在苏格兰、威尔士和北英格兰境内，平原、丘陵多分布于中、南英格兰，奔宁山脉纵贯英格兰中部，北爱尔兰周围环绕着高原、山地，中部为平原。

英国地处 50°N 以北的中高纬度地区，但由于西风和大西洋暖流的影响，冬暖夏凉，比同纬度其他地区夏季气温偏低，冬季偏高，年较差小，属典型的温带海洋性气候。南北温差较小，北部 1 月平均气温 3.5℃～4.3℃，7 月为 14℃，而南部 1 月平均气温是 5℃，7 月平均气温为 16℃。全国大部地区全年不结冰。降水量各地差异较大，西部高达 2 000 mm，东部则减少到 1 000 mm 以下。英国是世界上多雾的国家，全国平均日照时数每天只有 3～5 h，冬季西北部少至 1 h，首都伦敦曾以“雾都”而著称于世界。浓雾给航行及城市交通带来很大阻碍。夏温偏低而且湿度大，不利于种植业的发展，但对牧草生长十分有利，宜于发展畜牧业。东南部阳光较充足，是英国重要的农业区。

英国有较密的河网，流量平稳，冬季不结冰，但流程短，最长的塞汶河只有 390 km，泰晤士河是第 2 大河，仅 346 km，其中通航部分为 280 km，在伦敦附近河宽为 200～250 m，河口处宽为 16 km，涨潮时下游水位可升高 6 m，使距海岸 64 km 的伦敦形成海港。

英国是欧盟中能源资源最丰富的国家，主要有煤、石油、天然气等。煤炭集中分布在苏格兰中部，南威尔士和中英格兰的沉积地层中。可采储量 46 亿 t。1970 年发现北海大陆架蕴藏丰富的石油和天然气资源，目前石油储量 29 亿 t，天然气储量达 7 200 亿 m^3。此外，铁矿石资源丰富，铁矿储量 27 亿 t，分布同煤炭大体一致。其他的非能源资源不丰富，主要工业原料依赖进口。

英国海域是冷暖流交汇之处，渔产极为丰富，种类繁多，是世界著名的渔场。英国是欧洲，也是世界主要渔业生产国之一，所以大不列颠岛被称为“鱼群环绕着的大煤堆”。这些资源对英国早期工业的建立和现代化经济的发展都起着十分重要的作用。

居民　英国现有人口 5 809 万人（1994 年），人口密度高达 238 人/km^2，属人口密度大的国家。英格兰人占人口总数的 83.4%，其次是苏格兰人 8.8%，威尔士人 5.0%，爱尔兰人 2.8%。人口分布不平衡，人口都市化程度很高。据统计，80%的人口集中分布在距大城市中心 30 km 和特大城市中心 50 km 范围内。而大城市多分布在英格兰中部和东南部。居民多信奉基督教和天主教。英国是世界上人口移出最多的国家，美国、加拿大、澳大利亚、新西兰等都是以英国移民为主建立起来的国家。移民开拓了广大的殖民地，为英国提供了重要的产品销售市场、原料供给地和投资场所，对英国经济的发展起了促进作用。

国民经济特征

（1）英国是工业化最早的国家。从 14 世纪起，通过圈地运动、发展城市工商业、以对殖民地的剥削和海盗式的掠夺及贩卖奴隶等方式，开始了漫长的资本原始积累过程。17 世纪资本主义制度诞生，18 世纪中期，产业革命开始，工业化迅速从工场手工业过渡到机器大生产，大大推动经济发展。18 世纪末，进入帝国主义阶段，树立海上霸权地位，成为“日不落帝国”。19 世纪前半期，成为世界上第一个完成工业革命的国家。19 世纪末随着资本主义发展的不平衡开始衰退。第一次世界大战后，其世界霸权地位逐渐为美国所取代；第二次世界大战严重地削弱了其经济实力，第二次世界大战后，殖民体系土崩瓦解，在资本主义世界的地位每况愈下。50—80 年代中期，国民生产总值的年均增长率仅为 2.2%，远低于日本、原联邦德国、法国、意大利、美国，由原来的第一经济大国的位置变成居美、日、意、法、德之后的第 6 位。在 70 年代中期后的相当长的时期内，英国经济处于“滞涨”时期，1983 年经济转向回升，1987 年、1988 年经济增长率分别达到 4%和 3.5%，均为西欧最高，1990 年下半年起经济陷入战后持续时间最长的一次衰退，面对高财政赤字、高通货膨胀率和高失业率的经济状况，英政府采取紧缩的经济政策，利用利率手段来压低通货膨胀率、刺激内部需求，同时采取了鼓励就业、鼓励出口等措施，再加上整个西方经济开始回升，英国经济从 1992 年下半年开始复苏，1993 年起经济持续稳定增长，1993—1996 年的年均增长率为 2.7%，而欧盟 15 国的年均增长率仅为 1.6%。而且失业率、通货膨胀率、政府财政赤字逐年降低，被称为欧盟国家中经济前景“最为乐观”的国家。总之，英国在资本主义世界的地位虽比以前降低了，但由于其基础雄厚，仍属世界上拥有相当经济势力的国家。

（2）第二次世界大战后，进行资本国有化，70 年代末又实行非国有化政策。战后初期，英国经济处于恢复阶段，社会确实需要政府运用国家力量来支持经济的发展，同时为了应付战后国内外竞争加剧的局面，英政府逐步把经济主要部门收归国有，40 年代后期掀起了国有化的高潮，“国有化企业”产值约占全部经济的 1/3，控制了全国邮政、电信、电力、煤气、采煤七大部门。但30多年来多数国营企业因经营管理不善，效率低下，亏损严重，1979年以撒切尔夫人为首的保守党政府开始推行私有化，将国有企业转售于私人，增加收入，减轻负担，财政收支逐渐平衡。据统计，到1992年英国已有46家大型国有企业实行了私有化（超过国有企业的60%），私人部门经济占国内生产总值的75%，占全部就业人数的66.7%。1994年战前就归国有的英国铁路也开始了私有化。现阶段，英国政府继续推行私有化政策，英国经济的主要支柱已经建立在私人企业发展基础上。

(3)工业和服务业在国民经济中占绝对优势。战后英国经济结构发生了显著变化，1950同1994年对比，在英国国内生产总值中，工业生产部门（制造业、建筑业、能源及供水业）所占的比重由48%下降为33.5%；农、林、渔业所占比重由5.7%下降为1.6%；而服务行业（银行、金融、保险、商业、租赁、交通运输、通信、旅游等）的比重由46%上升为65%。英国因平原面积狭小，日照时间短等自然条件的制约，1848年以后废除了限制谷物进口的"谷物法"，允许海外廉价粮食免税进口。长期以来，英国一直是世界最大的食品和多种农产品进口国，这就限制了本国农业的发展，现在，从事农业的人口只占全国就业人口的1%，是世界主要工业国中比例最低的，因此，英国有"纯工业国"之称。

主要产业部门及其分布

工业

能源工业　英国能源长期以煤炭为主，曾经是世界最大的煤炭生产国与出口国，年开采量超过2亿t，占世界的12%。随着石油和天然气的开发利用，煤炭在能源工业中所占的比重逐渐下降，现煤炭年产量1亿t左右，出口量也大为减少。英国采煤技术先进，综合机械化程度高达90%以上。50年代起，能源工业中石油、天然气比重开始上升，尤其是70年代大规模开采北海大陆架的石油、天然气后，石油在能源中比重开始超过煤炭。为使北海石油不过早枯竭，近年来，石油年产量控制在1亿t左右，1996年产原油1.32亿t，自给有余，还有出口。北海油田给英国的经济增添了新的活力，石油工业的发展带动了英国整个工业的发展，改善了国际收支状况，同时也使经济相对落后的苏格兰地区工业结构和布局发生变化，阿伯丁成了英国最大的石油工业基地，塞隆沢伊是英国也是西欧最大的石油港。英国还是世界天然气的主要生产国，天然气产量居世界第5位。

英国的电力工业以火电为主，约占总发电量的75%，其次为核电，约占23%。英国是世界上建立核电站最早的国家，也是世界上拥有核电站较多的国家。

钢铁工业　英国钢铁工业历史悠久，曾是世界现代钢铁工业的发源地。1970年英国钢铁产量2 779万t，创历史最高水平。近年来，由于国内市场缩小，国际市场上钢铁生产过剩，加之钢铁企业设备较落后，劳动生产率低，产品成本高，缺乏竞争力，产量下降，1995年，钢铁产量1 790万t，居世界第12位。由于进口铁矿石不断增加，钢铁工业分布趋向沿海地区。目前，主要钢铁中心有塔尔伯特、莱温港、斯肯奈普、设菲尔德和多瑟维尔等。钢铁产量的一半以上供出口。

汽车、造船工业　20世纪初期和中期，英国汽车畅销世界各地。70年代，年产汽车达200多万辆。后来受日、德等国生产的质优价廉汽车的冲击，占国际市场的比重逐渐降低。1994年，生产汽车170万辆，居世界第8位，且以生产高档小汽车而闻名。汽车工业主要分布在伦敦东南区和西米德兰区。造船工业是英国历史悠久的工业部门，曾占世界产量的60%，50年代中期以后，被日本超过，由于日本、韩国、瑞典、德国等造船工业后来居上，具备较强的竞争力，英国船舶产量逐渐降低，90年代，仅占世界船舶总产量的2%。现在英国造船业以制造军舰、商船及海上采油设备为主，产品70%供出口。造船工业主要分布在格拉斯哥、加的夫、利物浦、贝尔法斯特和普利茅斯。

航空航天工业　英国的航空航天工业发展迅速，现已成为世界上仅次于美国和法国的第3大航空航天工业国。主要产品有飞机，直升飞机、导弹、飞艇、航空发动机、宇航飞行器、卫星、航空电子设备等，且已成为英国的主要出口商品。宇航工业主要分布在伦敦的东南部，伯明翰、考文垂及西米德兰区。

电子工业　电子工业已成为英国主要的新兴工业部门。主要生产雷达、计算机、导航设备、通信设备、"X"光扫描机等，其产品在国际市场上有一定竞争力，约有一半供出口。电子工业主要分布在苏格兰的格拉斯哥—爱丁堡地区，集中生产电脑及附件，被称为英国的"硅谷"，其次是泰晤士河上游的河谷地带。

化学工业　化学工业是英国战后发展迅速的工业部门，其产品50年代是以煤炭、岩盐为原料的基本化工为主；60年代末转为石油、天然气为主要原料的有机合成和石油化工为主，现已成为世界化工产品第四大输出国。主要产品有硫酸、药品、塑胶、合成树脂、化妆品、染料等。石化工业主要分布在北海沿岸或岛屿上，默齐河口、米德兰地区也是重要的化工中心，伯明翰是化肥生产中心。

纺织工业　纺织工业是英国传统的工业部门，随着新兴工业部门的迅速发展，目前纺织工业已成为最小的工业部门。主要产品有棉纺、毛纺和化纤纺织等。其中毛纺织品以质量高超而具有较强的国际竞争力。毛纺织工业中心在里兹；棉纺织工业主要位于曼彻斯特。棉花主要来自埃及、叙利亚、土耳其等国，羊毛则从澳大利亚和新西兰进口。

农业　英国农业虽然在国民经济中不占主要地位，但其农业高度发达，农业技术水平和劳动生产率都位于西欧的前列。目前从事农业的人口虽然只占全国就业人口的1%，但生产的粮食可满足全国需求的一半以上，而且，有些农产品还出口到其他国家，目前是欧盟第四大农产品出口国。

农业以畜牧业为主，其次是种植业和园艺业。畜牧业产值占农业总产值的70%左右，以奶牛、肉牛、绵羊和家禽为主。主要农作物有小麦、大麦、马铃薯、甜菜等。园艺业主要以蔬菜、水果、花卉为主。种植业主要分布在地势平坦、气候条件较好的英格兰东部、东南部；畜牧业主要分布在苏格兰、威尔士以及英格兰北部、西南部。

英国沿海渔业资源丰富，是欧洲最重要的捕鱼国之一，捕鱼量可满足本国2/3的需求。

对外贸易　外贸在英国经济中占有极重要的地位。战前英国外贸在世界贸易中长期占居首位，战后，随着英国经济的衰落，其对外贸易的增长速度也很缓慢，使英国在国际市场上的地位不断下降。1994年英国外贸进出口总额为4 323亿美元，其中出口2 052亿美元，约占世界出口额的4.9%；进口2 271亿美元，约占世界进口的5.2%，是世界第五大贸易国。英国经济对外依赖性很大，素有"贸易加工国"之称，工业原料的60%以上和食品的40%依赖进口，商品和劳务出口则约占国内生产总值的25%。主要出口航空产品、电器和电子设备、化工产品、石油及各种机械设备；进口农产品、原材料和半成品等。外贸长期存在逆差，1994年外贸逆差达220亿美元。英国最大的贸易伙伴是欧盟成员国，同欧盟的贸易占整个对外贸易的一半以上。从国家来说，德国是最主要的贸易伙伴，1993年对德贸易占英国总出口额和总进口额的13.2%和14.7%；其次是美国，分别为11.3%和10.9%（1992年）。

交通运输业

公路运输　公路是英国国内交通的主要方式，在客货运输中所占的比重远远超过铁路。1992 年公路总长 36．2 万 km，其中高速公路 3 147 km，占公路总长的 0.9%。

铁路运输　1825 年英国建成了世界上第一条铁路，在此后很长一段时期，铁路运输一直在英国占绝对优势。战后，随着公路运输的迅速发展，铁路的地位逐渐降低，铁路营运里程也由原来的 3.7 万多 km 缩短到 1.6 万多 km。工业发达的英格兰南部、中部和东部铁路网密集，伦敦是全国最大的铁路枢纽。1994 年英、法海底隧道贯通，从而将英国的铁路系统同欧洲大陆的铁路系统连接起来。

航空运输　英国航空运输发达，年客流量在 100 万人次以上的国际机场有 13 个，主要有西思罗、盖特威克、曼彻斯特、格拉斯哥、伯明翰、爱丁堡等。

管道运输　北海油田的石油大多通过水下管道运往陆地，总长约 1 686 km，输气管道约 5 330 km，1992 年输送石油和天然气（折算成油）共计 1.06 亿 t。

海洋运输　英国海岸线曲折，多天然良港。历史上的英国曾经是最强大的海运国家，拥有世界上最强大的商船队。现在海运地位已相对降低，1993 年商船注册总吨 411.7 万 t，仍然是世界上重要的海运国之一，且海运是英国对外贸易的主要运输方式。全国共有大小港口 300 多个，其中吞吐量超过 1 000 万 t 的港口有 12 个。

主要港口有：

伦敦(LONDON)港　伦敦为英国首都，世界金融、贸易中心，南英格兰区的核心，包括周围 29 个城镇，面积 1 870 km^2，人口达 690.5 万(1992 年)，称为“大伦敦”。伦敦港位于英格兰东南部，泰晤士河中下游两岸(51°30′N、000°05′W)，距河口 80 km，海船可直达，船舶从泰晤士河入港，河道两岸有许多货栈和码头，是英国规模最大、设备最完善的港口。年吞吐量 7 000 万 t，主要作为进口港。并且是英国最主要的制造业城市，以通用机械与电机著称。还有飞机、精密仪器、汽车、炼油、化学、服装、造纸、印刷、食品、卷烟等工业均很发达。

该港属温带海洋性气候，以西偏南风为主，多阴云雨雾，秋、冬季节常有浓雾，故有“雾都”之称。年平均气温 11℃，年降水量约 800 mm。平均潮差：大潮 5.2 m，小潮 3.4 m。

整个港区包括印度及米尔瓦尔(INDIA ANI) MILLWALL)、蒂尔伯里(TILBURY)、皇港区(ROYAL)，水域面积达 207 万 m^2，大量的封闭式港池群是本港的一大特色，主要码头泊位有 84 个，岸线长 9.5 km，最大水深 14.6 m。

装卸设备现代化，有各种岸吊、可移式吊、集装箱吊、突堤吊、门吊、跨运车、叉车、载运车及滚装设施等，还有起重能力达 200 t 的浮吊及直径为 152.4~406.4 mm 的输油管供油船装卸之用。码头上装备了雷达计算机管理及监测系统，是目前世界上最先进的自动化管理系统。河口北岸的科里东(CORYTON)码头宽有 300 多 m，可靠 20 万载重吨的大型油船，往上到伦敦塔桥收缩到宽 100 多 m，5 000 载重 t 的船舶可自由直达伦敦市中心。两岸泊位可同时停靠 150 多艘海轮。现代化的粮仓容量约 11 万 t，油库容量达 158 万 m^3。在印度和米勒沃尔港区有英国最大的酒类装卸码头，拥有一座巨大的现代化酒库，其散装酒货棚，可容纳 3 000 t 的玻璃纤维酒罐，并有紫外线消毒设备。装卸效率、粮谷 2 000 t/h、柴油 2 000 t/h、汽油 1 000 t/h、建材 1 800 t/h、原油卸 5 500 t/h，20 万载重吨的油船可卸 1 200 t~14 000 t/h。在 80 年代末，港口当局曾将蒂尔伯里改为一个独立港，目前它是英国主要集装箱码头之一，也是欧洲现代化集装箱码头之一，1993 年集装箱吞吐量为 32.7 万 TEU。谷物码头是英国首先安装跨运车的无线电数据传输系统的码头，由气动装卸机卸货，经闭式快速传送带送往仓库，每台装卸机都配有自动秤。本港企业区直接利用沿泰晤士河的码头，可豁免土地发展税，允许外资100%投资，各种呈报到政府的手续减少到最低限度等。伦敦港同世界上100多个国家和地区的港口有往来，历史上年吞吐量曾达8 000 t，近年来有所下降，徘徊在5 000 t左右，1992年货物吞吐量达5 500万t，主要进口货物为石油、煤炭、钢铁、木材、矿石及粮谷等，出口货物主要有水泥、机械、车辆、石油制品、化工产品及日用杂货等。

费里克斯托（FELIXSTOWE） 位于伦敦东北方百余公里的伊普斯威奇城东南（51°57′N、001°19′E），与哈里季港隔河相对，濒临多弗尔海峡——北海国际航运要冲。有各类码头泊位8个，岸线长1.5 km，最大水深10 m。原为一个不知名的小港，60年代，国际集装箱运输兴起后，被国家选中建设集装箱专业港。经过30多年的建设，已成为英国最大的集装箱吞吐港。1997年集装箱吞吐量达225万TEU，世界排名第15位。1972年开办集装箱水铁联运，与英格兰工业区联络成网。

利物浦（LIVERPOOL） 位于英格兰西北默西河河口（53°25′N、002°19′W），濒爱尔兰海。是英国第2大港口。

港口码头泊位34个，岸线长8 km，最大水深21.6 m。拥有各种现代化装卸设备。粮食库装货可达50万t，油码头可靠27万载重吨的大型油轮，集装箱堆场22万m^2，后方场地26万m^2，杂货仓库装货150万t，冷藏库22万m^3。

货物输出量居全国首位，主要出口钢铁、化学制品、机械、汽车等，进口货物有粮食、矿石、木材、羊毛、肉类、饲料、棉花等。

贝尔法斯特（BELFAST） 位于北爱尔兰东海岸（54°36′N、005°36′W），北爱尔兰地区的重要港口。有码头泊位24个，岸线长4 910 m，最大水深11 m。装卸设备有各种岸吊、旋臂吊、运送吊、门吊及滚装设备等。出口货物有机器、废金属、纺织品、汽油、船舶、牲畜等，进口货物有煤、化肥、建材、粮食、木材、原油、饲料及化工品等。

南安普敦（SOUTHAMPTON） 位于英吉利海峡北岸中段（50°54′N、001°24′W），英国南部大商港，该港有码头泊位31个，岸线长6.6 km，最大水深16 m。装卸设备有各种岸吊、可移式吊、集装箱吊、浮吊及滚装设备等。谷物仓库17座，容量3.6万t，还有1万m^2的温度调节仓库，大船锚地最深可达23 m。距伦敦100 km，有铁路、公路通往伦敦，起伦敦外港的作用。年吞吐量2 600多万t，集装箱89万TEU（1997年，世界排名第42位），英国第二集装箱大港。

主要出口货物有机器、摩托车、精炼油及杂货等，进口货物有谷物、木材、原油、水果、羊毛、肉类等。

纽卡斯尔（NEWCASTLE） 位于英国东海岸中部的泰恩河下游（54°58′N、001°36′W）。是英国东部的煤炭输出港。

该港属温带海洋性气候，盛行西南风，多阴云雨雾，冬季尤甚。年平均气温在10℃～20℃之间。全年平均降水量约900 mm。平均潮差：大潮高潮为5 m，低潮为0.7 m；小潮高潮为3.9 m，低潮为1.8 m。

港区主要码头泊位有18个，岸线长4 km，最大水深11 m。

装卸设备有各种岸吊、抓斗吊、汽车吊、重吊、浮吊、码头拖车、叉车及滚装设施等，浮吊在18.6 m的半径内能起重150 t。码头最大可靠4万载重吨的船舶。煤炭码头有门机，最大装卸能力为6 000 t，并有SWL型码头门机，配有容积为10 m^3的抓斗。重货码头可将重508 t的货物装上船。矿石装 1 000 t/h，面粉卸 203 t/h。码头有中转货棚面积约 1 万 m^2。粮谷仓库约 10 万 t。主要出口货物为煤炭、谷物、机器、燃油、纺织品、沥青、拖拉机及钢铁制品等，进口货物主要有矿石、木材、大麻、亚麻、水果、蔬菜、纸浆、柴油、啤酒及化工品等。

荷　兰

荷兰又名尼德兰，位于欧洲西部莱茵河下游，西、北临北海，东、南分别与德国和比利时为邻。处于海河相连，重要水道枢纽的位置，这对荷兰经济发展具有重要意义。面积 4.12 万 km^2，人口 1 534.16 万（1994 年），人口密度高达每 372 人/km^2，是欧洲大陆上人口最稠密的国家之一。以荷兰族为主，占总人口的 90%，居民多信奉基督教和天主教。

荷兰是世界著名的洼地之国，60%以上的土地海拔不超过 1 m，38%的土地低于海平面，所以沿海建有 1800 多 km 的海堤用来防止水淹。高于海拔 50 m 的地区不足国土面积 20%，所以荷兰人以筑堤、排水、填海造地、与海水搏斗著名于世。河网密布，水面占国土面积 1/6 以上，主要河流有莱茵河、马斯河和斯海尔德河。属温带海洋性气候，冬暖夏凉，阴雨天较多。

荷兰境内矿产资源不多，资源已近枯竭，近年来在东北部发现丰富的石油，天然气资源。但荷兰草场面积较大，占国土面积的 2/5 以上，耕地占 1/4，发展农牧业十分有利。荷兰资本主义发展很早，17 世纪就成为世界最大的海上殖民帝国，居欧洲领导地位。18 世纪后殖民体系逐渐瓦解，海上霸权地位逐渐被英国所取代。

荷兰经济发达，人均国民生产总值 22 010 美元（1994 年），位居世界前列。工业发达，主要工业部门有食品加工、化工、石油化工、冶金、机械制造、造船、印刷、钻石加工和飞机制造等。此外，其乳品加工、人造黄油、家用电器、电子仪器、特种船舶等在国际上享有盛誉。天然气资源丰富，是世界上仅次于美国、俄罗斯、加拿大的第四大天然气生产国，第二大出口国，格罗宁根省气田是世界大气田之一。但其他资源贫乏，对外依赖较大，80%的原料赖于进口，商品与服务的出口约占国民生产总值的 55%。农业以高度集约化、高产著称，以畜牧业和园艺业为主。1993 年农牧渔业总产值占国内生产总值的 6.5%，就业人口占全国就业人口的 5%左右。其中一半从事畜牧业。农牧渔业产品（包括在荷加工转口的农产品）出口居世界第 3 位，仅次于美国和法国。荷兰是世界最大的花卉出口国，在全世界花卉交易总额中，荷兰占 60%以上，西部莱茵河下游北岸是世界驰名的大园艺区；沿海地区盛产郁金香、水仙花等。渔业发达，腌鲱鱼是荷兰著名的出口商品。

由于荷兰为外向型经济，对外贸易在经济中占重要地位。出口额约占国民生产总值的 50%，长期顺差。1994 年外贸进出口总额居世界第 9 位。进口主要为原料、半制成品、机械等，出口中制成品占 70%。

荷兰处于海陆交通过渡带的地理位置，加之稠密的内河水道、现代化的铁路、公路网使荷兰各港口腹地延伸到欧洲大陆深处，这就使海运业不仅为本国经济发展服务，而且为莱茵河沿岸内陆国家所利用。所以海运在国民经济中地位突出。在莱茵河下游形成世界最大的港口鹿特丹港。

鹿特丹（ROTTERDAM）港　位于莱茵河下游，距北海 18 km 处（51°55′N、004°24′E），13 世纪末建港，1870 年成为世界第一大港，莱茵河进出的门户，西欧和欧盟货物的集散中心，有“欧洲门户”之称。港区分布在莱茵河三角洲的马斯河河口两岸和新开河左侧。东西长

35 km，全港远洋船用水域面积21.5 km^2，码头岸线长38 km，水深7.6~23 m，可泊54万t级的特大油轮。全港380多个泊位分布在19个港区内，有多种专业码头，设备齐全，现代化水平高。石油码头是规模最大的码头之一，有80多个泊位，3 200万t储油罐设备，码头附近有炼油厂，目前是欧洲最大的炼油基地，世界3大炼油中心之一，主要分布在新开河下游左岸。谷物也是鹿特丹港大宗吞吐物资，丹马斯港区有几十座谷物码头，码头上耸立着高大的谷物仓库，升降传送设备，各种粮、油、饲料仓储量达46.6万t，装卸能力2 500万t。1997年全港吞吐量达3.073亿t，与新加坡（3.27亿t）同成为年吞吐量超3亿t的两个超级大港。

鹿特丹港还是世界最大的集装箱港口之一。集装箱码头分布在埃姆、瓦尔两港区，1967年开始使用，目前有30多个集装箱、滚装船、载驳船泊位。1997年完成集装箱吞吐量544.5万TEU，多年蝉联世界第4位。

阿姆斯特丹（AMSTERDAM）　是荷兰首都，最大城市，第二大港口，西欧国际性港口之一。位于艾瑟尔湖之西南，有运河直通北海（52°22′N、004°54′E）。有码头泊位46个，岸线长10 km，最大水深15 m。各种装卸设备齐全，堆场容量300万t，谷物码头可靠泊10万载重吨的船舶，煤炭码头日装卸能力4万t，油码头可靠泊10万载重吨的油轮。由于围海造陆，距海较远，海上船舶进出需经12 km长的北海运河，10万t级船舶可自由出入港口。吞吐能力3 000多万t。其中欧盟外贸运量占30%。艾默伊登（IJMUIDEN）是阿姆斯特丹的外港，北海运河的起点，利用进口原料建起了年产500多万t的大型钢铁厂，还是北海石油、天然气的开采基地。

主要进口货物为谷物、矿砂、煤、化肥、原油、可可粉、咖啡、纸张、机器、化工品及杂货等，出口货物有焦炭、成品油、小麦、化肥、金属器皿、运输设备、化工产品、肉类及日用品等。

比利时

比利时位于欧洲大陆西部，北海东南岸，北连荷兰，东邻德国，东南与卢森堡接壤，南和西南与法国交界，西北隔多佛尔海峡与英国相望。面积3.05万km^2，人口1 010.1万（1993年），90%的居民信奉天主教。首都布鲁塞尔。

境内东南高西北低，多为平原和丘陵。温带海洋性气候。煤、铁、石灰石为主要矿产，森林资源较丰富。比利时是经济发达国家，1994年人均国内生产总值22 870美元，位居世界前列。主要工业部门有钢铁、有色冶金、机械制造、化工、纺织、电子电气、能源等，大部分原料需进口。农业以畜牧业为主，乳畜产品可自给，粮食进口一部分。

对外贸易是比利时经济的命脉，进出口总额居世界前列。主要出口商品是钢铁及其制品、交通器材、各种机械、食品、仪器等；进口商品主要有矿产品、机械、石油、天然气、煤、粮等。欧盟成员国是其主要贸易伙伴，其次是欧洲其他国家和美国等。

比利时处于西欧若干国际通道的交叉口上，素有“欧洲十字路口”之称，即是联系中欧和英国的最近距离的必经之地，又是联系北德低地和巴黎盆地的一条宽敞的走廊，战略地位十分重要。境内铁路、公路、内河航道纵横交错，四通八达，构成一个稠密而完整的水陆交通网。是世界铁路网最密集的国家之一；海岸线只有65 km，但海运相当发达，拥有世界第一流的大商港安特卫普港。

安特卫普（ANTWERP）港　位于比利时西部斯凯尔特河下游，距北海88 km，

(51°14′N、04°23′E)。海船可直达。是比利时最大海港,世界大港口之一。

该港属温带海洋性气候,盛行西北风。冬季潮湿多雾,夏季凉爽。年平均气温11℃。全年平均降雨量约750~900 mm,潮差为4.2~4.5 m。

港口水域面积700多hm^2,6个船闸与海道相连,全港口共有码头岸线长109 km,其中远洋船舶停靠的码头岸线长70 km,泊位370多个,最大水深15.8 m,码头最大可靠泊13万载重吨的船舶。每年约有1.6万~1.7万艘远洋轮停靠,年吞吐量超过1亿t。1997年集装箱吞吐量达196.9万TEU,居世界第9位,在欧洲仅次于鹿特丹和汉堡居第3位。

装卸设备有各种岸吊、龙门吊、可移式集装箱吊、可移式桥吊、抓斗装卸桥、浮吊、卷扬机、皮带输送机及滚装设施等,其中浮吊最大起重能力达150 t。比利时煤炭装卸公司在安特卫普港具有的煤炭装卸能力包括16 t的抓斗装卸桥,装卸率为1万t/日,煤处理设施有重型/中型的冲洗、压碎、干燥、去湿筛选机和压碎机等,每一个码头都能够将煤炭由铁路、公路和水路运输出去。谷物码头卸货1 100 t/h,装驳船速度1 400 t/h,烧碱码头装货速度为6 000 t/日,矿石码头卸矿速度达48 000 t/日。港内设施完善,堆场仓库面积近300万m^2,油库容积达98万m^2。安特卫普港的保税仓库集中在港区内,由海关专管保税仓库。

该港现在运用的APICS计算机系统具有能控制船闸开闭、船舶营运状况、货物的进出等功能,并与引航员所用的系统联网,有利于港口的经营管理。为私营企业服务的SEAGHA系统由SEAGHA BRIDGE和SEAGHA CLEARING两部分组成,前者供船舶代理行、集装箱码头和有实力的企业使用,后者则供报关业者等使用,两者用电话线路连接起来。上述APICS计算机系统明确分为港口营运所必需的系统和港口用户的系统,两者密切关连,努力为货主服务。

港口除了作为交通枢纽外,还带动了工业和商业的发展。安特卫普港地理位置优越,紧靠斯凯尔特河,港区与安特卫普市紧密衔接,并能多方向地伸向比利时内地,从而使内陆的工业区成为它的后方支柱。海港还以廉价的运输,便利的交通,充足的水电供应构成了对工业的巨大吸引力。目前这里拥有数十个其产品行销全世界的石油化工厂、汽车厂、机械制造厂、轻工业工厂等,形成一个综合性工业体。

随着转口运输的发展,安特卫普港逐渐成为一个货物贮存和分配的国际物流中心,备有粮食、化肥、林业产品、水果、煤炭、矿砂等各类货物的专用库场,购货人可以在货物分配中心订货,而不必为此远渡重洋,而且可很快提到货物。为了利用安特卫普港推销货物,一些国家的企业在港内设立了自己的物资分配中心,可直接将存港货物运到北欧和其他地方。日本就将汽车、钢材、电子器材等通过安特卫普港转运到英国和北欧。有的货物还在安特卫普港加工处理(如散化肥加工为袋装化肥等)后,再转运他地。

如今的安特卫普港已经从传统的运输港变成多功能的现代港口中心,港口传统的运输功能已由包括物流和港口相关的产业所替代。能增值的物流已经由1985年的1 500亿比利时法郎(约40亿美元)增至目前的2 400亿比利时法郎(约64亿美元)。其中增加的65%由工业产生,增加的30%由私有港口产生,增加的5%由公共港口产生。

主要进口货物为矿砂、煤、石油、木材、羊毛、棉花、粮食、铜、橡胶及咖啡等,出口货物主要有煤、水泥、钢铁、焦炭、机械、铁路设备、玻璃、纺织品及化工产品等。

法 国

法国国土大致呈不规则的六边形。三面环水三面靠陆地，可谓海陆兼备的国家。东北部与比利时、卢森堡、德国接壤，东部与瑞士、意大利以孚日山脉和阿尔卑斯山脉为界，南以比利牛斯山脉为界与西班牙分开，其他三面分别濒临地中海、比斯开湾、英吉利海峡。面积55.2万km^2，略小于中国的四川省。在欧洲是仅次于俄罗斯和乌克兰的第3面积大国。科西嘉岛是法国在地中海中唯一的岛屿。罗纳河、加龙河谷地自古以来就是沟通地中海、北海沿岸国家的通道，也是通往南欧、北非、亚洲的交通要道。

自然条件与自然资源 法国是以平原为主的国家，平原和丘陵占国土面积的4/5，主要分布在西北部，属西欧平原的一部分，多为冲积平原、土质肥沃、土层厚，是法国的主要农业区。高大山脉多座落在东部和西部边境上，地势由东南向西北倾斜，中南部是古老的中央高地。

气候具有多样性的特点。西部与西北部是温带海洋性气候，东部则是温带大陆性气候，南部属地中海式气候。

法国河流多发源于中央高地。西部和北部注入比斯开湾和英吉利海峡的河流，上游流经山地，水流湍急，水力资源十分丰富。罗纳河水系位于中央高地和阿尔卑斯山脉东部之间，集中了全国50%多的水力资源，一些大水电站也都建在这条河上。

法国自然资源丰富。森林面积占国土总面积的25%，矿产种类多，铝土、铀矿储量在西欧各国中均居首位，铁矿和钾盐储量也很丰富。石油分布较广，但储量不大；煤炭不足，使法国能源供求失调。但天然气和水力资源较丰富，可补充部分矿物能源不足的问题。

总之，法国平原面积广大，气候温和，其自然条件对农业生产发展十分有利，这在欧洲主要工业国家中是少见的。较丰富的铁矿资源和其他矿物原料，为发展工业提供了有利条件。

居民 法国人口约5 800万人(1995年1月1日)，在欧洲仅次于俄罗斯和德国。人口密度平均105人/km^2，低于欧洲其他国家，90%是法兰西人。法兰西人是最早在这里居住的高卢人和后来征服者罗马人、法兰克人以及日耳曼人、诺曼底人等经过长期融合而成的。少数民族多分布在边远山区。居民多信奉天主教。

法国人口增长缓慢，致使法国人口在欧洲的比重从1900年的10.5%降至90年代初的7.1%。长期以来劳动力缺乏，劳动力价格比较昂贵，所以引进国外低廉劳动力是长期的历史现象。战后由于欧共体成员国人员可自由流动，政府又采取鼓励移民政策，使移民大为增加，目前已达450万，占法国人口的8%，移民主要来自意大利、西班牙、波兰、阿尔及利亚、比利时、非洲和中南半岛等国。

经济发展特征 法国是欧洲资本主义发展较早的国家。19世纪它与英国同为称霸世界的强国，成为仅次于英国的第二殖民帝国。19世纪末被美国、德国超过，退居第4位。1792年的普法战争，法国失去了洛林、阿尔萨斯等矿区。第一次世界大战后，法国又从德国手中夺回两矿区，这对法国经济发展有着重要意义。第二次世界大战中，法国经济遭到严重破坏，但战后恢复较快。1955—1970年间，国民经济年均增长率达5.43%，与同期其他国家相比，仅次于日本；进入70年代后，尤其是1974—1975年的经济危机以后，法国经济增长缓慢；1977—1986年年均增长率为2.2%，低于同期的日本和美国；1987—1990年年均增长率为3.8%，仅次于日本，进入90年代，经济增长速度明显放慢，尤其是1993年经济陷入衰退，出现了1%的负增长，

1994年经济形势好转,取得了2.5%的增长率,国内生产总值达13 300亿美元,仅次于美、日、德,居世界第4位。第二次世界大战后其经济发展有以下特征:

(1)法国是一个发达的工农业国家。工业化水平高,1994年工业产值占国内生产总值的35.14%,占工农业产值的90%。主要工业部门有矿业、冶金、汽车制造、造船、机械制造、纺织、化学、电器、日常消费工业、食品加工业和建筑业等。农业也十分发达,1994年农业产值约占国内生产总值的3.69%,是西欧最大的农业生产国,还是世界上第二大农产品出口国。因此,法国是一个发达的工农业国家。轻工、服装、军火、食品和农业是法国的优势产业。

(2)法国的经济垄断和生产的集中化程度均很高。经济主要为大垄断集团所控制,1992年,法国200家工商大企业中25家是本国私人资本,48家由外国人经营,26家由国家控制,目前,法国国家垄断的经济成分已超过其他发达国家。战后,法国农业生产集中程度也不断提高,目前,全国农场数量较战前减少了一半,土地已主要集中于大农场主手中。1993年以来,为摆脱严重的经济衰退,政府开始实施私有化计划,中小企业在经济中的作用正在加强。

(3)法国国民经济结构发生很大变化。第三产业在国民经济中所占的比重迅速提高,如1952年第三产业产值只占国民生产总值的27.5%,而1994年已上升为61.16%。而第一产业、第二产业的比重则大幅度下降。

(4)工业布局不平衡。战后初期,工业主要集中在北部、东部以及里昂、巴黎、马赛等大城市。仅以巴黎为中心的北部地区就集中了全国工业生产的60%。战后,政府积极鼓励国内外投资者向西部、西南部等不发达地区投资建厂,法国工业布局正在趋向平衡。

主要产业部门及其分布

工业 法国拥有比较完整的工业体系,在工业部门中,新兴工业如核能、石油化工、海洋开发、航空和宇航等部门近年来发展迅速,在工业产值中所占的比重不断提高。但工业中占主导地位的仍是传统工业部门,其中钢铁、汽车、建筑为三大支柱。

钢铁工业　法国铁矿石资源丰富,蕴藏量约70亿t,主要分布在洛林地区。但品位低,开采成本高。因此,自60年代以来,法国采取进口高品位铁矿石、出口低品位铁矿石的政策,大力发展临海钢铁工业。70年代,法国钢铁年产量曾达2 700万t,后来,由于市场缩小,年产量逐渐下降,1995年钢铁产量1 810万t,居世界第10位、欧洲第4位。进口矿石主要来自巴西、澳大利亚和瑞典等国。焦煤主要来自德国和波兰。钢铁工业主要分布在铁矿石资源丰富的洛林地区和依靠进口矿石为原料的北部沿海敦刻尔克周围地区及中南部的里昂、马赛、福斯港群一带。

汽车工业　汽车工业是法国的重要支柱产业和创汇的主要产业。直接和间接从事汽车生产的人员约占工业部门就业人数的1/5。1994年生产汽车356万辆,居世界第4位。其产量有一半以上供出口,汽车贸易连年顺差。汽车工业主要集中在巴黎、里昂、勒阿弗尔、斯特拉斯堡、圣太田、雷斯等地。

航空航天工业　法国的航空工业战前就较发达,第二次世界大战后又获得迅速发展。目前其技术水平和生产能力仅次于美国,居世界第2位。法国不仅能制造多种型号的军用、民用飞机、战术导弹,而且还拥有研制和生产多种人造卫星、航天设备和战略导弹的能力,且产品远销世界许多国家和地区。航空航天工业主要分布在巴黎、马赛、图鲁兹、波尔多、南特等地。

电子电气工业　作为战后新兴的工业部门,电子电气工业发展迅速,其生产的无线电通讯和导航设备居世界领先水平,产品多供出口。主要分布在巴黎、格勒诺尔布、里昂、里尔等地。

化学工业　60年代前,以利用本国资源发展的基本化学工业为主;60年代以后,以石油为原料的有机化学工业得到迅速发展。目前法国石油加工技术仅次于美国居世界第2位。香料工业在世界久负盛名,香料产品约有1/4供出口。医药工业技术和工艺处于世界领先地位,每年投入市场的新药名列世界前茅。化学工业主要分布在巴黎、里昂、洛林、南锡等;南部地中海沿岸的马赛、福斯及北部沿海的勒阿弗尔为石化工业中心。

能源工业　因法国能源资源不足,目前,能源资源的70%依靠进口。煤炭主要来自德国、南非和波兰;石油主要来自中东地区。电力工业以核电为主,核电设备能力仅次于美国,居世界第2位。1995年核发电量已占全国总发电量的77.8%,这一比重高居世界之首。法国的电力还成为出口商品出口到邻国。

纺织和服装工业　作为传统的工业部门,战后,纺织业发展相对缓慢,但服装业一直繁荣。服装业生产的特点是设计、生产技术先进,劳动生产率高,做工精良,产品在国际市场上享有很高声誉。巴黎是时装设计中心,此外,纺织服装工业主要分布在里尔、里昂、鲁昂等地。

农业　法国农业发达,是西欧最大的农业生产国和出口国,世界商品粮基地。法国有发展农业的良好的自然条件,农业用地面积占全国土地面积的60%左右,其农业生产的现代化水平和集约化程度均居世界前列,已形成以畜牧业为主、畜牧业和种植业并举、经济作物和园艺作物都很发达的现代化农业结构。其多种农产品产量均居世界前列。如1995年葡萄酒产量居世界第一;甜菜产量3 056万t,居世界第1位;牛奶、肉类、油菜籽产量居世界第5位;谷物总产量5 361万t,仅次于中国、美国、印度、俄罗斯、印度尼西亚,居世界第6位;单位面积产量6 457kg/km^2,仅次于英国,居世界第2位。法国农产品大量出口,在外贸平衡中起重要作用。

交通运输　法国的交通运输具有明显的国际性,主要铁路、公路、航空和水运干线都与欧洲其他国家相通,首都巴黎是国际交通枢纽。

公路总长81.81万km,其中高速公路6 292 km。公路货运约占全部货运的59%。

铁路总长32 727 km,其中电气化铁路12 986 km,以巴黎为中心呈辐射状。法国在发展高速火车方面走在世界前列,1981年9月第一条高速铁路巴黎—里昂线正式投入使用,时速270 km;1989年12月,又研制成功新一代高速火车,时速为482.4 km。铁路货运约占全部货运的26.5%。

航空运输发达,客运量居世界第3位。主要国际机场有戴高乐、奥尔利和勒布齐等。

法国有较稠密的内河运输水系,主要河流塞纳河、卢瓦尔河、加龙河、罗纳河均可通航,且各大河间有运河相通。内河航道8 568 km,其中运河航道4 613 km,是世界河网密度最大的国家。法国海岸线长约3 000 km,75%的进口货物和20%的出口货物是通过海运来完成的。由于外部靠海,内部多大河,所以在沿海与河口处形成许多大港。目前吞吐量超过1 000万t的港口有罗纳河口的马赛港、塞纳河口的勒阿弗尔、卢瓦尔河口的南特—圣纳泽尔港、加龙河口的波尔多港等,还有东北部的敦刻尔克港。河口港便于利用内河作为货物集散的渠道,又可使海港因具有广阔的腹地而加强其地位。

主要港口

马赛—福斯(MARSEILLES—FOS)港　位于法国东南罗纳河三角洲东侧,濒地中海。法国最大的贸易港口,也是地中海沿岸的最大港口,主要承担法国对亚洲、非洲和大洋洲货物吞吐。马赛港区地处马赛市之西(43°18′N、005°25′E)。马赛港虽是全国最大的外贸门户,但由于水浅,水道通航能力受到很大限制,于是在马赛以西 50 km 处的福斯兴建新港。这里港阔水深,可停靠 35 万 t 级轮船。并同附近一些中小港口组成了庞大的港口群,年吞吐量 1 亿 t 以上,1997 年集装箱吞吐量达 62 万 TEU,居世界第 61 位,法国第 2 位。还建立了依靠进口优质铁矿石的大型钢铁企业,港口工业发展迅速,马赛—福斯港周围已形成了一个巨大的沿海工业地带。该港背山面海,没有强劲的潮汐和海流,航道安全、昼夜通航,是一个天然良港。始建于公元 600 年,由希腊人开拓的一个古老港市,现已发展为地中海的最大商港,也是欧洲第三大港,又是世界大客运港之一。本港不仅是公路、铁路和航空的枢纽,而且工商业发达。主要工业有炼油、纺织、食品、石油化工、造船及机械等,是欧洲第二大化学工业区(第一为鹿特丹),并集中了法国 40%的石油加工工业。马赛港景色秀丽,气候宜人,多教堂、博物馆等名胜古迹,还是一个旅游胜地。

该港属亚热带地中海式气候,盛行西北风,夏季多南到西南风。年平均气温 11℃,全年平均降水量约 700 mm。平均潮差:高潮为 0.4 m,低潮为 0.3 m。

本港共包括 4 个港区:马赛(MARSEILLES)、福斯(FOS)、布克(BOUC)及圣路易罗拉(ST. LOUIS DE RHONE)港区。码头岸线总长 70 多 km,主要码头泊位有 112 个,岸线长 22 km,最大水深 22.2 m。

装卸设备有各种岸吊、门吊、可移式吊、抓斗吊、集装箱吊、浮吊、跨运车、叉车、拖车及滚装设施等,其中浮吊的起重能力最大达 600 t,还有直径为 406.4~1 066.8 mm 的输油管道供装卸石油使用。马赛港区:主要为散货和滚装码头,最大可靠 8 万载重吨的船舶。煤炭装卸效率日卸 2.2 万 t,日装 1.8 万 t,堆场能力达 100 万 t。蔬菜与水果的冷藏仓库附有自动卸货输送带与船舱相连。福斯港区:1965 年新建的深水港区,是世界上第一流的天然气运输港,港区宽阔,现代化程度高,水深达 24 m。在港区附近有大型炼油厂、钢铁厂及石油化工企业等。港区最大可靠泊 30 万载重吨的超级油船,油码头有油管与炼油厂及油库相连,卸油量约 1.7 万 m^3/h,油库总容量达 561 万 m^3。港内输油管道年输送量达 9 000 万 t。集装箱码头水深达 15 m,有 45 t 的龙门吊,堆场面积达 27 万 m^2;矿石码头水深达 20 m,最大可靠 18 万载重吨的船舶,卸货约 2 000 t/h,有矿石库容达 100 万 t。布克港区:主要为液化气码头,年通过能力达 120 万 m^3(600 m^3/h)。地下罐容量达 35 万 m^3。另有散货及成品油码头,成品油装卸效率按照油种最大每小时为 2 500 m^3。马赛港是法国最大的修船港,有 10 个干船坞,最大可容纳 80 万 t 级的船舶,能承接各种修理,每年平均修船达 1 200 艘,相当法国全部修船量的 70%。本港主要进口货物为石油、煤、粮谷、木材、面粉、矿石、羊毛、蔬菜、水果、皮革、糖、硫磺及金属制品等,出口货物主要有水泥、机械、成品油、石灰、肥皂、酒及咖啡等。1994 年集装箱吞吐量为 44.6 万 TEU,比 1993 年增长 3.5%。1992 年货物吞吐量达 9 014 万 t,比 1991 年增长 1.3%。该港与世界上 300 多个港口有船舶往来,有 18 家航空公司与 60 多个国家通航。

目前港务局正在积极发展中转运输,通过集装箱支线船和铁路转运的有利条件承接中转货物。此外,还可利用驳船经罗纳(RHONE)河运往法国内陆。最近港务局已开始为马赛港建设占地 60 万 m^2 的综合物流基地而进行可行性研究。建设物流基地是为了将该港建成运往全欧洲的杂货中转基地。该中转基地不仅具有往南欧和地中海的保管和调运机能,而且成为往北欧和中欧地区的调运中心。

勒阿弗尔(LE HAVRE)港　位于法国西北部塞纳河口(49°30′N、00°07′E),为法国吞吐量第二大港和集装箱第一大港。也是塞纳河中下游工业区的进出口门户。该港承担法国与南、北美洲之间的货物转运，并且是来往西班牙、葡萄牙、爱尔兰和苏格兰的理想中转港口。还有高速公路与铁路通往巴黎，并与整个法国和西欧地区连接起来。主要工业有造船、机械、石油化工、木材加工、电工器材及食品等。港口距机场约 7 km，有定期航班飞往巴黎等地。

该港属温带海洋性气候，盛行西和西南风，冬温夏凉，常年有雨。平均气温约 12℃，全年降水量约 800 mm。平均潮差为 6.7 m。

港区主要码头泊位 36 个，岸线长 8.5 km，最大水深 29.8 m。

装卸设备有各种岸吊、可移式吊、门吊、高性能龙门吊、集装箱门吊、卸谷机、浮吊、重吊及滚装设施等，其中浮吊最大起重能力为 200 t，重吊起重能力达 650 t，还有直径为 254～406.4 mm 输油管道供装卸石油使用。散货码头最大可靠 25 万载重吨的船舶，油突堤最大可靠 55 万载重吨的超级油船。煤炭码头有抓斗装卸桥，速率为 1 200 t/h，装卸率达 1.5 万 t/日，总的堆场能力为 70 万 t，600 t/h 的输送机能连续进行作业，并通过 3 万载重吨的主泊位可向货车、火车及驳船装运煤炭。筛选设备具有压碎装置，各种类型的煤块均能进行筛选。集装箱堆场能力达 60 万 m^2。水果库容约 20 万 t，储货场容量达 45 万 t。装卸效率：散糖 600 t/h，矿石卸 2 000 t/h、装率 1 000 t/h，原油效率达 2 万 t/h，有输油管直通巴黎。

港口建立了公共情报处理系统　ADEMAR 及 ADEMAR PLUS 系统，负责通报码头上商品报关所需的全部事项，负责将输入商品的详细数据通知港口各有关部门。还有一个出入港船舶的数据处理系统 GINA，负责把输入 ADEMAR 和 ADEMAR PLUS 系统的所有数据提供给勒阿弗尔港的各个部门。

勒阿弗尔港是一个深水港，可以昼夜不断地接待各种船舶。每年来港的船舶有 8 000 余艘，其中集装箱船达 3 500 艘，大小班轮公司约 250 家与全世界 500 多个港口通航。1997 年集装箱吞吐量达 118 万 TEU。货物吞吐量为 8 000 万 t，比 1991 年减少约 3.4%。该港能源供应为运输业务极其重要部分，约占港口运输总量的 65%。主要进口货物为原油、煤、矿产品、皮革、纺织品、服装、肉类、电力机器及金属件等，出口货物主要有机器、车辆、石油产品、粮谷、纸张、运输设备、塑料原材料及杂货等。

鲁昂（ROUEN）　位于法国西北沿海塞纳河的下游至出海口处（49°27′N、001°04′E），为巴黎的外港，濒临塞纳湾的东南侧，是法国的谷物输出第一大港。鲁昂以其精美的彩陶和瓷器成为法国主要陶瓷中心。港口距机场 80 km。

该港属温带海洋性气候，盛行西风，冬温夏凉，常年有雨。年平均气温 11℃。全年平均降水量约 800 mm。平均潮高：大汛高潮为 7.5 m，低潮为 4.9 m；小汛高潮为 6.5 m，低潮为 4.6 m。

港区主要码头泊位 58 个，岸线长 14 km，最大水深 11 m。

装卸设备有各种岸吊、龙门吊、可移式吊、集装箱吊、卸粮机、装谷机及滚装设施等。码头最大可靠 4 万载重吨的船舶或部分载货的 11 万 t 级的船舶。在河口的 HONFLEUR 港池可泊 3.5 万载重吨的油船。港区有粮库容量 8.7 万 t，糖浆库容纳 5.6 万 m^3，仓容达 19.5 万 t。主要进口货物为煤、原油、矿石、焦炭、木材、车辆、纸浆、食品、酒及石油产品等，出口货物主要有谷物、水泥、滑石粉、糖、金属制品、化工品及杂货等。1992 年集装箱吞吐量为 8.9 万 TEU，年货物吞吐能力约 3 500 万 t。

鲁昂港务局为了适应港口发展的需要，正在实施一个投资计划，共分三部分：第一，改善岸上运输设施，把海上航线在鲁昂以西与高速公路连接起来，以便进一步利用其战略性的内陆态势;第二,改善入港水道,使大型船舶能够通过;第三,继续把鲁昂港的运量集中到拥有最佳装卸设施的专用码头上,以便降低装卸费用。

敦刻尔克(DUNKERQUE)港　位于法国北部,濒多佛尔海峡(51°03′N、002°24′E),为法国第三大港,也是重要的渔港。该港自1990年开始大规模的建设,包括干散货码头的改建、铝土厂的新泊位及集装箱码头的扩大等等。敦刻尔克港还是法国的一个重要的工业地区,它不仅是石油化工、机械工业中心,而且是法国的重要钢铁基地之一。还有造船、炼油及纺织等工业。港口有铁路轮渡同英国多佛尔港相连,并有铁路和运河直通比利时。距加来(CALAIS)的MARCK机场约35 km。

该港属温带海洋性气候,盛行偏西风,冬温夏凉,常年有雨。年平均气温12℃,全年平均降水量约800 mm。平均潮高:大汛高潮为5.8 m,低潮为0.6 m;小汛高潮为4.7 m,低潮为1.5 m。

港区有外港和内港两部分,外港分东、西两区,内港为一坞式港池,从外港进入内港有三个船闸出入。主要码头泊位45个,岸线长14.6 km,最大水深22 m。

装卸设备有各种岸吊、抓斗吊、多用途吊、可移式吊、浮吊、装载机及滚装设施,还有直径为254~660.4 mm的输油管道等,其中浮吊的最大起重能力达250 t。东外港码头可靠12.5万载重吨的散货船。西外港允许45万载重吨的超级油船入港,有输油管直通炼油厂,最大卸油速率达2万 m^3/h。煤炭码头的装卸能力:有50 t抓斗装卸桥,装卸率达4万t/日,有塔式装船机,平均每天装船为2.5万t,装车为8 000 t。堆场能力达120万 m^2,并配有斗轮式堆料机,泊位停靠能力最大达18万载重吨的船舶。派西尼(PECHINEY)铝土厂的新泊位能接纳250 m长的铝土运输船,每年运输量50万t,谷物码头有30万t的储存能力。

主要进口货物有矿石、煤、石油、木材、棉花、羊毛及杂货等,出口货物有粮食、水泥、化肥、石油制品、水果、蔬菜、糖及工业品等。

南特—圣纳泽尔(ST. NAZAIRE—NANTES)港　位于法国西部卢瓦尔河下游,圣纳泽尔在河口北岸(47°17′N、002°12′W);南特位于圣纳泽尔河下游(47°14′N、001°34′W),距河口54 km,是法国西部最大港口,全国第四大港口,还是重要的铁路和水运枢纽、工业中心。年吞吐量2 500万t以上,主要进口石油、煤、矿石等散货,约占总吞吐量的70%以上。其腹地经济发达,特别是炼油、造船、制糖、食品等工业,附近地带还是法国重要的农业区,粮食、油菜籽、甜菜生产基地。

该港属温带海洋性气候,盛行西到西北风。年平均气温13℃,全年平均降水量约800 mm,平均潮高:大汛高潮5.8 m,低潮1.5 m;小汛高潮4.6 m,低潮1.9 m。

本港码头分布在南特以下直至圣纳泽尔的卢瓦尔河两岸,共有10个码头区,其中8个在北岸。主要码头泊位42个,岸线长7 km,最大吃水17 m。

装卸设备有各种岸吊、可移式吊、抓斗吊、集装箱吊及浮吊等,其中岸吊最大起重能力为60 t,浮吊达100 t,还有直径为152.4~304.8 mm输油管供装卸石油使用。栋日油码头可靠12万~14万载重吨的船舶或经过减载的28万t级的油船,原油通过量为1万 m^3/h,贮油罐总容量达25万 m^3;栋日(蒙特尔)煤码头依靠12万载重吨的船舶,抓斗装卸桥速率1 250 t/h,有效堆物能力为30万t,通过取料机取料1 200 t/h,堆料速率达2 500 t/h,轨道装煤场可装2 400 t的整列火车车皮,1991年煤炭吞吐量为270万t。南特主要为散货及集装箱码头,集装箱装卸速率为20箱/h,谷物装速700 t/h,谷物仓容达8万t。圣纳泽尔码头由于进港受船闸制,高潮时能进 2.5 万载重吨的船舶,有容量为 1 万 t 的谷仓,装速 400 t/h。本港主要进口货物为石油、煤、糖、大米、茶、木材、纸浆、水泥、香蕉、蔬菜、咖啡、大麻、谷物、硝酸盐、磷矿及生铁等,出口货物主要有铁矿石、机器、豆饼、沙丁鱼、面粉、白兰地、奶油干果、蛋及石板等。

波尔多(BORDEAUX)　位于法国西南部加龙河下游,距比斯开湾 98 km(44°50′N、000°34′W)。是法国西南部重要港口和铁路枢纽,也是大西洋东岸葡萄酒酿制中心。产量占法国葡萄酒总产量的 90%以上,有世界葡萄酒"皇后"之称。该港还可以通过加龙河连结图卢兹,经南运河进入地中海,成为沟通地中海与大西洋的重要水道。

港口有码头泊位 27 个,岸线长 5 km,最大水深 17 m。主要进口货物有石油、煤、木材、花生、矿石、烟叶、磷灰石等,出口货物有谷物、水泥、化肥、水果、蔬菜、酒类及杂货等。

对外贸易　对外贸易在法国经济中占重要地位,其工农业产品很大一部分为出口商品,而能源、有色金属等重要工业原料绝大部分依靠进口。1995 年进出口总额为 4 624.92 亿美元,其中出口 2 868.5 亿美元,顺差 112.08 亿美元。其进出口贸易额位于美国、日本、德国之后,居世界第 4 位;还是世界上第三大军火出口国。出口商品主要有机械、汽车、化工产品、钢铁、农产品、食品、服装、化妆品和军火等。对外贸易长期处于逆差,其进口商品以能源、工业原料为主也是造成逆差的主要原因。主要贸易伙伴是欧盟的其他成员国,其对外贸易的 60%左右是在欧盟内部进行的。美国是其欧盟之外的最大贸易伙伴,其次是中东地区和日本。

第六节　南　欧

南欧指阿尔卑斯山脉以南,位于巴尔干、亚平宁和伊比利亚三大半岛及其附近一些岛屿上的 17 个国家和地区。有罗马尼亚、保加利亚、南斯拉夫、波斯尼亚和黑塞哥维那、克罗地亚、阿尔巴尼亚、希腊、意大利、圣马力诺、梵蒂冈、西班牙、葡萄牙、直布罗陀、安道尔、斯洛文尼亚、马其顿、马耳他等国。总面积 166 万 km^2,人口约 1.69 亿,是欧洲人口较稠密地区。

地中海对南欧各国的自然地理、经济发展都有重要影响。自古以来,地中海航运业就很发达。地中海将欧、亚、非三洲沟通起来,尤其是苏伊士运河通航以后,地中海便成了连结东西方、大西洋与印度洋的海上捷径。由于运河和直布罗陀海峡的存在,使南欧地理位置具有重要的战略意义。

南欧各国的地形以山地、丘陵为主,平原面积不大。地理位置正处于回归高压带和西风带交替地带,北部又有高大的阿尔卑斯山脉为屏障,除东北部为温带大陆性气候外,大部属地中海式气候,夏季炎热干燥,冬季温暖湿润。适合于农业生产的发展,花卉与葡萄、柑桔、无花果等亚热带水果在国际市场占重要地位;乳、肉用的畜牧业较发达,林、渔业占一定地位。

南欧各国除少数国家有石油、天然气和金属矿以外,大部分国家资源贫乏,尤其是矿物能源多依靠进口,但水力资源丰富。

战后各国利用有利的地理位置与方便的交通条件,大力发展航运业、对外贸易和旅游业,使之成为各国经济的突出部门和主要财富来源。

西　班　牙

西班牙国土由伊比利亚半岛大部及地中海上的巴利阿里群岛和大西洋上的加那利群岛组

成。面积 50.6 万 km^2，是南欧面积最大的国家，人口 3 921 万（1995 年），以西班牙人为主，多数居民信奉天主教。首都马德里。

西班牙东临地中海，西濒大西洋，北部以比利牛斯山脉为界与法国相邻，南端隔 14 km 的直布罗陀海峡与非洲相望，这里是地中海通往大西洋的咽喉，是欧洲通往非洲的陆上走廊，海岸线长达 3 140 km，西北部多天然良港。15 世纪和 16 世纪西班牙就是利用这样有利的地理位置成为海上强国。扼守着直布罗陀海峡，控制地中海各国以及大西洋沿岸欧洲和非洲国家间的贸易通道。首先开辟通往新大陆和直达印度的航线，并在新大陆、非洲掠夺大量的殖民地。16 世纪末，荷兰、英国、法国成为西班牙抢夺殖民地和海上贸易等方面的竞争对手，1588 年西班牙的"无敌舰队"遭毁灭性的打击后，丧失了海上霸权地位。19 世纪西班牙在美洲的殖民地纷纷独立，1898 年美西战争中西班牙又是战败国，几乎丧失海外所有的殖民地，从此逐步衰落下去。第二次世界大战后，尤其是 60 年代以来，开始推行全面对外开放政策，大量引进外国资本和技术，经济得以较快发展。

西班牙是个中等发达的资本主义工业国。1993 年工业产值占国内生产总值的 32.7%，工业就业人口占总就业人口的 24%；在内部结构上也有很大变化，从过去的以采矿和轻纺工业为主转为以钢铁、机械、造船、电器、电子、汽车、石油化工等为主的工业体系。造船业居欧洲前列，所生产的船舶 1/2 供出口，70 年代以来，大力发展石油工业，目前西班牙是南欧唯一在地中海欧洲大陆架上采油的国家，原油年产量达 600 万 t。工业基本建立在本国原料的基础上；但近年来，由于生产规模的扩大，原料不敷需要，石油、铝土、铁矿石、焦煤等依赖进口。

工业主要集中在东北部沿海，以巴塞罗纳为中心，其次是比斯开湾和首都马德里地区。西班牙是传统的农业国，60 年代以后，农业在国民经济中比重逐渐下降，1993 年农业产值占国内生产总值的 3.7%。农业中以种植业为主，园艺业、畜牧业占比重较大。西班牙的橄榄和橄榄油产量仅次于意大利，居世界第 2 位；葡萄和葡萄酒产量仅次于法国和意大利，居世界第 3 位；柑桔次于美国和葡萄牙居世界第 3 位；地中海沿岸盛产杏仁，这些农产品都是西班牙的出口商品。

在西班牙出口贸易中，工业品占 70%，农副产品占 30%，进口中原料和燃料占 1/2，工业和运输设备占 1/4，1993 年进出口贸易额为 1 395.24 亿美元，贸易逆差达 285.7 亿美元，贸易长期处于逆差。主要贸易对象国是欧盟成员国和美国。

西班牙三面环海，有些岛屿散布在大西洋中，气候宜人，风光绮丽，交通便捷，还有一些中世纪的名胜古迹和别具一格的民族习俗，旅游业十分发达，已经成了经济的重要支柱和外汇的主要来源之一。1993 年创汇约 202 亿美元，占国内生产总值的 4.2%。

交通运输业发达，1992 年全国有铁路 1.458 万 km；公路 32.533 万 km（其中高速和快速公路总长为 5 300 km）。

重要海港：

巴塞罗纳（BARCELONA）　位于西班牙东北角地中海沿岸（41°25′N、002°10′E），是全国最大的工业中心和商港。全港共有 90 多个泊位，年吞吐量为 1800 多万 t，1997 年集装箱吞吐量为 97.19 万 TEU，居世界第 39 位，是欧洲 10 大集装箱港口之一。

该港属亚热带地中海式气候，上午多西及西北风，下午多南及西南风。年平均气温 17℃。全年平均降水量约 1 000 mm。平均潮差约 0.3 m。

装卸设备有各种岸吊、门吊、可移式吊、集装箱吊、浮吊、跨运车、铲车、吊运车、牵引车及滚装设施等，其中浮吊最大起重能力达 160 t，还有直径为 101.6～406.4 mm 的输油管道供油船装卸使用。装卸效率：化肥装约 1 000 t/h，水泥装 1 000 t/h，矿石装 1 500 t/h，原油卸 1 000 t/h，谷物卸 1.5～2.7 万 t/h。码头最大可靠 8 万载重吨的船舶，露天堆场面积为 4.5 万 m^2，粮谷库容约 18.7 万 t，油库储存量达 35 m^3。本港自由贸易区的面积达 5 km^2。巴塞罗那每年有 7 000 余艘进出口船舶，有 250 多条国际航线，有完善的市内公共汽车和地下铁道设施。该港与欧洲共同体国家之间的货物运输以卡车为主，加泰罗尼亚有全西班牙最密集而且最现代化的公路网，从该港到法国边界只需 1 个半小时。本港主要进口货物为羊毛、棉花、粮谷、煤、油类、铁、木材、化肥、糖、机械、铜、黄麻纤维及化工品等，出口货物主要有纺织品、软木、酒、橄榄油、房瓦、肥皂、纸张、水果、羊毛制品、玻璃制品及杂货等。

毕尔巴鄂(BIBAC)　位于北部比斯开湾东岸(43°17′N、002°55′W)，是全国第二大海港，地处铁矿产区，输出铁矿砂，输入煤炭，全国最大的钢铁基地。年吞吐量 3 000 万 t 以上。1997 年集装箱吞吐量 34 万 TEU。

阿尔赫西拉斯(ALGECIRAS)　位于直布罗陀海峡东口北岸(36°08′N、005°26′W)，临地中海—西欧间国际航道。全国吞吐量第三大港，年吞吐量 2 500 万 t 以上，1997 年集装箱吞吐量达 153.76 万 TEU，居世界第 23 位，是地中海沿岸最大的集装箱港口。

塔拉戈纳(TARRAGONA)　位于巴塞罗纳南部地中海沿岸(41°05′N、001°14′E)，是西班牙第四大港，原油、煤炭输入港。年吞吐量 2 000 万 t 以上。

除上述港口外，还有巴伦西亚、卡塔赫纳、拉克鲁尼亚、希法、卡斯特利翁等。

意　大　利

位置与自然条件　意大利领土由阿尔卑斯山脉南麓山地和波河平原、亚平宁半岛、西西里岛、撒丁岛及其附近岛屿组成。面积约 30 万 km^2，亚平宁半岛和西西里岛把地中海分成东西两部分，形成亚得利亚海和利古里亚海两个向北突出的大海湾。自古以来，意大利就是中欧到非洲的天然桥梁和地中海东西航线便捷的水路，发展海运的条件颇为有利。奥特朗托海峡、墨西拿海峡、突尼斯海峡、博尼法乔海峡成为海运中的必经水道。

意大利国土南北狭长，各地自然条件差异很大。北部大陆部分有高耸的阿尔卑斯山脉横贯东西，是莱茵河、波河、阿迪杰河等许多河流的发源地，各河蕴藏丰富的水力资源。山脉南部是波河平原，为意大利主要农业区。半岛部分为亚平宁山地，半岛西部和西西里岛是火山、地震多发地带。埃特纳火山 3 340 m，是欧洲最高的活火山，有历史记载已喷发了 130 次。

各地气候差异很大，南部是亚热带地中海式气候，大陆部分为温带大陆性气候。降水量较丰富，季节分配较均匀，适宜温带作物生长。意大利的矿产资源较贫乏，特别是矿物能源，只有少量的天然气、石油；但有丰富的水力资源，地热资源可弥补部分矿物能源的不足。天然硫磺、汞、铝土矿较丰富，半岛上所产色泽美丽的大理石是著名的建筑材料。

意大利人口 5 719 万人(1994 年)，多为意大利人，有少数法兰西人，居民 90%以上信奉天主教。人口分布不平衡，集中分布在北部经济发达地区，60%的人口集中在城市。首都罗马是个有 2700 多年历史的古老名城。从公元 8 世纪起就是天主教的中心，多名胜古迹，是世界著名旅游中心。罗马城西北的梵蒂冈城是面积只有 0.44 km^2 的梵蒂冈城国的所在地，是各国天主教会的领导中心。

经济概述　意大利是个历史悠久的国家，它在世界经济，文化发展中起过重要作用。早在公元前2世纪就曾建立强大的罗马帝国，同时也是欧洲资本主义生产方式萌芽最早的国家之一。后经多次分裂和外族入侵，1870年实现统一，资本主义经济开始迅速发展。14世纪至16世纪欧洲文艺复兴发祥于意大利，出现了空前的繁荣，创造了很多辉煌的文化艺术瑰宝，对世界科学、航海等起着巨大的推动作用。14世纪国际贸易集中在地中海沿岸时，古罗马的威尼斯、热那亚、佛罗伦萨等均为世界贸易中心，1922年墨索里尼上台，建立法西斯统治，意大利进入垄断资本主义阶段，曾先后占领大片殖民地，并积极参加和发动两次世界大战，靠战争的刺激，工业，尤其是重工业得到较快发展。战后经济发展较快，特别是60年代以来，经济发展速度在资本主义世界中仅次于日本和原联邦德国，经济实力处于美、日、德国、英国、法国之后，居世界第6位。受全球性经济危机的影响，意大利经济也出现过较大的波动，但总体上基本保持平衡发展。1992年起，其国民生产总值超过英国，居世界第5位。1994年人均GNP达19 300美元，居世界高收入国家和地区行列。

意大利经济发展具有如下特征：

(1)国家垄断资本高度发达。国家参与制企业占重要成分，控制着国民经济的重要部门。伊利、埃尼和埃菲姆是三大国营财团，在全国工业产值中约占1/3，经营范围涉及钢铁、造船、机械、石油、化工、军火等部门。近年来，有些国家参与制企业经营不力，亏损严重，政府正逐步推行对主要国有企业私有化政策。

(2)中小企业在经济中占有重要地位。70年代以来，意大利的中小企业发展迅速，在制革、制鞋、服装纺织、家具、首饰、酿酒、机械、大理石开采及电子工业等部门均占优势，具有专业化程度高、适应能力强、劳动力安排富于伸缩性和产品出口的比例大等优点，这类企业的产值约占国内生产总值的15%左右。

(3)南北经济地区发展不平衡。先进工业大多集中在北方，特别是米兰—都灵—热那亚为核心的“工业三角区”，集中了全国一半以上的制造业。北方的波河流域是意大利的农业区，农业技术先进的大农场也都集中在这一地带。而占全国总面积40%、人口38%的南方地区，工业很少，农场规模小、技术落后，国民生产总值只占全国的25%左右，人均收入只相当于北方的57%。多年来意大利政府致力于改善“南贫北富”的状况，已在南部投资兴建了一些工业企业，如在塔兰托兴建了大型钢铁企业，在西西里岛和撒丁岛兴建了炼油厂和石化厂等。南北经济差距正在缩小。

(4)经济结构发生很大变化。战后意大利的经济结构发生很大变化，表现在国民经济第一产业、第二产业的比重逐渐下降、而第三产业的比重则明显上升。1993年第三产业的产值占国民生产总值的比重为65.4 %，就业人数占总就业人数近60%。

主要产业部门及其分布

工业　意大利工业在国民经济中起主导作用。1993年工业产值占国民生产总值的31.7%，就业人数占总就业人数的33%。由于发展工业所需的能源和原料主要依赖进口，产品的1/3以上供出口，所以工业具有明显的“出口加工”特点。

钢铁工业　钢铁工业建立在进口原料的基础之上，焦煤的100%、铁矿石的90%、锰矿的70%依赖进口。1994年钢铁产量2 612万t，居世界第7位、欧洲第3位。钢铁工业均分布于沿海，塔兰托、热那亚、萨沃那、那波利(那不勒斯)、威尼斯等沿海城市都是重要的钢铁工业中心，其中以塔兰托规模最大。

机械工业　是意大利重要的产业部门，主要包括动力机械、各种机床、制鞋机械、缝纫机械、打字机及其他精密机械等。汽车制造在国际市场上具有较强竞争力，1994 年生产汽车 168 万辆，居世界第 9 位，汽车产量的 40%供出口。都灵是全国最大的汽车工业中心。制鞋机械产量约占世界总产量的 50%，居世界第 1 位。其中 65%以上供出口。造船工业主要分布于沿海的里窝那、那波利(那不勒斯)、威尼斯、的里雅斯特等。

化学工业　传统化学工业主要是以国内资源生产硫酸、化肥等产品，主要分布在米兰。60 年代后，石化工业发展迅速，虽然原料缺乏，但由于地处世界石油运输航线上，并且靠近中东和北非石油产地，进口原油很方便。年加工石油能力居世界前列。石化工业主要分布在进口石油的沿海城市，如热那亚、那波利(那不勒斯)、奥古斯塔、卡里那里等。石油制品还出口到德国和瑞士。

能源工业　能源资源缺乏，煤炭和石油靠大量进口，只有天然气、水力和地热资源较为丰富。天然气分布于波河三角洲和波河上游，储量较大，但只能满足需求的一半。1985 年建成一条从阿尔及利亚通往意大利南部的管道以进口天然气。水力资源主要分布于阿尔卑斯山和亚平宁山区；地热资源主要分布于卡纳地区，拉尔德雷洛地热田是世界最大的地热田之一，佛罗伦萨建有地热发电站。在电力结构中，火电占 70%，水电占 25%，核电占 4%，地热发电占 1%。

纺织、服装、制鞋工业　意大利纺织工业历史悠久，纺织品至今在国际市场上仍占据优胜地位，毛、棉纺产品出口均居世界前列；近年来服装生产已超过法国，居世界首位，服装已成为重要创汇产品之一；意大利素有“制鞋王国”之称，年产皮鞋 6 亿双，产量超过德、英、法三国之和，且出口占产量的 70%，其中滑雪鞋占世界总销量的 60%。此外，皮具、箱包也畅销海外。

农业　作为一个发达国家，意大利的农业现代化程度很低，处于发达国家中的低水平。除波河平原自然条件较好为大农场经营外，其他地区经营规模都较小，1993 年农业产值占国内生产总值 2.9%，从事农业的人口占就业人数的 7.4%，农业生产率明显低于其他行业。由于意大利南部大多地区属地中海式气候，夏季干热，不易于牧草生长，因此，意大利农业以种植业为主，这与其他西欧国家不同。主要粮食作物有小麦、玉米、稻谷等，除稻谷自给有余，还有出口外，小麦和玉米分别能满足需求的 85%和 77%，尚需进口。甜菜、烟草是两大经济作物；蔬菜在欧洲市场很受欢迎，是外汇收入的一部分；南部的柑桔、柠檬、葡萄、橄榄等地中海式水果以质优可口闻名于世，也是重要的出口商品。

交通运输　国内运输以公路为主，1993 年公路承担货运量的 70%，公路总长 30 万 km，其中高速公路 6 193 km。铁路总长 19 588 km，一半以上实现了电气化，其中国营铁路占 80%，其余为私营。北部同邻国之间有穿越阿尔卑斯山脉的铁路干线，是沟通中欧、北欧、西欧的重要通道。米兰是全国最重要的交通枢纽。航空运输发达，主要国际机场有罗马的菲乌米奇诺、米兰的利纳特、马尔佩萨，都灵的卡塞莱等。意大利的海岸线长 7 200 多 km，由于工业所需能源、原料依赖进口，而工业产品的 1/3 需要出口，因此海运起着重要作用。全国共有港口 60 多个，年吞吐货物 4 亿多 t。

主要港口：

热那亚(GENOA)　位于利古里亚海热那亚湾北岸(44°24′N、008°54′E)，全国第一大港。化工、钢铁和造船基地。年吞吐量 5 500 多万 t，1997 年集装箱吞吐量达 118 万 TEU，居世界第 32 位。热那亚还是瑞士的主要出海口，设有自由贸易区。

那波利(那不勒斯)(NAPOLI)　位于亚平宁半岛西南第勒尼安海沿岸(40°50′N、014°17′E),意大利南部工业中心和大贸易港口,意大利南部地区的工业中心,是意大利的主要炼油中心之一,也是钢铁工业中心之一。主要工业有炼油、钢铁、造船、机器、化学、汽车装配、纺织及食品等。还有较多的古代艺术、文物及风景游览区,旅游业发达。港口距机场约 8 km,有定期国际航班飞往各地。

该港属亚热带地中海式气候,上午多北—东北风,下午多南—西南风。年平均气温 16℃,全年平均降水量约 700 mm。平均潮高:在大汛高潮时为 0.45 m,低潮时为 0.06 m;小汛高潮时为 0.33 m,低潮时为 0.18 m。

港口主要码头泊位 51 个,岸线长 8 km,最大水深 14.3 m。

装卸设备有各种岸吊、可移式吊、集装箱吊、浮吊、卷扬机、吸粮管、铲车及滚装设施等,其中浮吊最大起重能力达 150 t,集装箱吊达 45 t。集装箱堆场面积为 16 万 m^2,粮仓容量达 4.2 万 t。装卸效率:煤 4 000 t/h,谷物 520 t/h。油码头最大可靠 9 万载重吨的油船。还有炼油厂,每年炼油能力达 300 万 t,有管道及油泵与码头连接。大船锚地在港外,水域宽广,可泊 70 多艘船舶,水深在 20 m 以上。本港自由贸易区的法规有 4 条:(1)外国商品在自由贸易区储存或以后再出口,可以免交关税及其他各种进口税;(2)凡在区内消费或使用的外国商品,以及外国建筑材料、生产资料等,必须交纳关税。如运出自由贸易区而转在国内消费或使用,也要纳税;(3)区内允许商品的装卸、转运、储存、加工、转让和批售;(4)对于国家专营的商品,如烟草、盐、糖精、奎宁、宝石、轻武器及零件、成药、衣服、毛皮及其他贵金属等,在区内储存需符合特别规定。主要出口货物除石油制品外,还有煤、水果、钢铁、食品、建材、蔬菜及化工品等,进口货物主要有原油、矿石、谷物、木材、化肥、鱼、钢材及石油产品等。1992 年集装箱吞吐量为 16.3 万 TEU,年货物吞吐能力约 3 000 万 t。

里窝那(LIVORNO)　濒临利古里亚海(43°33′N、010°18′E),较早开展集装箱运输,1997 年集装箱吞吐量 50 万 TEU,是意大利第 3 大集装箱港口,不仅承担意大利北部、中部工业区货运任务,还中转德国、奥地利等国的货物。

拉斯佩齐亚(LA SPEZIA)　位于利古里亚海东北岸(44°01′N、009°51′E),意大利北方工业区重要的贸易口岸。有南北沿海铁路通西海岸沿海城市,距热那亚 80 km,并有横穿亚平宁山脉的公路连接北方波河平原。集装箱装卸增长迅速,1997 年集装箱吞吐量达 61.5 万 TEU,是意大利第 2 大集装箱港口。也是北部的油港。主要工业有造船、铸铁、炼油和机械制造等。是意大利的大理石生产中心,年产大理石约 100 万 t。

该港属亚热带地中海式气候,盛行东南和西北风。年平均气温 10℃,拉斯佩齐亚湾内潮流微弱,主要受风影响。全年平均降水量约 700 mm。平均潮差 0.3~0.6 m。

本港主要码头泊位 23 个,岸线长 5.5 km,最大水深 14.5 m。

装卸设备有各种岸吊、门吊、旋臂吊、集装箱吊、自动推进吊、卸粮机、皮带输送机、浮吊及滚装设施等,其中自动推进吊最大起重能力为 60 t,浮吊的最大起重能力达 110 t。油码头最大可靠 5 万载重吨的油船,另有 SPI 系船浮泊位,可泊 3 万载重吨的油船,有海底油管直通码头;集装箱码头最大可靠 4 万载重吨的“第 3 代”集装箱船,有起重能力达 45 t 的集装箱吊及多台集装箱堆垛吊;煤码头最大可靠 5 万载重吨船舶,煤从船舱用输送带可直接卸到煤场。装卸速率:谷物 300~450 t/h、燃油 1 000 t/h、原油 1 200 t/h、煤 1 万 t/日,液化气可通过管道网输送到各地。码头可承接各种船舶修理业务,最大浮坞可进 11 万 t 级的船舶。本港主要进口货物为原油、煤、天然气、木材、小麦、粗麻、废铁、纸浆及矿石等,出口货物主要有大理石、矿石、钢管、铁棒、铅块及爆炸品等。1994 年集装箱吞吐量达 85 万 TEU,成为地中海第二大集装箱港,年货物吞吐能力约 2 000 万 t。

墨西拿(MESSINA)　位于意大利南部西西里岛东北角,墨西拿海峡的西端,濒临第勒尼安海的东南侧(38°11′N、015°34′E)。是意大利西西里岛上的主要海港之一。与意大利各港之间均有海上交通。

该港属亚热带地中海式气候,盛行西北和南风。年平均气温 19℃,全年平均降水量为 600 ~700 mm。平均潮差甚小,一般在 0.2 m 左右。

本港水域面积约 78 万 m^2,自西北方向入港,入口处水深达 58 m。港区主要码头泊位有 6 个,岸线长约 1 200 m,码头岸边最大水深约 24 m。装卸设备有各种岸吊及汽车吊等,码头上有铁路线相通。装卸效率:粮食 80 t/h,杂货 50 t/h。主要出口货物有水果、酒、椰子油、鱼、亚麻籽、丝及杏仁等,进口货物主要有煤、木材、粮食、铜、铁、棉花、毛织品、石油、鱼及酒精等。

的里雅斯特(TRIESTE)　位于亚得里亚海威尼斯湾北部(45°40′N、013°45′E),有油管通向德国,是中欧和东南欧许多国家商品进出要港。年吞吐能力 4 000 万 t,多为散货。

威尼斯(VENICE)　位于亚得里亚海威尼斯湾北部(45°26′N、012°20′E),地中海贸易中心之一,著名的水城,旅游胜地。年吞吐量 2500 万 t 以上。

威尼斯是意大利北部的主要港口之一。始建于 6 世纪,10 世纪曾建立过城市共和国,中世纪成为地中海最繁荣的贸易中心之一。后来由于新航路的开通,欧洲商业中心转移到大西洋沿岸而衰落。威尼斯市有纵横河道达 176 条,把全市分成 122 个大小岛屿,其间有桥梁达 400 座,是世界著名的"水上都市"。工商业发达,主要轻工业有玻璃制造、旅游用品、家具制造、纺织品、瓷器、金属器皿等,并且是意大利的炼油中心之一,也是造船中心之一。还生产珠宝、玉石、花边、刺绣等工艺品而著称于世。有钟楼、大教堂、海滨浴场等,又是旅游胜地。港口距国际机场 10 km,有定期航班飞往各地。

该港属亚热带地中海式气候,盛行东北—东风,冬季雾较多。年平均气温 8℃,全年平均降水量约 1 000 mm。平均潮差:大汛高潮时 2.8 m,低潮时 0.4 m;小汛高潮时 2.1 m,低潮时 1.3 m。当春季有强劲的东南风时,潮高增加,有时会淹没个别码头。

本港港区之间及小岛与大陆之间都有公路、铁路桥相连。主要码头泊位 59 个,岸线长 8.3 km,最大水深 15 m。

装卸设备有各种岸吊、桥吊、可移式吊、轮胎式门吊、仓库吊、叉车、跨运车、谷物吸扬机、桥式卸船机等,还有直径为 203.2~304.8 mm 的输油管道及滚装设施等。油码头最大可靠 8.5 万载重吨的油船。仓库及堆场面积约 20 万 m^2。装卸效率:铝矾土 1 500 ~ 2 000 t/日,煤 6 500 t/日,谷物 300 t/h。本港自由贸易区有关法规如下:(1)外国商品在自由贸易区储存或以后再出口,可以免交关税及其他各种进口税;(2)凡在区内消费或使用的外国商品,以及外国建筑材料、生产资料等,必须交纳关税。如运出自由贸易区而转在国内消费或使用,也要纳税;(3)区内允许商品的装卸、转运、储存、加工、转让和批售;(4)对于国家专营的商品,如烟草、盐、奎宁、糖精、轻武器及零件、宝石、其他贵重金属、成药、衣服、毛皮等,在区内储存需符合特别规定。港口主要出口货物为棉纱、丝、大麻、铝矾土、纺织品、化肥、人造丝及杂货等,进口货物主要有煤、原油、矿产品、焦炭、谷物、铁、棉花、磷灰石及木材等。

杰拉(GELA)港　位于西西里岛西南岸(36°55′N、014°16′E),意大利主要商港,吞吐量

4 500 万 t 左右，以进口原油、铁矿石、煤、粮为主。

塔兰托(TARANTO) 位于爱奥尼亚海塔兰托湾(40°29′N、017°13′E)，意大利东南部重要港市，亚平宁半岛东南部农产品集散中心。建有意大利最大，也是世界最大的钢铁厂之一的塔兰托钢铁厂。年吞吐量 3 000 万 t 以上，主要为散货。

奥古斯塔(AUGUSTA) 位于意大利南部西西里岛东海岸中部奥古斯塔湾的北侧湾口处(37°13′N、015°13′E)是意大利西西里岛的主要油港，也是意大利的主要炼油中心之一。距卡塔尼亚(CATANIA)港约 30 km。最近的机场乘汽车 40 min 即可到达，每天有航班飞往米兰和罗马等地。本港地处马尔他海峡和墨西拿海峡附近，是东西地中海航路的要冲，地理位置十分重要。70 年代建起大型炼油厂，石油化工随之迅速发展，还有主要的传统工业如粮食、橄榄油、葡萄等农产品加工及鱼类加工等。

该港属亚热带地中海式气候，盛行南和东北风，冬季暖湿多雨。年平均气温为 18℃，全年平均降水量约 700 mm。平均潮高约 0.2 m。

港区主要码头泊位 18 个，岸线长 5 km，最大水深 25 m。

装卸设备有各种岸吊、抓斗吊、浮吊及皮带输送机等，其中浮吊的最大起重能力为 94 t，还有直径为 152.4~609.6 mm 输油管供装卸石油使用。油码头最大可靠 42 万载重吨的超级油船。原油装卸效率达 1 万 m^3/h，散装水泥装 2 000 t/日，码头上有各种油罐达 155 万 m^3。主要进口货物为原油、钾肥及矿石等，出口货物主要有燃油、煤油、汽油、水泥、化肥及成品油等。年货物吞吐能力约 3 500 万 t。

对外贸易 对外贸易是意大利经济的主要支柱。其石油的 98%、铁矿石的 93%、煤炭的 97%、棉花的 99%均需要进口，而其工业制成品的 30%销往海外市场，因此，对国际市场依赖较大。1994 年进出口总额达 3 551 亿美元，居世界第 6 位。意大利对外贸易长期处于逆差，1993 年起，逆差转为顺差。进口商品以石油、原料和食品等为主，出口则以机械设备、化工产品、家用电器、纺织、服装、皮鞋、金银首饰等轻工产品为主。主要贸易伙伴是欧盟成员国，1993 年在欧盟内部的贸易额分别占出口贸易的 55.4%和进口贸易的 56.1%。欧盟以外最大贸易伙伴是美国，分别占其进、出口的 5.3%和 7.7%，其次是日本，分别占其进、出口的 2.3%和 1.9%。

第四章　非　洲

第一节　自然概况

非洲是阿非利加洲的简称。东北部以苏伊士运河、红海、曼德海峡与亚洲大陆分开，北部隔地中海与欧洲相望，西部和东南部分别濒临大西洋和印度洋。面积 3 020 万 km^2，约占世界陆地总面积的 20.2%，为世界第二大洲。大陆海岸线长 3.05 万 km，海岸线比较平直，除索马里半岛、几内亚湾和锡尔特湾以外，半岛、海湾很少。马达加斯加岛是非洲最大的岛屿，为世界第四大岛，位于非洲东南部与大陆之间，隔着长 1 670 km、最窄处宽 420 km、最小深度 18 m 的莫桑比克海峡，是好望角航线上重要的通航海峡。

非洲是高原的大陆，炎热的大陆，富饶的大陆，黑色的大陆。非洲大陆北宽南窄呈不等边三角形。地形以高原为主，地面起伏不大，平均高度为海拔 650 m，有"高原大陆"之称。主要高原有埃塞俄比亚高原、东非高原和南非高原；山地多分布在西北沿海，乞力马扎罗活火山海拔 5 895 m，为非洲的最高峰；东部有世界最大的裂谷带叫东非大裂谷，长 5 800 km，深 1 000~2 000 m，形成一系列狭长而深陷的谷地和湖泊；沙漠占全洲面积的 1/3，在各大洲中沙漠面积最大。主要有北部的撒哈拉沙漠，是世界最大的沙漠，面积为 777 万 km^2，西南部有卡拉哈里沙漠、纳米布沙漠。

非洲的气候以高温、干燥少雨、气候带分布南北对称而季节相反为特征。赤道横贯中部，3/4 的土地位于南北回归线之间，年平均气温在 20℃ 以上。所以称为"炎热的大陆"。降水量从赤道向两侧减少，全洲约 1/3 地区年降水量不足 200 mm，但东南部、几内亚湾沿岸及山地向风侧降水较多，年平均降水量在 1 000 ~ 3 000 mm，而北部与西南部年平均降水量则不足 100 mm，甚至几年无雨，形成大片的沙漠，所以非洲也被称为"干燥的大陆"。

非洲大河多流入大西洋。尼罗河为非洲最长的河流，也是世界第一长河，全长 6 671 km；刚果河为非洲第二大河，流域面积和流量仅次于亚马孙河，居世界第 2 位。还有尼日尔河、赞比西河等大河，各河流上多瀑布，赞比西河上就有七十多处瀑布，其中世界闻名的大瀑布维多利亚瀑布，落差 122 m，宽约 1 800 m，为非洲一大名胜。维多利亚湖为世界第三大湖和第二大淡水湖。

非洲自然资源非常丰富，是个"富饶的大陆"。矿产种类多，储量大，有多种战略物资。其中已探明的有石油，储量 78 亿 t，主要分布在非洲北部地中海沿岸国家和西部几内亚湾沿岸；煤炭储量 800 多亿 t，集中分布在南非等地；铁矿资源 300 多亿 t，分布在北非、西非等地；黏土矿、磷酸盐、金刚石储量分别为 90 亿 t、270 亿 t、9 亿多克拉，居世界首位；黄金储量占世界总储量的 2/3 左右，南非是最大的黄金生产国。还有锰、铀、铅、锌、锑、钒、钴、铂、锂、铌、钽、铍、镉、锗、锡、石棉、石墨、天然气储量都在世界占重要地位。非洲动植物资源非常丰富。植物有 4 万多种，森林面积 6.8 亿 hm^2，覆盖率 23%，绝大部分为阔叶林，主要集中分布在刚果河流域和几内亚湾沿岸，是世界上热带木材重要产区之一。盛产红木、黑檀木、柯巴树、乌木、樟树、栲树、胡桃木、黄漆木、栓皮栎等经济林木。草原面积广大,达 8.9 亿 hm^2,占全洲总面积的 29 %,主要分布在 5°S 以南以及 1°~17°N 之间。居各大洲第 1 位。热带经济作物种类繁多,咖啡、花生、棉花、可可、丁香、棕榈油、剑麻、天然橡胶、甘蔗、烟草、油橄榄、茶叶在世界都占有重要地位。非洲是世界著名的天然动物园,动物种属多,有世界重要的自然保护区,为发展旅游业提供了优越条件。西北部和南部有重要游乐场。渔业资源丰富,盛产沙丁鱼、金枪鱼、鲐和鲸等。

非洲是地广人稀的大陆,全洲人口 7.48 亿(1995 年),占世界总人口的 12.9 %,居各大洲第 3 位。人口密度小,只有 23.1 人/km^2。在漫长的历史进程中,形成复杂的种族。非洲是黑人的故乡,又称"黑色的大陆"。目前,黑人占全洲总人口的 55%,主要分布在撒哈拉沙漠和埃塞俄比亚高原以南的中非和南非。白种人占非洲总人口的 26%,主要是阿拉伯人从西亚迁入北非,在南非还有一部分欧洲白人的移民及其后裔,他们在非洲人口中的比重不足 2%,还有 19%是黑种人和白种人的混血种人,主要分布在埃塞俄比亚高原和撒哈拉沙漠的南缘;马达加斯加岛上还有 2%的从东南亚迁入的马来人及黄种人与黑种人的混血种人。高出生率和高死亡率是非洲人口增长的一大特点。1994 年平均出生率为 42‰,死亡率为 13‰,自然增长率为 29‰,远远超过其他各大洲;全世界出生率超过 5%的 11 个国家有 10 个在非洲,死亡率超过 2.2%的 7 个国家中有 6 个在非洲。撒哈拉以南的地区,是世界人口增长最快的地区,预测到 2010 年这一地区人口将翻一番。人口分布极不平衡,1/2 的人口集中在占总面积 19%的沿海 200 km 范围内,如地中海、几内亚湾和印度洋沿岸;其次是内陆高地,海拔在 1 000~2 000 m,气候较温和湿润,如东非高原、维多利亚湖、基伍湖附近地区,埃塞俄比亚高原中部、尼日利亚北部高原以及南非和津巴布韦的高草原地带;再就是铁路沿线,如赞比亚中央铁路两侧 20 km 范围内就集中了全国 42%的人口;还有干燥地区的沿河地带与"绿洲",主要是尼罗河、尼日尔河、塞内加尔河和奥兰治河沿岸地带,尼罗河流域是世界人口最稠密的地区之一,1 000 人/km^2。而广大沙漠地区人烟稀少,人口密度不足 1 人/km^2。

非洲原居民多信奉原始宗教,阿拉伯人的迁入使伊斯兰教占非洲居民的 1/4,欧洲人的移居使基督教在非洲中南部、几内亚湾沿岸及埃塞俄比亚流传很广,基督教徒占非洲人口的 25 %。

非洲目前有 56 个国家和地区。在地理上习惯将非洲分为北非、东非、西非、中非、南非 5 个地区:

北非:指非洲北部地中海沿岸国家。有埃及、苏丹、利比亚、突尼斯、阿尔及利亚、摩洛哥、亚速尔群岛和马德拉群岛(葡)。

东非:指包括埃塞俄比亚、厄立特里亚、索马里、吉布提、肯尼亚、坦桑尼亚、塞舌尔等非洲东部印度洋沿岸国家及乌干达、卢旺达、布隆迪 3 个内陆国家。

西非:包括西撒哈拉、毛里塔尼亚、塞内加尔、冈比亚、几内亚比绍、几内亚、佛得角、塞拉利昂、利比里亚、科特迪瓦、加纳、多哥、贝宁、尼日利亚和加那利群岛(西)等非洲西部大西洋和几内亚湾沿岸国家及马里、尼日尔、布吉纳法索 3 个内陆国家。

南非:通常包括安哥拉、纳米比亚、南非、莫桑比克、马达加斯加、科摩罗、毛里求斯、留尼汪岛(法)、圣赫勒拿岛(法)与阿森松岛(英)等大西洋和印度洋沿岸国家和岛屿及赞比亚、津巴布韦、马拉维、博茨瓦纳、斯威士兰、莱索托等内陆国家。

中非:通常指喀麦隆、赤道几内亚、加蓬、刚果、圣多美和普林西比等几内亚湾沿岸国家及乍得、中非、扎伊尔 3 个内陆国家。

第二节 经济发展水平最低的大洲

非洲具有悠久的历史,古老的文化,是世界古代文明发祥地之一。在这漫长的历史时期内,为人类社会的发展作出了很大的贡献,创造了灿烂的古代文明。第二次世界大战后,国际形势发生巨大变化,殖民体系彻底崩溃,非洲人民民族解放运动蓬勃发展,纷纷摆脱帝国主义的殖民统治,非洲的政治版图发生了很大变化,非洲现有56个行政单位,已有53个国家独立。近年来,非洲重视发展经济,在消除殖民统治恶果,发展民族经济上取得显著成就。如对外资进行改革,实行国有化;加强非洲国家之间地区性和全洲性的经济合作;强调发展农业,特别是粮食生产;积极发展工矿业和交通运输业等。但是,由于独立时间短,基础薄弱,加上帝国主义和垄断资本竭力保持它们的既得利益,使非洲仍是世界上最贫困、最落后、最不发达的一洲。具有下列共同的经济特征:

1. 经济发展水平最低,大多数国家经济落后

除南非经济比较发达外,其他均为发展中国家。非洲经济水平低是有其历史原因的,15世纪起,最早走上资本主义道路的葡萄牙、西班牙、比利时、英国、法国等欧洲殖民主义者相继入侵非洲,大肆掠夺黄金、象牙、香料等;新大陆发现后,开始了罪恶的奴隶贸易,这种血腥暴行给非洲人民带来了巨大的灾难,400多年的奴隶贸易中使非洲人口丧失了1亿多人,使生产力遭到严重的破坏,阻碍了非洲经济发展。19世纪70年代,资本主义开始向帝国主义阶段过渡,帝国主义者对非洲进行更加疯狂的掠夺和瓜分,到第二次世界大战前,广大的非洲除埃及、埃塞俄比亚、利比亚以外全部沦为帝国主义的殖民地,成为帝国主义原料供应地和销售市场。国民经济具有典型的殖民性。战后,各国家纷纷独立,开始发展民族经济取得一些成效。但终因受宗主国的控制,种族斗争不断,严重束缚其经济发展。1995年还有31个国家人均国民生产总值低于400美元,其中肯尼亚只有12美元。

2. 工业基础薄弱,经济结构的单一化和畸形发展

由于长期的殖民统治和外国垄断资本的操纵,绝大多数国家未能形成自己相对独立而健全的国民经济体系,以采矿业和轻工业为主要经济部门,少数面向出口的农矿产品片面发展,粮食生产十分落后,制造业薄弱,工业化水平低。经济结构是典型的单一产品经济,许多国家的经济命脉以一种或几种农矿产品为支柱,生产不是为满足国内需要,而是全部或大部面向出口,整个经济对外依赖严重,受国际市场影响极大。如苏丹是一个单一植棉经济国家,出口量居世界第5位,大约提供本国商品出口总额的2/3;赞比亚是一个采铜业畸形发展的国家,铜的出口额占全国出口总额的90%以上,出口额完全决定于市场价格的变化,这就直接影响到整个国家经济的发展。

3. 生产力分布极不平衡,经济发展的地区差异很大

非洲生产力发展水平较高的国家多为农矿资源十分丰富的沿海国家。如南非、尼日利亚、阿尔及利亚、利比亚、突尼斯、摩洛哥、利比里亚、毛里求斯、塞舌尔、加蓬、刚果等沿海国家和博茨瓦纳、纳米比亚、斯威士兰等内陆国家,人均国民生产总值在1 000美元以上。其中塞舌尔岛国,面积只有455 km^2,领海面积却多达40万 km^2,人口只有7.2万人,主要靠优美的自然环境发展旅游业,成为非洲人均国民生产总值最高的国家,1995年高达5 700美元。

4. 近年来,经济发展速度快,具有持续性、普遍性、多样性的特点

1994年以来,除少数国家发生激烈内战外,大多数国家政局稳定,扭转了90年代初经济滑坡的趋势,由于西方国家经济的复苏,带动了农矿产品价格的上升,加之农业生产条件的改善,非洲从1994年以来,经济发展速度加快,经济增长率接近3%。毛里求斯、突尼斯、博茨瓦纳三国是非洲经济发展最快的国家,被称为非洲经济的"3小龙",其中毛里求斯年经济增长率平均为6%,列非洲各国之首,人均国民收入高达3 500美元,被联合国列为"国民发展高水平国家"。有关专家分析,非洲经济已连续3年保持强劲的增长势头,而且也有迹象显示未来增长势头不减,还正向好的方向发展。非洲大陆经济持续增长的国家并非几个,在非洲56个国家中,目前已有40个国家经济增长率超过其人口增长率,实现实际增长。许多非洲国家为增强本国产品在国际市场的竞争力,在保持传统优势的同时力图使经济向多样化方向发展,这已不同于以往单纯依赖原有的矿藏、能源、经济作物的发展模式。

非洲农业历史悠久,是非洲重要的经济部门。许多国家以农业为主,农业人口比重大,许多国家农业人口占总人口的80%以上,如埃塞俄比亚(85%)、科特迪瓦(80%)、贝宁(90%)、乍得(90%)、中非(85%)、喀麦隆(80%)、莫桑比克(90%)。非洲有发展农业生产的良好条件。1993年农业用地9.65亿/hm^2,其中耕地1.9亿/hm^2,垦殖指数仅6%;农业生产技术落后,加之旱、涝、病虫害等严重,战争频繁和内部政局不稳,一些产油国和工矿业较发达的国家忽视农业,比例失调,农业政策不当等社会因素,造成农业生产率低下。

非洲农业生产各部门具有独立的特点,而且地域差异明显。热带经济作物比重,占有突出地位。非洲是世界上热带、亚热带经济作物主要产区之一。

非洲粮食作物种类繁多,但发展缓慢,产量低,普遍不能自给。主要粮食作物有玉米、高粱、谷子、小麦、稻谷、薯类,其中玉米是非洲人民的主食,地区分布很广,集中分布在南非。耕作方式和技术落后,许多地区仍以传统的耕作方式为主,盛行迁移农业;全洲灌溉面积不足耕地的6%,且集中在少数国家内;每公顷耕地年平均使用化肥量仅及世界平均数的20%,农用机械、电力都远落后于其他各洲,这些都使非洲农业生产力低而不稳定。谷物单产不足世界平均单产的一半,咖啡、棉花、烟草等只达到世界平均单产约2/3,多数地区的农业收成均随气候变化而变化。

畜牧业地位重要,但生产率和商品率均很低。畜牧业在非洲多数国家和地区为经济主要部门,如博茨瓦纳、索马里和毛里塔尼亚分别有75%、80%和70%的人口从事畜牧业。畜牧业以游牧和半游牧方式占优势,经营粗放,生产率和商品率都很低下。

森林资源丰富,树种繁多,工业价值大,商品率高,生产潜力大,但利用不合理。主要分布在加蓬、刚果、扎伊尔、喀麦隆、尼日利亚、科特迪瓦、利比里亚、加纳等国,森林覆盖率均在50%以上,木材采伐量占全洲1/2,原木出口量占90%左右。

采矿业是非洲重要经济部门,非洲拥有极丰富的矿产资源,在世界最重要的50种矿产中,非洲至少有17种占世界储量的第1位。提供国民生产总值的17%,由于原油产量的迅速增加,铁矿砂、铝土矿的开发,使非洲采矿业在世界矿业总值中的比重由5%提高到12%。大部分供出口,在国际市场占有举足轻重地位。石油1997年已探明储量约82亿多t,占世界总储量的6%,集中分布在撒哈拉台地的北缘,以利比亚的锡尔特盆地、阿尔及利亚的哈西梅萨乌德盆地、伊利思盆地和埃及的苏伊士湾盆地等为主,是非洲和世界石油蕴藏区之一。石油储量占全洲的64%,天然气占61%;另一个石油储区是几内亚湾沿岸,从科特迪瓦南部延伸到安哥拉西北部,储量占全洲的36%,也是世界主要储油区。1995年非洲石油产量3.4亿t。

铁矿资源分布于西非地区,从毛里塔尼亚到尼日利亚中部。以利比里亚、毛里塔尼亚、几内亚等国蕴藏最丰富。毛里塔尼亚铁矿储量达87亿t,利比里亚铁矿砂储量18亿t,几内亚铁矿储量100亿t。

煤炭资源主要分布在南非、莫桑比克一带,南非煤储量可达553亿t,占世界总储量的11%,是非洲煤的重要生产国和出口国,莫桑比克煤估计储量达60亿t。

金矿分布在非洲南部地区,南非是最大产金国,1994年黄金产量580 t,占世界黄金产量的25%。矿区主体以约翰内斯堡为中心的沃特瓦特斯兰盆地向两翼伸展,形成总长为500 km的巨大"金弧",是世界最大的金矿带,年产量始终居世界首位。

磷酸盐分布在非洲西部各国,是世界最大蕴藏区,总储量约占世界一半,其中摩洛哥、突尼斯、西撒哈拉、阿尔及利亚分别居世界第1、第4、第5、第6位,产量占全非洲的2/3以上。其次是埃及、多哥、塞内加尔。

金刚石分布在刚果盆地东南部的扎伊尔和坦桑尼亚境内,这里是世界最大的金刚石产区,产量常占世界1/3。其中扎伊尔年产金刚石1 000万克拉以上,居世界首位。坦桑尼亚金刚石储量5 000万克拉,居世界第5位。另外卡拉哈里沙漠及其南部的奥兰治河流域也有分布。

铜矿在刚果盆地南部从基伍湖地区向西南延伸至安哥拉东北部。在加丹高原蕴藏有规模极大的铜钴矿,形成一个长550 km,宽60~100 km的"半环形铜钴带",铜的储量5 000万t,不仅品位极高,而且还伴生有锌、银、铀、镉、锗等矿产,自30年代大规模开采以来,铜、钴产量一直居世界前列。扎伊尔自1906年开发以来,年产铜40~50万t,居世界第7位,钴产量1万余t,占世界总产量的70%左右。赞比亚采铜业历史悠久,是一个采矿业畸形发展的国家,在出口总额中占90%以上。

此外,尼日尔、南非、加蓬等国的铀矿、阿尔及利亚的汞、几内亚的铝、加蓬的锰、马达加斯加的石墨等在世界均居重要地位。

非洲工业化水平在世界各大洲中是最低的。虽拥有丰富的资源,但加工业很薄弱。全洲制造业总产值占世界1.4%,制造业占非洲总产值的15%。以轻工业为主,多以农畜产品加工和纺织为主,木材加工有一定基础,制材厂较多;重工业主要有冶金、机械、金属加工、化学和水泥、大理石采制、金刚石琢磨、橡胶制品等部门,机械化程度和生产能力远不及发达国家。南非是非洲唯一加工业发达的国家,机械和食品是最大的两个部门,对主要工业品的自给很重视,因此冶金、化工、煤、炼油、原子能、电子工业初具规模;但工业品仍需大量进口,先进技术装备多依赖西方发达国家提供。毛里塔尼亚以农牧业为主,工业主要是畜产品加工和渔产品加工。毛里求斯是生产蔗糖的单一经济岛国,工业以制糖为主,1995年糖产量52.5万t,占国内生产总值的5.6%,另外还有制茶、卷烟、酿酒等小工业。

非洲各国农矿产品极为丰富,加工业极其落后,所以对外贸易就成为各国的经济支柱。70年代以来,对外贸易有较快的增长。近年由于发达国家经济发展不景气,初级产品市场价格下跌,致使非洲许多靠出口初级产品的国家,因此出现外贸逆差,进出口贸易额有所下降,直到90年代中期开始出现持续增长的势头,1996年出口额增长了38.7%,进口额增长了9.3%,私人资本也迅速流入非洲,达118亿美元。

非洲各国间外贸发展不平衡。西北非地区原油出口值迅速增长,使一些国家的出口贸易额大幅度增加。近年来,摩洛哥、突尼斯、科特迪瓦、喀麦隆、扎伊尔等国进出口贸易额都有较大增长,但除石油输出国以外,许多国家长期外贸逆差,外债负担不断加重,形成对发达国家经济的严重依赖,阻碍民族经济的发展。

从进出口商品结构来看,主要输出单一性农矿初级产品,为国民经济的重要来源和经济支柱。主要有原油、铜、锰、铝土等多种有色金属及磷酸盐等非金属矿,咖啡、可可、香料、花生、糖、棉花、活畜等农畜产品。进口商品多为各种机械设备和运输工具、粮食等。长期以来,非洲粮食大多依赖进口,虽近几年非洲风调雨顺,连年丰收,但仍没能从根本上扭转粮食进口的依赖。

非洲贸易对象国主要是西方发达国家。出口的80%和进口的90%都在这些国家,特别是与原宗主国的贸易关系更密切。西欧国家在非洲出口中占比重在缩小,而美国占比重在不断增加,成为非洲第一位贸易对象国,非洲从美国进口的粮食也在连年增加。德国、日本对非洲的贸易也在不断加强。我国同非洲国家的贸易往来历史悠久,目前与60多个非洲国家和地区有贸易关系,在非洲的贸易公司和代表处共有150多个。贸易额不断增加。1996年我国同非洲的贸易总额达40.3亿美元,今后还会有较大的增长。与我国贸易额较多的国家有埃及、苏丹、阿尔及利亚、摩洛哥、坦桑尼亚、赞比亚、尼日利亚、加纳、塞内加尔、毛里塔尼亚、利比里亚、马里、肯尼亚等国。

非洲是世界交通运输业比较落后的一个洲,至今没有形成完整的交通运输体系。其特点是各类设施技术标准零乱而落后,多数交通线路自农牧矿产区伸向海港;国内地区之间、洲内各国之间缺乏干线联系,彼此互相孤立,交通十分不便。大宗农矿产品的输出造成货流的单向性,运出量远超过运入量,造成全洲的运力的极大浪费。除了沿海港口地区与工矿业经济发达区外,大部内陆地区几乎没有现代交通运输线,形成现代化运输和传统落后的运输方式并存的特征。南非、马格里布等地区是非洲交通比较发达的地区,撒哈拉、卡拉哈里等地区则是现代交通的空白区。

铁路是非洲主要运输方式。目前全洲有铁路7.8万km,占世界铁路总长近7%。其主要问题是布局分散、轨距杂乱、标准低、质量差、有线无网,迄今仍不能形成统一的交通运输网。有十几个国家没有铁路,所以营运水平很低,平均每公里线路承担的货运周转量不足世界平均数的1/3。分布不平衡,铁路线路集中分布在南部非洲,仅南非和纳米比亚就占了将近60%,少部分集中在北部非洲。最长的铁路是坦赞铁路,全长1 860 km,从赞比亚的“铜带”卡皮里姆波希直达坦桑尼亚的达累斯萨拉姆港。公路全长130万多km,内河通航里程为5.2万km。海运业在世界占重要地位,货运装船量每年有4亿多t,占世界13%,大宗海运输出商品是原油、矿产品和农林畜产品,输入工业制品和粮食,所以非洲海运业显著特点是国际运输大大超过国内运输,装船量大大超过卸船量,主要海运国家多为矿产品输出国。60年代以来,由于石油、铁矿石、铝土的迅速开采和输出,使非洲港口建设和海运业发展较快。在31个沿海国家中,有28个有现代化港口,在非洲对外贸易和经济发展中起重要作用。海运业较发达的国家有利比亚、埃及、阿尔及利亚、突尼斯、利比里亚、尼日利亚、南非、摩洛哥、毛里塔尼亚等。其中海运量超过亿t的是利比亚和尼日利亚两大石油生产国和输出国。

苏伊士运河 这是一条世界闻名的人工航道,它沟通了地中海与红海,扼欧亚非三大洲交通要冲,是非洲、欧洲和亚洲之间的主要航线,也是英、澳之间的主要航线,具有重要的经济价值和战略意义。运河位于连接亚非两洲的苏伊士地峡上,从1859年4月25日破土开挖,到1869年11月17日正式通航,历时10年。运河的建成大大缩短了从欧洲和北美洲通往印度洋沿岸和太平洋西岸各国的航程,例如:由伦敦到科威特,经运河的航程为12 025 km,比绕道好

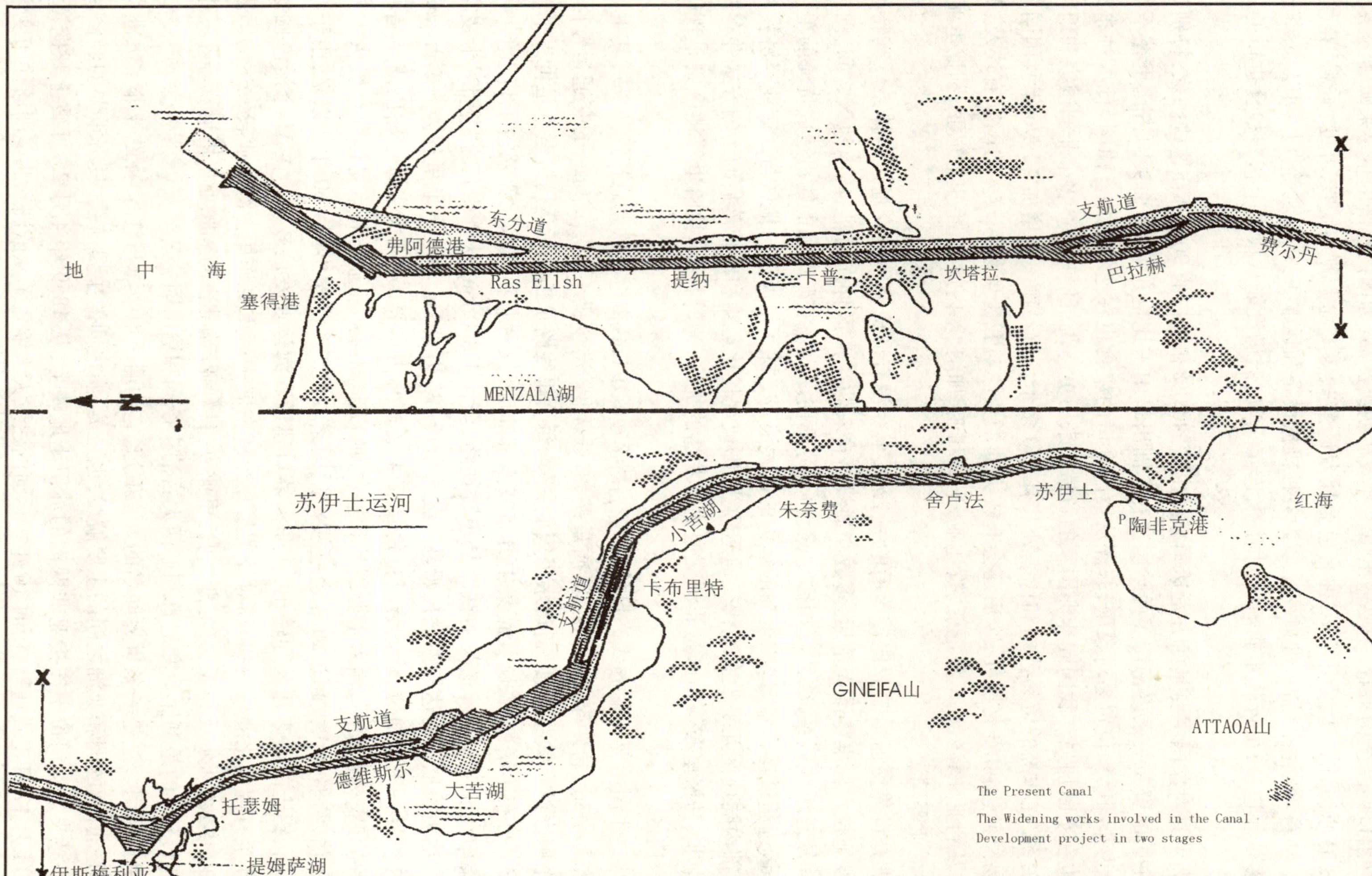

图 4-1　苏伊士运河示意图

望角缩短 8 880 km,由纽约到科威特为 15 910 km,也缩短 6 475 km。而且通过运河的航线大多途经内海,远比以风险闻名的好望角航线安全。因此航线一经建成,立即成为世界性通航要道。然而,苏伊士运河自通航后,长期被帝国主义霸占,成了他们进行军事侵略的桥梁和经济掠夺的动脉,其中英国从 1882 年起占领运河达 74 年之久,直到 1956 年 7 月埃及政府才把运河收归国有,使运河获得新生。1967 年中东战争后,运河成了埃以对峙的前线,迫使埃及关闭运河达 8 年之久,到 1975 年 6 月 5 日才重新开放。重新开放至 1998 年,这条世界上最长的人工海运航道共接待了 40 多万艘各类船只,使埃及获得 260 亿美元的过境收入,1996 年,苏伊士运河为埃及增加过境税收 18.8 亿美元。

苏伊士运河北起塞得港,南至陶菲克港,长 161.6 km,加上两端的海中航道,总长 173 km,通过运河一般要航行 14 小时。60 年代时可允许最大吃水 11.6 m,满载 6.5 万 t 或空载 15 万 t 的船舶通过。重新开放后,这一东西方的贸易往来和国际航运的咽喉要道,随着国际经济贸易的发展,运河的现状已远远不能满足船舶通过能力和船舶大型化的要求,为此,埃及政府制定了庞大的运河扩建计划,第 1 期工程从 1976 年开工,历时 3 年半,到 1980 年底已完成,使运河宽度从 195 m 扩展为 365 m;深度从 11.5 m 加深到 16.2 m,并装设了电子航天路管理系统,船舶航行量由过去的一天 70 艘增加到 200 多艘。目前欧亚两洲海运货物的 80%和全世界油轮的 25%以上通过这条运河。后进行第 2 次拓宽和浚深,现已拓宽至 400 m,吃水 20.5 m、满载 20 万 t 级或空载 40 万 t 级巨轮畅通无阻,并将进一步促进苏伊士、伊斯梅利亚和塞得港等港市的经济发展和贸易繁荣。(如图 4-1)

苏伊士运河的货运过去以来自波斯湾的石油占大部分,致使南北向货流很不平衡。运河重新开放以来,由于巨型油船满载时无法通过而不得不绕道好望角,上述特点已发生很大变化。目前每年承受全世界近 14%的海运贸易量,以每年通过船只 1 万至 1.6 万艘,日均通过船只 40 艘至 50 艘,居国际运河航运中船只数和货运量的首位。

非洲主要港口

亚历山大(ALEXAN DRIA):埃及最大商港,位于尼罗河三角洲西侧的地中海岸(31°09′N、029°53′E),东距塞得港 652 n mile,东北至贝鲁特港 333 n mile,西北至比雷埃夫斯港 669 n mile,西至的黎波里港 858 n mile,至瓦英塔港 813 n mile,有铁路、公路东南连埃及经济发达人口稠密的尼罗河三角洲地带各重要城镇,西连埃利、边境重镇塞卢姆,附近有国际机场。港口水域面积 7.5 km^2,有东西港之分,东港码头线总长 6 km,但因设备简陋,近岸较浅,多数供小船停靠,只有客运码头、木材码头、煤炭码头等可停靠 20 艘万吨级船。西港是目前主要港区,面积 5.1 km^2,水深 15 m。全港约有 65 个千吨级以上泊位,年吞吐量 2 700 余万 t,集装箱 15 万余 TEU,居北非第 1。埃及 60%~70%的外贸物资经此。主要出口原油、石油产品、纺织品、棉花、马铃薯和柑桔等;主要进口机械、运输设备、化工产品、牲畜及畜产品、粮食、蔬菜、油料等,另外,港西南 15 n mile 的西迪基里尔是目前埃及最大石油输出港。主要贸易国:美国、德国、意大利、法国、日本等。

塞得港(PORT SAID)　埃及苏伊士运河北端的补给和中转港,埃及第二大港(31°17′N、032°18′E),运河出入口,北有东西防波堤伸入地中海,南有铁路沿运河西岸至伊斯梅利亚接埃及铁路网,西有运河经曼扎拉泻湖至马塔里亚和杜姆亚特,沟通埃及尼罗河三角洲水路和陆路交通网。有 10 个泊位,岸线总长度为 1 250 m,年装卸能力约 600 万 t,1995 年起,一个 250 m 长、11.58 m 水深多用途泊位开始营运,其露天货场为 1.14 万 m^2。一个 600 m 长、

14 m 水深的集装箱码头是 1988 年投产的，用两台 50 t 龙门吊进行装卸作业，堆场面积 12.9 万 m^2，年吞吐能力为 10 万 TEU。塞得港是苏伊士航线的煤炭和石油储藏港，主要贸易对象是美国、法国、德国、意大利、英国、和日本等国。

的黎波里(TRIPOLI)：利比亚首都与商港，位于该国地中海岸西北(32°54′N、013°13′E)，有公路连接沿海主要城镇和邻国，有国际机场。水深 3 m 以上泊位约 50 个，水深 7 m 以上能停靠较大船泊位有 10 个。进出口商品大部分经此集散。主要出口石油；进口粮食、机械、建材、运输设备、电器、化工设备等。贸易对象国是意大利、德国、西班牙、法国、英国、土尔其等。

突尼斯(TUNIS)：突尼斯国商港，位于该国北部突尼斯湾西南(36°49′N、010°18′E)。有铁路、公路通全国及邻国，有国际机场。海路西去直布罗陀 790 n mile、东至塞得港 1 157 n mile。有 4 个深水泊位，为杂货、石油、铁矿石和磷灰石泊位。全港吞吐量 200 多万吨，集装箱装卸 3 万余 TEU。主要贸易国是西欧共同市场和美国。

阿尔及尔(ALGIERS)：阿尔及利亚首都与大商港，位于该国北部地中海岸中段(36°50′N、003°0′E)，紧靠港市之东北。有铁路、公路通往全国各地，有国际机场。全港总计有 54 个泊位，码头线总长 9 519 m，能允许 2.5 万 t 级船随时进港，所有码头均设有 3~6 t 吊机。港外还有 2 个油船泊位。出口石油、矿石以及杂货；进口机械、钢材、粮食、轻工业品等。主要贸易对象国是西欧和美国。

达尔贝达(DAREL BEIDA)　摩洛哥大商港，位于该国西北部大西洋岸中部(33°26′N、007°37′W)，紧依港市之东北。有铁路、公路通往全国各地，有国际机场。全港共计有 30 多个泊位，码头线总长 5 km 多，年吞吐量 1 500 万 t 以上，1991 年吞吐量 3 104 万 t，集装箱吞吐近 10 万 TEU，摩洛哥全国有 70%货物由此进出口。输出磷灰石、柑桔等产品和铅锌砂石等，输入粮食、糖、石油、煤、工业品等。主要贸易对象是欧盟、美国、日本等。

达喀尔(DAKAR)　塞内加尔商港。大西洋南北航线的补给港，西非第二大港，位于非洲大陆最西端的佛得角半岛(14°40′N、017°26′W)。各主要码头区都有铁路相连，内通塞内加尔主要城镇，附近有国际机场。吞吐量约 700 万 t。出口磷酸盐、花生及制品、渔产品等，进口机械、食品、石油、日用消费品等。主要贸易对象国是法国、美国及非洲邻国。

阿比让(ABIDJAN)　科特迪瓦最大商港，西非最大天然良港和非洲最大集装箱港口，是西非内陆国家的主要出海口和进出口货物的集散地。位于埃布里耶泻湖东端(5°18′N、004°00′W)。有铁路贯穿该国南北，并通达布基纳法索首都瓦加杜古，港口设备完善。港区有多个专用码头，如香蕉码头、集装箱码头、滚装船码头、矿石码头、石油码头，共有 30 多个泊位。目前年吞吐量超过千万 t，1995 年吞吐量 1 160 万 t(设计吞吐量 2 000 万 t)，特别是集装箱吞吐近 20 万 TEU。输出咖啡、可可、香蕉、木材、矿产品等；进口石油、粮食、百货、机械等。主要贸易国是法国、美国。

拉各斯(LAGOS)　尼日利亚商港，位于几内亚湾北部该国西南海岸的拉各斯泻湖口(6°27′N、003°24′E)。港口由阿帕帕港区、伊多港区和阿特拉斯湾等组成。全港码头线总长 7 600 余 m，货物吞吐量 1 200 万 t 以上，是西非最大商港之一；集装箱吞吐达 15.98 万 TEU，居西非第 2 位，仅次于阿比让港。输出石油、可可、棕榈仁、橡胶、锡等；进口粮食、机械、运输设备等。主要贸易对象国是美国、日本、欧盟等。

马普托港(PORT MAPUTO)　莫桑比克首都和最大商港。位于该国南部马普托湾内(29°59′S、032°26′E)，紧靠马普托市。港口分杂货港区和散货专用码头区，杂货港区水深

6.8 m~10.6 m,可允许 12~15 艘船同时停靠,专用码头有煤、矿石、石油、散糖、木材、集装箱等。全港有各种泊位约 25 个,年吞吐量超 1 500 万 t,1996 年装卸货物 300 万 t,是东非地区最大港口之一。主要出口腰果、棉花、虾、木材和煤等;进口粮食、机械、工业原料、纺织品、原油和药品等。主要贸易国是葡萄牙、美国等。

路易港(PORT LOUIS) 毛里求斯最大商港和自由港,也是国际商港和重要渔港。南印度洋上重要航站。位于毛里求斯西北岸一峡湾内(20°09′S、057°30′E),西距马达加斯加岛塔马塔夫港 473 n mile、西南距德班港 1 500 n mile,西北距蒙巴萨港 1 420 n mile,东北至新加坡 3 320 n mile,西南至开普敦 2 280 n mile。港口码头主要在峡湾东北岸,有 3 个船坞,6 个泊位,深水港长 1 320 m,主要用于石油、散货、杂货和集装箱。年吞吐量 300 多万 t,1995 年,路易港共装卸集装箱 9.3 万个,货物 342 万 t。主要进口粮食,出口蔗糖及加工品。主要贸易对象是欧盟。

达累斯萨拉姆(DAR ES SAIAAM) 坦桑尼亚最大商港,赞比亚物资中转港,位于该国首都东南郊峡湾的西岸(6°50′S、039°17′E),中央铁路和坦赞铁路在此交汇,并有输油管道从港口至赞比亚铜矿中心恩多拉,有国际机场。有深水泊位 11 个,年吞吐量 1 490 万 t,年吞吐货物近 400 万 t,集装箱 6 万余 TEU。输出棉花、咖啡、剑麻及其他农矿产品。输入以工业生产资料和工业品为主,主要有石油、仪器、机械设备、金属制品、交通运输工具等。主要贸易国有德国、英国、日本、沙特阿拉伯、荷兰、意大利、新西兰、中国等。

摩加迪沙(MOGADISCIO) 索马里首都最大商港,位于该国东部印度洋沿岸(02°5′N、045°25′E),出口牲畜、香蕉、皮张、没药、乳香等;进口石油、车辆、建材、农业机械、粮食等。主要贸易对象国是意大利、沙特阿拉伯、前苏联。

吉布提(DJIBOUT) 吉布提自由港,东非最大转口港,位于阿拉伯海亚丁湾西口,红海南端西岸(11°32′N、043°10′E),现有 14 个泊位,其中 13 个为远洋船泊位,1991 年约有 830 艘船停靠,年卸货量 148.2 万 t。主要进口粮食、纺织品、机械设备、电器产品、运输机械等,出口商品包括食盐、牲畜、皮张等。主要贸易伙伴为法国、埃塞俄比亚、日本、意大利、沙特阿拉伯、美国、泰国等。

苏丹港(PORT SUDAN) 苏丹唯一海港,位于苏丹北部红海西岸(19°36′N、037°14′E),年吞吐量 800 万 t,苏丹的 90%进出口货物都由此出口。贸易对象是沙特阿拉伯、意大利、日本、泰国、德国、埃及、英国、利比亚、法国、阿曼、中国、荷兰等。

第三节 南 非

南非,全称南非共和国,位于非洲大陆最南端,东、南、西三面濒印度洋和大西洋。面积 122 km^2,人口 4 359.48 万人(1995 年),其中黑人占 77.5%,白人占 12.1%(1995 年),其余为有色人种和亚洲移民。首都比勒托利亚。

17 世纪中叶,荷兰和英国先后入侵,19 世纪中后期,陆续发现了巨大的金刚石矿和金矿,由此促发了大规模移民,本世纪初,成为英国的自治领地,1961 年退出英联邦,成立南非共和国。

南非位居非洲大陆最南端,海岸线长 2 594 m,德拉肯斯山脉和朗厄山把全境分为内陆高原和沿海平原两部分,威特沃特斯兰盆地有世界储量最大的金矿带。南非属热带草原气候,夏季平均气温约 30℃，冬季平均气温-10℃左右，降水较少，全年平均降水量 502 mm，从西北向东南递增，由 60~1 200 mm 不等。河流缺乏，奥兰治河自东向西流贯全境，全长 2 160 km，是非洲大河之一，植被为热带草原。矿物资源十分丰富，黄金、铂族金属、锰、铬、萤石、红柱石的储量约占世界第 1 位；钻石、石棉、铜、钒、铀、煤、铁、钛、云母、铝等的储量也极为丰富，在开普敦西北部有世界储量最大的锰矿，金伯利一带有闻名于世的钻石矿带。煤炭储量也很丰富，达 553 亿 t，占世界总储量的 11%。还有许多金属对发展经济和军事工业都有极重要的意义。

表 4-1　南非主要矿产资源

主要矿产资源	储量(t)	占世界总储量(%)	位居世界名次
黄金	1.8 万	39	1
铂族金属	5.89 万	88	1
锰	39.92 亿	83	1
钒	1 250 万	45	1
蛭石	8 000 万	40	2
铬	32 亿	72	1
硅铝酸盐	5 080 万	37	1
铀	17.71 万	8	5
煤	553 亿	11	5
铁	59 亿	6	—
锑	25 万	5	3
镍	1 180 万	10	5

资料来源：世界经济年鉴　97/98

南非是非洲经济最发达的国家，国民生产总值约占非洲的 30%，1995 年南非国内生产总值为 1 280 亿美元，占整个非洲的 27%，人均国内生产总值 2 987 美元(1996 年)。人均收入约 4 600 美元。制造业是国民经济中最大的部门，占全非洲的 40%，工业门类齐全，技术先进，主要有钢铁、金属制品、化工、运输设备、机器制造、食品加工、纺织服装。电力工业发达，发电量占全非洲的 60%，主要是火力发电，已建成两个核反应堆。矿业也是南非一重要经济部门，是世界上主要矿产品生产国和出口国，1995 年矿业生产总值达 431 亿兰特，占国内生产总值的 8.9%，其中尤以生产黄金、钻石而闻名于世，矿产品出口占南非出口总值的 70%，其中黄金占 40%，是世界上最大的黄金生产国和出口国，迄今，南非共生产了 4 万多 t 黄金，占人类历史上黄金总产量的 2/5。约翰内斯堡有世界最大的黄金加工厂和唯一的室外金矿博物馆，因而有黄金城之美誉。

南非农业较发达，主要是白种人经营的商品农业和非洲人“保留地”维持生计的传统农业两部分，具有双重结构特征。可耕地占土地总面积的 15%，灌溉面积 80 万 hm^2，1995 年农业生产总值 223 亿兰特，占国内生产总值的 4.6%。主要农作物有玉米、小麦、大麦、高粱、棉花、花生、葵花籽、甘蔗、烟草和水果。

表 4-2　主要矿产品产量表

主要矿产品产量	1994 年产量	1995 年产量
钻石	1 085.7 万克拉	956.9 万克拉
铜	16.5 万 t	16.1 万 t
铬	359.9 万 t	513 万 t
铁矿石	3 232　万 t	3 214 万 t
锰	285.1 万 t	316 万 t
黄金	579.3 t	519.8 t

资料来源:1996/1997 年度经济季评

畜牧业较发达,牧业产值占农牧业产值的 45%,约有天然牧场 8 326.2 万 hm^2,有牛、绵羊、山羊、猪等牲畜。有先进的奶制品工业。羊毛产量居世界前列,是仅次于玉米的第二大出口农产品,是世界第四大羊毛出口国。

对外贸易在南非经济中有重要地位,对外贸易总额 551.98 亿美元(1996 年),占其国内生产总值的 48%,在出口产品中以矿产品和农产品为主。主要出口黄金、金属及金属制品,钻石、食品、饮料、烟草、机械、及交通运输设备等,初级产品占其出口总额的 67%,其中矿产品约占 60%,黄金占出口总值的 1/2,制造业产品占出口的 35%。主要进口机械设备、电器、交通运输设备、石油、化工产品。主要出口国:意大利、日本、美国、德国。主要进口国:德国、英国、美国、日本、意大利。1991 年以来,随着中国与南非经贸关系不断加深。据海关统计,1997 年两国贸易总额为 15.74 亿美元,1996 年增长了 17%,其中中国出口 7.84 亿美元,进口 7.9 亿美元。截止到 1998 年 8 月底,两国贸易额达 10 亿美元。南非已成为中国在非洲最大的贸易伙伴。

南非有最完善的交通运输系统,铁路总长 2.4 万 km,位于非洲各国之首,公路总长 24 万 km。与非洲、欧洲、亚洲及中东、南美等近 40 个国家通航,南非的地理位置十分重要,绕经南非的好望角航线成为沟通中西方的要道,苏伊士运河开通后,该航线的重要性已经下降,但从大洋洲和非洲东南部前往大西洋仍需由此通过,由波斯湾驶向欧美的巨型油船满载时也必须使用本航线。现较大的商业港口有 7 个:开普敦、德班、东伦敦、伊利莎白港、理查兹、萨尔达尼亚和莫瑟尔拜,有商船近 1 000 艘,其中德班、伊利莎白和开普敦有大型集装箱码头,德班港是南非最重要最繁忙的港口,所有港口都是南部非洲内陆国家进出口货物的重要口岸。

主要港口:

开普敦(CAPE TOWN)　南非主要商港,位于西南部,好望角以北,临大西洋南岸塔布尔湾(33°56′S、018°26′E)。有铁路、公路通内陆各大中城市,有国际机场。港口有三大港池,向西北半敞开,各有自己的出入口。全港 50 多个泊位,水深 8.8 m 以上的 33 个。该港为南非最大客运港,也是南非与欧洲贸易的主要门户之一。

德班(DURBAN)　南非最大商港,位于该国东部印度洋岸(29°53′S、031°02′E),有铁路通往约翰内斯堡等大城市,与非洲南部铁路联网,有国际机场。港口处在城市西南的一个天然港湾内,湾口宽仅 300 余 m,水深 12.8 m,湾内长宽 4 km×5 km,形似葫芦。湾内有两大突堤南北对峙,使港湾分成内港与外港。全港共计 60 多个泊位,绝大部分为深水泊位,集装箱泊位已有

7 个，为非洲最现代化的深水港之一。

里查兹贝（RICHARDS BAY） 南非最大煤炭输出港。位于该国东部印度洋岸（28°48′S、032°06′E），西南距德班港约 160 km，有铁路与矿区相联，接近该国的主要工业区。港内水深 19 m，入港航道 19.5~22.0 m。是用来经营散货而建造的深水人工港。在入港航道左侧的港池内有一个 700 m 长的煤码头，2 个水深 19 m 的装煤泊位，允许吃水 17.3 m、载重 15 万 t 级船靠泊。在入港航道顶端还有 4 个散货泊位，其中 2 个各 300 m，沿边水深 12.8 m 的泊位，允许吃水 12 m 的船靠泊。除输出煤外，还有磷酸矿石、铁矿石，进口产品有该港用来精炼铝的矾土及原油等。另外 2 个各长 350 m，沿边水深达 19 m 的泊位，可允许吃水 17.1 m 的船装煤。一年中散货的经营超过 1 200 万 t。

萨尔达尼亚港（SALDANHA BAY） 南非铁矿石输出港，位于该国西南大西洋岸的圣马丁角东南一个小海湾内（33°02′S、017°58′E），东南距开普敦约 120 km，有铁路联接内陆交通网及矿区。该海湾纵深 10 km，在海湾东北岸向西有一长堤，约达 4 km，其顶端东侧有 650 m 为矿石码头，还有 310 m 的石油码头，均可允许吃水 23 m 的 25 万吨级船舶停靠。长堤西侧还有一个杂货泊位。

第五章 大洋洲

第一节 概 述

大洋洲指澳大利亚、新西兰、新几内亚岛东半部及美拉尼西亚、密克罗尼西亚、波利尼西亚3个群岛，共约一万多个大小岛屿。陆地总面积897万km^2，约占全球陆地面积的6%，是世界上最小的一洲。

大洋洲地处亚洲、北美洲、拉丁美洲之间，太平洋与印度洋之间的海空航线上，在世界交通与战略上起着重要的桥梁与加油站的作用。大洋洲的海域和海峡，在国际海运中具有十分重要意义。有阿拉佛拉海、珊瑚海、塔斯曼海、大澳大利亚湾、卡奔塔利亚湾、托雷斯海峡、巴斯海峡、库克海峡等。（如表5-1）

表5-1 通航海峡

海峡名称	沿岸国家	连接的海域	最窄处宽（km）	长度（km）	最小深度（m）
托雷斯海峡	澳大利亚、巴布亚新几内亚	阿拉佛拉海——珊瑚海	85	400	90
巴斯海峡	澳大利亚、巴布亚新几内亚	塔斯曼海——太平洋	160	350	64
库克海峡	新西兰	塔斯曼海——太平洋	85	110	71

大洋洲总人口2 900万人，约占世界人口的0.5%，除南极洲以外，是世界上人口最少的一个洲，全洲有65%的人口在澳大利亚大陆。1995年人口密度3人/km^2，多分布在大陆与岛屿的边缘地带。城市人口比重大，约占75%。居民中70%以上是欧洲人的后裔，20%是当地的巴布亚人、澳大利亚人、塔斯马尼亚人、毛利人等，还有少数华裔、华侨、日本人等。绝大部分居民信奉基督教，少数信奉天主教、印度教等。有13个独立国家（澳大利亚、新西兰、巴布亚新几内亚、所罗门群岛、瓦努阿图、瑙鲁、基里巴斯、图瓦卢、西萨摩亚、斐济、汤加、密克罗尼西亚联邦、马绍尔群岛、帕劳），其余为英、美、法的属地。

大洋洲除澳大利亚大陆外，其余均为岛屿，海岸线长，约19 000 km，大部分地处热带和亚热带，绝大部分地区年平均气温在25℃~28℃之间，降水量除澳大利亚内陆地区较少外，其余地区降水较多，年平均降水量在1 000 mm以上。森林面积7 600万hm^2，占总面积的9%，盛产松树、山毛榉、棕榈树、桉树、杉树、白檀木和红木等多种珍贵木材。草原面积占总面积的50%以上，约占世界草原面积的16%，所以畜牧业很发达，是世界重要的畜产品出口区。种植业中以小麦为主，是世界主要小麦输出地。盛产椰子、甘蔗、菠萝、天然橡胶等热带经济作物。矿产资源在世界也居重要地位，矿产有铁、铝土矿、镍、金、铬、磷酸盐、铁、银、铅、锌、煤、石油、天然气、铀、钛、鸟粪等。其中镍储量 4 600 万 t，居各大洲之首；铁矿资源 200 多亿 t；铝土矿储量 46.2 亿 t。这些重要资源在大洋洲各国经济发展中都起着重要作用。

大洋洲各国经济发展水平差异显著，澳大利亚和新西兰两国经济发达，其他岛国多为农业国，经济落后。大洋洲的工业主要集中在澳大利亚，其次是新西兰，主要有采矿、钢铁、有色金属、冶炼、机械制造、化工、建筑材料、纺织等部门。其他岛国工业多分布在各自的首都，一般比较落后，仅以采矿及农、林、畜产品加工为主，多为外资控制，产品多供出口。种植业以小麦为主，小麦产量占世界总产量的 3%，当地居民主要粮食是薯干、玉米和稻米等。畜牧业以养羊为主，绵羊头数占世界绵羊总头数的 20%左右，羊毛产量占世界羊毛总产量的 40%左右。澳大利亚和新西兰两国农牧业现代化程度很高。

大洋洲介于亚洲和南北美之间，南遥对南极洲，是连系各大洲航线的必经之路，许多国家海底电缆都通过这里，海洋航运成为国与国，岛与岛相互交往的重要手段。陆上交通主要是铁路和公路，铁路总长约 46 万 km，公路总长 100 万 km 以上，内河航运里程约 1 000 km。有航线通往洲内各国和主要地区的首都，同洲外各主要港口城市也均有联系。

第二节　澳大利亚

澳大利亚是大洋洲最大的国家。国土由澳大利亚大陆和塔斯马尼亚岛组成，面积 768.2 万 km^2，在世界仅次于俄罗斯、加拿大、中国、美国、巴西，居第 6 位。首都堪培拉。

人口 1 805 万人，是大洋洲人口最多的国家，人口密度平均 2 人/km^2，是世界上人口最稀少的国家之一，其中白种人占 99%，多为英国移民的后裔。澳大利亚人口地区分布极不平衡，人口的 85%分布在城市和城市周围，尤其是悉尼、墨尔本等大城市，人口密度高达 90 人/km^2，是人口城市化程度高的国家之一。98%的居民信奉基督教，通用英语。

澳大利亚地处南半球，四面环海，是个岛屿大陆国。它的东部是碧波万顷的太平洋，西面是一望无际的印度洋，北面隔着珊瑚海和阿拉佛拉海与东南亚相望，南边隔着南极海域与南极洲相望，是世界上唯一独占一块大陆的国家。澳大利亚大陆地势平坦，平均海拔不足 300 m，大部分地区为低矮的台地和广阔的平原。全国地形大致可分为三部分，东部沿海地势较高，蜿蜒起伏的大分岭山脉，由北向南延伸 3 000 km，位于东南角的科西阿斯科山海拔 2 230 m，是澳大利亚最高峰。西部是高原地区，约 500 万 km^2，大约占全国面积的 2/3，这里大都是干旱缺水的沙漠和半沙漠。在东部山地与西部高原之间是中央大自流盆地，地势平坦，海拔在 200 m 以下，有许多盐湖。其中最大的是埃尔湖，湖面在海平面以下 12 m，是全国最低点。从埃尔湖向西是一片沙漠地，同西部的高原沙漠相连。地下广布着潜水层。澳大利亚有世界最大的珊瑚礁群，位于澳大利亚东北海岸外，断续绵延 2 000 多 km，包括约 3 000 个岛礁，分布面积达 21 万 km^2。众礁体由几百种珊瑚虫骨骼堆积而成，海域内生物种类繁多，大堡礁已成为世界最大的海洋公园。（如图 5-1）

澳大利亚地处热带和温带，虽四面环水，但因受副热带高压带及东南信风控制和影响，大部分地区气候炎热，雨量较少，雨水蒸发很快，全国又缺少大江巨川，地表水又十分缺乏，因此，70%的土地干旱，不宜耕种，只能放牧。但地下水资源十分丰富，形成若干个潜水区，面积广达 250 万 km^2，其中最大的潜水区是中部大自流盆地，面积 150 万 km^2，是世界最大的潜水盆地，有的自流井喷出的水柱高达 55 m。墨累河下游，纳勒博平原及西部和西北部一带，地下水也很丰富，凿井后，潜水自动喷流，便于牲畜饮用和农田灌溉。

澳大利亚幅员辽阔，矿产资源丰富，品种多，储量大，为澳大利亚经济发展提供了得天独厚的资源条件。铝钒土、铁矿砂、镍、锌、锰的储量都在世界前5名。煤炭储量6 500亿t，其中可采储量593.4亿t，仅次于俄罗斯、美国、中国，居世界第4位。煤质较好，易开采，其中炼焦煤占2/3，主要分布在南威尔士州的悉尼盆地、昆士兰州的博恩盆地、维多利亚东州南部。铁矿储量350亿t，其特点是品位高，其中品位在50%以上的富矿达200亿t以上，含磷低，质量好，埋藏浅，多为露天开采，经济效益好，是世界最大的铁矿资源国之一。主要分布在西澳大利亚州（占全总洲储量的70%）、西北部的皮尔巴拉地区、南澳大利亚和塔斯马尼州等。铝土矿储量62亿t，占世界总储量的35%，居世界首位，铝土储量3 121万t，占世界第1位，主要分布在约克角半岛。优质的铀矿探明储量为29.9万t，占世界铀矿储量的18%，仅次于美国和南非，居世界第3位，集中分布在北部的达尔文以南和以东，昆士兰州西北部芒特——艾萨至克隆卡里一带。卡尔古利分布着金矿，年产量虽不足20 t，但澳大利亚也是世界主要产金国之一，此外还有镍、锰、铜、铅锌、金红石及稀有金属等，石油、天然气也较丰富，石油储量3.08亿t，天然气储量8 392.9亿m^3。森林面积4 100万hm^2，其中98%为自然林，用材林种植面积7 616万hm^2，以速生林桉树为最多，林区分布在东部、东南部地区。渔业资源丰富，盛产沙丁鱼、鳕、鳗、鲭和鲸等。

澳大利亚有以下经济特征：

1. 澳大利亚是南半球一个后起的发达国家。在两次世界大战中，成为英美在远东和太平洋地区的兵工厂，靠英美大量的军事加工订货，建立起许多与军事有关的新兴工业部门，所以第二次世界大战结束时，已进入发达的资本主义行列。战后初期到70年代，经济稳步上升，70年代中期以后受世界经济危机的影响，特别是1982年又经历了30年来最严重的经济衰退和罕见的旱灾，使国民经济发展受到很大影响。1990年以来经济连续出现负增长，1991年陷入60年来所未有的衰退时期，制造业产值下降，企业破产，失业率上升，粮食减产，国内收支不平衡，连续出现逆差，1993年国民生产总值达到284 329.4亿美元，人均国民生产总值为16 100.2美元。1994年以后，经济又开始回升，1996年经济增长达到3.6%，高于1995年增长速度。1997年东南亚出现严重的金融危机，澳大利亚由于金融市场规范性相对较强，监控和管理较为得利，没有受到直接冲击。澳大利亚生产与资本集中程度高，且受外资控制。在澳大利亚国民经济中，大垄断资本占统治地位，控制着全国各主要经济部门。汽车、石油、化学和采矿等部门多为外国垄断资本所控制。

2. 澳大利亚经济结构中工矿业和制造业占比重大。工矿业占国民生产总值的15%，制造业占国民生产总值的20%。战后30年来，工业发展迅速，已建立起包括冶金、机械、化工、食品加工等部门的比较完整的、规模较大的工业体系。制造业主要是装配、建筑、化工等，多为外资控制。工业比重占工农业总产值的4/5，澳大利亚在发达国家中的地位日渐重要。

3. 澳大利亚农牧矿产品出口率高，在国家经济中占举足轻重的地位。矿产品一半以上出口，占出口总额的38%。初级产品在出口收入中占2/3，畜产品占出口量的70%；其中羊毛、牛羊肉、铁矿石、氧化铝出口量居世界首位。据1995年统计，羊毛出口量67.7万t，占世界羊毛出口总量的67%，牛肉出口量占世界出口总量的20%以上，产品以质优闻名于世，成为世界主要原料出口国之一。澳大利亚生产与资本集中程度高，且受外资控制。在澳大利亚国民经济中，大垄断资本占统治地位，控制着全国各主要经济部门。汽车、石油、化学和采矿等部门多为

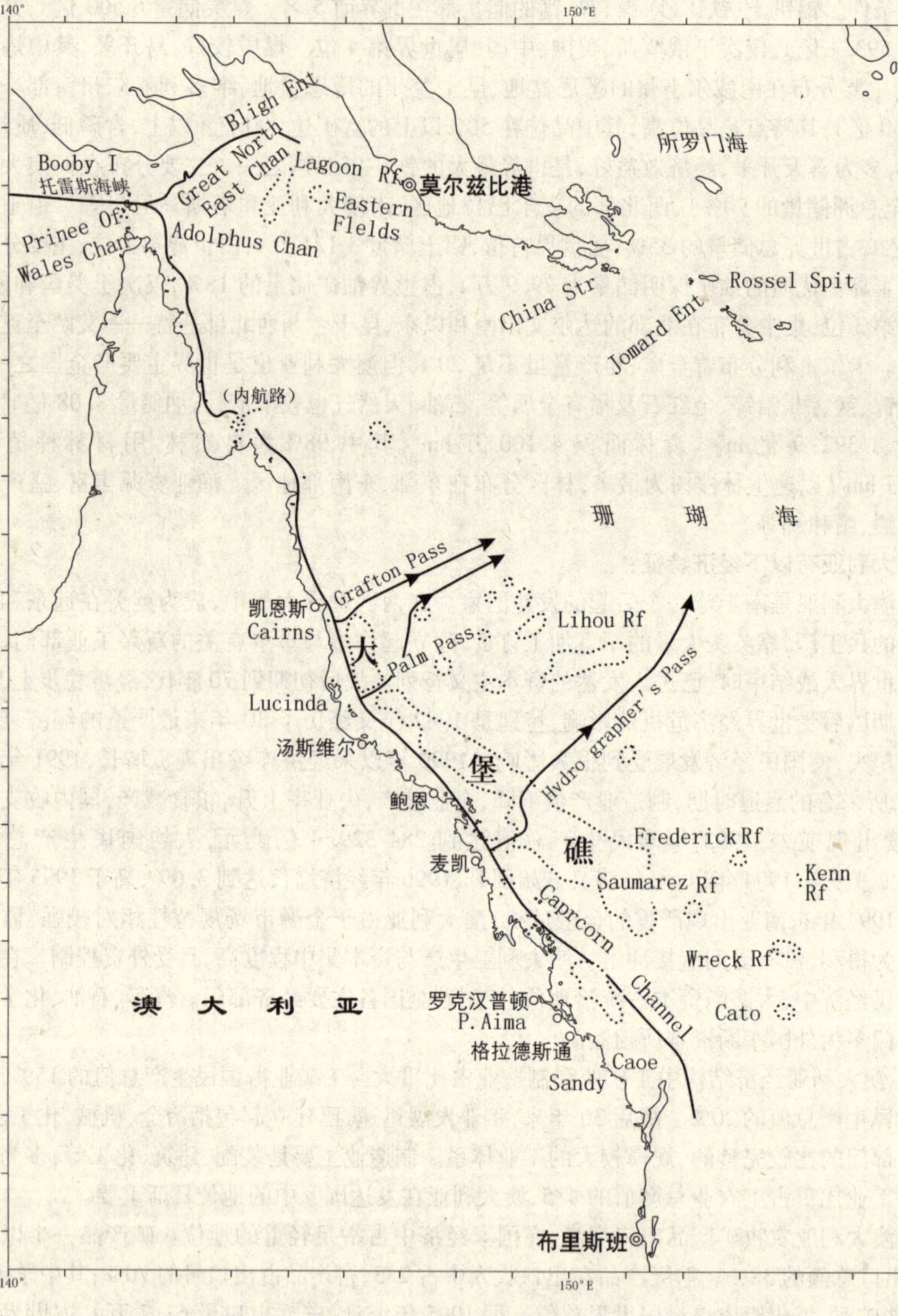

图 5-1 大堡礁航路及托雷斯海峡示意图

外国垄断资本所控制。

4. 澳大利亚生产力布局不平衡。工业、农业、交通运输业和大城市等均集中在沿海，东南沿海一带最为集中，而广大内地只零星分布着采矿业和粗放的畜牧业，还有至今尚未开发的地区。近年来，政府积极鼓励中外垄断资本向内地发展，但进展缓慢。

农牧业是澳大利亚一大经济支柱，是传统的经济部门，以小麦和养羊为主。因此，人们形象地把澳大利亚称作"骑在羊背上的国家"。农牧产品的生产和出口在国民经济中占有重要地位。据统计，澳大利亚用于农牧业的土地大约有4.75亿 hm^2，占全部国土的64%，平均每人50多亩，主要经营方式是大农牧场，有农牧场17.5万家。机械化水平很高，播种、施肥、收割、剪毛、挤奶等完全采用机械操作。因此，农牧业人口只占全国的2.5%。农业专业化较强，主要农作物有小麦、大麦、棉花、甘蔗和水果等。澳大利亚是世界上小麦主要生产国和输出国之一，小麦播种面积约1 200万 hm^2，占耕地面积的1/4，小麦产量约1 820万 t左右，出口量占总产量的80%，1995年产小麦1 617万 t。畜牧业以养羊和养牛为主，据统计，1995年羊存栏1.3亿只，主要是绵羊，占世界的9.4%，居第2位，羊毛产量约88.7万 t，占世界羊毛总产量的29%，均居世界首位。牛存栏数2 600余万头。为了适应国际市场的变化和需要，近年来已开始注意发展多种经营，除传统农产品羊毛和小麦外，乳肉、蔗糖、水果及水稻等都有较大的发展。按其自然条件和经营特点分4个专业化地带：

(1)半干燥粗放畜牧带　这个带主要是广大内地半干旱地区，牧场面积辽阔，约占全国面积的一半，以放牧为主，粗放经营，载畜量低，生产不稳定，以毛用羊为主。

(2)湿润混合农牧带　包括东南部、西南部和塔斯马尼亚岛北部沿海地带。年降水量750 mm左右，农场规模较小，以耕作业为主，养羊业多为副业，集约化水平高，生产比较稳定，肉用羊为主，羔羊生产突出。

(3)半湿润小麦畜牧带　介于前两带之间，实行小麦牧草轮作，养羊业由小麦农场兼营，农牧结合，毛肉并重。

(4)热带粗放畜牧带　该带位于南回归线以北，沿海降水较多，向内地递减。牧场较广，以牧为主，经营较粗放，肉用牛为主。

园艺业以栽培各种水果和葡萄为主，经营的集约化程度较高，塔斯马尼亚岛被称为"苹果之岛"。墨累河下游生产的无核葡萄干在国际上享有盛名。

采矿业是澳大利亚传统的工业部门，国民经济的第二个支柱。战后发展较快，60年代以后，成为国民经济中的一个重要经济部门。主要集中在新南威尔士州、西澳大利亚州和昆士兰州。铝、铁、镍、锌、锰等矿物产量均居世界前列。铁矿石虽已开采100多年，但开采量对储量来说是微不足道的，到60年代初相继发现多处巨大的铁矿床，1963年起铁矿石的产量逐年提高，成为采矿业中发展最快的部门。1980年铁矿石产量达9 700万 t，仅次于前苏联，居世界第2位。1993年产量达1.02亿 t。主要选择品位高、储量大，适宜于露天开采的矿区开采，主要集中在西澳大利亚和南澳大利亚等地。近年来。所产铁矿砂约有4/5出口，成为世界铁矿砂出口最多的国家，主要运往西欧、日本、中国等国家。

采煤业发展较早，且十分迅速。50年代后，加速了采煤机械化进程，同时引进外国先进技术和设备，相继开辟新矿井，建立严格的管理制度，大大提高劳动生产率和降低成本。1995年煤产量达2.42亿 t，约占世界煤炭总产量的5.3%，居世界第4位。所产煤除国内消费一半以上外，其余大部运往日本和西欧各国。煤炭出口值占全国出口总值的11%，1995年出口量约

1.4 亿 t,并将成为世界最大煤出口国之一。

石油储量较少,为了满足国内能源的需求,除了加快煤炭、天然气资源的生产外,近年来正在加紧海底石油的勘探和开采工作。

澳大利亚对外贸易在国民经济中占重要地位。它是一个传统的农矿产品出口国。主要出口煤、铝、铁矿、牛羊肉、小麦、羊毛等。农牧产品商品率很高,出口率也很高,但在很大程度上受国际市场价格的制约。畜产品出口值占全国出口总值的 1/3 以上。在出口物资中,高品位的铁矿石、氧化铝、羊毛、牛羊肉的出口量均居世界首位。近些年,对外贸易发展迅速,特别是出口额增加较大,1996 年出口额达到 1 035. 1 亿澳元,比 1995 年(920. 5 亿澳元)增长了 12. 5%,同期进口额增长了 8. 5%,进口额达到 999. 7 亿澳元。1997 年出口额为 1 085 亿澳元,进口额为 1 044 亿澳元。

澳大利亚对国际贸易依赖很大,外贸收入在国内生产总值中占 35%,与 60 多个国家和地区有贸易关系。外贸收入的 70%来自农牧业和矿产品,制成品的进口占 80%以上。出口占 1/3 左右。主要出口产品有铁矿砂、羊毛、氧化铝、小麦、牛羊肉、煤等;主要进口机械、服装、汽车、电器、化工、纺织品等。主要贸易对象国有日本等东亚国家、美国、欧盟、东盟、英国和新西兰等。近年来,中澳贸易不断增长,1995 年达 48 亿美元,中澳贸易以年平均 22%的速度递增,开始以多领域、多层次、多形式合作,逐渐从单一贸易形式转向贸易与投资、贸易与兴办实业相结合。目前澳大利亚在华投资已有 2 000 多项,协议资金 20 多亿美元,实际投入资金 6. 8 亿美元,分别在化工、电子、机械、轻工、冶金、建材、纺织、农业、仪器加工等领域。中国已成为澳大利亚主要贸易伙伴之一。

澳大利亚是个地广人稀,人口集中程度高的国家,城市之间距离遥远,因此,交通运输业就显得突出重要。国内交通以铁路为主,铁路通车里程 4 万多 km,平均每 1 000 人有铁路 2. 5 km。铁路网分布不平衡,在东南部、东部和西南沿海地区铁路网稠密,而西部、北部和广大内陆则非常稀少。公路运输较发达,全国有公路 98. 45 万 km,与铁路一样分布不平衡。国际航空运输业发达,有民用飞机 6 000 多架,通往世界各国。

海运在交通运输业中起重要作用。现有商船 115 艘,合计 398 万载重吨,另有远洋商船数十艘。贸易港口 75 个,重要港口 11 个,其中以集装箱(件杂货)为主的 5 个:墨尔本、悉尼、布里斯班、弗雷蒙特、阿德莱德;铁矿石出口港 2 个:丹皮尔港和黑德兰港;煤炭出口港 4 个:纽卡斯尔港、格拉德斯通港、卡姆伯拉港、黑角港。货物主要是矿石煤炭、有色金属、建筑材料、工矿企业设备、机械、农畜产品等。远洋航运发达,主要依赖外轮。

主要港口

悉尼(SYDNEY)　澳大利亚商港,位于该国东南新南威尔士州海岸杰克逊湾(33°53′S、151°14′E),临塔斯曼海,是全国最大交通贸易中心。有 8 个主要码头,用于装卸散杂货以及石油、煤等,还有石油、煤、集装箱等专用码头。全港共有 80 多个泊位,其中集装箱泊位 10 个、滚装船泊位 4 个、石油泊位 12 个,年吞吐量近 4 000 万 t,居全国各港第 1 位,集装箱吞吐量 90 万 TEU。出口小麦、肉、羊毛、纺织品;进口机械设备。

墨尔本港(MELBOURNE)　澳大利亚商港,位于东南维多利亚州波特菲利普湾北端,亚拉河口(37°50′S、115°E),港区主要有 5 个码头,80 多个泊位,其中包括 60 多个深水泊位,港口吞吐量近 3 000 万 t,集装箱 70 多万 TEU。

丹皮尔港(DAMPIER)　澳大利亚矿石输出港,位于西岸中部(20°40′S、116°45′E),有铁路、公路通哈默斯利帕拉伯林等矿山。港内有4座浅桥码头,其中2座是矿石输出泊位,该港年吞吐量4 000多万t,是澳大利亚主要铁矿石输出港之一,约占澳铁矿石出口的1/2。

黑德兰港(PORT HEDLAND)　澳大利亚铁矿石输出港,位于西澳大利亚州西北海岸(20°20′S、118°35′E),有铁路通纽曼等矿山,公路南通纽曼、米卡萨腊连西澳首府珀斯,东北连德比。有4个码头泊位,其中2个泊位为矿石输出码头,总长679 m,可停泊10万t级矿石船。该港为澳大利亚主要矿石输出港之一。

纽卡斯尔港(NEWCASTLE)　澳大利亚煤炭出口港,位于东南新威尔士州霍特河口,悉尼北约105 km处(32°20′S、151°30′E)。有铁路干线南北连接东海岸港市,并有支线铁路通内陆生产中心。共有6个码头,30多个深水泊位,其中2个煤码头,可接纳23万吨级的大型煤炭(散货)船。年吞吐量近4 000万t,其中煤出口近3 000万t,为澳大利亚主要煤炭出口港之一。

格拉德斯通(GLADSTONE)　澳大利亚工业港,位于该国东海岸南回归线附近的纳罗斯狭湾东南口(23°50′S、151°15′E),港区共有6个码头,主要用于铝、煤、水泥、谷物等运输。全港共10多个泊位,总吞吐量3 000万t,煤的输出最多,其次是水泥。

阿德雷德港(PORT ADELAIDE)　澳大利亚商港,位于南澳大利亚州,圣文森特湾东岸(34°50′S、138°30′E),临印度洋,分内港和外港。全港30多个泊位。其中20多个是深水泊位,主要运输煤,其次是小麦、水泥、钢铁等。

布里斯班(BRISBANE):澳大利亚商港,位于该国东部昆士兰州东南布里斯班河下游(27°27′S、153°04′E)。汉密尔顿河区是该港最主要的码头。该港集装箱装卸近10万TEU,吞吐量达1 520多万t,输出货物主要是小麦。

卡姆伯拉港(PORT KEMBLA)　澳大利亚工业港,位于该国东南新南威尔士州伍伦贡市之南约6 km的海岸(34°28′S、150°24′E),临塔斯曼海。分内港外港,该港泊位不多,但能量大,年进出口货物3 000多万t,是澳大利亚主要煤炭输出港之一。

第三节　新西兰与太平洋岛屿

新西兰　新西兰是太平洋西南的岛国。领土由南岛和北岛及斯图尔特等几个比较小的岛屿组成,首都惠灵顿。远离世界各大陆,距离最近的澳大利亚还相隔1 100 km,东部是辽阔的太平洋水域,到达南美大陆必须跨越10 600 km的汪洋大海,所以被称为世界边缘的国家。海岸线长6 900 km。面积27.05万km^2,人口364万(1995年),90%为英国人的后裔,毛利人占9%,还有华侨和华裔。

新西兰地形狭长,山多平原狭小,山地占全国领土的一半,最高点是库克山脉(3 760 m),南岛东部是最大的平原,是著名的粮仓,享有盛誉的羊羔肉产地。

北岛多活火山,地热资源丰富,有世界最大的地热区,森林资源丰富,考里树世界闻名。还有珍奇的动物,经济价值均很高。

新西兰属温带海洋性气候,气候温和,夏季平均气温20℃,冬季平均气温12℃,降水西多东少,西海岸平均降水2 000 mm左右,东海岸平均降水600 mm左右,森林和草原广阔。

新西兰矿产资源丰富,主要有金、铁、石油、煤、天然气等资源。石油储量约3 000万t,天然气储量约1700亿m^3。

新西兰是经济发达国家。50年代初，人均国内生产总值居世界第3位，后来发展缓慢，国内生产总值世界排名下降，至1990年以后经济又开始回升。经济以畜牧业为主，畜牧业发达，主要是畜产品加工。全国有60%的面积适于牧业，牧场和草地面积占农业总用地的97%。1995年全国有羊5 018.7万只，有牛855万头，按人口平均每人拥有约14只羊，近3头牛，居世界第1位。农牧场经营方式为典型的大农牧场经营，机械化和集约化程度均较高，大规模采用机械和其它科学措施，改良天然牧场，建立人工草场。草场管理、挤奶、剪毛全部机械化，广泛培育良种，因此单位面积载畜量比澳大利亚高10倍。畜牧业占农牧业总产值的80%以上，占农牧业出口值的90%以上，畜牧业产品收入占全出口总收入的60%，主要有奶制品、毛毯、食品、皮革、烟草、造纸和木材加工等轻工业，1995年牛羊屠宰量1 051.8万头，羔羊屠宰量2 668.4万头。因此，畜牧业不仅在农牧业中，而且在全国经济中占举足轻重地位，是新西兰经济的基础，以畜牧业和产品加工为主，有“畜牧之国”之称。

新西兰严重依赖外贸，外贸出口以畜产品为主，约占出口量的4/5，占出口总值的80%~85%，羊肉、奶油出口量占世界第1位，羊毛出口量仅次于澳大利亚居世界第2位，其次是水果、木材等。进口物资主要是工业设备，轻工业产品。主要贸易对象国为美国、日本、澳大利亚和欧盟等国。与中国的贸易关系日益加强。

新西兰交通运输发达，港口众多，航空、公路、铁路四通八达，进出口货物主要靠海运。新西兰航线有9条，港口40多个，奥克兰、惠灵顿、利特尔顿、达尼丁、陶朗加港口是重要的集装箱港口。港口有良好的设备，有定期航线联系英国、美国、加拿大、澳大利亚和日本等。1991年港口装货量11 38.9万t、卸货量761.9万t。

主要港口

奥克兰(AUCKLAND)　新西兰最大商港，最大贸易中心和交通枢纽，位于该国北部豪拉基湾西南(36°51′S、174°46′E)，港市之北临太平洋，共有9个码头，30多个深水泊位，10多个浅水泊位，年吞吐量约1千万t。输出羊毛、肉类、乳制品、糖；进口铁矿石、原油、粮食等。

惠灵顿(WELLINGTON)　新西兰首都和商港，位于北岛南端尼可尔逊湾内(41°18′S、174°46′E)，紧靠市区北部，有铁路、公路连接北岛各主要城市，有国际机场，依山面海，扼库克海峡咽喉，战略地位重要。有6个码头、约40个泊位，其中深水泊位20多个，年吞吐量800多万t，全国第二大海港。进口石油、煤、粮食、机械、工业品等；出口工业品、畜产品等。

太平洋岛屿　太平洋岛屿除新西兰的南、北岛外，绝大部分散布在赤道两侧的南北纬30°和东西经130°范围内的太平洋中部热带水域，陆地面积约100万km^2。其中最大的岛屿是新几内亚岛(伊里安岛)，其面积为78.5万km^2，为世界第二大岛。太平洋岛屿人口731万人，占大洋洲总人口的25.2%，主要有巴布亚人、美拉尼西亚人、瓦努阿图人、萨摩亚人、斐济人组成，还有欧洲人的后裔、华裔、华侨等。多信仰基督教，部分居民信天主教、拜物教、印度教等。

太平洋岛屿属热带雨林和热带草原气候，终年高温多雨，植物繁茂，生长许多热带经济作物，主要有椰子、咖啡、可可、香蕉、菠萝、甘蔗、橡胶等；沿海地带牧草丰盛，有利于发展畜牧业，美拉尼西亚热带森林茂密，盛产白檀木、红木等珍贵木材，驰名世界。太平洋岛屿矿种较多，最重要的是磷酸盐矿，分布在瑙鲁(储量达2 400万t，品位居世界第1位)、基里巴斯的大洋岛及所罗门群岛等；镍矿储量居世界第1位，主要在新喀里多尼西亚，储量占总储量的30%；铜储量丰富，主要分布在巴布亚新几内亚，铜矿储量9.44亿t，铜金共生矿储量约4亿t；此外，还有钴、银、铝土矿等。太平洋岛屿渔业资源丰富,波利尼西亚盛产金枪鱼、珍珠贝。

在长期殖民统治和外国垄断资本的控制下,太平洋岛屿的国家和地区经济结构畸形发展,面向出口的农矿产品片面发展,形成了典型的"单一经济"。主要经济部门是热带经济作物种植业和采矿业,现又发展了旅游业。瑙鲁,以开采和出口磷酸盐维持居民的收入。巴布亚新几内亚以农业为主,农业产值占国民生产总值的40%,农业人口占全国总人口的87%。对外贸易以出口农产品和矿产品为主,主要出口商品有椰子、棕榈油、咖啡、可可、蔗糖等农产品;铜砂、磷酸盐、镍、铬、锰、黄金等矿物。进口商品有粮食、燃料、机械设备、日用品等,贸易对象国有美国、英国、法国、日本、德国、澳大利亚、新西兰等。

太平洋岛屿处于亚、澳和南美洲、北美洲之间,东西沟通太平洋和印度洋,其中关岛、威克岛、中途岛、瓦胡岛等都是太平洋航空航运线之中途要站,因此,在国际交通和战略上具有非常重要的地位。太平洋岛屿的海、空运输相当发达,特别是海空交通线使得各岛与世界各地有了广泛的联系。海运除了本地区岛屿之间的联系外,同其他各大洲主要国家的重要港口的贸易往来最为重要。大多为重要国际港口,主要有:莫尔兹比、阿普拉(阿加尼亚)、火奴鲁鲁、苏瓦港、帕皮提、莱城、腊色尔、楠迪、苏托卡、莱维卡、霍尼亚拉、努库阿洛法、纳阿夫、维拉港、桑托、努阿美。

主要贸易港口:

莫尔兹比港(PORT MORESBY)　位于新几内亚岛南部的巴布亚湾东岸(9°29′S,147°09′E)。出口铜砂、木材、椰干、椰油、可可、咖啡、棕榈油、橡胶等;进口食品、纺织品、化工产品、燃料油、金属制品等。主要贸易对象国是日本、德国、澳大利亚、英国和美国等。

阿普拉(APRA):是关岛西部的天然良港(13°26′N、144°39′N),是美国在西太平洋的重要海、空军基地,旅游业兴盛。

火奴鲁鲁(檀香山)(HONOLULU)　位于夏威夷群岛东部的瓦胡岛东南岸(21°20′N、157°50′W)是美国在太平洋上的重要国际商港和中途站。地处太平洋的北部,是夏威夷州的最大港口。它是夏威夷的首府,华人称"檀香山"。它不仅是全州的政治和经济中心,而且是太平洋上重要的海空交通枢纽,战略位置特别重要,大多数横渡太平洋的船都要进港靠泊。主要工业有制糖、菠萝罐头、石油提炼、水泥、钢筋、炼铝及服装等。港西9.5 km处的珍珠港(PEARL HARBOR)是美国在太平洋上的重要海军基地。夏威夷是驰名世界的火山岛,风景优美,也是旅游胜地。港口有大型国际机场,主要航空公司都有班机,是一个重要的国际航空站。

该港属热带雨林气候,盛行东北风。平均气温1月为23℃,7月为27℃,每年6~11月偶受热带风暴和飓风的袭击,在冬季经常发生强风暴雨,油船系泊区可能在数天内不能使用。全年平均降水量约1 400 mm。平均潮差为0.6 m。

本港外有岛屿做屏障,是一个天然良港,港域面积22 km^2,港内为两大港池,有很多突堤及顺岸码头。港区主要码头泊位有23个,岸线长4 252 m,最大水深为12.2 m。装卸设备有各种岸吊、集装箱吊、装载塔、拖船及滚装设施等,其中集装箱吊最大起重能力为45 t,还有直径为300~750 mm的输油管供装卸使用。单点系船浮最大可靠12.5万载重吨的油船。主要出口货物为糖浆、咖啡、糖及菠萝等,进口货物主要为杂货。

苏瓦港(SUVA)　位于南太平洋维提岛东南部(18°10′S、178°30′E),是斐济最大的深水港,南太平洋经济中心,海、空交通枢纽,是自由港。有南太平洋的"十字路口"之称。斐济早在 1874 年为英国殖民地，1970 年 10 月宣布独立，成为英联邦成员国。苏瓦现为首都，是全国政治、经济和交通中心。糖业和旅游业是国民经济的两大支柱。工业以榨糖为主，其次是椰子加工，木材加工和黄金开采等，其中糖占出口总值的 70%。港口距机场 28 km。

该港属热带雨林气候。年平均气温在 24℃~30℃。常受热带飓风袭击。全年平均降水量约 3 000 mm。平均潮差为 0.8 m。

港口外有珊瑚礁作屏障，港内水深，风平浪静，是一个天然良港。港区主要码头泊位有 3 个，岸线长 678 m，水深 12.1 m。装卸设备有岸吊、可移式吊、叉车及滚装设施等，还有直径为 203.2 mm 的输油管供装卸石油使用。码头最大可靠 5 万载重吨的船舶，散装、滚装及集装箱均可装卸。大船锚地水深达 36 m，每年接待各国远洋货轮近千艘。1992 年集装箱吞吐量为 2.8 万 TEU。主要出口货物为糖、椰油、木材及糖浆等，进口货物主要有粮食、燃料油、机器及化工产品等。主要贸易对象国是英国、澳大利亚、新西兰。

帕皮提（PAPEETEA） 位于南太平洋社会群岛中塔希提岛西北岸（17°30′S、149°35′W），是波利尼西亚的最大港口，又是南太平洋上的重要航站。该国的社会群岛是南太平洋上著名的群岛，其中塔布提岛面积最大，盛产椰油、蔗糖、香草、磷灰石、水果及珍珠贝等，旅游业较发达。帕皮提为法属波利尼西亚的首府。港口距国际机场约 6 km。

该港属热带雨林气候。年平均气温约 27℃，每年 12 月至次年 3 月有北或西北大风，风力 8 级，港内有涌浪。全年平均降水量约 1 600 mm。潮流的流速可达每小时 4~5 n mile。

港区主要码头泊位 5 个，水深 6~12.2 m。

装卸设备有岸吊、集装箱吊及滚装设施等，还有直径 152.4~203.2 mm 的输油管供装卸石油使用。新油码头最大可靠泊 4.5 万载重吨的油船，还可停靠液化石油气船。大船锚地最大水深为 25 m。码头有杂货仓库约 6 000 m^2，冷藏库容量达 1.5 万 m^3。1992 年集装箱吞吐量为 6 万 TEU，年货物吞吐能力约 400 万 t。主要出口货物为椰油、香草、水果和珍珠贝等，进口货物主要有谷类食品、石油产品、金属制品等。主要贸易对象为法国、美国、新西兰、澳大利亚、新加坡等。

第六章　北美洲

第一节　概　述

就政治经济地理而言，美国南部国界线以北的美洲为北美洲，包括加拿大、美国、格陵兰岛、英属百慕大群岛、法属圣皮埃尔岛和密克隆岛等国家和地区。北美洲过去曾是英、法的殖民地，英国的移民较多，英格兰人也叫盎格鲁萨克逊人，所以北美洲也叫盎格鲁美洲。面积 2 420 万 km^2，约占世界面积的 16%，人口 2.9 亿（1994 年），占世界人口的 5.51%，人口密度为 12 人/km^2，是人口密度较小的一洲。

北美洲平原和丘陵与山地和高原差不多各占全洲总面积的一半，全洲平均海拔 700 m，大陆部分地形基本特征是南北走向的山脉分布于东西两侧，并与海岸平行，大平原分布于中部，明显分为 3 个地形区。东部山地和高原区：圣劳伦斯河以北为拉布拉多高原，以南为阿巴拉契亚山脉，地势南高北低。中部平原区：位于东部的拉布拉多高原—阿巴拉契亚山脉和西部的落基山脉之间，北起哈得逊湾，南到墨西哥湾沿岸，平原北部是大湖区，南部是密西西比河平原，西部是世界著名的大草原区。西部山地区：属科迪勒拉山系的北段，从阿拉斯加一直延伸到墨西哥以南，以落基山脉为本区的骨架，沿海是太平洋沿岸火山地震带的一部分。

北美洲大陆南北跨 60 多个纬度，包括热带、温带、寒带 3 个气候带，气候条件复杂多样。北部进入北极圈属极地气候，南部加勒比海受赤道暖流之益，属热带气候，大陆中部广大地区位于北温带。因为所有山脉呈南北走向，所以来自北冰洋的冷空气可经中部平原长驱南下，来自热带大西洋的湿润气流也可经中部平原深入到北部，使北美洲气候不稳定。冬季时而寒冷，时而解冻，就连墨西哥湾沿岸的亚热带地区，冬季也有严寒和下雪现象。热带飓风、寒冷而强烈的暴风和陆龙卷风、焚风均为灾害性天气。

北美洲地表水十分丰富，88%为外流区域，分属于大西洋、太平洋、北冰洋水系。主要河流有世界第四大河密西西比河，其次是马更些河、育空河、圣劳伦斯河；中部有世界著名的五大淡水湖，即苏必利尔湖（世界第一大淡水湖）、休伦湖、密执安湖、伊利湖、安大略湖。伊利湖与安大略湖之间的尼亚加拉河上有著名的尼亚加拉瀑布，落差为 51 m，宽 1 240 m，为北美洲一大名胜。

第二节　加拿大

位置和人口　加拿大位于北美洲的北部，东起纽芬兰岛，西到太平洋沿岸和美国的阿拉斯加州，东西横跨 5 315 km；南边以五大湖群为界同美国本土接壤，北边延伸到靠近北极的埃尔斯米尔岛，南北直线距离 4 600 km，面积 997.23 万 km^2，为世界第二面积大国。海岸线曲折而漫长，有 2 万多 km，沿海有许多峡湾和岛屿，在东、西两岸均有出海口。

加拿大人口 2 961 万（1995 年），人口密度为 3 人/km^2，是世界人口稀少的国家之一。人口多为英、法移民的后裔,英语、法语是官方语言。加拿大的原始居民是印第安人和因纽特人(爱斯基摩人,现只占人口的1%)。全国90%的人口分布在同美国接壤的南部狭长地带。圣劳伦斯河沿岸人口密度较高,尤以蒙特利尔、多伦多和首都渥太华3城市人口最为集中。

自然条件与资源　加拿大地形大致西高东低,其西部是北美科迪勒拉山系的组成部分,中部为北美大平原的一部分,东部是拉布拉多高原。多河流、湖泊和海湾,最大河流是马更些河,全长4 241 m;主要湖泊有大熊湖、大奴湖、温尼伯湖和位于美、加交界的五大湖;最大海湾是哈得逊湾。

领土大部分位于北纬49°以北,大多数国土属寒带苔原气候,冬季漫长寒冷。年降水量250~2 500 mm。

加拿大有丰富的金、铜、铀、石油、天然气、煤等矿物,镍、铁、铅、锌等的储量和产量位居世界前列。东部的劳伦高地被称为加拿大的"矿藏宝库";镍主要分布于萨德伯里,镍矿年产量占世界的一半。铁矿主要分布在拉布拉多半岛中部。煤主要蕴藏在西南部,石油、天然气主要分布在西部。林业资源丰富,森林覆盖率约占总面积的44%。此外,加拿大东西海域广阔,尤其是东部的纽芬兰渔场是世界著名的渔场之一,加之众多的湖泊,淡水鱼产量也很高。

经济发展概况　加拿大是个年轻的经济发达国家。从1867年成立联邦到现在,虽然仅仅经历了130多年的历史,但已经由一个落后的,以狩猎采矿为主的国家,发展成为今天这样工农业都很先进的发达国家。

加拿大是由外来移民组成的国家,在它的形成和发展过程中,有它有利的因素,也有不利的条件。其有利因素是欧洲移民带来了现成的资金,先进的技术和优质的劳动力。由于欧洲殖民者来到这块土地上,大肆驱赶原来的居民,接着又从当时资本主义已经相当发达的欧洲移来大批居民,因此近代加拿大的经济发展,既没受到前资本主义生产关系的阻碍,又能得到欧洲现成的资金、技术和劳动力,这与早期西班牙和葡萄牙殖民者在拉美建立起来的封建庄园经济完全不同。其二是这里地大物博,资源十分丰富。如铁、镍、铀、钾等金属和稀有金属的储量都居世界的前列,石油、天然气也占重要的地位。而且适合农业发展的土地面积广阔,河湖密布,森林、渔业资源应有尽有,这些都为加拿大经济的发展提供了良好的物质基础。其三是其邻国为强大的美国,美、加之间有5 000 km不设防的边境线,美国的资金、技术和劳动力包括经营管理方式源源不断地传入加拿大,而且受美国的保护,加拿大军费开支减少到最低点,从而节省资金,用于发展经济。

但同美国相比,加拿大还有它的不利条件。按当时的殖民者来看,加拿大的自然条件不如美国,因此,在相当长的时期内,欧洲移民大都涌向美国,而加拿大的移民增长缓慢。工业发展更晚,直到美国独立战争后的将近一个世纪,,加拿大才获得内部自治权,从而,丧失了独立发展资本主义的时机。到20世纪以后,加拿大的经济才开始发展,这时,自由资本主义已经结束,进入帝国主义垄断时期,所以,加拿大只能在英国、美国资本的控制下,顺应这些国家的需要来发展经济。第二次世界大战后,随着英帝国的衰落和美国势力的削弱,加拿大的现代经济才得到迅速发展。从1940年以来,加拿大的人口增加了一倍半,国内生产总值增长了30多倍,从而进入发达国家的行列,可谓是"年轻的经济发达国家"。1995年其人均国民生产总值19 380美元,居高收入国家和地区行列。

同西方发达国家相比,加拿大的经济有两个明显的特征:一是在国民经济中,外国资本占重要地位。据统计,60年代以来,在全国投资总额中,外国资本,主要是美国资本占2/3以上,外国资本控制着加拿大加工工业的60%和采矿业的70%，本国个人资本主要集中在商业和服务业中。顺应国外，是加拿大经济的一大特色。发展起来的加拿大也向国外输出资本，主要输往美国和巴西，但由于输入大大超过输出，所以，加拿大已成为世界上接受外资最多的国家之一。二是农业和采矿业在国民经济中占有举足轻重的地位，加拿大大量生产和出口原料、半成品，是世界最大的原料净出口国之一，农、林、渔、矿业等的初级产品的出口和在国民经济中所占的比重虽低于发展中国家，却大大高于发达国家，所以被认为是具有“发达资本主义发展中国家”的特点。

主要产业部门及其分布

工业 加拿大的主要工业部门有采矿、能源、冶金、汽车、森林工业、化工、纺织、电子及食品等。

采矿工业 加拿大矿产资源丰富，且品种多，储量大，采矿业相当发达，是仅次于美国和俄罗斯的世界第三大矿产国。矿产品种可分4类：燃料、金属、非金属和建筑材料。煤炭、石油、天然气储量丰富，集中分布在落基山脉东侧，这里被称为加拿大的“燃料库”。由于煤炭和石油多分布于西部，而主要消费区集中于东部中心城市，所以西部能源多用于出口，而东部的不足则依靠进口。1995年其天然气产量仅低于美国、俄罗斯居世界第3位。

金属矿藏种类丰富，拉布拉多半岛上的优质铁矿石世界闻名；劳伦高地更是个集中了多种金属矿藏的宝库，镍的年产量25万t左右，主要分布于安大略湖南部的萨德伯里，其次是马尼托色省，产量的80%供出口。锌主要分布于安大略省的西北部，80%供出口。此外，黄金、白银、铂、铜、铅、钼、铀钴等产量也居世界前列。

石棉、石膏、钾盐等非金属矿藏主要集中于魁北克省的南部，产量约占世界的40%左右，出口量约占世界的60%左右。

加拿大采矿业的迅速发展，一方面是由于政府采取的鼓励政策，另一方面得益于世界市场尤其是美国方面的巨大需求。

能源工业 加拿大是发达国家中能源较为丰富的国家。主要产品有煤炭、焦炭、石油和天然气。电力工业发达，除水电外，核电发展迅速，电力除满足国内消费外，还大量输往美国。

制造业 加拿大制造业发展很快，但规模不大，主要部门有运输机械（汽车、飞机、铁路车辆）、钢铁、炼铝、森林采伐和加工工业等，而其他加工业则发展缓慢，许多成套设备需进口。

运输机械的制造部门大多是在美国资本的扶植下建立起来的。1994年生产汽车180万辆，居世界第7位，80%左右供出口。最大的汽车工业中心是与美国汽车城底特律隔湖相对的温泽。

另一类规模较大的制造业是农、林、渔、矿机械的制造，产品居世界先进水平并有大量出口。多伦多为轻型机械制造区，哈密尔顿为重型机械制造中心。

加拿大发展钢铁工业的资源丰富，最大的铁矿产区拉布拉多铁矿区盛产高品位富矿，其次是安大略省的铁矿区。不足的是主要的煤炭资源分布远离工业中心和钢铁生产基地，因此钢铁工业所需的焦煤几乎全部从美国进口。最大的钢铁工业中心是哈密尔顿。

丰富廉价的电力为炼铝工业的发展奠定了基础，铝土矿大多从南美和西印度群岛等地进口，加拿大已成为世界第二大铝生产国和最大的铝出口国，1995年铝产量217.2万t。仅次于美国，产量的80%供出口。

丰富的森林资源使加拿大的林业和木材加工业发达，1995年加拿大的原木产量居世界第

5 位,新闻纸产量 925 万 t,居世界第 1 位。

农业 加拿大的南部地区自然条件好,有利于农业生产,农业集约化经营规模大,机械化程度高,是世界上主要的农产品生产国和出口国之一。种植业主要以小麦为主,还有大麦、燕麦、黑麦、玉米等。小麦年产量 2 500 万 t 以上,其中 75%供出口,出口量仅次于美国、澳大利亚居世界第 3 位。小麦生产的 95%分布在大湖区以西至落基山脉东麓的中部平原,这里被称为加拿大的"粮库"。畜牧业以饲养牛、猪、家禽为主,乳、肉产品大量出口。渔业资源丰富,纽芬兰附近的大西洋沿海是寒暖流交汇处,适合鱼类繁殖,是世界著名的大渔场之一,占全国鱼产量的 4/5。太平洋沿岸也是重要的渔场,还有境内众多湖泊的淡水渔资源。水产品的 2/3 供出口,主要输往美国。另外,加拿大盛产各种珍贵毛皮,还是世界主要的珍贵毛皮出口国之一。

交通运输业 加拿大领土辽阔,交通运输显得十分重要。目前已形成多种运输方式合理布局,协调发展的综合运输体系。铁路和内河主要承担长途货运,航空主要承担长途客运,公路则承担中、短途的客、货运输。目前,铁路通车里程约 9.9 万 km,仅次于美国和俄罗斯,居世界第 3 位。有两条重要的国家铁路干线:圣约翰—蒙特利尔—温尼伯—温哥华;哈里法克斯—魁北克—温尼伯—埃德蒙顿—鲁珀特王子港。1994 年公路里程 84.94 万 km,其中高速公路 15 983 km。公路干线多分布于人口密集,经济发达的南部地区,1971 年建成全长 7 725 km 的横贯东西的高速公路全线通车,从太平洋沿岸的维多利亚直到大西洋沿岸纽芬兰的圣约翰斯,是世界最长的国家级高速公路。航空运输发达,主要国际机场有多伦多、温哥华、卡尔加里和蒙特利尔等。蒙特利尔是世界民航组织总部的所在地。水运在加拿大有着重要的意义,圣劳伦斯海轮通航河道外连大西洋,内与圣劳伦斯河及五大湖相通,是加拿大从腹地通往大西洋的重要水道。航道每年封冻期为 5 个月,11 月下旬至 12 月初,航道内船只全部撤出,次年 4 月才可驶入。为开采拉布拉多铁矿,航道不断拓宽、加深,以适应远洋大型船舶出入的需要。人们常把五大湖称为"新地中海"或加拿大的南海岸和美国的北海岸。加拿大共有 25 个大的深水港口和 650 个小港口。

重要港口

蒙特利尔(MONTREAL) 位于圣劳伦斯河中游北岸(45°30′N、073°33′W)。港市为加拿大的第一大城市,是加拿大的金融、贸易中心。全国最大的铁路枢纽,是横贯加拿大大陆桥的东桥头堡。工业发达,主要有钢铁、电子、飞机、造船和石油加工等。出口以谷物、煤、矿石等为大宗,是著名的小麦输出港,还是加拿大集装箱吞吐量第一大港,1997 年完成 87 万 TEU,居世界集装箱港口第 43 位。也是世界上最大的河港之一。

该港属温带大陆性气候,1 月平均气温约-10℃,7 月平均气温约 20℃,本港全年可通航,但从 12 月中旬至次年 4 月初不能进行夜间航行。

装卸设备有各种岸吊、可移式吊、集装箱吊、门吊、桥吊、汽车吊、拖船及滚装设施等,其中汽车吊最大起重能力 200 t,浮吊达 275 t,岸吊达 300 t,拖船功率最大为 1 193 kW,还有直径为 100~400 mm 的输油管供装卸使用。港区谷仓容量为 35 万 t,油库容量为 37 万 t,并拥有一座 10 层仓库,面积达 88 万 m^2。装卸效率:散货装 870 t/h,卸 1 950 t/h。本港在 1968 年建立了加拿大第 1 个集装箱码头——曼彻斯特码头,随着集装箱运输的发展,该港已成为加拿大第一大集装箱港,并以优越的地理位置在北大西洋航线上居于前列。全港有泊位 60 多个,岸线长 10.7 km,水深 11 m。

温哥华(VANCOUVER) 位于加拿大西海岸(49°17′N、123°07′W)。年吞吐量 7 000 万 t,

以散货为主，为全国吞吐量第一大港和集装箱第二大港，1997 年完成 72.4 万 TEU，居世界第 52 位。还是全国最大、世界第 7 位煤炭输出港和世界最大的小麦装运港。加拿大第三大城市，工商业发达，加拿大西海岸金融、贸易中心。主要工业有木材加工、食品、炼油、造船等。

该港属温带海洋性气候，盛行东南—西南风。1 月平均气温为 2.5℃，7 月平均气温为 17℃。每年 7—10 月多雾，有时可延续数天。全年平均降水量约 1 100 mm。大潮潮高为 1.9 m。

装卸设备有各种岸吊、门吊、可移式吊、集装箱吊、铲车、装卸桥、卸货机、拖船及滚装设施等，其中浮吊最大起重能力为 100 t，可移式吊达 250 t，还有直径为 250~860 mm 的输油管供装卸使用。港区仓库容量达 170 万 t。装卸效率：小麦装 2 000 t/h，原油 2 500 t/h，圆木每工班装 500 m^3，谷物装 1 000 t/h。本港最大可泊 25 万载重吨的船舶。温哥华为了吸引集装箱货物，早在 1991 年 7 月就开始在码头使费方面采取奖励制度，并对集装箱货物的码头使费实行简化，将原来按价格收费改为按集装箱的长度收费，只简单地将集装箱分为“40 ft 以上”和“不足 40 ft”两种情况，对输出货物的集装箱实行低收费，对空箱则不收费，以保持在北美西岸的竞争能力。该港有泊位 47 个，岸线长 11 km，水深 15.5 m。

1995 年又兴建一个新的集装箱码头，面积达 3.5 万 m^2。该码头具有一个电脑控制的集装箱运输中心，码头上有铁路及卡车作业，并与横跨大陆桥的铁路系统接轨，通过支线铁路可进入美国，年吞吐能力约 50 万 TEU。

主要出口货物为小麦、机械、纸浆、铜矿、粮谷、面粉、林木产品、煤、肥料、焦炭、鱼、水果及硫碘等，进口货物主要有盐、茶叶、水泥、钢材、糖、铁及磷酸盐等。中远公司是第一个先挂靠温哥华港再停靠美国西雅图和塔科马港的船公司。

哈里法克斯(HALIFAX)港　位于加拿大东部新西科舍半岛的东南岸(44°39′N、063°34′W)，战略地位重要，有加拿大“北方门户”之称，港阔水深，航道水深最浅处 15 m。该港属温带大陆性气候，港口终年开放，是一个不冻良港。圣劳伦斯海船航道封冻期，到加拿大东海岸的船只多在此停泊，交通运输发达，它是横贯加拿大大陆桥的东端桥头堡，西边太平洋的桥头堡是鲁珀特王子港。主要工业有造船、钢铁、炼油、酿酒、面粉及汽车装配等，还有制糖、水产加工及纺织等。港口距国际机场约 35 km，有定期航班飞往欧美各地。

装卸设备有各种岸吊、龙门吊、浮吊、输送带拖船及滚装设施等，其中浮吊最大起重能力为 75 t，龙门吊为 40 t。港区有码头堆场 22 万 m^2，集装箱用库棚区面积为 21 万 m^2，车库约 36 万 m^2，还有约 15 万 t 的圆筒仓等。装卸效率：小麦装 1 000 t/h，卸 800 t/h，石膏石 4 500 t/h，集装箱龙门吊可起吊 40 次/h。本港最大进港船舶为 11 万载重吨。1991 年 8 月加拿大国营铁路公司开通哈利法克期至多伦多及蒙特利尔间的双层集装箱列车，使运输工具减轻重量并降低燃料费。1994 年该港集装箱吞吐量达 31.1 万 TEU，比 1993 年增长 3.3%。年货物吞吐能力约 4 000 万 t。主要出口货物为木材、谷物、鱼产品、面粉及石油产品等，进口货物主要有原油、糖、橡胶及杂货等。年吞吐量 1 500 万 t 以上，还是加拿大第三大集装箱港口，1997 年完成 46 万 TEU，居世界第 76 位。

魁北克(QUEBEC)港　位于圣劳伦斯河口北岸(46°49′N、071°12′W)。加拿大重要的河口港。也是加拿大东部的主要港口之一。始建于 1608 年，是北美洲的一座历史名城，目前已发展为高楼林立、商业繁荣的现代化港市，主要工业有造船、造纸、机器制造、木材加工及制鞋等。该港有 17　19 世纪的古老建筑，其中最著名的是“魁北克城堡”，使它成为北美唯一拥有城墙的城市,市内有北美最古老的罗马天主教堂达50余座,其中以圣玛丽亚教堂、维克图瓦尔教堂及于尔絮利纳修道院最著名。港口距机场约20 km,有定期航班。

该港属温带大陆性气候,盛行西风。夏季平均气温20℃,冬季平均气温-10℃,全年平均降水量约1 200 mm。每年12月15日至次年3月底为结冰期,航行季节为8个月。大潮升6.4 m,小潮升3.2 m。

港区主要码头泊位有30个,岸线长6 377 m,最大水深16.7 m。装卸设备有各种岸吊、桥吊、浮吊、汽车吊、可移式吊、输送带、拖船及滚装设施等,其中浮吊最大起重能力为75 t,可移式吊达200 t,拖船的功率最大为5 369 kW,还有直径为200~250 mm的输油管供装卸使用。港区有露天堆场面积约16万 m^2,谷仓容量达24万t。装卸效率:谷物卸3 600 t/h,液体货3 000 t/h。码头最大可靠15万载重吨的油船。主要出口货物有粮谷、矿石、木材、新闻纸、奶酪、纸浆、面粉、水泥、废铜等,进口货物主要有煤、燃油、化肥、盐、干货、水泥、钢板及汽车等。年货物吞吐能力约2 500万t,其中谷物及矿石占1/3。

多伦多(TORONTO)港　位于安大略湖北岸(43°37′N、079°23′W),天然良港,主要的小麦输出港。加拿大第二大城市,工业发达,主要工业有机械、汽车、化工、木材加工等。

鲁珀特王子港(PRINCERUPERT)　位于太平洋沿岸开恩岛上(54°19′N、130°19′W),天然不冻良港。是横贯大陆的铁路桥起迄点、水陆交通枢纽。附近森林茂密,水产丰富,远洋和沿海渔业发达,工业有纸浆、纤维、锯木、水产加工等。该港有码头泊位20个,最大水深23.5 m,各种装卸设备齐全。出口货物有煤炭、粮食等,进口货物有石油、杂货等。

卡提尔和赛提尔港(PORTCARTIER/SEPTILES)　位于圣劳伦斯河口北岸(50°N、66°W)附近。加拿大重要的铁矿石输出港,年吞吐量2 000万t以上。

对外贸易　加拿大国内市场容量极小,因而,其经济对国际市场依赖严重。加拿大是世界重要的贸易国之一,1994年进口额1 560亿美元,居世界第8位;出口额1 658亿美元,居世界第7位。出口贸易中资源和工业制成品各占一半,主要出口产品有铁矿石、小麦、新闻纸、纸浆、钢铁、木材、铜、镍、铅等;进口产品中约有4/5为制成品,主要有机械设备、消费品、汽车及配件等。加拿大的出口贸易表现出对美国市场较强的依赖性。如1993年对美出口比重占其出口总额的80%左右,美国是其最大的贸易伙伴,其次是日本、德国、法国、墨西哥、中国台湾、韩国、中国等。

第三节　美　　国

领土与组成　美国是美利坚合众国的简称。国土总面积936.3万 km^2,是世界第四面积大国。领土的主要部分在北美洲的南部,北接加拿大,南连墨西哥和墨西哥湾,东西分别濒临大西洋和太平洋,整个轮廓像个长方形,全国由50个州和一个特区组成,哥伦比亚特区是首都华盛顿的所在地,直属联邦政府。50个州中本土上有48个,另两个州是阿拉斯加州和夏威夷州。阿拉斯加州位于北美洲的西北角,和加拿大的西北部连接;其西部与俄罗斯的亚洲领土只隔一条60 km宽的白令海峡。夏威夷州原来是个独立王国,1898年被美国吞并,原为美国属地,1959年8月成为第50个州。此外,关岛、东萨摩亚、中途岛、威克岛、约翰斯顿岛、玛利亚那群岛、马绍尔群岛和加勒比海地区的波多黎各岛、美属维尔京群岛、巴拿马运河区等仍是美国的"租界"、"领地"、"托管地"等。这些地区岛屿面积虽不大,但地理位置却十分重要。

美国濒临两大洋，远离旧大陆，其南北两面的邻国均为弱国。正像列宁所指出的那样："美国的亿万富翁几乎是最富有的，并且在地理条件上处于最安全的地位"。在现代交通条件下，辽阔的海洋没有能够阻碍它和旧大陆的联系，但却避免了旧大陆战乱的干扰，从而使其处于有利于资本主义发展的和平环境。两次世界大战中，由于大洋的屏障作用，美国不但没有遭到战争的破坏，反而坐收渔人之利，乘机发了战争的横财。

美国本土地形东西两侧高、中间低，明显分为3个纵列带。西部为科迪勒拉山系的一部分，由一系列山脉、山间高原、盆地和谷地组成。这里蕴藏着丰富的资源，由铜、铅、锌、钼、钴、金、银等金属矿物，还有煤、石油等矿物燃料，水力和森林资源也很丰富，是美国重要的资源基地。中部地区为五大湖平原和密西西比河平原，约占国土面积的一半。这里有稠密的水网，便于灌溉和航运；苏必利尔湖附近是著名的大铁矿区，墨西哥湾沿岸是著名的石油产区，这里还是美国重要的农牧区，是世界著名的"谷仓"。中部平原地区往东就是阿巴拉契亚山地和大西洋沿岸低地。山脉西侧有丰富煤藏，是美国重要的煤产区。阿拉斯加州是美国最大的一州，全州为高原和山地，蕴藏有丰富的石油和黄金。夏威夷州位于太平洋北部，由夏威夷岛、毛伊岛、莫洛凯岛、瓦胡岛、考爱岛等8个大岛和100多个小岛组成，是太平洋上海空航运中心，地理位置十分重要，被称为太平洋的十字路口。历史上著名的"珍珠港事件"就发生在瓦胡岛的珍珠港，这里现在仍然是美国在太平洋上的重要海军基地。另外，夏威夷州气候宜人，风景秀丽，历史名胜较多，，旅游资源丰富。

居民　美国人口2.63亿(1995年)，占世界总人口的4.6%，仅次于中国、印度，居世界第三位。人口密度较小，平均28人/km^2。人口分布不平衡，3/4的人口集中在城市，百万以上人口的大城市有20个，纽约集中了1 700万人口。人口最多的州是加里福尼亚州，占美国人口的10%。近十几年来，人口逐渐由北部向南部的"阳光地带"转移。所谓"阳光地带"是指美国北纬37度线以南一直到墨西哥湾沿岸这一广大地区，包括13个州的全部、加里福尼亚州的大部和内华达州的一部分。这里日照时间长，气候温暖，被称之为"阳光地带"。西部人口较为稀少。

由于历史的原因，美国被称为"民族大熔炉"。在现有人口中，白人占84.1%，大部分是欧洲移民的后裔。黑人占12.4%，还有墨西哥人、波多黎各人、古巴人、阿拉伯人、日本人、菲律宾人、朝鲜人、中国人等。美国黑人多是从16世纪起被欧洲殖民者从非洲贩卖到北美大陆的黑人奴隶的后裔。战前，80%的黑人集中在东南部白人农场里做工，战后，随着农业劳动生产率的提高和工业的发展，黑人逐步向美国东北部和西部工业城市迁移。目前，80%的黑人住在城市的黑人聚居区。印第安人是当地的土著民族，是美洲大陆的黄种人，在西方殖民主义者向北美洲扩张的过程中，被惨无人道地屠杀和驱逐，人口锐减，目前大约还有1 360万人。

美国宗教派别林立，宗教信仰十分普遍。居民主要信奉基督教、新教，其次为天主教、犹太教、东正教等。

经济发展概况　在世界历史上，美国与加拿大同样是个比较年轻的国家。从它1776年7月4日宣布独立那天起到现在只有220多年的历史。1492年哥伦布发现美洲新大陆以后，美国就成为英国的殖民地。1776年的独立战争和1865年的南北战争以后，资本主义经济发展迅速。19世纪初，开始了工业革命，19世纪80年代工业生产超过英国，跃居世界第1位，19世纪末进入帝国主义阶段，成为典型的托拉斯帝国。在两次世界大战中，美国又发了战争的横财，积累了大量的财富，急剧膨胀成为凌驾于其他帝国主义国家之上的金元帝国。

战后,美国经济的发展大体上可分为4个阶段;

(1)从战后到50年代中期,是美国经济调整和发展时期。战后初期,美国私人企业开始大规模的固定资本更新。居民在战时受到限制的消费需求也重新高涨。加之西欧和日本的经济重建和恢复吸引了大量的美国商品和资本。因此这一时期美国经济出现了繁荣景象。

(2)从50年代中期到60年代末,是美国经济迅速发展时期。第3次科技革命的兴起,一系列新兴工业部门的建立,传统工业部门的技术改造,开辟了广阔的投资领域,扩大了生产和就业。政府对经济干预的加强缓和了经济危机,促进了经济的发展。在50—60年代,资本主义世界出现相对稳定的局势,以美元为中心的世界贸易体系和以美国为中心的国际贸易制度(关贸总协定)对稳定国际货币和保证贸易自由和资本流动自由起了一定的作用,也促进了美国经济的增长。1950—1959年,美国国民生产总值年平均增长率为3.9%;1960—1969年,国民生产总值年平均增长率为4.1%。

(3)70—80年代末,经济转为低速增长。这一时期,经济危机频频发生,经济发展不稳定,时而高涨,时而停滞,从国内生产总值的增长率来看,1974年为-0.7%,1980年为-0.5%,1983年为3.5%,1984年为6.8%,1985年为3.1%。值得一提的是,1983—1985年美国经济的持续高速增长有两个重要原因:第一,由于美国拥有较大的石油资源,两次石油涨价对美国经济的冲击与其他国家相比较为轻微;第二,1981年以后,在其他西方国家继续执行紧缩政策时,美国却推行了减税、扩大财政开支,刺激投资和经济增长的预算膨胀政策。后来,油价趋于疲软,美国对国外石油的依赖大量增加,相反,西欧和日本还进行了有关减少对国外石油依赖的结构调整,因此,美国在这方面的优势基本丧失。然而,预算膨胀政策造成的巨额赤字却成了后来美国经济增长的羁绊,事实也正如此。由于受经济周期和80年代金融过度膨胀的影响,美国经济于1990年再次陷入衰退。

(4)90年代初期至今,经济持续稳定增长。1991年3月,美国在西方国家中,率先走出低谷之后,到1997年10月,经济增长已达79个月,进入第7个年头,超过了战后9个扩张期50个月的平均水平,是美国战后第三长的扩张周期,而且至今没有明显的衰退迹象,引起了经济学家的广泛关注。与以往经济增长期相比,本次扩张周期呈平缓、漫长的曲线。在周期顶峰(扩张期头3年)的年均增长率只有2.8%(1992—1994年),而70年代则为5.2%(1976—1978年),80年代为4.8%(1983—1985年)。而且,与以往美国经济扩张周期均为通涨所中断而不同,本期出现了经济增长与低通涨并存的难得局面。此外,经济的外向程度大大提高。90年代初,美国经济的13%依靠国外市场实现,现在,这一比重提高到26%。与过去一向以国内经济为主的美国经济不同,这次增长很大程度上是依靠国际市场实现的。

经济学家普遍认为本期经济增长的主要原因首先是高技术的作用;其次是经济全球化的发展;再次是政策得当。的确,高技术的发展和运用对本期经济增长功不可没,首先,它直接贡献于经济的增长。据统计,在1994—1996年间,美国高技术部门在GDP中的贡献率为27%,而传统的两大支柱——民用住房建筑和汽车只占14%和4%,高技术对GDP的增长率的贡献也在30%左右。此外,高技术的广泛运用还给一些“夕阳产业”带来新的生机,使许多传统生产部门效率倍增。据《商业周刊》的报道,自经济复苏以来,美国企业的生产率每年递增2.2%,远远高于历史水平,也比日本、欧洲高10%~20%,高技术已成为带动整个美国经济持续增长的原动力。

表 6-1 主要发达国家 GDP 增长率的比较(%)

国家 \ 年份	1970	1980	1990	1991	1992	1993	1994	1995	1996
美国	-0.0	-0.5	0.8	-0.6	2.7	2.3	3.5	2.0	2.4
日本	8.2	2.6	5.5	4.3	1.1	0.1	0.5	0.9	3.6
德国	1.0	5.9	2.8	2.2	-1.1	2.9	1.9	1.3	
法国	5.7	1.6	2.5	0.8	1.2	-1.3	2.8	2.2	1.3
意大利	5.3	4.1	2.1	1.2	0.7	-1.2	2.2	3.0	1.1
英国	2.3	-2.2	0.4	-0.2	-0.5	2.1	3.9	2.5	2.2

资料来源:朝日年鉴 1997

美国之所以发展得迅速,还有其具体的历史、地理和经济条件:

首先,美国是在资本主义上升时期,由已经确立资本主义制度的英国移民建立起来的移民国家。英国移民带来了当时最先进的资本主义制度,使得资本主义在这片没有根深蒂固的封建制度的空地上,毫无阻碍地建立和发展起来。南北战争后,南方的奴隶制度被取缔,工业没有受到传统和保守的生产方式的束缚,资本主义得以迅速发展。南北统一,西部的开拓,大规模铁路的建设和农业资本主义的迅速发展等,都为美国资本主义的发展创造了一个广阔的统一的国内市场。

第二,美国具有优越的自然条件、丰富的自然资源和有利的地理位置。根据货币基金组织1985 年的调查,美国自然资源在西方发达国家中居第 3 位,仅次于加拿大和挪威。

第三,美国工业化较晚,因而可利用欧洲现成的技术成就和资金,特别是欧洲移民的到来,为美国提供了大量的熟练工人,他们在美国的资本主义发展过程中起到了特殊重要的作用。

第四,美国在辽阔肥美的土地上,按照"美国式的道路"建立起强大的资本主义农业,从而使工业的发展有着坚实的基础。同时,在工业化的初期,有大量的人口从东北部城市迁入西部农村,开垦土地,经营农场,因此工业劳动力不足。这就迫使资本家尽快使用先进技术,提高工资水平,从而扩大了国内市场,为美国资本主义的发展创造了广阔的空间。

第五,两次世界大战中,美国发了横财,为迅速实现工业化积累了大量的资金。1945 年第二次世界大战结束时,美国占有资本主义世界工业生产的 53.4%,对外贸易总额的 1/3,黄金储备量的 3/4,成为最大的资本输出国。战后初期,美国凭借其优势地位,在政治、经济、军事上不断扩张,不仅剥削亚、非、拉广大殖民地、半殖民地国家,而且力图控制它在欧洲、北美洲和大洋洲的盟国,成为帝国主义的霸主。

美国经济发展的主要特征:

(1)美国是当今世界最发达的资本主义国家。其经济规模之大,部门结构之完整,生产力水平之高,是其他任何国家都不能比拟的。其劳动生产率、国内生产总值和对外贸易额均居世界首位。在科学技术领域,特别是核武器、电子技术、航空和航天技术、生物工程等方面均居世界领先地位。人均国民生产总值也居世界前列。

(2)在经济结构上,美国是一个工业对农业占绝对优势的工农业国家。工业产值占工农业产值的 80%以上,同时,还拥有规模宏大的资本主义农业,是世界上最大的农业生产国和农产品出口国。

(3)生产和资本高度集中。战后,美国垄断资本的集中达到了惊人的程度,国家垄断资本获得了空前的发展，构成了美国的经济基础。以摩根、洛克菲勒为代表的10大财团，控制着国家的主要生产部门。其工业生产的垄断程度之高为世界各国所罕见。如4大汽车公司（通用、福特、克莱斯勒和美国汽车）垄断着全国汽车生产的80%以上；10大钢铁公司垄断着全国钢铁生产的80%以上；5大石油康采恩垄断着全国原油生产的40%以上。农业生产和资本也日趋集中，全国农场数已由19世纪30年代的600多万个减少到20世纪90年代的200多万个。目前，数量约占3%的6万多个大农场，却拥有全国农场面积的近50%。

（4）经济发展缓慢且不稳定。随着资本主义固有矛盾的加剧，经济危机频频发生，经济时而高涨，时而停滞，如GDP的增长率1970年为-0.7%，1980年为-0.4%，1983年为3.5%，1984年则提高到6.8%。但总体来说其经济增长是缓慢的，高赤字、高失业率和高通胀率一直是困扰其经济发展的羁绊。

（5）国际地位日益下降。战后，由于日本和西欧各国经济的迅速发展，美国的经济实力相对削弱，战后初期，美国国民生产总值曾占世界总产值的1/3以上，到1994年已下降到22%。其国际地位的下降还表现在：由世界最大的债权国沦为世界最大的债务国，占世界黄金外汇储备的比重日益降低（表6-2）；工业品的竞争力下降，在汽车、家用电器、科研仪器等产业已失去了世界领先地位，导致占世界出口贸易的比重日益降低（表6-3），自70年代以来，贸易连年逆差，现已成为世界最大的逆差国；美元的霸权地位丧失，战后许多资本主义国家建立了以美元为中心的货币体系，各国货币与美元挂钩，固定比价，但随着美国经济实力的下降，国际收支逆差的增大，美元危机频频发生，终于在1973年各国纷纷取消本国货币与美元之间的固定比价，实行浮动汇率，至此，以美元为中心的国际货币体系彻底瓦解。

表6-2　主要发达国家占世界黄金外汇储备的比重（%）

	1979	1980	1985	1986	1987	1988	1989	1990	1991	1992	1993	1994
美国	15.5	6.0	8.8	8.8	6.2	6.3	9.3	8.9	7.9	7.3	6.9	6.2
日本	5.2	5.7	5.7	7.8	10.7	12.7	10.4	8.4	7.3	7.3	9.2	10.0
德国	14.6	11.7	9.9	10.1	10.9	8.1	8.0	7.6	6.7	9.6	7.6	6.7
法国	5.3	6.8	6.1	6.3	4.8	3.8	3.5	4.3	3.5	3.1	2.5	2.5
英国	3.0	4.7	2.8	3.5	5.6	5.8	4.4	3.9	4.3	3.8	3.5	3.4

资料来源：国际形势年鉴1996

表6-3　主要发达国家占世界出口贸易的比重（%）

	1979	1980	1985	1986	1987	1988	1989	1990	1991	1992	1993	1994
美国	15.2	11.0	11.1	10.2	10.2	11.4	12.0	11.5	11.9	11.9	12.3	11.9
日本	6.9	6.5	9.1	9.8	9.2	9.3	9.1	8.4	8.9	9.0	9.6	9.2
德国	12.2	9.6	8.9	11.4	11.8	11.4	11.3	12.0	11.4	11.2	10.0	9.9
法国	6.4	5.6	5.1	5.6	5.8	5.9	5.9	6.3	6.1	6.3	5.5	5.5
英国	6.9	5.5	5.2	5.0	5.3	5.1	5.0	5.4	5.2	5.1	4.8	4.8

资料来源：国际形势年鉴1996

主要产业部门及其分布

工业　美国工业以技术先进、门类齐全、生产力雄厚、劳动生产率高、大部分矿产资源能够自给而著称于世。钢铁、汽车、建筑是美国经济的三大支柱。在战后日益激烈的竞争中，美国的纺织、缝纫、皮革等轻工业和钢铁、汽车、电子等重工业，因受日本、前西德和一些发展中国家的竞争而丧失了在世界的优势地位，但在尖端技术和新兴工业领域，如高分子、原子能、电子通信、宇航、光导纤维、核能、海洋开发等遥居世界领先地位。

美国工业的地理分布很不平衡。主要集中在西起密西西比河，东至大西洋沿岸，南起俄亥俄河，北至密执安湖、伊利湖、安大略湖一带的"制造业带"中。这个带面积占全国的8%，却集中了全国制造业的一半以上。西部太平洋沿岸的加里福尼亚州，一些与军事有关的新兴工业如造船、飞机、导弹、电子等部门发展迅速。南部的得克萨斯州等产油区的石油化工发展迅速，已成为重要的石油化工基地。70年代以来，经济中心和人口呈现南移趋势，南部的阳光地带和西部太平洋沿岸工业发展速度大大超过东北地区。

表6-4　美国主要工业品产量及占世界的比重和位次(1994年)

	产　量	占世界的比重(%)	在世界上的位次
煤炭(万t)	93 722	20.98	2
原油(万t)	33 418	13.47	2
汽油(万t)	31 695	41.68	1
天然气(千万亿焦耳)	20 400	26.65	1
发电量(亿千瓦小时)	31 459	26.25	1
钢(万t)	8 881	12.37	3
精炼铜(万t)	183		1
铝(万t)	6 641		
汽车(万辆)	972	19.56	2
化肥(万t)	2 548	19.37	1
合成橡胶(万t)	239	29.25	1
新闻纸(万t)	634	18.77	2
水泥(万t)	7 711	6.05	3
原木(万m^3)	49 580	14.26	1
糖(万t)	725	6.57	3
电视机(万台)	1 430	10.88	3

资料来源：中国形势年鉴　1996中国统计出版社出版

燃料动力工业　美国的燃料动力资源主要有煤炭、石油、天然气、水力，其蕴藏量都很丰富。

煤炭资源分布广泛，50个州中的34个州蕴藏有煤炭。1995年探明储量2 406亿t，仅低于中国，居世界第2位。美国还是世界煤炭生产大国和出口大国，1995年煤炭产量9.34亿t，出口9 000万t，均居世界第2位。主要煤炭基地有：(1)阿巴拉契亚煤炭基地，北起宾夕法尼亚州中部，向西南延伸至亚拉巴马州，长1 200 km，面积18万km^2。探明储量1 000多亿t，产量约占全国的53%，是美国、也是世界最大的煤炭基地，而且煤质优、产量大、开采条件好，特别是靠近经济发达的消费地区。(2)中央内陆煤炭基地，位于密西西比河中游东部，探明储量约占全国的20%，产量约占全国的16.5%。(3)西部煤炭基地，位于西部落基山区和大平原北部，探明储量约占全国的40%，产量约占全国的30%。

美国是世界上最早采用现代技术生产石油的国家之一，70年代石油年产量曾达4.8亿t，后来产量逐渐下降。1996年生产石油3.24亿t，仅次于沙特阿拉伯、独联体，居世界第3位。

石油主要分布在墨西哥湾沿岸的得克萨斯州和路易斯安那州，其次是阿拉斯加州和加里福尼亚州。美国还是世界上最大的原油加工国，年加工原油 8 亿~9 亿 t。天然气储量仅次于伊朗，居世界第 2 位，而产量居世界首位。天然气的生产分布与石油的生产分布基本一致，其中，墨西哥湾沿岸产量约占全国的 2/3 以上。

美国的电力工业生产能力居世界首位，电力构成以火电为主，约占全国电力生产的 80%，其次是核电，核电站的装机容量约占世界总装机容量的 31%，居世界首位，发电量约占全国电力生产的 14%，主要分布在矿物原料和水力资源较少的大西洋沿岸中、南部及新英格兰地区等。水电站比重较小，主要分布在田纳西河、哥伦比亚河、科罗拉多河上。

美国是世界上能耗量最多的国家，1996 年，石油消费量达 8. 33 亿 t，居世界首位。占世界 4. 6%的人口，能源消费量却占世界的 1/3，人均能源消耗量高居世界之首。因此，尽管其能源总产量位居世界第 2 位，但仍不能满足国内需要，其主要原因：一是对能源的巨大浪费。扩军备战要消耗能源，同时，垄断资本为获取高额利润，大力刺激能源消费，70%以上的能源用于汽车、运输、家庭生活和商业活动。仅交通工具每年用油占商业消费量的 70%，而工业用油只占 27%；二是国内燃料动力资源开发不合理，垄断集团的掠夺式开采使石油资源遭到破坏，同时为使石油资源不过早枯竭而采取限产；三是能源消费构成不合理。石油、天然气在能源消费中占 70%，而煤炭只占 22%。由于上述原因，能源产量停滞不前，进口逐年增多。目前，进口石油已占消费量的一半以上，1996 年进口原油 5. 1 亿 t，进口原油主要来自中东和加勒比海地区。

冶金工业　钢铁工业是美国经济的三大支柱之一，也是美国经济的晴雨表，钢铁生产波动很大。美国发展钢铁工业有着优越的自然条件：苏必利尔湖西部沿岸有丰富的铁矿资源，阿巴拉契亚山地拥有丰富的炼焦煤，但锰矿需要进口。一个多世纪以来，美国的钢铁工业中心虽几经变化，但仍然集中在煤、铁资源丰富的东北部地区，五大湖以南地区已成为美国乃至世界的大钢铁工业区，钢铁产量占全国的 80%。其主要中心有芝加哥、底特律、克利夫兰、布法罗、匹兹堡及其附近的约翰斯顿、杨斯顿、砍顿等。由于国内铁矿石不能满足钢铁生产需要，有 1/3 的铁矿石依靠进口。随着铁矿石进口量的不断增加，大西洋沿岸的巴尔的摩、费城，墨西哥湾沿岸的伯明翰和休斯顿均为重要的钢铁工业中心。钢铁工业向沿海、沿湖、消费区发展的趋势主要是因为煤和铁矿石及辅助原料可利用廉价的水运，产品的出口也很方便。美国西部山区蕴藏着丰富的有色金属矿，为美国发展有色金属冶炼创造了坚实的基础，美国的精炼铜及铝、铅、锌等的产量均居世界前列。

机械制造工业　机械制造工业包括汽车制造工业、航空航天工业、造船工业等部门。美国的一般机械制造业由于受来自西欧和日本的竞争而发展缓慢，但军工机械和尖端技术领域仍处于世界领先地位。

汽车工业　是美国经济的三大支柱之一，美国是仅次于日本的第二大汽车生产国，年生产汽车近 1 000 万辆。其中 80%为小汽车。汽车生产的分布比较集中，90%以上集中于东北部，主要是位于以布法罗、辛辛那提和珍尼斯维尔为顶点的三角形区域内，其中底特律是全国最大的汽车工业中心，著名的汽车城。这里有发达的冶金、机械制造工业，历史基础好，有利于汽车工业的发展。美国三大汽车垄断公司通用、福特和克莱斯勒的总部均设在这里。此外，西部的洛杉矶、南部的亚特兰大也是汽车工业中心，但某些零部件需要从北方调运。

航空航天工业　居世界领先地位，其产品包括民用和军用飞机、导弹、火箭、人造卫星等。

航空工业中心主要位于西部的西雅图、洛杉矶和圣迭戈,东部的巴尔的摩、纽约、布法罗以及中南部的堪萨斯、达拉斯和沃斯堡。其中西部的产量约占总产量的一半以上,并以重型军用飞机和巨型喷气客机为主;东北部飞机生产的比重虽不大,但却是飞机发动机、推进器和仪表的集中产区。美国最大的飞机制造公司有波音、麦克唐纳—道格拉斯、洛克希德等,其中波音公司产品的质量和数量均居世界首位。宇航工业也是美国的重要部门,其产品的技术性能在世界上遥遥领先,主要用于国防和军事,也有部分服务于民用。

造船工业　主要生产先进的核航空母舰和核潜艇,商船生产远不及日本、韩国、瑞典等国。

高技术工业　美国的高技术工业包括微电子、软件、机器人、通信设备、光导纤维和生物工程等部门。从80年代开始,美国就加大对高技术的投入,仅在计算机和通信领域的投资每年就增长20%以上,这些投入在90年代开始得到回报。而且不仅是高技术工业本身,而且由于高技术的广泛应用还给一些“夕阳产业”带来新的生机,使许多传统工业部门效率倍增。如随着信息技术的飞速发展,美国英特尔公司在微处理器上有了重要的技术突破,加之微软公司在软件方面的巨大成功,美国建立和发展了英特网和内部网络,在此基础上,美国企业纷纷用计算机和网络化进行设备更新和技术改造,劳动生产率大大提高。另外,高技术工业发展的特点是集教育、科研、生产于一体,科研机构与工业部门紧密结合,使产品更新换代日益迅速。现今美国除在机器人和金属合金等方面落后于日本外,在高技术领域的许多方面均居世界之首,在世界计算机市场的占有率高达60%以上,主要计算机公司有IBM公司、微软公司、英特尔公司等。美国是世界上建立高新技术产业园区最早和目前数量最多的国家。著名的“硅谷”位于加里福尼亚州旧金山附近的一条狭长的谷地,因生产电子工业基本材料硅片而得名。现已成为美国最大的高新技术中心。此外还建有得克萨斯州达拉斯附近的“硅原”、北卡罗来纳州罗利附近的“硅三角”、位于马里兰州蒙哥马利郡的“东部硅谷”以及正在建设中的硅山、硅滩、技术走廊、卫星系统等。

建筑业　建筑业是美国经济的第三大支柱,是一个综合性的工业部门,而且现代化程度高,技术管理先进,生产能力强,从而带动和刺激了与建筑业相关的许多工业部门的生产,如水泥、玻璃、砖瓦、钢材、木材、油漆、涂料、装修材料等。

化学工业　美国有着发展化学工业的丰厚的基础,如煤、石油、天然气、硫磺、磷酸盐、食盐等都很丰富。早期的化学工业也是生产酸、碱等的基本化工。第二次世界大战后美国率先以石油和天然气为原料发展了有机合成化学,使化学工业结构、原料结构以及生产技术均发生了巨大的变化,化学工业成为仅次于机械工业的第二大部门。化学工业分布与其原料的分布密切结合。墨西哥湾沿岸地区是石油化工最集中的地区,尤其是科珀斯克里斯提—休斯顿—博蒙特一带集中了全国石油化工生产的40%,休斯顿生产的合成橡胶占全国产量的一半;东北大西洋沿岸和五大湖沿岸则是以煤炭和冶金工业为基础发展起来的老化工区,纽约—费城—巴尔的摩地区以生产高级化工产品为主,纽约是全国最大的香料、化妆品、医药和染料的生产中心。美国主要化学工业公司有杜邦公司、蒙森托公司等。

纺织工业　在发达的资本主义国家中,美国是唯一用本国原料发展棉纺工业的国家,棉纺工业主要分布在南部棉花产区;毛纺工业原料主要依赖进口,毛纺工业主要分布在东北部沿海;化纤纺织是战后新兴的工业部门,发展迅速,化纤纺织品产量曾占世界的24.6%,居世界首位。近年来随着美国工业结构的调整,加之美国纺织品受到进口纺织品的激烈竞争,因此纺织工业发展缓慢。纽约是全国最大的服装工业中心。

农业 美国的农业是在早期被作为其宗主国英国的一个农业殖民地发展起来的。当时，英国利用这里优越的气候条件和辽阔肥美的土地，从非洲贩来大批的黑人奴隶为其生产棉花、烟草、蓝靛和稻米。19 世纪中叶，大力发展小麦、肉类生产，使这里成为西欧重要的粮食、畜产品基地。农业曾为美国吸引了大批移民，积累了巨额资金，开辟了广阔的国内市场，从而推动了美国工业化的发展。现在，美国农业在世界农业生产中占有十分重要的地位，美国是世界上最大的农业生产国和农产品出口国。按照"美国式的道路"建立起来的世界最强大的农业具有它突出的特点：

(1)美国农业是世界上规模最大，用现代最新科学技术装备起来的高效资本主义大农业，其集约化程度和劳动生产率都位居世界前列。目前，美国农业人口占总人口的 3%，农业就业人数占总就业人数的 2.6%，但其按农业经济活动人口计算的人均农业国内生产总值、人均肉类产量均居世界首位；农用拖拉机拥有量、谷物联合收割机拥有量、化肥消费量也居世界之首；人均谷物产量仅次于加拿大居世界第 2 位；主要农产品的产量位居世界前列(表 6-5)，农产品出口总额高居世界榜首。这些数字充分说明美国农业高度发达。

表 6-5 美国主要农产品的产量及其占世界的比重和位次(1995 年)

	产量(万 t)	占世界的比重(%)	在世界上的位次
谷物①	27 700	14.61	2
大豆	5 857	46.51	1
棉花	391	19.76	2
花生	159	5.60	3
甜菜	2 536	9.53	3
烟叶	59	9.39	2
肉类	3 385	16.34	2
牛奶	7 060	15.16	1
鸡蛋	440	10.59	2

①谷物包括小麦、玉米、稻谷、黑麦、燕麦、荞麦、高粱、小米以及混合谷物。

资料来源：世界经济统计简编 1997 陈秀英主编 中国物价出版社

(2)农业生产和资本日趋集中。随着农业现代化和集约化程度的不断提高，农场的数量日益减少而规模日益扩大。美国农场已由 19 世纪 30 年代的 600 多万个减少到 20 世纪 90 年代的 200 多万个，而数量只占 3%的大农场却拥有全国农场面积的近一半；占农场总数 10%的较大农场生产了商品性农产品的 60%以上。许多工业、金融、商业垄断公司越来越多地插手农业生产和农产品加工、储藏和销售，形成了不少大型"农、工、商联合企业"，垄断资本对农业的控制日益加强。

(3)农业部门结构齐全，种植业和畜牧业均发达。美国谷物生产以玉米为主，其次是小麦。1995 年玉米产量占谷物总产量的 67.6%，小麦占 10.6%。1/3 的玉米和 1/2 的小麦供出口；经济作物主要以大豆、棉花、烟草为主，产量均居世界前列；畜牧业以饲养牛、羊和鸡为主，已全面实现了专业化、机械化和大型室内化，肉、蛋、奶产量居世界第 1、第 2 位。

(4)农业高度专业化，表现在农场专业化和分区专业化。美国农业不仅机械化、集约化和商品化水平高，而且农业规模大、部门繁多，各地区自然条件又有明显差别，因而逐渐形成了区域专业化特点。分区专业化一方面表现为个别农业部门和农产品地区分布上的高度集中，另一方面是各地区部门结构表现出比重较高的部门专业化。主要农业专业化区域有：

牧草乳酪区：分布于东北部和濒临五大湖各州，是美国最大的专业化农业区。该区占全国面积的10%和人口的25%，自然条件十分有利于牧草生长和种植青贮玉米，适宜发展畜牧业。这里接近大工业区，是一个巨大的牛奶和乳制品消费市场。目前拥有全国1/3的奶牛，生产的牛奶和乳制品占全国产量的一半，远销全国各地。

玉米带：位于牧草乳酪区以南，大致在北纬40°~45°之间。这里地势低平，有肥沃深厚的草原黑钙土，无霜期长，气温高，雨热同季，极有利于玉米的生长发育。目前玉米产量占全国总产量的3/4，成为世界上著名的玉米专业化地带。这里还轮种牧草和麦类，近年来成为全国大豆的盛产区，大豆占了全国总产的60%，还利用农作物作为精饲料发展畜牧业，生猪饲养量占全国的2/3，肉用牛则占1/4，形成一种科学的农牧结合方式。此带虽以玉米为基础，但畜牧业的商业价值已大大超过了玉米，因此玉米带又称为“玉米和肉畜带”或“玉米大豆带”。

小麦带：位于中部平原的西部。这里地势平坦，土壤肥沃，冬季较长而寒冷，北部适宜春小麦，南部适宜冬小麦，并轮种牧草。利用铁路和方便的水运条件，这里所产的谷物远销到东部工业区和沿海一带。

棉花带：美国历史上的老棉区位于美国的东南部，目前已分散，不再呈连续的带状分布，而且向西发展，西部的得克萨斯州是目前全国棉田面积最大、产量最多的一个州，占全国的1/3；其次是中部的密西西比州，产量约占全国的1/10；而老棉区的农业生产已趋向多样化。

山地放牧和灌溉农业区：以落基山地为主的美国广大的西部高原、山地区，约占全国总面积的1/3以上，这里土地脊薄、气候干旱、水源缺乏、地广人稀，所以利用天然牧场发展成为粗放的专业化放牧区。战后这里很快成为高度集约化的灌溉农业区，种植棉花、小麦、豆类、甜菜，棉花单产居全国之首。

太平洋沿岸北部小麦和林木业区：位于北纬40°以北地区。这里开发较晚，保留有大片林地，宜发展林牧业。河谷地带种植小麦，苜蓿和温带水果。华盛顿州的苹果著称全美，产量占全国的1/3。

太平洋沿岸南部水果、蔬菜和灌溉农业区：这里属地中海式气候，适宜发展灌溉农业，蔬菜、水果产量大，并供应全国。

混合农业带：位于玉米带以南、棉花带以北地区。主要种植冬小麦、玉米、烟草。

亚热带作物区：位于墨西哥湾沿岸。这里终年高温多雨，柑桔、甘蔗、水稻等生长良好。

目前，美国农业已形成全国性的农业地域分工体系，这种农业分区专业化能够在一块较大面积的土地上，集中经营一种或几种主要农畜产品，可以充分利用各地区的自然条件和自然资源特点，实现农业生产的机械化、专业化和集约化，大大提高劳动生产率。

交通运输业 美国的交通运输业非常发达，在经济中占有重要地位。国内长途货运以铁路为主，中、短途以公路为主；客运以公路和民航为主。以密西西比河为主的内河运输网发达，沿海与大洋航运均有多条航线通向世界各地。

铁路运输 美国铁路总长度1920年曾达42万km，随着公路运输的不断发展，铁路的地位逐渐下降，目前铁路营业里程约20万km，但仍超过西欧各国铁路长度的总和，居世界首位。铁路网分布不平衡，北部铁路网密度最大，拥有全国铁路里程的一半，芝加哥是全国最大的铁路枢纽,有30余条铁路在此交汇,其次是圣路易斯、纽约、匹兹堡、堪萨斯城等;南部和西部铁路网较稀。由于主要工业中心、资源呈东西向分布,货流也是以东西向为主,因此铁路网的构成也以东西向最为重要。铁路货运由西向东或由南向北主要运输矿物原料、木材和农产品;由北向西南主要运送工业品。美国由数条横贯东西的铁路干线,其中主要是由纽约经芝加哥分别到西雅图、旧金山、洛杉矶,由费城经匹兹堡、圣路易斯、堪萨斯城到洛杉矶以及从新奥尔良再沿南部边境到洛杉矶等干线。

公路运输 美国公路总长630多万km,其中高速公路约8万km,占世界高速公路总长的70%,高速公路纵横交错,其发达程度居世界之首。同铁路一样,公路网也集中分布在北部,北部地区公路长度占全国的70%以上。公路货运主要是利用大型载重汽车,运送矿石、建筑材料、农产品和各种制成品等。

航空运输 美国航空运输是世界上最发达的,其客、货运量均占世界航空运输总量的50%,在世界20家大航空公司中,美国就占12家,较大城市间和世界许多国家间都有航线联系。主要国际空港设在芝加哥、洛杉矶、旧金山、纽约、波士顿、华盛顿和迈阿密等。

管道运输 美国管道主要运送石油和天然气,目前,拥有石油管道29万多km,天然气管道40多万km。管道主要分布在石油、天然气产地,尤以墨西哥湾沿岸最为稠密,并把产地与炼油中心和油气制品消费地连接起来。天然气的全部、石油的70%及石油制品的30%依靠管道运输。

内河及海洋运输 美国内河航道里程达5万多km,其中五大湖和密西西比河水系共占全国内河运输货物周转量的80%。五大湖为世界第一大淡水湖群,各湖间有天然水道和运河相通,是联系美国煤、铁产区及西部农业产区和东部工业区的重要交通线,有3个出海口,即伊利运河、圣劳伦斯河和芝加哥—伊利诺斯运河,有“小地中海”之称。密西西比河水系是美国南北航运大动脉,占全国内陆水运货物周转量的一半以上,主要运输粮、棉、油、煤等物品。

美国海运业发达,以沿海运输为主,远洋运输约占1/3。沿海运输主要是把南部墨西哥湾沿岸所产的石油、化工产品及原料运到大西洋沿岸各大工业城市。在世界经济贸易的重心区位于大西洋沿岸时,美国的远洋运输以大西洋沿岸为主;90年代以来,随着世界经济贸易重心区向亚太地区的转移,美国太平洋沿岸港口的地位迅速上升,大西洋沿岸港口的地位相对下降。目前,美国年吞吐量在1 000万t以上的港口有50多个,其中年吞吐量在1亿t以上的港口有3个,年吞吐量在5 000万t至1亿t之间的港口有8个,年吞吐量在2 000万~5 000万t的港口有18个。表6-6列出了美国年外贸吞吐量超过1 000万t以上的港口。美国的集装箱运输发达,在世界前100位集装箱吞吐大港中,美国占有的港口数目居世界之首(表6-7)。位于大西洋沿岸的主要港口有纽约/新泽西、费城、巴尔的摩、汉普顿港群、波士顿等,位于太平洋沿岸的主要港口有长滩、洛杉矶、西雅图、旧金山等,墨西哥湾沿岸的主要港口有新奥尔良、休斯顿等。

主要港口

纽约/新泽西(NEWYORK/NEWJERSEY) 位于纽约州东南与新泽西州交接的海湾内(40°43′N、074°00′W)。世界级亿吨大型综合港口之一。港阔水深,潮差小,终年不冻,常年通航。港口分属于纽约、新泽西和纽华克3个行政区。整个码头岸线长1 000 km,是世界码头岸线最长的港口。纽约港的陆域范围包括长岛的西部,长岛沿海峡的西部,加美卡湾30 km左右和从哈得逊河下游到泰兰城的40多km以及纽华克西部30多km。纽约港有200多个突堤码

头和栈桥,40 多个锚泊地,400 多个远洋深水泊位,可供 400 多艘远洋船舶同时靠泊作业,

表 6-6 美国主要贸易港口货物吞吐量情况(1996 年)

港 口 名 称	货物吞吐量(万 t)	其中外贸货物吞吐量(万 t)
休斯顿	13 443.0	7 897.8
纽约/新泽西	11 938.7	5 124.3
新奥尔良	7 595.6	4 255.9
巴吞鲁日	7 349.1	3 246.5
科珀斯克里斯蒂	7 299.3	5 136.3
汉普顿港群	6 717.6	5 218.7
普拉克明	6 070.0	1 876.9
长滩	5 297.6	3 268.4
得克萨斯城	5 116.0	3 205.2
莫比尔	4 614.3	2 312.9
坦帕	4 471.8	1 527.5
莱克查尔斯	4 454.0	2 662.7
洛杉矶	4 144.9	2 518.2
巴尔的摩	3 951.0	2 681.4
费城	3 799.5	2 618.8
德卢斯/苏比利尔	3 755.6	1 011.6
阿瑟港	3 370.9	2 781.3
博蒙特	3 238.8	1 707.3
波特兰(俄勒港州)	2 697.4	1 501.3
帕斯卡古拉	2 661.9	1 840.9
保罗斯伯勒	2 271.5	1 353.1
弗里波特	2 229.1	1 741.6
西雅图	2 136.1	1 543.8
塔科玛	1 949.6	1 291.8
波士顿	1 823.8	969.7
萨凡纳	1 596.5	1 306.1
波特兰(缅因州)	1 382.8	1 212.8

资料来源:国际港协港口和港湾 1998 年 3 月号

表 6-7　美国集装箱港口的吞吐量和在世界的位次(1997 年)

港口名称	吞吐量(TEU)	在世界的位次
长滩	3 504 603	6
洛杉矶	3 000 000	8
纽约/新泽西	2 456 866	12
奥克兰	1 531 188	24
西雅图	1 475 813	26
汉普顿港群	1 232 725	29
塔科玛	1 158 685	33
查尔斯顿	1 151 401	34
休斯顿	797 713	48
迈阿密	761 183	50
埃弗格莱兹	719 326	54
杰克逊维尔	675 196	56
萨凡纳	504 740	70
巴尔的摩	476 012	72
檀香山	453 044	77
波特兰	294 930	99

资料来源;海运情报 1998 年第 10 期

有 10 多条铁路干线和数十条公路通往港口。纽约港还是世界集装箱码头的“发源地”,世界第一座集装箱专用码头始建于纽约港。装卸设备有各种岸吊、门吊、集装箱吊、浮吊、可移式吊、各种车辆、拖船及滚装设施等,其中可移式吊最大起重能力 140 t,浮吊最大起重能力达 500 t,还有直径为 150~250 mm 的输油管供装卸使用。港区露天堆场 198 万 m^2,仓库面积(包括冷藏库)有 276m^2,集装箱场地约 300 万 m^2。装卸效率:集装箱可装 1 万 t/日,水果卸 15 万箱/h。本港外贸区分布在紧靠码头及机场边,占地约 10 万 m^2。仓库面积 9.3 万 m^2,另有堆场约 10 万 m^2。纽约港所在的纽约州和新泽西州是美国经济最发达的两个州,从而为纽约港提供了充实稳定的货源。作为世界重要的航运中心之一,纽约港辟有通往本国主要港口和加勒比海地区、南北美洲和世界其他各地的数量众多的航线,其中纽约至欧洲航线约 6 000 n mile,因为欧洲和北美是世界上两个经济最发达的地区,所以这条航线是目前世界最主要的国际集装箱航线。纽约市是世界性大都会,世界金融、贸易中心,全美最大的商品流通中心,对外贸易额占全国的 40%左右。纽约连同周围 60 多个卫星城,组成了一个巨大的城市群体。主要出口货物为废金属、钢材、机械、纸张、有机化学制品、废纸、纺织废料及杂货等,进口主要货物有车辆、木材、塑料、橡胶、酒精、咖啡、香蕉、蔬菜、碳化氢、纺织品、服装及畜产品等。

新奥尔良(NEWORLEANS)　位于墨西哥湾沿岸的密西西比河口(29°56′N、090°04′W),是美国最大的河港,也是最大的散货出口港,又是密西西比河流域的海上门户。由于该港处在墨西哥湾的入海口,使它起着墨西哥湾和中南美的中转港的作用。该港还是铁路交通的枢纽:

一是南北干线的芝加哥至新奥尔良铁路终点站，二是南太平洋铁路自洛杉矶至杰克逊维尔港的中途站。主要工业有石油加工、造船、宇航、纤维及食品等。由于港口附近有大油田使石油加工业尤为发达。国际机场在港口的西部地区，每天有定期航班。

港区主要码头泊位有 34 个，岸线长 6 441 m，最大水深 18.2 m。装卸设备有各种岸吊、汽车吊、浮吊、可移式吊、集装箱吊、装粮机、皮带输送机、拖船及滚装设施等，其中浮吊最大起重能力达 628 t，还有直径为 150～400 mm 的输油管供装卸使用。该港可进 5 万载重吨的船舶。装卸效率：谷物可装 3 000 t/h、原油达 5 400 t/h。该港的内河船舶约占美国内河船舶的半数以上，有 1 000 多条驳船及其他小型内河船航行于河上。在密西西比河上的大桥净空高度为 46.6～51.8 m。本港对外贸易区在港区的码头边，占地达 7.6 万 m^2。港内设有自由贸易区。主要输出石油、谷物、棉花、大豆、油菜籽、硫磺等，是世界上最大的谷物输出港；输入糖、香蕉、金属矿产、橡胶、咖啡等。港市是路易斯安那州的工商业中心，石油、化工、造船、纺织、食品等工业发达。

休斯顿(HOUSTON)　位于墨西哥湾沿岸(29°56′N、090°04′W)，通过一条 40 km 的深水运河与墨西哥湾相通。世界级亿吨大港之一。休斯顿是美国南部的水陆空交通大枢纽，铁路、公路向四周辐射，有 6 条铁路交汇于此，干线铁路西经圣安东尼奥连接墨西哥和西海岸的洛杉矶、长滩，东经蒙博特、莱克查尔斯到达新奥尔良，对开展国际多式联运很有利。主要工业还有钢铁、电子仪器、水泥、棉纺织、肉类加工、碾米等。它还是一个重要的棉花市场。港口距国际机场约 48 km，有定期的国内和国际航班。

该港属亚热带季风气候。1 月平均气温约 11℃，7 月平均气温约 29℃。全年平均降水量约 1 000 mm。平均潮差 0.46 m，10—11 月遇较强北风时，潮差可达 0.91 m。

港区分布在休斯敦运河的沿岸，主要码头泊位有 74 个，岸线长达 12 652 m，最大水深 13.2 m。装卸设备有各种岸吊、龙门吊、汽车吊、重吊、集装箱吊、散粮装载机、皮带输送机、拖船及滚装设施等，其中龙门吊最大起重能力为 50 t，重吊达 140 t，还有直径为 100～400 mm 的输油管供装卸使用。矿石码头备有整套输送带、过磅器、漏斗及车皮倾倒机等，充分自动化，托运人可以通过计算机查询是否已经报关及提货等问题。装卸效率：散粮装 3 000 t/h，矿石卸 1 000 t/h，杂货装 1 000 t/h。码头最大可靠 5 万载重吨的船舶，并有铁路线可直达码头进行装卸。港区库场面积达 28 万 m^2，粮仓库容达 80 万 t。

主要出口谷物、棉花、石油制品、化工产品等，是美国最大的小麦和棉花输出港；进口铁矿石、原油、钢铁、糖、咖啡等。休斯顿位于墨西哥湾沿岸石油产区中心，战后工业发展迅速，特别是炼油工业和石化工业，已成为世界 3 大炼油中心之一。

科珀斯克里斯蒂(CORPUSCHRISTI)　位于南部得克萨斯州东南(27°48′N、097°23′W)，临墨西哥湾。主要出口石油及其制品、化工品、化肥、粮食、棉花、有色金属等；进口钢材、有色金属矿石、新闻纸、糖浆等。工业主要有炼油、石油化工、金属冶炼等。

西雅图(SEATTLE)　位于西北部太平洋沿岸(47°36′N、122°20′W)。有铁路北通温哥华，南达塔科玛、波特兰，东达北美五大湖区，是北美大陆桥桥头堡之一。工商业发达，特别是航空工业，是波音公司总部的所在地，世界上一半的波音飞机产自这里。还是美国对远东的贸易基地，美国第 5 大集装箱港。

该港属温带海洋性气候，盛行南风。年平均气温冬季 5℃，夏季 20℃。全年平均降水量 1 000 mm 左右。平均潮差 5.5 m。港区有码头泊位 48 个，岸线长 8.8 km，最大水深 21.3 m。

装卸设备有各种岸吊、集装箱门吊、重吊、回转吊、拖船、滚装设备等。露天货场面积 14 万 m^2,仓库容量达 70 万 t,货棚面积 30 万 m^2。集装箱码头面积 140 万 m^2,有铁路站场可从集装箱船上直接向双层集装箱列车装箱,提高多式联运的效率。谷物码头全部自动化,最大可泊 20 万 t 的船舶,装卸效率装 3 500 t/h。大船锚地最大水深 36 m。为了适应集装箱大型化的发展,港务局正在实施扩建集装箱码头的 2000 年计划,此外,开通西雅图至迈阿密之间的卡车直达运输,以充实国际多式联运。

主要出口货物为谷物、鱼、牛油、机械、小麦、纸浆及废纸等,进口货物有纺织品、木材、新闻纸、轿车、胶合板、香蕉及杂货等。

圣弗朗西斯科(旧金山)(SAN FRANCISCO)　位于美国西部圣弗朗西斯科湾口的西岸(37°48′N、122°25′W),东面与大陆上的奥克兰港隔湾相望,有 13 km 长的海湾大桥(桥高 66 m)相连,北面与马林半岛隔峡相望,有 1 280 m 长的金门大桥(桥高 67 m)相连。该港是美国西海岸最古老的港口,又名三藩市。早在 19 世纪中期因加利福尼亚州发现金矿,城市迅速发展起来。华人称它为"金山",后来为了有别于新金山—墨尔本,改称为"旧金山"。它是北美大陆桥的桥头堡之一,是横贯美国东西的主要干线——联合太平洋铁路的终点站,东部的起点站为纽约。它还是美国西部最大的金融中心。主要工业有飞机制造、造船、电子仪器、石油加工、火箭部件、食品、化工及印刷等。由于旧金山自然条件优越,冬暖夏凉,为西海岸最富庶的农业区,盛产各种蔬菜水果,因此水果加工、罐头及制糖工业特别发达,产品可供大量外销。港口距国际机场 21 km,有定期航班飞往世界各地。

该港属温带海洋性气候,盛行西及西北风。1 月平均气温 9.2℃,7 月平均气温 17℃。夏季常有雾发生,冬季多晨雾。全年平均降水量约 1 000 mm。平均潮差为 1.52 m。

港区主要码头泊位有 68 个,岸线长 15 km,水深 10~15 m。

装卸设备有各种岸吊、可移式吊、集装箱吊、浮吊、汽车吊及滚装设施等,其中集装箱吊最大起重能力为 40 t,浮吊达 100 t。露天堆场面积为 43.3 万 m^2,仓库面积达 47.7 万 m^2,汽车场地为 4 万 m^2,液体货库容达 38 万 t。本港对外贸易区的面积为 2 万 m^2,在港区北部有外贸区的码头岸线长为 1 072 m。主要出口货物为石油制品、大麦、小麦、机械、水果、蔬菜、金属制品、轿车、罐头肉、奶粉及工业品等,进口货物主要有原油、茶叶、羊毛、咖啡、橡胶、椰干、椰油、香蕉、玻璃、糖、可可豆、酒精、罐头及调味品等。

奥克兰(OAKLAND)　位于美国西部加利福尼亚州西海岸(37°50′N、122°18″W),隔圣弗朗西斯科湾与旧金山相望,有 13 km 长的海湾大桥相连,是美国第 4 大集装箱港。该港北有西雅图、塔科马,南有洛杉矶、长滩港,居十分优越的地理位置。交通运输发达,有横贯美国东西的太平洋铁路线及主要公路干线,并可通行双层集装箱列车,对实行多式联运方面有较大的有利条件。主要工业有汽车、计算机、电气设备、造船、金属加工、炼油及化学等。港口距国际机场约需 15 min 的车程。

该港属温带海洋性气候,盛行西及西北风。1 月平均气温 9.2℃,7 月平均气温 17 ℃。夏季常有雾发生,冬季多晨雾。全年平均降水量约 1 000 mm。平均潮差为 1.5 m。

本港包括内、中、外港区,主要码头泊位有 29 个,岸线长 6 332 m,最大水深为 12.2 m。装卸设备有各种岸吊、门吊、汽车吊、浮吊、拖船及滚装设施等,其中门吊和集装箱吊最大起重能力为 50 t,浮吊达 100 t。港区有仓库及货棚面积为 27 万 m^2。大船锚地水深达 15.2 m。美国总统轮船公司(APL)在奥克兰有 4 个集装箱泊位,并配备 45 t 的集装箱门吊。本港对外贸易区面积为 5.26 万 m^2。

主要出口货物有石油、棉花、机械、化肥、镁等,进口货物有铬矿、木材、钢铁、新闻纸、胶合板、咖啡等。

长滩(LONG BEACH)　位于太平洋沿岸圣彼得罗湾内(33°45′N、118°13′W),是洛杉矶的卫星城,距洛杉矶 40 km。是美国最大的集装箱港之一。它是北美西岸的最大物流中心。自从 1921 年附近发现石油后,石油采掘和加工兴盛,此外,还有飞机制造、化学、造船及鱼罐头等著名工业。港口距机场约 4.8 km,距洛杉矶国际机场约 34 km,每天有定期航班飞往世界各地。

该港属亚热带地中海式气候,盛行西风。1 月平均气温为 13℃,7 月平均气温为 21℃。全年平均降水量约 800 mm。

本港由内港和外港组成。港区主要码头泊位有 65 个,岸线长达 12 081 m,最大水深为 23.1 m。其中可装卸集装箱的泊位有 30 个,岸线长 4 745 m,水深达 15.2 m。装卸设备有各种岸吊、可移式吊、龙门吊、浮吊、集装箱吊、重吊、卸货机、拖船及滚装设施等,其中浮吊的最大起重能力达 275 t,螺旋形卸货机的提升高度在 11.5~12.9 m 之间,最大距离为 28.6 m,还有直径为 150~400 mm 的输油管供装卸使用。油码头最大可靠泊 26 万载重吨的大型油船,卸油速为 6 800 t/h。油罐容量达 45 万 t。集装箱码头可存放 6.5 万 TEU,备有冷藏插座 1 400 余个,并可装卸横向面积载的集装箱,每星期有双层集装箱列车开往纽约(NEW YORK)及芝加哥(CHICAGO)港。散货码头有移动电动装舱机,装速达 5 000 t/h。港区露天货场面积达 180 万 m^2。本港对外贸易区的面积为 4.2 万 m^2。

洛杉矶(LOS ANGELES)　位于太平洋沿岸圣彼得罗湾西北岸(33°43′N、118°17′W)。洛杉矶为美国西海岸的第 1 大城市、金融、贸易中心,第 2 大集装箱港。它是北美大陆桥的桥头堡之一,是横贯美国东西向的主要干线圣菲铁路的西部桥头堡,东部大西洋岸的桥头堡为费城(PHILADELPHIA)。另一条铁路干线是南太平洋铁路,从洛杉矶开始经过新奥尔良(NEW ORLEANS)港向东延伸直至大西洋的杰克逊维尔(JACKSONVILLE)港。洛杉矶是美国西海岸的最大工业城市,著名的工业为飞机制造业和石油工业。美国两大飞机制造公司之一的洛克希德公司是美国飞机和导弹制造业的垄断组织,就位于市区北部。加利福尼亚油田就在洛杉矶附近。此外,还有汽车制造业、电子仪器、化学、钢铁及印刷等都占主要地位。西北部的好莱坞是美国电影业的中心,东部的迪斯尼游乐中心都是举世闻名的。港口距机场约 30 km,有定期航班飞往世界各地。

该港属亚热带地中海式气候,盛行西风。1 月平均气温为 13℃,7 月平均气温为 21℃。全年平均降水量约 800 mm。

港区内有码头泊位 65 个,岸线长 13 km,水深 13~15 m。

装卸设备有各种岸吊、可移式吊、龙门吊、浮吊、集装箱吊、装卸桥及滚装设施等,其中集装箱吊最大起重能力为 40 t,浮吊达 350 t,还有直径为 150~300 mm 的输油管供装卸使用,集装箱码头可堆放 2.5 万 TEU,并备有自动龙门吊。港区最大曾靠泊 22 万载重吨的油船,油罐容量达 50 万 t,露天堆场面积达 100 万 m^2。1994 年集装箱吞吐量 251.8 万 TEU,比 1993 年增长 8.6%,居美国第 2 位,1992 年货物吞吐量为 6 729 万 t。主要出口货物为石油、水泥、机械、化学品、棉花、钾碱、水果、鱼制品及罐头等,进口货物主要有钢材、天然橡胶、纤维制品、糖浆、木材、纸张、干果、羊毛、车辆、咖啡、玻璃及香蕉等。美国轮船公司(APL)已在该港建设新的集装箱码头，可泊 4 艘大型集装箱船，并备有新一代的集装箱起重机，1997 年投产，年处理集装箱能力可提高 1 倍。工商业发达，有全美最大的飞机制造业，还有宇航工业、电子、汽车、炼油、石油化工、食品等。

费城(PHILADELPHIA)　位于美国东海岸宾夕法尼亚州(39°57′N、075°10′W)。美国东海岸第二大城市，工商业发达，是全美炼油和造船中心之一。进口主要是石油、矿石、木材、生铁等；出口主要有煤、石油制品、钢铁、机械、化工产品等。

巴尔的摩(BALTIMORE)　位于美国东部切萨皮克湾内帕塔普斯河河口(39°17′N、076°35′W)，美国东海岸第三大城市，重要港口。主要进口原油、金属矿石、糖、硫磺等；出口煤、焦炭、谷物、钢铁制品等。

汉普顿港群(HAMPTONROADS)　位于美国东海岸弗吉尼亚州，(36°N、076°W)，包括纽波特纽斯、诺福克和朴次茅斯，有铁路、高速公路通阿巴拉契亚煤矿区，是美国最大的煤炭出口港，世界煤炭出口大港第 5 位。还是全国最大的造船工业中心之一，美国大西洋海域重要的海军基地。

芝加哥(CHICAGO)　位于美国北部伊利诺伊州东北角的芝加哥河口(41°50′N、087°40′W)，濒临密歇根湖的南侧，是美国大湖区的主要港口。也是全国最大的铁路枢纽，有 32 条铁路干线交汇于此。该港有广大的腹地，农牧业发达，是全国的谷物、牲畜市场及中西部的商业、金融、文化和工业中心。工业以农用机械及肉类加工为主，全美农用机械制造业最大的垄断组织——国际收割机公司及美国肉类加工业最大垄断组织——埃斯玛克公司在芝加哥。另外还有冶金、电器、货车制造、印刷、面粉、罐头、塑料及冷冻食品等也很著名。该港有世界最高的建筑物——西尔斯摩天大楼，共 110 层，443 m，还有多所大学、博物馆、图书馆等，是美国中西部地区最大的文化艺术中心。港口距国际机场约 33 km，有定期航班飞往世界各地。

该港属温带大陆性气候，夏季平均气温约 23 ℃，冬季平均气温约 -5℃。因受圣劳伦斯(ST. LAWERNCE)航道冰封影响，每年航行季节为 4 月 15 日至 11 月 15 日。全年平均降水量约 800 mm。

本港包括印第安纳和卡罗美特两大港区，码头岸线长达 1 万余 m，沿岸水深约 7 m。码头设施完善，几乎均有铁路线连接。早在 1984 年该港就开始双层集装箱列车的运输。自芝加哥至西雅图、波特兰、长滩、奥克兰等主要港口的时间都在 7 天之内。自日本横滨挂靠西雅图港从美国东西铁路干线——北太平洋铁路，经过芝加哥至纽约终点站，比自巴拿马运河要快一周的时间，只需 13 天便可到达。所以美国总统轮船公司、丹麦马士基航运公司及日本川崎汽船公司等均利用该港作为集装箱运输的中转站。因此，使芝加哥港开展门到门、门到港、港到门和港到港等国际多式联运日趋繁忙。本港对外贸易区的面积达 10 万 m^2。年货物吞吐能力约 5 000 万 t。主要出口货物为农业机械、肉制品、废铁、皮张、油脂、粮谷及各种工业品等，进口货物主要有矿砂、汽车、钢材、石油化工品及杂货等。

对外贸易　美国是世界上资源丰富，经济实力雄厚，部门结构完整的经济最发达国家。同西欧其他发达国家相比，其经济上对外依赖程度较小。但为了达到其资本输出、商品倾销和掠夺廉价原料的目的，同样把对外贸易放在十分重要的地位，是当今世界上最大的贸易国。其贸易结构也与其他发达国家不同，主要表现在出口工业制成品的比重低于日本、德国、意大利等国；但原料、半成品和粮食出口的比重却高于这些国家。主要出口商品是化工产品、机械、车辆、飞机、电子设备、武器、食品、药品、饮料等，尤其是大型电子计算机、空间和宇航工业、原子能工业、军火、先进的科学设备和复杂的大型工业设备等在世界市场上始终保持优势地位。进口主要是石油、铁矿石、锰、镍等金属矿物和非金属矿物原料、纸、咖啡、可可、天然橡胶、糖、热带水果等农林产品，一般机械设备和汽车及其零部件，还有纺织品、服装等轻工产品。

表 6-8　美国对外贸易商品的构成(1994 年%)

进　　口	100	出　　口	100
食品、饮料	4.8	农产品	6.1
工业原料	18.9	矿产品	1.6
燃料	8.7	食品、饮料、烟草	5.4
机械设备	25.6	纺织品	2.8
运输设备	18.5	木材及其制品	1.0
消费品	20.3	纸及其制品	3.1
其他	3.2	化工产品	13.7
		石油及其制品	0.9
		冶金产品	2.0
		金属加工品	58.7
		其他	4.9

资料来源：世界经济统计简编　1997 陈秀英主编　中国物价出版社

战后初期是美国外贸的鼎盛时期，1946—1955 年美国外贸顺差年平均达 69.67 亿美元，朝鲜战争期间因购买大量战需物资使贸易顺差下降到年平均 20.59 亿美元。后来贸易顺差虽有所回升，但大势已呈下降趋势，导致外贸出现逆差，尤其是 80 年代以后，由于其商品的国际竞争力的下降，贸易逆差连年增大，世界第一贸易大国同时也是世界第一贸易逆差大国，1995 年其贸易逆差达 1 865 亿美元。

美国对外贸易的大部分来自以下贸易区：

(1)北大西洋贸易区(包括英国、斯堪的那维亚半岛和欧洲大陆)；

(2)远东贸易区(包括亚洲的远东地区、东南亚、澳大利亚和新西兰)；

(3)地中海和黑海贸易区(包括地中海、印度洋、波斯湾和红海地区)；

(4)拉丁美洲贸易区(包括加勒比海地区和南美的东西海岸)；

(5)非洲贸易区(西部、东部和南部非洲)。

第二次世界大战以后，世界经济贸易中心主要位于大西洋沿岸，因此，美国与北大西洋贸易区的进出口总吨位在各大贸易区中占主导地位；进入 70 年代以后，美国同远东贸易区的进出口增长迅速，到了 80 年代，随着亚洲太平洋地区和大洋洲经济的快速发展，远东贸易区的贸易总吨位迅速上升，远远超过大西洋贸易区而位居各大贸易区之首。以国家而论，目前美国的主要贸易伙伴依次为加拿大、日本、墨西哥、德国、中国、中国台湾和其他欧盟国家。(如表 6-9)。

表 6-9　美国进出口贸易的地区构成(1995 年)

国家或地区	美国进口(亿美元)	比重(%)	国家或地区	美国出口(亿美元)	比重(%)
进口	7 712.72	100	出口	5 847.43	100
加拿大	1 483.04	19.23	加拿大	1 260.24	21.55
日本	1 271.95	16.49	日本	642.98	11.00
墨西哥	627.51	8.14	墨西哥	454.01	7.76
中国	485.21	6.29	英国	288.27	4.93
德国	380.43	4.93	韩国	254.13	4.35
中国台湾	301.58	3.91	德国	223.76	3.83
英国	277.10	3.59	中国台湾	192.95	3.30
韩国	248.91	3.23	荷兰	165.59	2.83
新加坡	188.98	2.45	新加坡	153.18	2.52
马来西亚	179.81	2.33	法国	142.50	2.44
法国	177.70	2.30	中国香港	142.20	2.43
意大利	173.05	2.24	比利时-卢森堡	128.34	2.19
泰国	118.54	1.54	中国	117.49	2.01
中国香港	107.45	1.39	巴西	114.44	1.96
委内瑞拉	104.28	1.35	澳大利亚	107.88	1.84
巴西	94.28	1.22	意大利	88.68	1.52
沙特阿拉伯	88.98	1.15	马来西亚	88.18	1.51

资料来源:世界经济统计简编　1997　陈秀英主编　中国物价出版社

第七章　拉丁美洲

第一节　自然概况

按政治经济地理划分，美国国界线以南的美洲称为拉丁美洲。因为美国以南的美洲各国，过去曾是拉丁语系的西班牙、葡萄牙的殖民地，现在多数国家通用西班牙语和葡萄牙语，因此，习惯上把这些国家称为拉丁美洲国家。拉丁美洲东西分别临大西洋和太平洋，南部隔着德雷克海峡与南极洲的南极半岛相对。拉丁美洲包括墨西哥、中美地狭、西印度群岛 和南美大陆4个部分。全洲面积2 072万 km^2，占世界陆地总面积的14%。

在世界各大洲中，拉丁美洲人口比较稀少，1995年全洲总人口约4.5亿人，占世界总人口的8%，人口密度为每21.8人/km^2，为世界平均人口密度(42.5人/km^2)的一半。人口分布不平衡，加勒比海地区、南美大陆的西北部及东部沿海一带人口稠密，广大的亚马孙平原是世界人口密度最小地区之一，每不足1人/km^2。人口分布另一特点是人口高度集中在少数大城市。如阿根廷、巴西、智利等国城市人口所占比重均超过80%以上。拉丁美洲居民中种族成分非常复杂，有印第安人、白人、黑人及各种不同的混血型，以印欧混血型最多。印第安人用印第安语，巴西的官方语言为葡萄牙语，法属圭亚那官方语言为法语，圭亚那官方语言为英语，苏里南官方语言为荷兰语，其他国家均以西班牙语为官方语言。居民绝大多数信奉天主教，少数信奉基督教。

拉丁美洲大陆海岸线长4.5万km，海岸平直，半岛较少，岛屿众多，海湾多分布在加勒比海地区，南美大陆很少。主要半岛有墨西哥西北部的加里福尼亚半岛和东南部的尤卡坦半岛。岛屿主要分布在加勒比海北部和东部及南美大陆南部沿海地区。西印度群岛包括大安的列斯群岛、小安的列斯群岛、巴哈马群岛等共1 200多个大小岛屿，总面积24万 km^2。主要海湾有墨西哥湾、加里福尼亚湾、坎佩切湾、特万特佩克湾、洪都拉斯湾、巴拿马湾、委内瑞拉湾，湾内都有建港的良好港址。加勒比海地区岛屿之间都有海峡联结两端的海域。其主要海峡有：

尤卡坦海峡是加勒比海直接通往墨西哥湾的唯一孔道。尤卡坦半岛的卡托切角和古巴的安东尼奥角隔海峡相望，扼墨西哥湾的出入口，中间隔210 km，在战略和交通上十分险要。

向风海峡位于古巴和海地之间，是巴拿马运河经加勒比海到北美洲东海岸的主要水道，历来为美国所重视，美国在古巴的海军基地就设在海峡西侧，扼守海峡入口处。美国可通过这条海峡，把大西洋、加勒比海、太平洋上的海军力量进行快速调配和集散。同时，由太平洋过巴拿马运河去北美洲东海岸也多经该海峡。

另外，加勒比海通往大西洋，还有莫纳海峡、阿纳加达等9条海峡，在战略和航运方面地位重要。南美大陆南端的麦哲伦海峡也是最早通航海峡。

南美大陆地形以平原为主，占总面积的60%，高原、山地多在3 000 m以下，全洲平均高度为 600 m。地形大致分 3 个南北向纵列带：西部为安第斯山脉；中部为广阔平坦的亚马孙平原和奥里诺科平原及拉普拉塔平原。其中亚马孙平原是世界最大的平原，面积 540 万 km^2；东部是世界最大的巴西高原，其面积为 500 万 km^2，还有圭亚那高原。加勒比海地区以山地高原为主，西部多火山、地震。

拉丁美洲气候多为热带海洋、热带雨林、热带草原气候，大陆性特征不明显，赤道横贯北部，终年高温多雨。只有智利北部、秘鲁南部沿海地区，由于地处背风坡和秘鲁寒流影响，降水不足 50 mm，为拉丁美洲的干旱地区。

亚马孙河是南美洲最大河流，也是世界大河流之一，还有拉普拉塔河、普鲁斯河等，河运价值均很大 。

拉丁美洲矿产资源极为丰富，品种繁多。现代化工业所需的 25 种重要矿产储量均很大。1993 年石油探明储量为 84.4 亿 t，占世界总储量的 13%，主要分布在墨西哥湾沿海和马拉开波湖。马拉开波湖是拉丁美洲最大湖泊，世界最大的石油产区之一，有“石油湖”之称，原油产量占全国总产量的 2/3，出口量占全国的 1/2，使委内瑞拉成为世界石油主要输出国之一。如图 7-1 所示。天然气探明储量为 67 200 亿 m^3，油气多分布在墨西哥和委内瑞拉两国，是拉美重要的石油输出国，其次是阿根廷、特立尼达和多巴哥、厄瓜多尔、秘鲁、巴西、哥伦比亚等均有油气田分布；铁矿石探明储量 1 500 亿 t，占世界总储量的 20%左右，主要分布在巴西、委内瑞拉、智利、秘鲁、古巴、墨西哥诸国。其中巴西的伊塔比拉铁矿更以储量大、品位高驰名世界，品位高达 60%~70%，埋藏浅，露天开采面积最大，产量占巴西总产量的 2/3，有“铁山”之称。巴西、委内瑞拉是世界重要的铁矿石输出国，智利、秘鲁也有大量铁矿石运销国外；拉丁美洲有色金属矿种类很多。铝土矿储量 25 亿 t 以上，占世界 1/4，主要分布在西印度群岛及南美东北部的圭亚那、牙买加、特立尼达和多巴哥等国；铜矿储量 1 亿 t 以上，占世界 1/3，居各洲之首位，主要分布在智利、秘鲁、墨西哥、玻利维亚等国。半个世纪以来，智利一直是世界最大铜矿出口国；镍矿储量约 2 000 万 t，居各洲第二，以古巴为最多；白银以墨西哥最多，居世界前列；玻璃维亚的锑和锡矿也居重要地位，还有秘鲁的钒、铋和哥伦比亚的绿宝石储量均为世界第 1 位；此外，还有锰、汞、铂、锂、铀、锆、钍、铍、铌、铅、锌和金刚石等也很丰富。

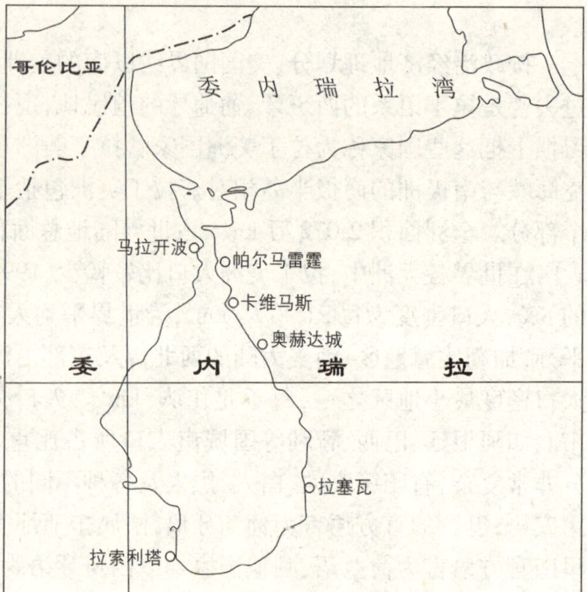

图 7-1　马拉开波湖示意图

农林资源也是多种多样的，而且有许多农产品在世界著名，如巴西的咖啡、棉花、木薯；古巴的蔗糖；中美洲的香蕉、可可等；阿根廷的小麦在国际粮食贸易中地位重要，牛肉出口量居世界第 1 位，羊毛出口量居第 3 位；乌拉圭被誉为“遍地牛羊的国家”，畜产品出口在国际市场占主要地位。

林业资源更丰富,林地面积占全洲总面积的35%,占世界森林面积的20%。亚马孙平原、赤道附近的安第斯山麓、中美、西印度群岛等地热带雨林广泛分布,植物种类多达4万多种;草原面积占全洲总面积的24%,占世界草原面积的17%,为发展畜牧业创造良好的条件。

拉丁美洲海岸线长,海域辽阔,渔业资源丰富 。秘鲁、巴西沿海及加勒比海为拉丁美洲三大渔场,盛产金枪鱼、鳍鱼、沙丁鱼、鲭鱼、鳕鱼、海龟、蟹等。

第二节　经济概况

拉丁美洲有优越的自然条件和丰富的农矿资源,发展经济的潜力很大。但由于长达300多年的殖民统治,严重地阻碍其生产力的发展。第二次世界大战以后,虽有多数国家独立,但仍受原宗主国的控制,经济发展速度很缓慢,长期形成单一的经济结构,为西方发达国家的粮食和原料供应地,商品销售市场和资本输出场所。60年代以后随着经济的发展,同时也受惠于超级大国美国及其他发达国家,使发展速度不断加快,结构也向多元化方向发展,工业化水平逐渐提高,成为发展中国家的发达地区。如果说80年代是"东亚时代",亚洲多"龙"以其经济的快速增长,出口的强劲势头,国内的高储蓄率和对外国资本强有力的吸引力,在世界经济中独领风骚,那么,此时的拉丁美洲国家受美国经济危机影响正处在经济发展的低谷。90年代,拉丁美洲成为仅次于东亚的世界第二个经济快速增长地区。智利、阿根廷、墨西哥、秘鲁等国也因经济快速发展被称为拉美众"虎"。美洲开发银行及经济学界认为"拉丁美洲已经走上经济增长之路,90年代是拉美时代"。

90年代,拉美地区的经济形势确实发生了引人注目的变化,在经历了10年衰退之苦和经济改革阵痛之后,拉美各国经济已进入一个相对稳定增长的新时期。1991—1996年,全地区经济平均增长率达3.1%,虽然1994年底爆发了墨西哥金融危机,但是,它对整个地区经济的冲击并不像预想的那么大,而且其消极影响 到1996年已基本消除,当年墨西哥的经济增长率达到5.1%,并提前偿还了金融危机时期借美国的贷款。据世界银行和美洲开发银行资料,1997年拉美地区的经济增长率达到4.5%~5%,并将在今后几年保持较好的增长势头。

值得指出的是,拉美的经济增长是在宏观经济保持稳定的条件下取得的。具体表现在:财政状况有了根本改善 ,财政赤字占国民生产总值的比重从90年代初的5%下降到1996年的1.5%;通货膨胀率从1993年的89.0%下降到1996年的19.3%;国际收支状况也逐步得到改善。

随着经济的稳定增长和各项经济改革的进行, 拉美市场形势看好,进出口贸易成为经济增长的巨大动力。1996年,拉美地区的进出口贸易总额达到4 900多亿美元,其中出口为2 480亿美元,进口为2 455亿美元。墨西哥得益于北美自由贸易协定和比索的贬值,1996年的出口额达到959亿美元,比上年增长20.6%,出口的大幅度增长有力地带动了进口,同期进口额达到895亿美元,比上年增长23.6%。宏观经济状况的好转使外国投资者恢复了信心。越来越多的投资者又 将目光投向拉美国家。据世界银行报告,1996年私人资本对拉美的投资达到740亿美元,占其对发展中国家投资的30.4%,主要投向墨西哥、巴西、阿根廷、智利等国。外国投资的迅速增长以及拉美国家采取的鼓励储蓄的措施,使拉美金融市场不断升温。墨西哥证券市场在1995年一度萧条之后,现已摆脱阴影,重新充满活力。

随着拉美经济形势的日益好转,西方发达国家对拉美市场的角逐也明显加剧。首先,美国开始重新强调拉美市场对其经济发展的意义。美国一贯把拉丁美洲当作自己的"后院"。80年代,美国为了解决自身的经济困难,竭力向拉美国家转嫁危机,实行以非关税壁垒为主要特征的贸易保护主义,使拉美国家蒙受损失。同时,美国在与拉美国家的交往中"霸气"十足,动辄实行经济制裁,严重影响了美拉关系的发展。90年代,随着世界经济全球化和区域集团化的迅速发展,美国开始认识到拥有4.5亿人口,日益繁荣的拉丁美洲的巨大潜力和影响,于是竭力通过发展双边关系、地区关系等多种手段进一步拓展拉丁美洲市场。最近5年,美国对拉美地区出口的增长速度超过了对世界其他地区出口的增长。1990—1994年美国对拉美地区的出口增长了79%,而对全世界出口的增长率是30.3%,21世纪拉丁美洲将 成为美国出口的两个主要市场之一。目前,向拉美的出口已占美 国出口的18%,尤其在北美自由贸易协定生效之后,墨西哥在美国生产者眼中已成为几乎与日本同等重要的一个市场。在投资方面,美国现已成为拉美地区最大直接投资者,1990—1995年,美国对拉美的直接投资已超过欧洲,占这一时期进入该地区直接投资的将近一半。

欧洲各国也正充分利用与拉美之间的传统关系,力图恢复在70~80年代因欧共体内部强烈的地区主义倾向而失去的在拉美的空间。近年来,德国、法国、西班牙等国竭力改善与拉美各国的关系,促进相互合作。1995年,欧盟与南方共同市场就建立跨大西洋自由贸易区问题达成框架协议,决定在贸易、投资、可持续发展等广泛的问题上进一步加强合作。

此外,西班牙对其昔日的拉美殖民地也表现出巨大的热情。1996年,西班牙对拉美地区的投资占其对外投资的40.5%,主要投向阿根廷、智利、委内瑞拉和巴西等国。阿根廷是西班牙在拉美最主要的贸易伙伴,仅1996年1年,双边贸易额就达到21.8亿美元。

在美国和欧盟加强对拉美的攻势的同时,日本、韩国等亚太国家和地区也争先恐后地进入拉美市场。1996年,日本对拉美的投资已达550亿美元,日本在墨西哥开设的公司达247家,其中122家属于制造业。目前,日本的松下公司,韩国的大宇和现代两企业集团准备投资5亿美元在巴西建立地区性的制造业中心。

面对外国投资者的强大攻势,拉美国家正在进一步调整经济政策,以适应经济全球化的新形势。它们一方面继续坚持对外开放的政策 ,积极引进外资,加快经济的发展;另一方面,进一步深化国内经济改革,实行国有企业私有化,提高本国企业在国际市场上的竞争力;同时,改革和健全金融体制,加强对外资的管理和引导,减少风险和对本国经济的消极影响。拉美国家为减轻对美国经济的依赖,大力推行市场多元化战略,积极发展与世界各国的经贸关系。

此外,在世界经济全球化和区域集团化的形势下,拉美国家加强相互之间的团结合作,先后成立了联合国拉丁美洲经济委员会、美洲国家组织、美洲开发银行等经济组织。也成立了拉丁美洲地区政府间经济、贸易组织。如拉丁美洲一体化协会、拉丁美洲经济体系、安第斯集团、三国集团、南方共同市场、中美洲国家组织、中美洲共同市场、加勒比共同体和共同市场等。通过本地区的经济一体化,增强整体实力,迎接国际市场的挑战。在实行开放的同时,拉美国家也更加重视保护本国的经济利益,许多国家增加了对进口的限制。在走向21世纪的历史时刻,拉美国家正在总结经验教训,探索新的发展道路,以便在全球经济中赢得新的地位。

90年代拉丁美洲经济虽然得到快速发展,但经济增长和生产力布局是不平衡的。全洲2/3的国内生产总值集中于巴西、墨西哥和阿根廷3国,其余1/3主要集中在委内瑞拉、哥伦比亚、秘鲁和智利4国。以上7国人口占全洲80%,国内生产总值占全洲90%以上,工业产值的80%、制造业的90%也都集中在这7个国家里。

表 7-1　1994 年拉丁美洲主要国家 GDP 和人均 GNP 情况

国　　家	GDP(亿美元)	人均 GNP(美元)	GDP 增长率(1994 对 1993 年)
巴西	4 820	2 970	6.1
墨西哥	3 771	4 180	3.5
阿根廷	2 819	8 110	7.4
委内瑞拉	583	2 760	-2.8
智利	520	3 520	4.2
秘鲁	501	1 970	13.1
哥伦比亚	673	1 505	5.7

资料来源:世界经济简编　1997　陈秀英主编　中国物价出版社

拉丁美洲交通运输发展较快,以铁路和公路为主,目前有公路 1 169 万 km,铁路 13.2 万 km。铁路分布不平衡,主要集中在阿根廷东部、乌拉圭和巴西东南部、智利中部、墨西哥和古巴等 5 个地区,各国铁路网密度相差悬殊,古巴最密,平均每万 km^2 有铁路 408 km,苏里南最稀,每万 km^2 只有 6 km。第一条横贯南美大陆的铁路联运线,从智利北部的安托法加斯塔向东,经阿根廷、玻利维亚直达巴西东南沿海的桑多斯,全长 4 400 多 km,于 1973 年正式投入营运。到目前为止,拉美国家尚未形成铁路网。大陆内部交通主要靠公路,拉美最长的公路是从北美的阿拉斯加直至阿根廷南部的"泛美大公路,"始建于第二次世界大战期间,全长 40 825 km,是目前世界最长的国际公路,穿越 16 个国家,把整个美洲大陆联结起来,在战略和交通上均具重要意义。

拉美海岸线长,内河水系发达,水运成为拉美各国间和其他大洲间往来重要交通方式,沿海各国均有规模不等的现代化港口,注册总吨位达 2 亿总吨,内河运输以拉普拉塔河为主,亚马孙河干支流均可通航。巴拿马运河成为连接两大洋的重要通道。

巴拿马运河

马拿马运河斜贯巴拿马共和国中部,是一条沟通大西洋的重要国际航运水道。全长 81.3 km,它是凿通入加勒比海的恰雷斯河与注入太平洋的格兰德河分水岭(库累布腊分水岭,海拔 84 m)而建成的。该运河大致呈西北—东南走向,自大西洋的加勒比海穿过运河往太平洋的巴拿马湾,大体是东南向航行,出运河后才转向西方。运河大部分河段的水面高出海面 26 m,船只通过运河好像越过一座水桥,在靠近入口处经 3 道水闸,水位升高 26 m,然后穿过加通湖与类似天然峡谷的库累布腊航道(长 13 km),在靠近出口处再经过 3 道水闸,水位下降 26 m,即海面的高度。这种运河称作水闸式运河。运河宽度在 152 ~ 304 m 之间,水深为 13.5 ~ 26.5 m,沿运河中流线向两侧扩展宽达 16.09 km 的地带为运河区,总面积 1 673 km^2,其中陆地面积为 1 432 m^2。运河全线都有夜航设备,昼夜通行无阻,可通过 5 万 t 级轮船。

巴拿马运河的通航,大大缩短了大西洋与太平洋之间的航程,使两洋间的航程缩短了 1 万多 km。运河是巴拿马的主要经济支柱,外汇的主要来源。

巴拿马运河的修建是世界近代产业史上的奇迹。1878 年法国首先从哥伦比亚政府取得运河开凿权,次年动工,至 1889 年因工程困难而中止。1902 年美国廉价收买了法国公司的财产,又于 1903 年策动巴拿马独立,并强迫巴拿马政府签订《美巴条约》,取得运河的开凿权;还

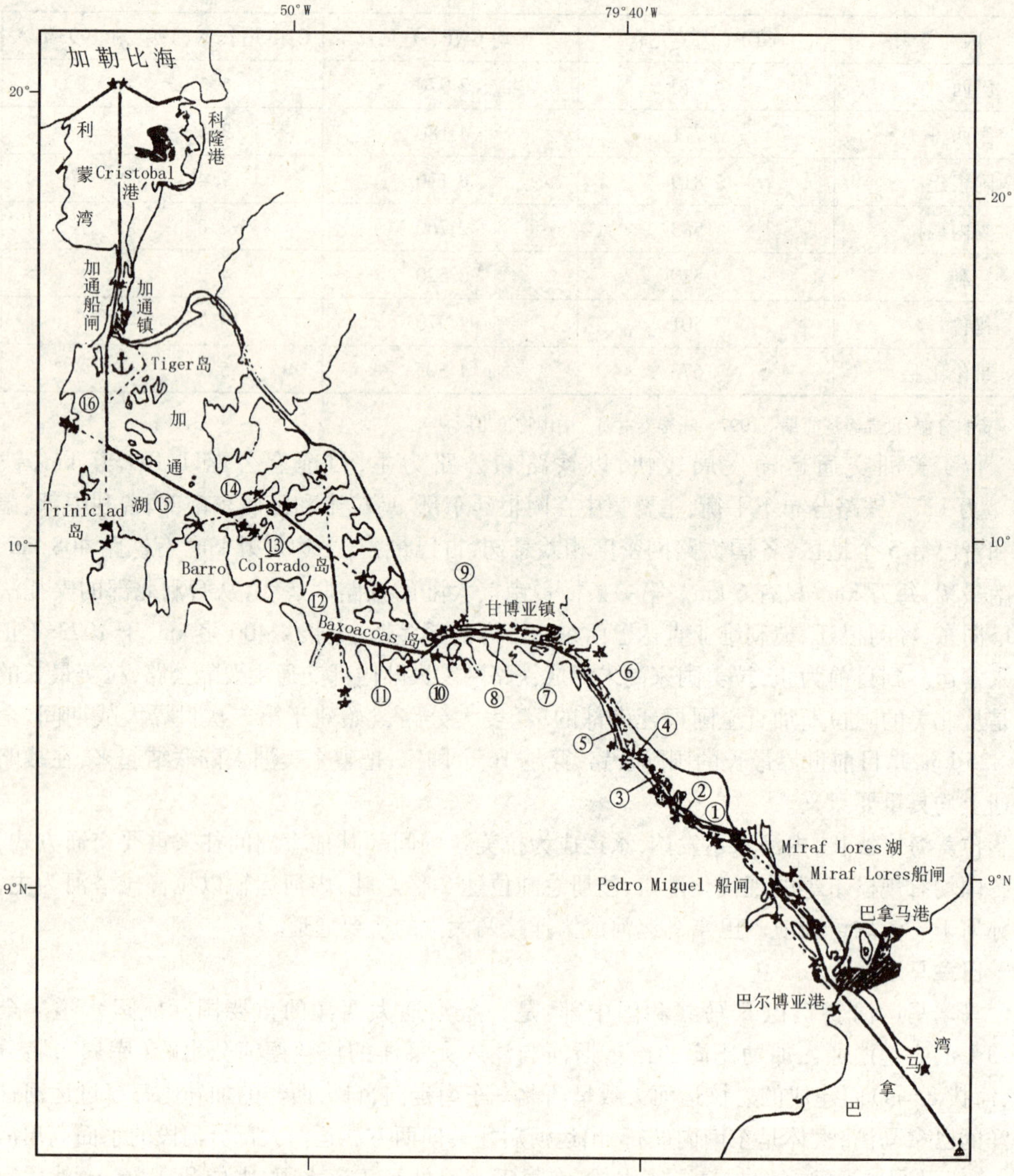

图 7-2　巴拿马运河示意图

①paraiso Rcach	⑨Grande Reach
②Cuacaracha Reach	⑩Mamei Reach
③Culebra Reach	⑪San Pablo Reach
④Empire Reach	⑫Tabermilla Reach
⑤Las Cascadas Reach	⑬Buena Vista Reach
⑥Bas Dbispo Reach	⑭Bohio Reach
⑦Chagres Crossing	⑮Pena Blanca Reach
⑧Gamboa Reach	⑯Gatun Rlach

在运河两岸划出 16 km 宽的地带,即所谓“运河区”,供美国“永久占领和使用”。1904 年运河再次动工,1914 年建成。

为了废除不平等的美巴条约,巴拿马人民进行了长期的坚持不懈的斗争,终于在 1977 年 9 月于华盛顿签署了新的《巴拿马运河条约》与《关于巴拿马运河永久中立和运河营运条约》。1979 年 10 月新条约生效,运河区升起巴拿马国旗,运河管理机构由美巴两国人员组成委员会领导,原运河区的司法和移民机构、海关、邮局等,交由巴拿马管辖和经营。新条约于 1999 年底期满后,巴拿马将全部承担运河的管理与防卫。

目前运河水闸的尺寸长 1 000 ft,宽 110 ft,深 39.5 ft,来往船只的尺寸受到它的限制。70 年代,各船厂开始建造“超巴拿马型”油船和干散货船,这种船舶由于尺寸太大而不能通过运河闸门。预测表明粮食和煤炭的运输量将有节制地增长,石油产品运输量会激增,集装箱货物运输会持续增长,2000 年开始这些货物的运输量都会有很大增长。加勒比地区已发展了一些转运中心,包括巴拿马在内。许多拉丁美洲国家港口集装箱化的时间很晚,正在进行各种设施的现代化建设。同时,放松的贸易政策使该地区贸易量迅速增长。运河贸易中最大的一部分一直来自美国东岸到亚洲的航线。1996 年运河货物的 41%,即 8 100 万 t 以上来自这一航线。这一运量在以后 40 年中预计会翻一番。运河货物的 10%,即近 2 000 万 t 来自美国东岸至南美西岸的航线,还有 1 700 万 t 货物来自美国和加拿大西岸至欧洲的航线。如图 7-2 所示。

巴拿马运河即将从美国回归巴拿马,由于贸易量的增长及船只规模的增大是扩大运河通过能力的主要原因,必须兴建一组新水闸。目前对巴拿马运河正在进行一项耗资 10 亿美元的现代化发展计划,到 2005 年可把通过能力扩大 20%。为了满足未来的运输需求,运河管理委员会正进行研究来决定这组新水闸的最佳尺寸及建造地点。

巴拿马运河于 1999 年 12 月 4 日回归巴拿马。

第三节　巴　　西

自然概况　巴西联邦共和国位于南美洲东部,东濒大西洋,面积 851 万 km^2,约占南美大陆总面积的一半。人口 1.56 亿人(1995 年)。其中白种人约占 55%,混血种人约占 38%,黑人约占 6%,印第安人占 0.2%。葡萄牙语为官方语言。88.7%的居民信奉天主教。

海岸线全长 7 400 多 km。全境地势较平坦,地形几乎全部是平原和低缓的高原。大体可分 4 区:北部边界的圭亚那高原;亚马孙平原,为亚马孙及其支流所形成的冲积平原,约占全国面积 1/3;巴西高原,地势北低南高,除东南边缘有高度不大的山地外,高原面起伏和缓,海拔约 600~900 m,高原的东南沿海地势突然下降,形成一条宽约 50~100 km 的沿海平原;巴拉圭盆地,位于国境西南角,巴拉圭河的上游地区。

巴西是世界河流较多的国家,有亚马孙、巴拉那和圣弗朗西斯科 3 大河系。

全境大部分地区处于热带,仅最南部地处亚热带。亚马孙平原属热带雨林气候,全年炎热,年平均气温达 27 ℃~28 ℃;降水丰沛,年平均降水量达 2 000~3 000 mm 以上。巴西高原大部分属热带草原气候,全年分干季和湿季,年平均降水量在 1 000 mm 以上,仅东北一角较干旱,约 90%的降水集中在湿季。东南沿海地带受大西洋湿润空气的影响,年均降水量可达 2 000 mm 左右。

巴西资源丰富。已探明铁矿砂储量650亿t,产量和出口量均居世界第2位,品位较高,多数在60%以上。铀矿、铝矾土和锰矿储量均占世界第3位。此外还有较丰富的铬矿、镍矿和黄金矿。煤矿储量230亿t,但品位很低。石油储量已探明28亿桶,油页岩相当于15亿桶石油,天然气1 330亿 m^3。森林面积442万 km^2,覆盖率为52.2%,木材储量658亿 m^3。水力资源丰富,约2.13亿kW。

拉丁美洲第一经济大国 巴西经济实力居拉美首位,在世界经济中居前10位。服务业、工业、农牧业为国民经济的支柱产业。1967—1974年,巴西国民生产总值连续8年平均以10.1%的速度递增。1975—1979年,年均增长率为6.5%。进入80年代以后,巴西经济出现衰退,1988年后经济一直处于停滞甚至严重衰退和超级通货膨胀状态中。1993年,政府实施恢复国民经济、抑制通货膨胀、增加社会福利、改革税收的新经济计划,巴西经济开始复苏,增长率达4.5%。1994年,政府制定了货币改革为主的经济政策,发行新货币雷亚尔,较有效地控制了高通货膨胀,使经济全面发展,市场较稳定,物价呈下降趋势。

工业 巴西工业实力和技术均居拉美首位。70年代建成了比较完整的工业体系。1992年工业产值1 330亿美元,占国内生产总值的38%。主要工业部门有:钢铁、汽车、造船、石油、水泥、化工、冶金、电力、建筑、纺织、制鞋、食品等。核电、通信、电子、飞机制造、信息、军工等已跨入世界先进国家行列。机器设备自给率达80%以上。1994年工业增长率为7%,其中加工业增长7.86%。主要产品产量如表7-2。

表7-2 主要工业产品产量

产 品	1985年	1990年	1991年	1992年	1993年	1994年	1995年
钢(万t)	2 056.3	2 063.1	2 266.8	2 290.4	2 521.2	2 575.8	2 503.2
发电量(亿度)	1 927	2 228	2 344	2 417	2 553	2 607	2 754
石油(万t)	2 750	3 160	3 120	3 160	3 220	3 310	3 450
铝(万t)	59.4	98.3	120.6	119.3	117.2	118.4	118.8
小汽车(万辆)	76	66.3	70.5	33.1	39.2	36.7	27.5
载重汽车(万辆)	57.1	57.2	68.4	74.9	92.3	122.8	137.8
水泥(万t)	2 064	2 583	2 726	2 389	2 484	2 525	2 822
化肥(万t)	198	197	190	195	182	211	240

资料来源:世界经济统计简编 1997 陈秀英主编 中国物价出版社

巴西载重汽车1995年生产量在世界仅次于美国、日本,居第3位。

农牧业 农业劳动力1 340万人,约占总劳动力的23%。农业产值占国内生产总值的11%。咖啡、蔗糖、柑桔生产居世界第1位,其中橙汁占世界市场的85%,1992年出口额达10.53亿美元。可可、大豆产量为世界第2位,玉米居世界第3位。除小麦部分尚需进口外,粮食基本自给。已耕地面积约5 300万 hm^2,尚有3亿多 hm^2 土地未开发。畜牧业较为发达,牧场2亿 hm^2。1980年就实现人均一头牛,1994年政府对农业的投入占国内生产总值的1.74%,粮食总产量7 661万t,比上年度增长10.44%。主要农牧产品产量如表7-3。

表 7-3　主要农牧产品产量　　（单位:万 t）

产　品	1985 年	1990 年	1991 年	1992 年	1993 年	1994 年	1995 年
稻谷	902	742	950	996	1 011	1 050	. 1 124
玉米	2 262	2 135	2 374	3 062	3 005	3 249	3 628
大豆	1 828	1 990	1 494	1 916	2 258	2 491	2 558
甘蔗	24 654	26 267	26 084	27 067	2 443	2 921	2 016
肉类	462	643	683	719	922	944	1 006
咖啡				259	266	269	

资料来源:世界经济统计简编　1997 陈秀英主编　中国物价出版社

对外贸易与交通运输

巴西是个农牧矿产品丰富的国家,由于国内市场狭小,对外贸易在国民经济中居举足轻重地位。近年来,政府对外贸易政策做了重大调整,取消进口许可制度,奖励和补贴出口,鼓励提高产品质量和加强出口竞争机制,宣布开放市场,降低关税等,促使对外贸易连年顺差。

表 7-4　进出口贸易额　　（单位:亿美元）

进出口额 \ 年份	1985 年	1990 年	1991 年	1992 年	1993 年	1994 年	1995 年
进口额	121.9	225.2	229.5	230.7	277.4	360.0	537.8
出口额	256.4	314.1	316.2	357.9	386.0	438.6	465.1
差　额	134.5	88.9	86.7	127.3	108.6	75.6	-72.8

主要进口石油、化工原料、光学仪器、小麦等;出口钢材、交通运输设备、铁矿砂、纸浆、皮鞋、咖啡、糖、大豆、橙汁等。主要贸易伙伴为南方共同市场、美国、欧盟、日本、中东、东南亚及拉美国家。

巴西自 1974 年与我国建交以来,两国在政治、经济、贸易、文化、科技和军事等领域的合作关系取得顺利发展。1994 年中巴两国经贸关系取得新的突破。双边贸易总额达 14.212 亿美元,比上年增长 34.6%,创历史最高水平。其中中国出口额为 3.624 亿美元,比上年增长 88.5%;进口额为 10.588 亿美元,增幅 22.6%。

巴西旅游业有 80 多年历史,为世界 10 大旅游创汇国之一。旅游人数和收入如表 7-5。

表 7-5　旅游人数和收入　　（单位:万人、百万美元）

人数及收入 \ 年份	1985 年	1990 年	1991 年	1992 年	1993 年
旅游人数	173.4	109.1	119.2	147.5	165.0
旅游收入	1739	1444	1559	1307	1449

巴西交通运输中以公路运输为主,占全国运输总量的 60%,铁路占 24%,水运不足 10%。全国有公路 150 万 km,各种车辆 1 300 多万辆,年客运周转量 386 亿人 km。铁路总长 3.3 万 km,其中电气化铁路占 7.1%(1991 年)。空运全国有 3 家航空公司,拥有各种型号的波音大型客机 100 多架。来往于全国 150 多个城市之间,有大型机场 29 个,与世界主要国家和地区有直通航线,首都巴西利亚为国际机场。1995 年货物周转量为 16.5 亿 t km。

巴西海岸线长，内河水系发育良好，水运成为对外联系的重要运输方式。1993 年拥有船舶 522 万注册总吨，其中油船 207 万注册总吨，其余多为矿石、集装箱船。沿海主要港口有桑多斯、维多利亚、里约热内卢等。

第四节　墨西哥

自然环境　墨西哥合众国位于拉丁美洲的西北部。东濒墨西哥湾和加勒比海，西、南临太平洋。面积 19.7 万 km^2。

墨西哥是印第安人古文化中心之一。早在 1 000 多年前，古代玛雅人就在这里建立了人口众多的城市，创造了象形文字、历法和农业生产技术，特别是建筑和雕刻艺术达到了相当高的水平。

海岸线长 10 143km。境内高原和山地占全国面积 5/6 左右，总称墨西哥高原，是落基山脉及其山间高原向南延伸的部分。

墨西哥的气候复杂多样，北部地处亚热带，南部地处热带，按海拔高度大致可分为 3 个垂直气候带：①海拔 900 m 以下，主要包括沿海地区及墨西哥南部广大地区，属热带气候，年平均气温都在 25℃ ~ 27℃ 之间。太平洋沿岸夏季气温较高，可达 43℃ 左右。②海拔 900 ~ 1 800 m，属亚热带气候，主要包括高原上的山间盆地，气候温和，年平均气温约 24℃。③海拔 1 800 m 以上，主要包括高原的较高部分，年平均气温约 17℃。墨西哥大部分地区全年有旱、雨季 之分，墨西哥湾沿岸中部和太平洋沿岸南部年平均降水量 1 000 ~ 2 000 mm，内地 750 ~ 1 000 mm，西北部不足 250 mm。5—10 月间有时有热带飓风危害。

境内河流除墨、美边境的北布拉沃河外，大部分都较短小，高原北部大部分属内流区。

资源　农矿资源丰富，主要有石油、天然气、金、银、铜、铅、锌、砷、铋、汞、镉、磷灰石、石墨、天青石、硫磺、萤石、重晶石等。已探明石油储量 645.66 亿桶（1994 年），居世界第 6 位。天然气储藏量 700 亿 m^3，居世界第 13 位。石墨储量居世界第 1 位，萤石、铋储量占世界第 3 位。1992 年白银、硫酸钠、天青石产量占世界首位，铋、镉、汞产量占世界第 2 位，重晶石 、锑产量占世界第 3 位。森林覆盖面积为 4 500 万 hm^2，约占领土总面积的 1/4。水力资源约 1 000 万 kW。海产主要有金枪鱼、海蟹、沙丁鱼等。

居民　人口 9 500 万（1995 年）。其中印欧混血种人占 90%，印第安人占 7.8%，白人占 0.5%。人口分布以中央高原的山间盆地最密集，下加利福 尼亚半岛和尤卡坦半岛南部人烟稀少。89%的居民信奉天主教，3.5%的居民信奉基督教、新教。西班牙语为官方语言。

经济　国内生产总值居拉美第 2 位，世界第 13 位。40—60 年代，民族经济迅速稳 定发展。70 年代，建设速度过快，过多依赖石油收入，对外大举借贷，导致 1982 年爆发了严重的外债危机。1988 年继续和加大了改革开放措施：控制物价和工资涨幅 、与外国债权银行签署减债协议、鼓励进出口贸易、提高经济竞争力、吸引外资、对非战略性国有企业实行私有化、改革税收制度、消灭财政赤字等。1994 年 1 月 1 日，正式加入北美自由贸易区，通货膨胀率降到一位数，但也面临外贸和经常项目赤字庞大，中小企业倒闭，经济增长率低等问题。1994 年 3 月，资金开始抽逃。12 月 19 日，爆发金融危机，比索贬值约 50%，政府被迫采取新的紧缩和贸易保护措施，并调低 1995 年经济指标。1996 年经济增长率上升为 5.1%

工矿业　门类比较齐全，但发展不平衡。制造业占重要地位，1993 年其产值占国内生产总值的22.4%。建筑、纺织、服装业恢复发展,运输设备、水泥、化工产品、电力各业持续增长,1995年石油产量居世界第7位。1992年工矿业产值占国内生产总值的26.1%,1992年主要矿产品产量如下:金10.4、银2 317 t、镉1 879 t、铜27.9万t、钼1 458 t、铅17.26万t、锌28.91万t、盐739.5万t、锑1 064.2t、铋807 t、磷33.87万t、煤506万t、焦炭203.3万t、铁矿石515.4万t、锰13.77万t、硫磺148.45万t、萤石28.66万t。近几年主要工业品产量如表7-5:

表7-5 近几年主要工业品产量

产　品	1985	1990	1992	1995
钢(万t)	717.4	822.1	774.0	994.8
水泥(万t)	2 023	2 468	2 654	2 443
原油(百万t)	135.7	132.5	139.1	136.0
化肥(万t)	157.3	194.5	172.9	163.9
电视机(万台)	58.8	63.3	43.5	
轿车(万辆)	78.5	61.1	78.8	70.3

资料来源:拉美经委会1992年报告

农牧业　全国有可耕地3 169万hm^2,其中已耕地2 100万hm^2。农村人口2 500万。1992年农牧业产值占国内生产总值的7.3%。主要种植玉米、高粱、小麦、大豆、水稻、棉花等。1992年粮食生产获得丰收,但粮食还需部分进口。剑麻产量居世界前列。全国牧场占地面积7 900万hm^2,主要饲养牛、猪、羊、马等,畜产品部分出口。林业、渔业在国民经济中的比重较小。1995年谷物总产量为2 534.4万t,单位面积产量为3 463 kg/hm^2,人均谷物产量267.4 kg,肉类产量347.3万t,牛奶产量782万t,鸡蛋产量121万t,捕鱼量124.8万t(1992年)。

对外贸易　墨西哥同世界70多个国家和地区有贸易关系,其中以美国为主要贸易伙伴,其次是日本、德国、拉丁美洲各国、加拿大等。近年来实行贸易开放政策,鼓励本国产品出口,放宽进口限制,使外贸额迅速增长。1995年贸易总额为953.2亿美元,比1990年增长167%,其中出口484.3亿美元,顺差15.43亿美元,改变1990年以来逆差状况。出口结构发生变化,非石油产品出口额在出口总额中占比重从1982年的22.9%上升到1993年的85.2%。主要出品商品有原油、汽车、汽车配件、咖啡豆、蔬菜、钢材及化工产品、机械产品等;主要进口产品为汽车材料、电器、化工产品、食品、饮料、钢材、纸浆、纺织品、石化产品等。

交通运输　交通运输业比较发达,以公路交通和航运为主。近年铁路运输服务质量提高,客运量有所增加。公路总长32.4万km(1993年),铁路总长2.7万km,货运周转量3 654亿t km(1995年)。

水运1995年商船总吨位112.5万注册总吨,货运量1 830亿t,其中装船量为1 298亿t,港口84个,其中海港75个,主要港口有墨西哥湾的坦皮科、韦拉克鲁斯和太平洋沿岸的马萨特兰、曼萨尼略等。空运同欧美、日本及拉丁美洲许多国家通航。1995年客运周转量17亿人km,货运周转量16亿t km。

第五节　阿根廷

自然环境　阿根廷共和国位于南美大陆南部,西以安第斯山山脊线与智利为界,东临大西洋。面积 27.8 万 km^2。全境地势西高东低。西部及西北部安第斯山脉纵贯南北，以安第斯山脉为主体的山地约占全国面积的 30%。东部和中部的潘帕斯草原，为一望无际的大平原，是著名的大农牧区。北部查科平原为广阔的低平原，多沼泽洼地，有大片森林。南部巴塔哥尼亚高原，地势由西向东自海拔 1 000 m 左右呈阶梯状下降至 100 m，地表受河流切割与冰川侵蚀形成深而宽的谷地及冰川湖。河流除巴拉那河外，多发源于安第斯山脉 东坡，向东流入大西洋。巴拉那河发源于巴西高原，流经巴西、巴拉圭进入阿根廷，在布宜诺斯艾利斯附近汇入乌拉圭河后称拉普拉塔河。拉普拉塔河以巴拉那河为源计算，全长 4 700 km，为拉美第二大河。

阿根廷各地气候相差悬殊。除巴塔尼亚高原以南为寒带气候外，大部分地区属亚热带和温带气候，北热南冷、中部温和。年平均气温北部为 24℃，南部为 5.5℃。年平均降水量东北部为 2 000 mm，首都地区约 1 000 mm，西北部和南部约 250 mm。

自然资源丰富 矿产资源有石油、天然气、煤炭、铁、银、铀、铅、锡、石膏、硫磺等。已查明蕴藏量：石油 3.96 亿 t、天然气 6 540 亿 m^3、煤炭 6 亿 t、铁 3 亿 t、铀 2.94 万 t。水力资源丰富。森林面积占全国总面积的 1/3 左右。沿海渔业资源丰富。

经济 1995 年人口 3 477 万人，其中白人占 97%，多为意大利、西班牙血统，西班牙语为官方语言 。87%的人信奉天主教。

阿根廷是拉美大国之一。工业和农牧业均较发达，工业技术水平较高，工业产值占国内生产总值的 1/3，主要有石油、钢铁、水泥、化工、纺织、汽车制造和食品加工等。核工业发展水平居拉美前列，现拥有 3 座核电站，能独立生产浓缩铀。钢产量居拉美第 3 位。机器制造业具有相当水平，飞机已打入国际市场。食品加工业较先进，主要有肉类加工、乳制品、粮食加工、水果加工和酿酒等，是世界上葡萄酒主要生产国之一，年产量 30 亿公升。

农牧业发达，是世界主要粮食生产和出口国之一。农牧业产品及加工出口额占外贸出口总额的 75%。农业种植面积 3 048 万 hm^2，主要种植小麦、高粱、玉米、大豆、向日葵 、亚麻等。

畜牧业占农牧业 总产值的 40%。全国牲畜的 80%集中在潘帕斯大草原。1993 年牛存栏数 5 500 万头，年屠宰量 878.45 万头，牛肉产量达 280 万 t，出口 40 万 t，年人均消费牛肉 75.3 kg；羊存栏数 3 000 万只，年产羊毛 15 万 t，出口 8.4 万 t，出口量居世界第 4 位。渔业资源丰富，约 1 900 万 t，但未得到充分开发，年捕鱼量仅 40 万 t 左右，一半以上供出口。

表 7-6 主要农产品产量 （单位：万 t）

产品	1990/1991	1991/1992	1992/1993
小麦	1 159.8	986.7	968.5
玉米	695.1	1 069.9	1 138
大豆	999.8	1 133.3	1 101.8
高粱	230	276.6	284.6
葵花籽	325.9	340.7	280.9
亚麻	47.2	34.1	17.5
棉花	88	79	22.7

资料来源：1993/1994 年度经济季评

对外贸易与交通运输 外贸在国民经济中占重要地位。1995 年进出口贸易总额为 411 亿美元，其中出口贸易额为 209.67 亿美元，占贸易总额的 51%。主要出口产品有谷物、牛肉、皮革、羊毛、油脂、橡胶、钢材、化工产品和机械等；进口化肥、石油产品、铁矿砂、煤炭、精密仪器等。主要贸易伙伴为拉丁美洲各国、欧盟、美国、日本等。

交通运输中以陆运为主,海、空运输也较发达。全国有公路29万km;1995年有商船77.3万注册总吨,内河航运以拉普拉塔河最繁忙,阿根廷境内万吨海船可循巴拉那河上溯罗萨里奥港,小海船可达圣菲港。

表7-6 拉丁美洲主要港口一览表

港口名称	所属国家	地理位置	出口产品	进口产品	地位
桑托斯 SANTOS	巴西	桑托斯湾内 23°56′S 046°19′W	铁矿砂、糖、香蕉、棉花、水泥、大豆、肉制品、工业品等	小麦、机械设备、燃料、润滑油、光学仪器、化肥、电工产品等	巴西最大海港、世界最大咖啡输出港
里约热内卢 RIO DE JANE IRO	巴西	大西洋西南沿海瓜纳巴拉湾西岸 22°54′S 043°12′W	咖啡、蔗糖、铁矿石、锰矿、钢材、纸浆、运输设备、皮革等	燃料、机器、化肥、小麦、化工产品等	巴西第二大港、最大的商业中心
图巴朗 TUBARAO	巴西	巴西东南沿海 28°30′S 049°01′W	铁矿砂		巴西最大铁矿石输出港,世界第三大散货出口港
坦皮科 TAMPICO	墨西哥	墨西哥湾西南侧 22°16′N 097°47′W	石油、矿石、糖、有色金属、咖啡、皮革、钢材、棉花等	机械、杂货等	墨西哥最大石油输出港
马萨特兰 MAZATLAN	墨西哥	加里福尼亚湾口的东岸 23°11′N 106°26′W	金属矿石、皮革、烟草、剑麻、海虾等	石油、谷物、百货	国内太平洋沿岸最大港口
布宜诺斯艾利斯 BUENOSAIRES	阿根廷	拉普拉塔河口 34°36′S 058°22′W	谷物、肉类、羊毛、皮革、钢材、化工产品等	化肥、铁矿砂、煤、精密仪器、石油产品等	阿根廷最大港口,城市为南美大陆最大铁路枢纽。
罗萨里奥 ROSARIO	阿根廷	巴拉那河下游西岸 32°57′S 060°33′W	谷物、钢材、化工产品、牛肉、皮革、羊毛等	化肥、铁矿砂、煤、精密仪器等	阿根廷第二大港,世界主要谷物输出港。
拉克鲁斯港 PUERTOLACRUZ	委内瑞拉	加勒比海东南侧波佐洛斯湾内 10°12′N 064°39′W	原油、柴油、重燃油、液化气等		石油输出港

续表

港口名称	所属国家	地理位置	出口产品	进口产品	地位
奥达斯港 PUERTO ORDAZ	委内瑞拉	国内东北部 08°21′N 062°43′W	铁矿石、石油等		国内最大铁矿石输出港
马拉开波 MARACAIBO	委内瑞拉	马拉开波湖口西岸 10°38′N 071°36′W	石油、水泥、纺织品、皮革等	食品、机电产品、建材等	著名的石油城市石油输出港
卡亚俄 CALLAO	秘鲁	太平洋沿岸卡亚俄湾内 12°03′S 077°10′W	鱼粉、矿石、糖、石油、棉花、羊毛、精炼金属等	小麦、机器、车辆、纺织品、木材、食品等	首都利马的出入口，国内最大海港，世界最大鱼粉加工中心
科隆 COLON	巴拿马	巴拿马运河大西洋出入口 09°21′N 079°54′W	香蕉、蔗糖、咖啡、海虾、石油产品等	食品、石油、机械、运输设备、工业品等	巴拿马最大港口世界第三大自由贸易城市
巴尔博亚 BALBOA	巴拿马	巴拿马湾北侧 08°57′N 079°34′W	蔗糖、咖啡、石油产品、香蕉、海产品等	食品、机械、原油、运输设备、工业品等	太平洋出入加勒比海的必经港口。巴拿马运河区行政中心第二大港
蒙得维的亚 MONTEVIDEO	乌拉圭	拉普拉塔河口北岸 34°54′S 056°12′W	肉类、羊毛、皮革、大豆、棉花等	石油、机器设备、车辆、消费品、石油产品等	国内最大海港
布埃纳文图拉 BUENAVENTURA	哥伦比亚	布埃纳文图拉湾内 03°53′N 077°04′W	鲜花、咖啡、糖、白金、棉花、香蕉、石油制品等	粮食、机电产品、运输器材等	国内最大港口，世界第二大鲜花出口港
瓦尔帕莱索 VALPARAISO	智利	瓦尔帕莱索湾南岸 33°02′S 071°38′W	铜、水果、酒、木材、鱼产品、豆类、羊毛等	机械、铝、纸张、粮食、原油、冻肉、奶制品等	智利最大港口，南美太平洋沿岸最大港口。首都圣地亚哥的海上门户

第八章　国际大宗货物的运输

第一节　大洋航线

海洋是连续不断的整体水域,因而通过海洋不必经过转运,就可以直接到达世界各个大陆与岛屿的100多个沿海国家和地区。海运具有载运量大、成本低、能耗少、可不占或少占耕地等优越性,但因受自然条件的限制,速度较慢,适合于承担运量大、运距长、对时间无特殊要求的石油、煤炭、木材、矿石、粮食、经济作物等大宗货物的运输。所以充分利用海运,对于减少运输投资和运输费用,加强各国对外经济联系和文化交流,具有重要意义。

海洋对于现代生产力分布的形成有着重大的影响,在世界现有的200多个国家和地区中,除30多个处于内陆外,都濒临海洋。在生产力水平不高,地域分工和国际联系不发达的时代,海洋对人类影响不大,对生产分布影响也很少,甚至起阻碍作用。随着蒸汽机的发明,造船业的发展,世界航路的发现,海洋的作用日益加强。在资本主义时代,在统一的国际市场和帝国主义殖民体系的形成过程中,宗主国和殖民地经济重心逐步向沿海移动。第二次世界大战后,特别是60年代以来,由于海上交通和国际贸易的发展,许多国家的工业和经济中心又出现了进一步向沿海移动的趋势,临海工业区与城市得到迅速发展。构成沿海经济区的核心,往往是作为对外贸易中心的大城市。如日本的三湾一海工业区的神户、大阪、名古屋、横滨等城市;意大利南部沿海城市的钢铁、石化工业;法国钢铁工业中心向沿海马赛——福斯、敦刻尔克转移;德国的汉堡、不来梅;荷兰的鹿特丹等港市在本国的地位都得到进一步提高。甚至连发展中的国家沿海也形成一些大城市。

由于生产力布局向沿海发展,必然导致人口向沿海地区集中,据估计,目前在距海岸200 km以内的地区,大约集中了全世界1/2以上的人口。

世界海上运输的分布是不平衡的。就大洋来说,以大西洋为最发达,拥有世界3/4的港口,2/3的货运周转量和3/5的货物吞吐量。北大西洋航线沟通了经济发达的西欧和北美,是世界航运最繁忙的海域。世界大港口主要集中在北大西洋沿岸,且多河口港,由通航河流伸入发达国家的腹地。如西欧的鹿特丹(莱茵河口)、安特卫普(斯凯尔特河)、马赛(罗纳河口)、勒阿费尔(塞纳河口)、伦敦(泰晤士河口)、汉堡(易北河口)、不来梅(威悉河口)等。还有意大利的热那亚、那不勒斯;俄罗斯的圣·彼得堡;北美的魁北克、多伦多、蒙特利尔、纽约、新奥尔良、休斯敦、巴尔的摩、费城、诺福克等;南大西洋的圣保罗、里约热内卢和布宜诺斯艾利斯等。

太平洋拥有世界1/6的港口,3/10的货运周转量和1/4的货物吞吐量。日本是太平洋航运的一大中心。澳大利亚和东南亚、西亚的原料和石油大量运往日本,构成主要货流。日本的神户、千叶、横滨、名古屋、川崎、北九州、大阪等外贸货物吞吐量均在7 000万t以上。新加坡是具有国际意义的大转运港,按进出港船舶吨位算,自1982年起已成为仅次于鹿特丹的世界第二大港。1990年以后超过鹿特丹,夺得世界第一大港的地位。北美洲的太平洋沿岸大港有温哥华、西雅图、旧金山、洛杉矶等。

印度洋约拥有世界近1/10的港口,1/6的货物吞吐量和不足1/10的货运周转量。大宗货物主要是波斯湾沿岸的石油。出波斯湾经红海、苏伊士运河到西欧或绕好望角到西欧的航线,出波斯湾过马六甲海峡或巽他海峡或龙目海峡到远东的航线都很繁忙。

世界各国外贸海运量的规模与构成同它的经济水平和结构有密切关系。发达国家物质基础雄厚,造船业发达,垄断世界商船、保险和验船业务,操纵国家航运组织。此外,发达国家还通过资本输出,控制发展中国家的商船队。50年代以来,发达国家登记的船舶总吨数一直占世界的70%以上。其中日本、英国、美国、希腊、挪威、前苏联都拥有庞大的商船队。因此,发达国家海运业具有商船总吨位大,运量大,卸货量大于装货量,出口工业品,进口原料、燃 料的特点;而发展中国家则反之。运量小,主要出口原料、燃料,进口工业品,装货量大于卸货量。70年代中期,发达国家外贸货运装卸总量只占世界40%,其中装货量占60%以上,卸货量只占不足20%。目前,这种状况有所改变。

一、太平洋

太平洋位于亚洲、大洋洲、南极洲、北美洲、南美洲之间,南北长约1.59万km,东西最大宽度约2万km,面积1.8亿km^2,占世界海洋总面积近50%,占地球总面积的35%。平均深度为4 028 m,位于西太平洋中部的马里亚纳海沟是世界海洋的最深点,深达11 034 m。太平洋西南以通过塔斯马尼亚岛东南角的经线(东经146°)与印度洋分界,东南以通过南美洲最南端的合恩角的经线(西经67°15′)与大西洋分界,北经白令海峡与北冰洋连接,东经巴拿马运河和麦哲伦海峡、德雷克海峡沟通大西洋,西经马六甲海峡和巽他海峡通印度洋,总轮廓近似圆形。

太平洋是四大洋中岛屿、珊瑚礁最多的大洋,岛屿总面积达440多万km^2,占世界岛屿总面积的45%,大陆岛主要分布在大洋的西部,如日本列岛、马来群岛、新几内亚岛等,珊瑚礁主要分布在中太平洋,如澳大利亚东北部的大堡礁是世界最大的珊瑚礁。

太平洋通常以南、北回归线为界,分南、中、北太平洋,或以赤道为界分南、北太平洋,也有以东经160°为界,分东、西太平洋的。北太平洋:北回归线以北海域,地处北亚热带和北温带,主要属海有东海、黄海、日本海、鄂霍次克海和白令海。中太平洋:位于南、北回归线之间,地处热带,主要属海有南海、爪哇海、珊瑚海、苏禄海、苏拉威西海、班达海等。南太平洋:南回归线以南海域,地处南亚热带和南温带,主要属海有塔斯曼海、别林斯高晋海、罗斯海和阿蒙森海。

太平洋洋流大致以北纬5°~10°为界,分成南北两大环流:北部环流顺时针方向运行,由北赤道暖流、日本暖流、北太平洋暖流、加利福尼亚寒流组成;南部环流反时针方向运行,由南赤道暖流、东澳大利亚暖流、西风漂流、秘鲁寒流组成,两大环流之间为赤道逆流,由西向东运行,流速每小时2 km。

太平洋上的吼啸狂风和汹涌波涛也是很著名的。在寒暖流交接的过渡地带和西风带内,多狂风和波涛 ,大洋北部以冬季为多,南部以夏季为多。主要风暴区范围大致为:

1)从亚洲大陆东岸至东经150°,北纬10°至46°范围内为热带风暴区。2)从中美西岸至西经130°,北纬11°至25°范围内为热带风暴区。3)从西经151°至澳大利亚西岸印度洋500 km海域,南纬28.5°至11°范围为热带风暴区。4)自北纬35°以北,南纬40°以南海域为冬季风暴区。5)南纬47.5°以南的海域为咆哮西风带,终年多风暴。另外自亚洲东北岸至 西经170°为多雾海域。船只经过这些海域要特别注意气象预报。中部较平静,终年利于航行。

太平洋生长的动植物,无论是浮游植物或海底植物以及鱼类和其他动物都比其他大洋丰富。

太平洋浅海渔场面积约占世界各大洋浅海渔场总面积的 1/2,海洋渔获量占世界渔获量一半以上,秘鲁、日本、中国舟山群岛、美国及加拿大西北沿海都是世界著名渔场,盛产鲱、鳕、鳀、鲑、鳟、鲣、沙丁、金枪、比目等鱼类。此外海兽(海豹、海象、海熊、海獭 、鲸等)捕猎和捕蟹业也占重要地位。

近海大陆的石油、天然气、煤很丰富,深海盆地有丰富的锰结核矿层(所含锰、镍、钴、铜 4 种矿物的金属储量是陆地上的几十倍至千倍)。此外,海底砂锡矿、金红石、锆、钛、铁及铂金砂矿储量也很丰富。

太平洋在国际交通上具有重要意义。有许多条联系亚洲、大洋洲、北美洲和南美洲的重要海、空航线经过太平洋,东部的巴拿马运河和西南部的马六甲海峡分别是通往大西洋和印度洋的捷径和世界主要航道。海运航线主要有:

1)北太平洋航线(东亚至北美西海岸航线):该航线主要是由中国、日本、朝鲜半岛 、俄罗斯远东地区、东南亚等各国沿海港口,经太平洋北部海域至北美洲的加拿大、美国、墨西哥西海岸各港口。

2)东亚至加勒比海、北美东海岸航线:巴拿马运河对该航线意义重大。有两条线路均要通过巴拿马运河,一条是利用北太平洋航线大圆航路。从东亚各港东行至北美西 海岸,然后南下达巴拿马运河至加勒比海 ,东行经向风海峡北上至北美东海岸各港。另一条是从东亚各港经夏威夷群岛南北海域, 直奔巴拿马运河。

3)东亚至南美西海岸航线:从中国北方各港、韩国各港,经琉球群岛中的奄美大岛,东行经琉黄列岛、威克岛,在莱恩群岛附近穿越赤道进入南太平洋,至南美西海岸各港。

4)澳新地区至北美东西海岸航线:自澳新各港至北美西海岸多经苏瓦、火奴鲁鲁等重要海运航站,至北美东海岸多经帕皮提港,达巴拿马运河至北美东海岸各港。

5)东亚至澳新航线:该航线大致有 3 条线路,其一是由中国和日本各港经琉球群岛中的久米岛,东行经加罗林群岛,在新爱尔兰岛与布干维尔岛之间进入所罗门海,再过珊瑚海继续南下至澳新各港。其二是中国各港至澳大利亚东岸、新西兰的集装箱航路。其三是中国、日本至澳大利亚西海岸各港。该航路多经民都洛海峡、苏禄海、苏拉威西海、望加锡海峡、龙目海峡入印度洋至澳西海岸 。这条航路主要是中日两国进口铁矿砂的线路。

6)东亚经东南亚至西亚航线:该航线由东亚各国港口经东海、南海,在新加坡海峡向西转向马六甲海峡进入印度洋(大吨位油船须经巽他海峡进入印度洋),再经霍尔木兹海峡进入波斯湾各原油输出港。如图 8-1 所示。

纵贯太平洋的 180°经线为“国际日期变更线”,船只由西向东越过此线,日期减去一天;反之,日期便加上一天。

太平洋沿岸多为发展中国家,虽然近些年经济发展速度较快,但总体水平不高,所以太平洋航线运输的商品结构基本上是从发展中国家向发达国家运输商品多为农矿原料,而发达国家向发展中国家运输商品多为工业成品。具体的说就是从太平洋西部、南部及南美洲太平洋沿岸运往北美、日本的货物多为热带农畜产品、石油、铁矿石 等能源和工业原料。而北美向太平洋西部、南部及南美洲太平洋沿岸运输的货物多为工业制成品、粮食等。日本向太平洋西部、南部及南美洲太平洋沿岸运输的货物多为纺织品、钢材、汽车、轮船、电子设备等工业品。

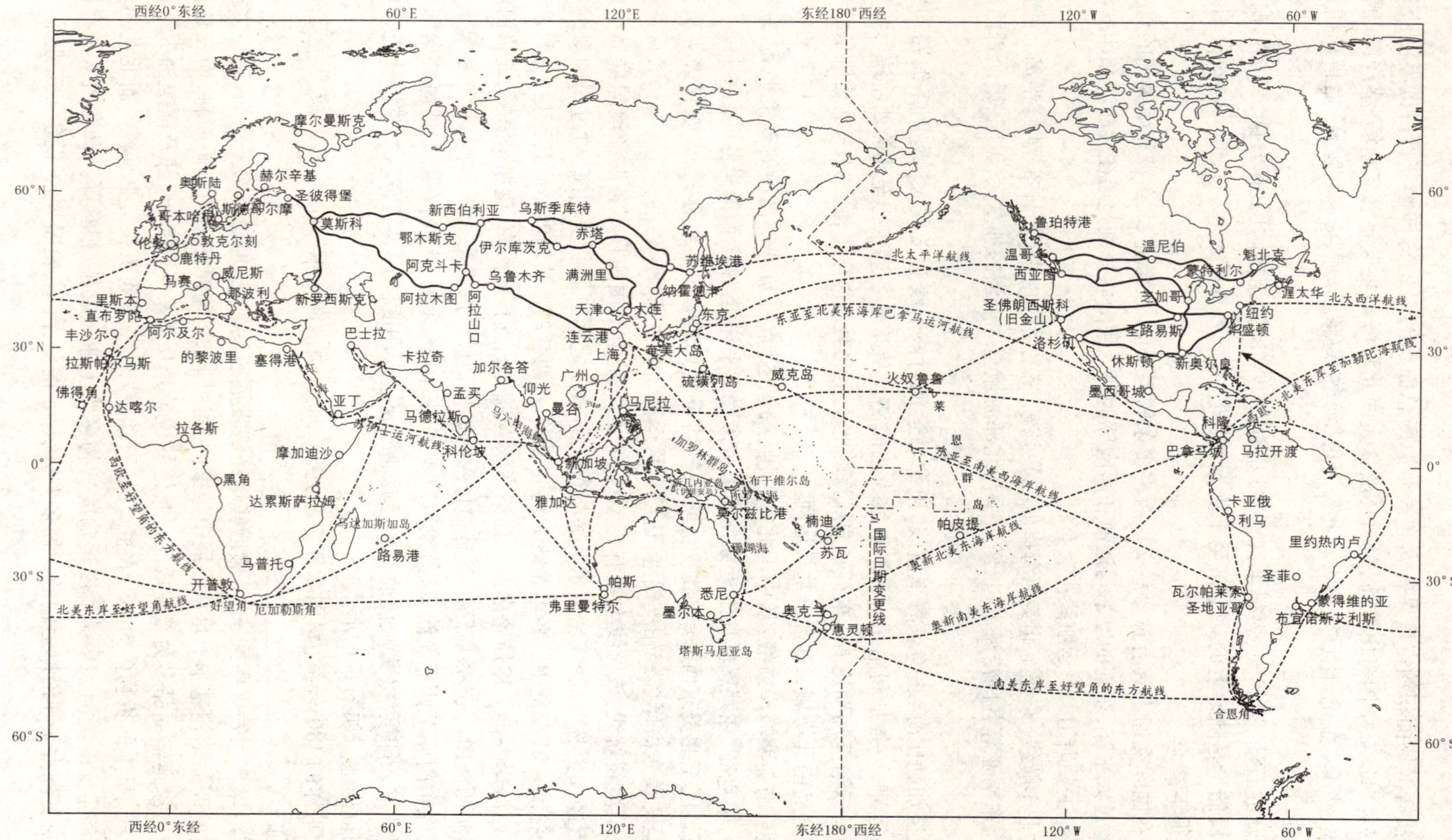

①北太平洋铁路②联合太平洋铁路③圣菲铁路④南太平洋铁路⑤加拿大太平洋铁路⑥加拿大国家铁路

图 8-1　大洋航线分布图

二、大西洋

大西洋位于欧、非与南、北美洲和南极洲之间。面积 9 336.3 万 km^2，约占海洋面积的 25.4%，约为太平洋面积的一半，为世界第二大洋。平均深度为 3 627 m，最深处在波多黎各岛北部的波多黎各海沟中，深达 9 212 m。

大西洋南接南极洲；北以挪威最北端—冰岛—格陵兰岛南端—戴维斯海峡南边—拉布拉多半岛的伯韦尔港与北冰洋分界；西南以通过南美洲南端合恩角的经线同太平洋分界；东南以通过南非厄加勒斯角的经线（东经 20°）同印度洋分界。大西洋的轮廓略呈 S 形。

根据大西洋的风向、洋流、气温等情况，通常将北纬 5°作为南、北大西洋的分界。大西洋在北半球的陆界比在南半球的陆界长得多，而且海岸曲折，有许多属海和海湾。

重要的属海和海湾是加勒比海、墨西哥湾、地中海、黑海、北海、波罗的海、比斯开湾、几内亚湾、哈得孙湾、巴芬湾、圣劳伦斯湾、马尾藻海等。

重要的岛屿和群岛是大不列颠岛、爱尔兰岛、冰岛、纽芬兰岛、古巴岛、伊斯帕尼奥拉岛及加勒比海和地中海中的许多群岛，格陵兰岛也有一小部分位于大西洋。

大西洋的洋流南北各成一个环流系统：北部环流为顺时针方向运行，由北赤道暖流、安的列斯暖流延长为北大西洋暖流，远入北冰洋；南部环流为反时针方向运行，由南赤道暖流、巴西暖流、西风漂流和本格拉寒流组成。在两大环流之间有赤道逆流，赤道逆流由西向东至几内亚湾，称为几内亚暖流。

大西洋的气候，南北差别较大，东西两侧亦有差异。气温年较差不大，赤道地区不到 1℃，亚热带纬区为 5℃，北纬和南纬 60°地区为 10℃，仅大洋西北部和最南部超过 25℃。大西洋北部盛行东南信风。温带纬区地处寒暖流交接的过渡地带和西风带，风力最大。在南北纬 40°~60°之间多暴风；在北半球的热带纬区 5—10 月常有飓风。另有自加拿大以东至西经 43°海域多雾。这些风暴区和多雾区对船舶航行造成极大威胁。但位于大西洋中、东部海域则少风暴，如亚速尔群岛、马德拉群岛、加那利群岛、佛得角群岛等海域是船舶行驶的最佳海域。

海洋资源丰富，西北部和东北部的纽芬兰和北海地区为主要渔场，盛产鲱、鳕、沙丁鱼、鲭、毛鳞鱼等。其他尚有牡蛎、贻贝、螯虾、蟹类以及各种藻类等。海洋渔获量约占世界的 1/3~2/5。南极大陆附近海域产鲸、海豹和磷虾，海兽捕获量也很大。

加勒比海、墨西哥湾、北海、几内亚湾和地中海均蕴藏有丰富的海底石油和天然气。

大西洋航运发达，东、西分别经苏伊士运河及巴拿马运河沟通印度洋和太平洋，海船可全年通航。主要航线有：

1）北大西洋航线：该航线自西北欧横渡大西洋北部直达北美东海岸。连结世界两大经济重心，是两个世界工业最发达地区间的原料、燃料、产品交换的运输线。其特点是航船多、运量大、历史悠久的现代海上航运最繁忙的干线。

2）西欧、北美东岸至加勒比海航线：该航线连接西欧与加勒比海沿岸海港，多经英吉利海峡—多佛尔海峡，转入北大西洋航线，同北美东海岸发出的船舶均经由莫纳海峡、向风海峡进入加勒比海沿岸各国。

3）西欧、北美东岸经地中海、苏伊士运河至亚太地区的苏伊士运河航线：该航线是世界最繁忙航线之一，是西欧与亚太地区、海湾地区间贸易往来的捷径。也是北美东岸各港的环球航线，一般途经亚速尔群岛和马德拉群岛的国际航运中途站丰沙尔。该航线一端连西欧，一端连亚太地区，中经地中海、苏伊士运河和红海。出红海南口后，分成 3 条航线，第 1 条进波斯湾；

第 2 条经南亚过马六甲海峡到东南亚各国;第 3 条由红海或印度洋直达澳大利亚、新西兰等国,是西方国家出口工业品和进口战略物资的“海上生命线”。

4)西欧、北美东岸至好望角航线:这条航线历史悠久,在航海史上是连接东西方最早的航线,对促进东西方贸易往来及文化交流有过辉煌的一页,也是西方殖民主义者入侵亚非各国的海上通道。由于苏伊士运河的开凿,其在世界航运的地位有所下降,目前多为巨型油船和非洲东西海岸往来。

5)南美东海岸经好望角的东方航线:该航线处于西风漂流海域,风浪较大,特别是西航,顶风、顶浪,因此一般西航偏北,东航偏南,可减小风浪的阻力。这条航线主要是东亚各国去巴西等国购买铁砂石,南美东海岸各港船舶去海湾地区运石油,多为大吨位船舶,超过巴拿马运河通过的能力才使用该航线。

6)西欧、地中海至南美东海岸航线:南美东海岸的巴西、阿根廷等国资源丰富,农矿产业发达,与西欧、北美工业国的关系密切,因此,贸易往来十分繁忙。该航线一般经过西非大西洋中的加那利群岛和佛得角群岛的航站,如拉斯帕尔马斯、普腊亚。如图 8-1 所示。

当代世界超级大国及西欧、北欧、北美工业发达国家的发达地区基本上都面向大西洋,彼此间的贸易往来经过大西洋,这些国家既从世界各地取得原料、燃料,又向世界各地推销产品。俄罗斯与东欧各国对世界各地的贸易货运也多经波罗的海通过大西洋完成运输业务。因此,大西洋贸易量是很大的,大约占世界贸易总额的 60%多。

三、印度洋

印度洋位于亚洲、大洋洲、非洲和南极洲之间,大部分在南半球。面积 7491. 7 万 km^2,约占世界海洋总面积的 21. 1%,为世界第三大洋。平均深度为 3 897 m,最大深度为爪哇海沟,达 7 450 m。

印度洋西南以通过南非厄加勒斯角的经线同大西洋分界,东南以通过塔斯马尼亚岛东南角至 南极大陆的经线为界与太平洋相连。印度洋的轮廓是北部为陆地封闭,南部向南极洲敞开。

印度洋主要属海和海湾是红海、阿拉伯海、亚丁湾、波斯湾、阿曼湾、孟加拉湾、安达曼海、阿拉弗拉海、帝汶海、卡奔塔利亚湾、大澳大利亚湾、莫桑比克海峡等。

印度洋有很多岛屿,其中大部分是大陆岛,如马达加斯加岛、斯里兰卡岛、安达曼群岛、尼科巴群岛、明打威群岛等。留尼汪岛、凯尔盖朗群岛等为火山岛。拉克沙群岛、马尔代夫群岛、查戈斯群岛,以及爪哇西南的圣诞岛、科科斯群岛都是珊瑚岛。

印度洋洋流,南部的海流比较稳定,为反时针方向的大环流,由南赤道暖流、莫桑比克暖流、厄加勒斯暖流、西风漂流、西澳大利亚寒流组成。北部海流因季风影响形成季风暖流,冬夏流向相反:冬季反时针方向,夏季顺时针方向。夏季浮冰最北可达南纬 55°左右;冰山一般可漂到南纬 40°,在印度洋西部,有时可漂到南纬 35°。

赤道横穿印度洋北部,大洋主体部分处于热带和亚热带,有“热带大洋”之称,终年可航行。印度洋北部是各大洋中季风最强烈海域,特别是北纬 8°以北,南纬 10°~29°,东经 40°~83°的海域为热带风暴区。南纬 35°以南海域处于南半球西风带中,对航船是一大威胁。

印度洋沿岸除澳大利亚以外均为发展中国家,而且世界发展水平最低的国家也多集中在此,贸易量少于其他两大洋。但印度洋是亚、非、澳之间的交通要冲,沿岸国家物产丰富,尤其是海湾地区是世界石油生产中心,因此,在世界航运中意义重大,航线多为连接太平洋和大西洋的过往航线和波斯湾输油航线。其航线主要有：

1）东亚—东南亚—地中海—西欧航线。该航线沟通三大洋的北部。由亚太地区向西横渡印度洋，过红海，穿苏伊士运河，经地中海、直布罗陀海峡，至欧洲各国，也可南下至非洲西海岸。

2）东亚—东南亚—好望角—西非、南美东海岸航线。该航线是沟通三大洋南部，由亚太地区向西横渡印度洋经莫桑比克海峡，一条绕好望角北上至西非沿岸港口，另一条过好望角继续西行过南大西洋至南美东海岸各港。

3）东亚—东南亚—东非航线。

4）波斯湾—好望角—西欧、北美运油航线。该航线由波斯湾沿岸各输油港，经霍尔木兹海峡至阿拉伯海，向西南过莫桑比克海峡，绕好望角沿西非沿海北上至西欧沿海各港，北美的船只转向西北至北美东岸。

5）波斯湾—东南亚—日本航线。该航线为日本输油航线，对日本国能源进口十分重要。

6）波斯湾—苏伊士运河—地中海—西欧、北美航线。该航线为西欧各国及美国从海湾地区进口石油的重要航线。

除上述主要过往和输油航线外，还有孟加拉湾、阿拉伯海沿岸国家与亚太地区及欧洲各国联系的航线。如图 8-1 所示。

第二节　世界航运大宗货物的分布

大宗货物主要指粮食、农业原料，矿物原料中的石油、煤炭、铁矿石等，工业产品中的钢铁、水泥等。

一、粮食的分布

粮食是人类最基本的生活资料，也是发展畜牧业的主要精饲料，部分轻工业的原料。按人口计算，粮食产量最高的是北美洲和大洋洲。这里是新大陆，温带草原区，人口密度较小，农业科技含量高，是世界重要的产粮区。其次是欧洲，粮食产量较高，拉美和亚洲较低，非洲最低。

粮食品种繁多，其中作为人类主食和畜牧业精饲料的是小麦、稻谷、玉米，三者约占世界粮食作物收获面积的 70%，总产量的 80%。

1. 小麦的分布：

小麦是一种世界性的粮食作物，种植遍布于各大洲，但主要集中在 27°～57°N 和 25°～40°S 的温带地区。

北半球小麦主要集中分布在 4 个地带：

1）从西欧平原经中欧平原、东欧平原南部至西西伯利亚平原南部；

2）中国东北平原、华北平原、长江中下游平原；

3）自地中海沿岸向东经土耳其、伊朗，至印度河、恒河平原；

4）北美中部大平原。春小麦集中分布在苏必利尔湖以西地区，冬小麦集中分布在 35°～40°N 之间。

南半球主要分布在南非、澳大利亚南部、南美的潘帕斯草原等地。

2. 水稻的分布：

主要集中在东亚、东南亚、南亚；其次是地中海沿岸各国；第三是美国和巴西。其中以东南

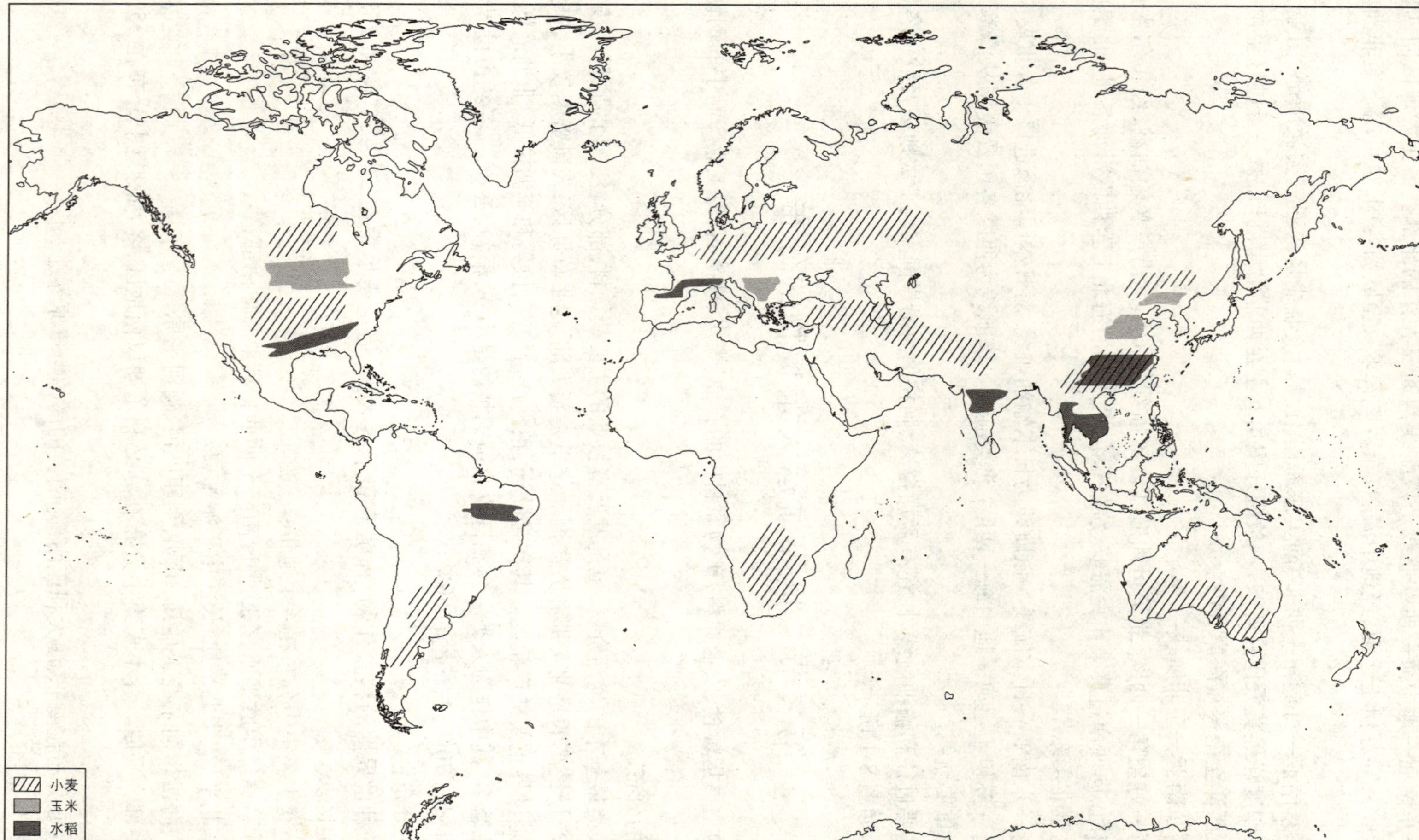

图 8-2　世界粮食分布图

亚地区的泰国、缅甸为最多。

3. 玉米的分布：

玉米在世界有三大产区：

1)美国的玉米带：位于五大湖南部，在40°~45°N之间，产量占世界玉米总产量的40%，成为世界著名的玉米专业化地带。

2)中国的华北平原和东北平原。

3)欧洲的南部平原地带：西起法国经意大利、前南斯拉夫、匈牙利直至罗马尼亚。

具体情况见图8-2所示。

二、农业原料的分布

农业原料包括经济作物、畜产品、林产品等，多为轻工业原料。

1. 棉花集中分布在4大地区

1)亚洲大陆的南半部，包括哈萨克斯坦南部、塔吉克斯坦、吉尔吉斯斯坦、乌兹别克斯坦、土库曼斯坦等中亚国家，中国、印度、巴基斯坦、土耳其、伊朗、叙利亚等，棉花产量占世界总产量的1/2；

2)美国南部的棉花带，位于30°~35°N之间；

3)拉丁美洲，包括墨西哥、巴西、阿根廷、哥伦比亚及加勒比海地区；

4)非洲棉区，以东北部的埃及与苏丹的长绒棉最著名。

2. 羊毛生产的分布

世界各大洲都有不同数量的天然牧场，羊毛产量也各异。大洋洲是世界最大的羊毛产区，约占世界总产量的40%，澳大利亚是世界羊毛产量最多的国家，且以优质闻名于世。其次为俄罗斯、新西兰、中国、阿根廷、南非、乌拉圭、土耳其等国。

3. 天然橡胶生产的分布

天然橡胶主要分布在高温多雨，人口稠密的东南亚地区；其次是西非几内亚湾一带。就国家而言，马来西亚是世界上最大的橡胶生产国，占世界总产量的40%；其次是印度尼西亚、泰国、斯里兰卡、印度、中国、利比里亚、巴西等。

4. 3大饮料作物的分布

咖啡主要分布在拉丁美洲，约占世界总产量的2/3。其中巴西为世界最大生产国，其产量占世界总产量的1/3，有“咖啡王国”之称；其次是哥伦比亚，但质量居首位；第3位是西非的科特迪瓦。除此之外，还有中美各国，如危地马拉、洪都拉斯、萨尔瓦多、哥斯达利加、尼加拉瓜，东非的乌干达、肯尼亚，亚洲的印度尼西亚等国家。

可可主要产于发展中国家，以科特迪瓦、巴西、加纳等国为主，其次是尼日利亚、喀麦隆。

茶叶分布地区较广而集中，亚洲南部是世界最大产茶区，斯里兰卡、中国、印度为世界三大茶叶生产国和出口国；其次是肯尼亚、印度尼西亚等国。

5. 糖料作物的分布

蔗糖主要分布在拉美地区，产量约占世界总产量的1/2，以巴西、古巴、墨西哥、多米尼加、阿根廷为最多；其次是亚洲占1/4，以印度、中国、菲律宾、印度尼西亚、泰国为主；再次是非洲的毛里求斯、南非和大洋洲的澳大利亚。

甜菜糖生产主要分布在中纬度温带地区，欧洲为最大产区，占世界总产量的80%，其中俄罗斯产量最多，其次是法国、德国、意大利、波兰、英国等；第二大产区是加拿大和美国，亚洲的中国、土耳其也有生产。

6. 油料作物的分布

油料作物包括大豆、花生、棉籽、亚麻籽、向日葵、芝麻、大麻籽等。其次是多年生的油橄榄、油棕、椰子、油桐等。

大豆多产于美国，其次是巴西、中国、阿根廷、加拿大、东欧各国、巴拉圭、印度等国；

棉花籽主要分布在俄罗斯、中国、美国、印度等产棉国；

花生主要分布在印度、中国、美国、苏丹、塞内加尔等国；

葵花籽主要分布在俄罗斯、美国、阿根廷、中国、罗马尼亚等；

油菜籽主要分布在中国、印度、加拿大、法国、波兰等；

椰子油主要分布在菲律宾、印度尼西亚等；

油棕主要分布在马来西亚、尼日利亚、巴西等；

蓖麻籽主要分布在印度、阿根廷、加拿大等。

7. 林业原料的分布

世界的森林面积约 40 亿 hm^2，占陆地面积的 1/3，其中用材林约占林地总面积的 70%左右，但分布不平衡，70%多分布在北美、拉丁美洲及俄罗斯等。近年来，东南亚的印度尼西亚、泰国、缅甸等国的林业资源也大量采伐。

美国、俄罗斯、加拿大、芬兰、瑞典、日本、奥地利 7 国，生产世界 2/3 的工业用材和 80%的锯材、纸板、纸张；美国、日本、俄罗斯、加拿大 4 国生产世界 90%的胶合板，北美和欧洲生产世界 80%的纤维板和 90%的刨花板。见图 8-3。

三、矿物原料分布

1. 石油：

在世界的蕴藏量随着地质勘探技术的提高，不断增加。多集中在亚非拉发展中国家，探明储量占世界 80%，其中 14 个石油输出国的储量占世界总储量的 65%，主要储油区如图 8-4 所示：

1）波斯湾地区：油田规模最大，储量丰富，产量最高，运输条件优越，输出最多，经济效益最好的石油产区，探明储量占世界总储量的 65.7%。主要分布在沙特阿拉伯、伊朗、阿拉伯联合酋长国、科威特、伊拉克、卡塔尔、巴林 8 个国家。

2）北美地区：集中在美国南部墨西哥湾沿岸、加利福尼亚大陆与沿海、阿拉斯加州大陆与近海。

3）拉丁美洲的墨西哥与委内瑞拉沿海。

4）俄罗斯的伏尔加——乌拉尔地区、西西伯利亚地区。

5）英国与挪威的北海地区。

6）北非地中海沿岸的阿尔及利亚、利比亚、突尼斯、埃及等。

7）西非几内亚湾沿海平原与近海。

8）东南亚地区的印尼、马来西亚、文莱。

9）中国大陆与浅海大陆架。

2. 煤炭：

煤炭是世界上仅次于石油的第二大能源，分布极广。92%的储量分布在北半球，30°～70°N 之间为世界富煤地带，储量占世界总储量的 70%以上。亚洲最丰富，占世界 56.4%，其次

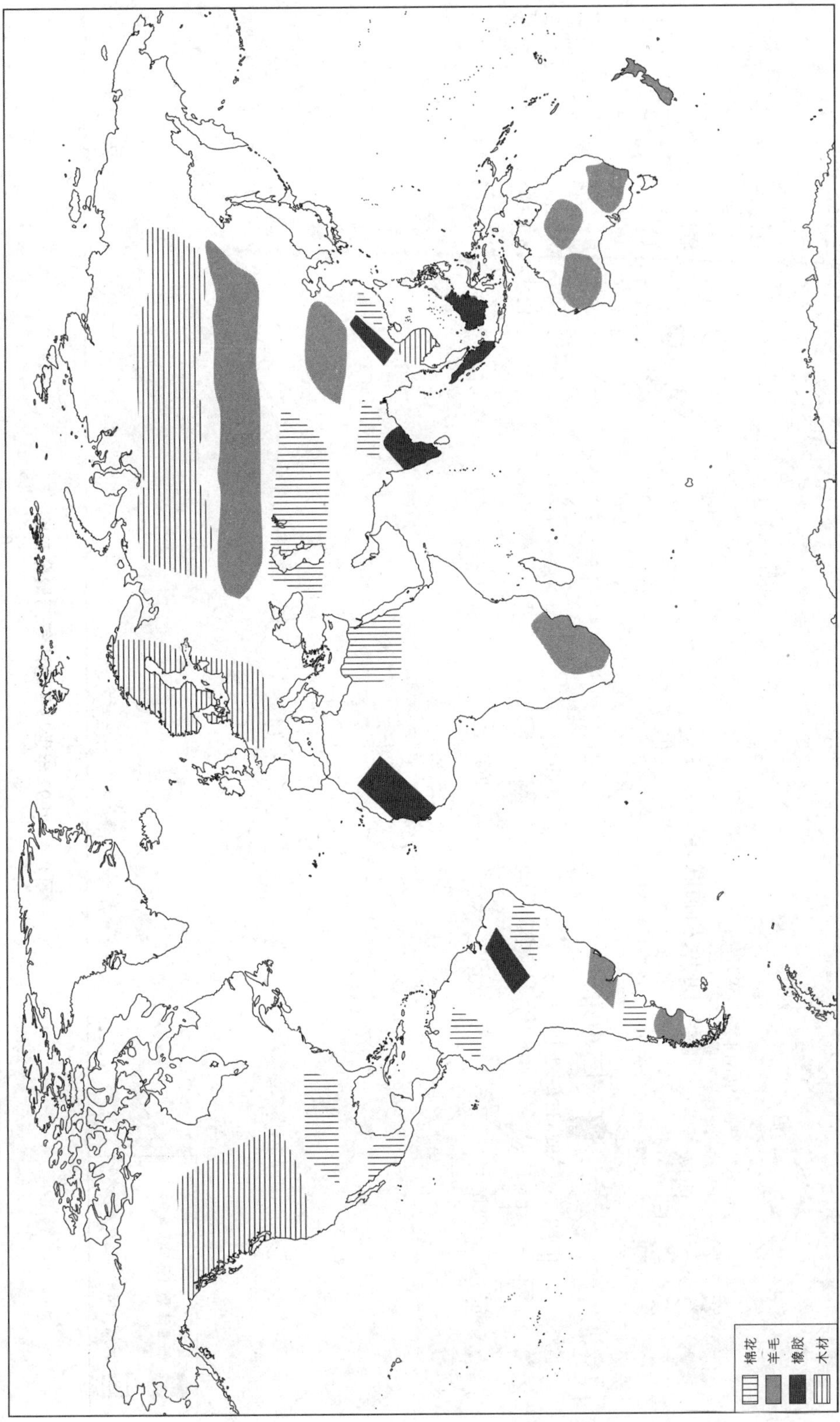

图 8-3 世界农业原料分布图

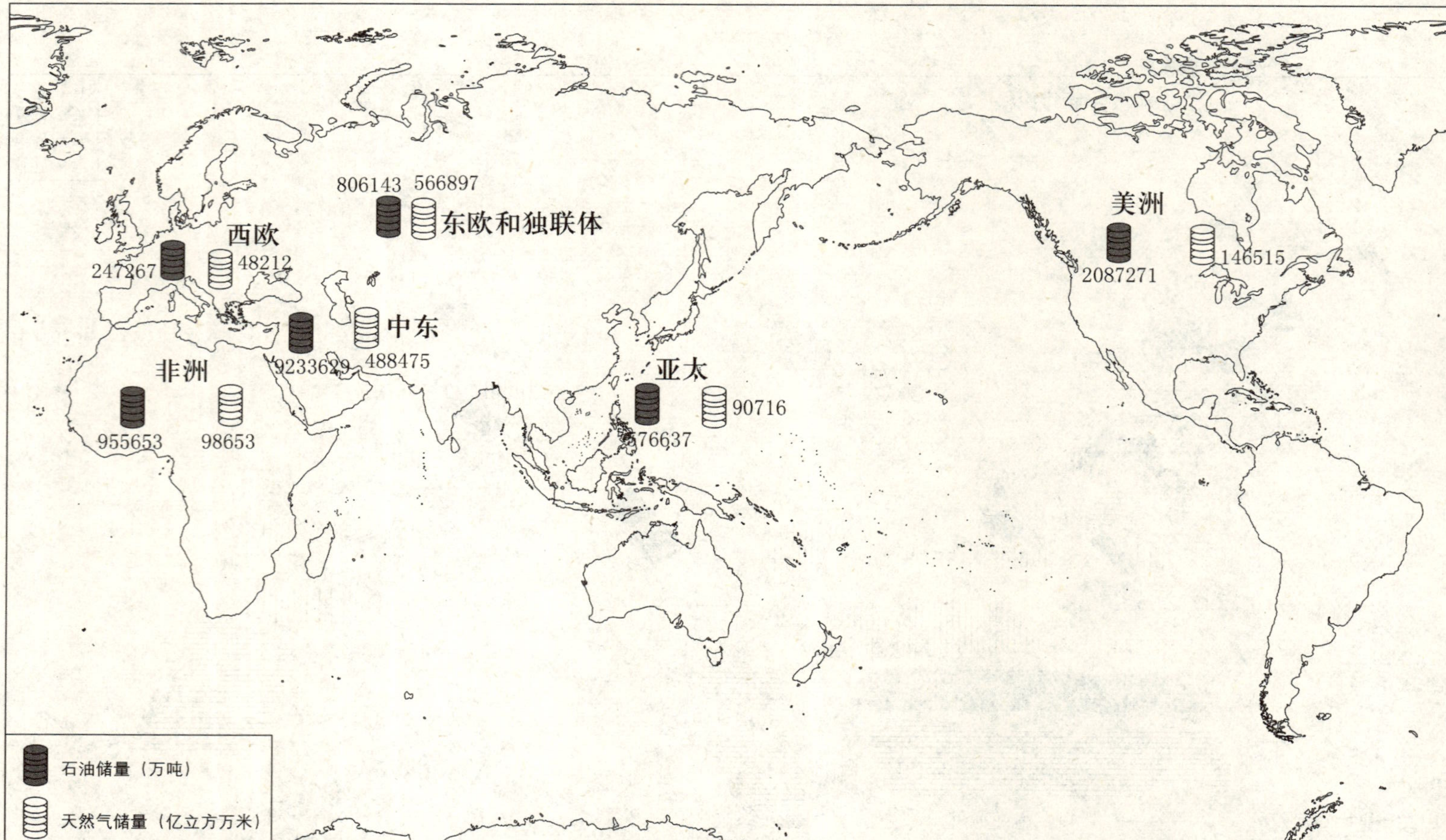

图 8-4　1997 年世界各地油气储量分布图

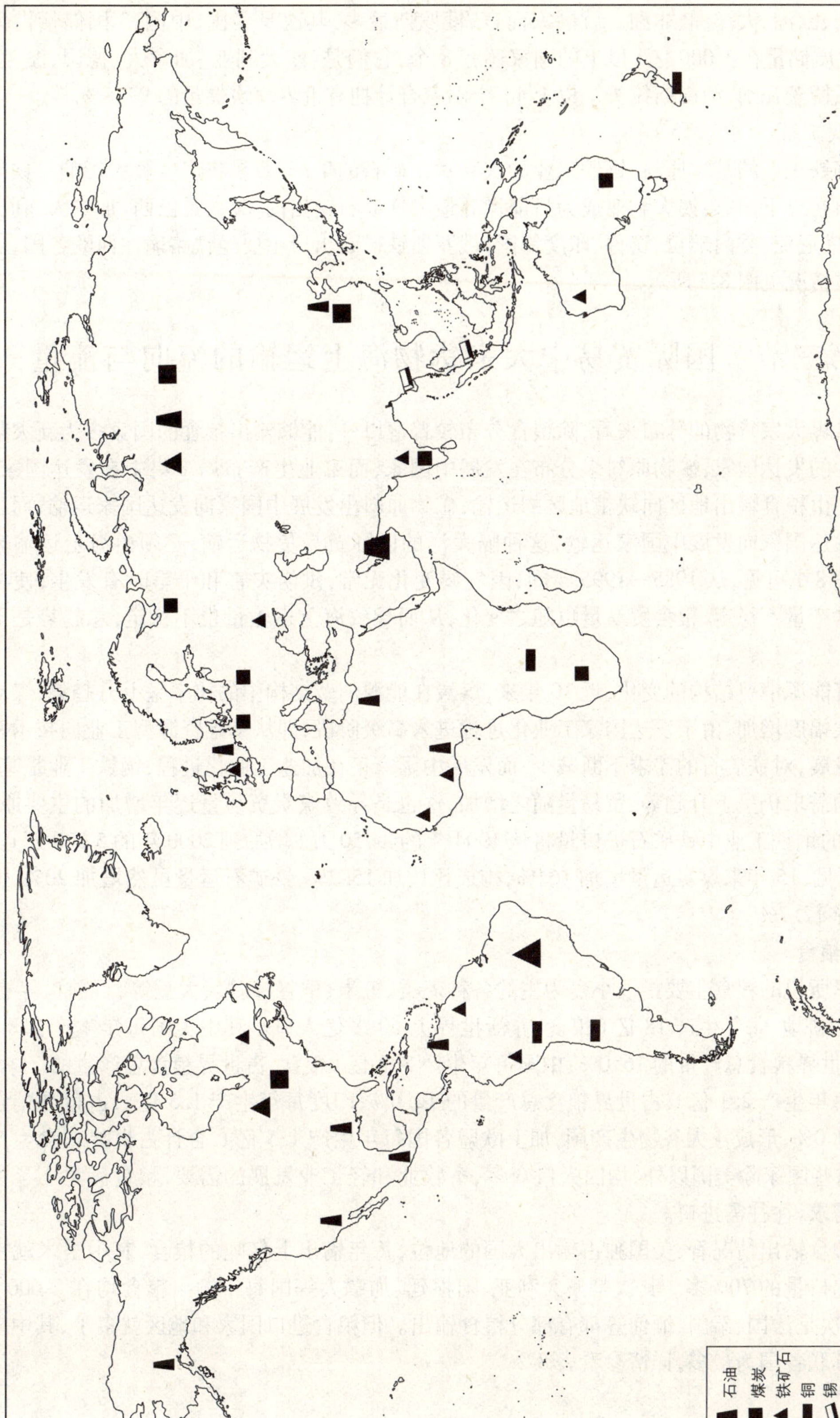

图 8-5 世界矿物能源与原料分布图

是北美洲、欧洲、大洋洲、非洲。就国家而言,俄罗斯最多,其次是美国、中国,3 国储量占世界 83%。地质储量在 1 000 亿 t 以上的国家还有 8 个,它们是:澳大利亚、加拿大、德国、波兰、英国、印度、博茨瓦纳、前南斯拉夫。以上 11 个国家合计拥有世界煤炭储量的 97.8%。

3. 铁矿石:

是钢铁工业的基本原料,钢铁工业的兴衰对铁矿石的生产、贸易将产生极大影响。铁矿石主要分布在以下国家:澳大利亚成为目前世界最大铁矿石输出国,其次是巴西、加拿大、利比里亚、毛里塔尼亚、委内瑞拉、秘鲁、印度等国,俄罗斯铁矿石出口主要经铁路输往西欧各国。

具体情况见图 8-5 所示。

第三节　国际贸易中大宗货物海上运输的流向与流量

从世界大宗货物的分布来看,除粮食分布较普遍以外,能够输出粮食的国家多为新大陆的人口较少的发达国家,矿物原料多分布在发展中国家,而工业生产布局多集中在发达国家,这就形成了由粮食输出地区向缺粮地区的运输;矿物原料由发展中国家向发达国家运输;而工业品则由发达国家向发展中国家运输,这种隔大洋的国际贸易货物运输,必须由海上运输来完成。从表 8-1 可见,从 1985—1995 年间,因气候变化无常,洪涝灾害和干旱时有发生,使各年世界粮食产量不稳定,粮食贸易量也随之变化,从而导致海上运输量也不稳定,总趋势是下降的。

随着能源消费结构的变化,近 10 年来,煤炭在能源消费结构中的比率呈上升趋势,煤炭贸易量也大幅度增加,由于发达国家工业化过程进入高级阶段,即从基础资源型工业向技术密集型工业发展,对铁矿石的需求不断减少,而发展中国家正在加速工业化进程,钢铁工业是基础,铁矿石的需求仍呈上升趋势,贸易量随之增加,这也是导致煤炭贸易量逐年增加的主要原因。如:中国的钢铁工业中铁矿石进口量将从 1994 年的 3 750 万 t 增加到 2000 年的 5 000 万 t。从表 8-1 可见,15 年来煤炭运量增加 164%,构成比增加 15.2%,铁矿石运量虽然增加 20%,但构成比下降 12.7%。

一、粮食

这里所说的粮食主要指以小麦为主的各种麦类、玉米、稻谷、高粱、大豆等,目前世界有 14 亿 hm^2 的耕地,每年生产 18 亿 t 粮食,养活世界上 60 多亿人口。其中美国每年生产 2.8 亿 t 左右,占世界粮食总产量的 16.0%;中国每年生产 3.8 亿 t 粮食,占世界粮食总产量的 21.0%;前苏联每年生产 2.1 亿 t,占世界粮食总产量的 12.0%;印度每年生产 1.5 亿 t,占世界粮食总产量的 8.0%,形成 4 大谷物生产国,加上欧盟各国每年生产 1.5 亿 t,合计占世界粮食生产的 65%。这些国家除美国以外,均因人口众多,畜牧业和轻工业发展的需要,粮食满足不了本国消费的需求,往往需进口。

从粮食输出情况看,美国独占输出大国的地位,每年输出上亿吨的粮食,其中玉米就占世界玉米出口量的 70%多。其次是澳大利亚、阿根廷、加拿大等国每年输出粮食均在 2 000 万 t 以上,再次是法国、泰国、缅甸等都有部分粮食输出。但粮食进口国家和地区就多了,其中以日本及前苏联各国为最多,详情参看表 8-2。

表 8-1　历年 3 种货物海运量及其构成比　　（单位：百万 t、%）

货物 / 年份	煤炭		铁矿石		粮食	
	运量	构成比	运量	构成比	运量	构成比
1980	127	22.9	292	52.5	137	24.6
1981	127	22.4	294	51.9	146	25.7
1982	132	23.8	276	49.7	147	26.5
1983	127	22.1	278	48.4	169	29.5
1984	159	23.8	327	49.0	182	27.2
1985	188	26.8	314	44.9	198	28.3
1986	210	29.2	303	42.1	206	28.7
1987	208	30.5	273	40.1	200	29.4
1988	197	30.2	257	39.3	199	30.5
1989	232	31.1	306	41.1	207	27.8
1990	272	35.1	321	41.5	181	23.4
1991	276	36.7	311	41.4	165	21.9
1992	283	35.9	319	40.5	186	23.6
1993	304	35.9	348	41.0	196	23.1
1994	321	36.7	362	41.4	192	21.9
1995	335	38.1	350	39.8	195	22.1
1995/1980	+164%	+15.2	+20%	−12.7	+42%	−2.5

表 8-2　1995 年国际贸易中粮食海运的流向与流量　　（单位：万 t）

输出 / 输入	计	美国	加拿大	南美	大洋洲	其他
西欧各国	1 072.3	561.1	57.6	440.8	0	12.8
地中海沿岸国家	749.2	437.2	38.3	199.9	0	73.8
东欧各国	3 708.5	1 832.7	873.1	9.1	101.3	892.3
其他欧洲国家	160.2	66.9	5.2	59.2	1.0	24.9
非洲	2 003.8	944.3	153.8	61.4	190.5	603.8
拉丁美洲	2 383.8	1 312.8	326.3	523.9	18.7	201.6
近东地区	534.1	275.4	5.1	41.9	0	211.7
印度洋沿岸各国	1 628.3	455.2	278.6	119.2	352.3	453.0
日本	3 181.6	2 272.3	267.9	197.5	165.8	278.1
其他东亚各国	4 497.9	1 907.3	806.5	124.7	518.5	1 140.9
其他	70.6	26.0	1.9	0	28.7	14.0
计	20 019.8	10 141.2	2 814.3	1 777.6	1 376.8	3 906.9

从表 8-2 可见，1995 年美国输出粮食达 1.014 亿 t，占世界粮食输出量的 50%多，其次是加拿大占 14%，南美洲以阿根廷为主的粮食输出占 9%，澳大利亚占 7%；而粮食进口国还是以日本为最多，达 3 181.6 万 t，占世界粮食输入量的 16%，其次是以中国为主的东亚国家，占粮食总输入量的 22%，形成世界最大的粮食进口区。如图 8-6 所示。

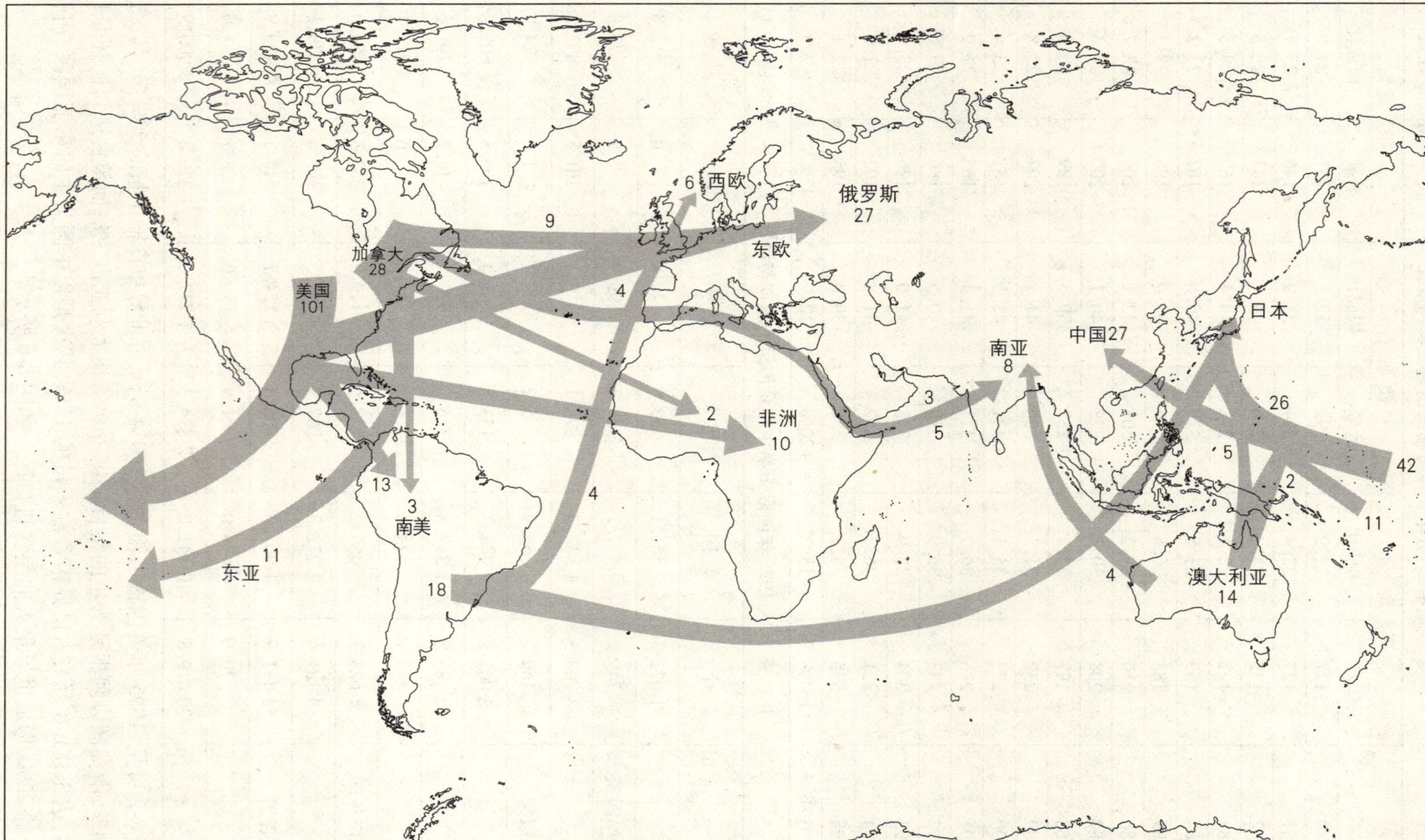

图 8-6　1995 年粮食海运的流向与流理(单位:百万 t)

二、石油

近年来世界石油产量一直维持在31亿t左右。1995年世界共产石油31.3亿t,石油贸易90%以上是通过海上运输,1995年世界石油海运量达12.5亿t,输出地区主要是波斯湾各国,北非的利比亚、阿尔及利亚和埃及,西非几内亚湾沿海,从科特迪瓦延伸到安哥拉,加勒比海地区等;输入地区集中在几个石油消费大国,主要有美国、日本、西欧各国等。其中美国是最大消费国,1996年消费量达8.33亿t,并且每年呈上升趋势。第二位是日本,达2.69亿t,成为世界两大原油进口国。见表8-3。

表8-3 世界石油消费量 (单位:百万t)

年＼地区	消费量					
	美国	西欧	日本	前苏联	其他	世界计
1980	794	681	238	448	879	3 024
1985	722	581	206	442	899	2 834
1986	751	602	209	443	916	2 921
1987	767	600	209	446	950	2 972
1988	793	608	225	440	993	3 059
1989	793	610	233	438	1 031	3 105
1990	782	622	243	425	1 063	3 135
1991	774	631	247	420	1 069	3 141
1992	785	640	250	365	1 080	3 120
1993	790	645	252	350	1 100	3 137

从石油的海上运输来看,美国输入量也是最多的,1995年达3.15亿t,日本进口2.01亿t。整个欧洲也是一大进口区,1995年共进口3.86亿t,这3个地区占1995年世界石油出口总量12.5亿t的72%。美国原油除本国生产外,多由加勒比海地区及墨西哥湾沿岸国家输入。日本原油的70%来自波斯湾地区,对海湾地区原油的依赖性极大。见表8-4,图8-7所示。

表8-4 1995年国际贸易中石油海运的流向与流量 (单位:百万t)

输出＼输入	计	西北欧	地中海沿岸国家	美 国	南美各国	日本	其他国家
波斯湾	663.7	96.7	71.2	101.2	36.0	145.6	213.0
近东	10.2	5.7	4.0	0.1	–	–	0.4
北非	110.0	23.4	64.3	4.8	3.5	–	14.0
西非	132.2	26.8	28.2	61.1	8.0	1.6	7.5
加勒比海	159.7	14.1	12.8	102.5	18.0	7.8	4.5
东南亚	76.4	–	0.5	11.0	1.2	44.7	19.0
其 他	93.4	21.3	17.0	34.1	7.5	1.5	12.0
计	1 246.6	188.0	198.0	314.8	74.2	201.2	270.4

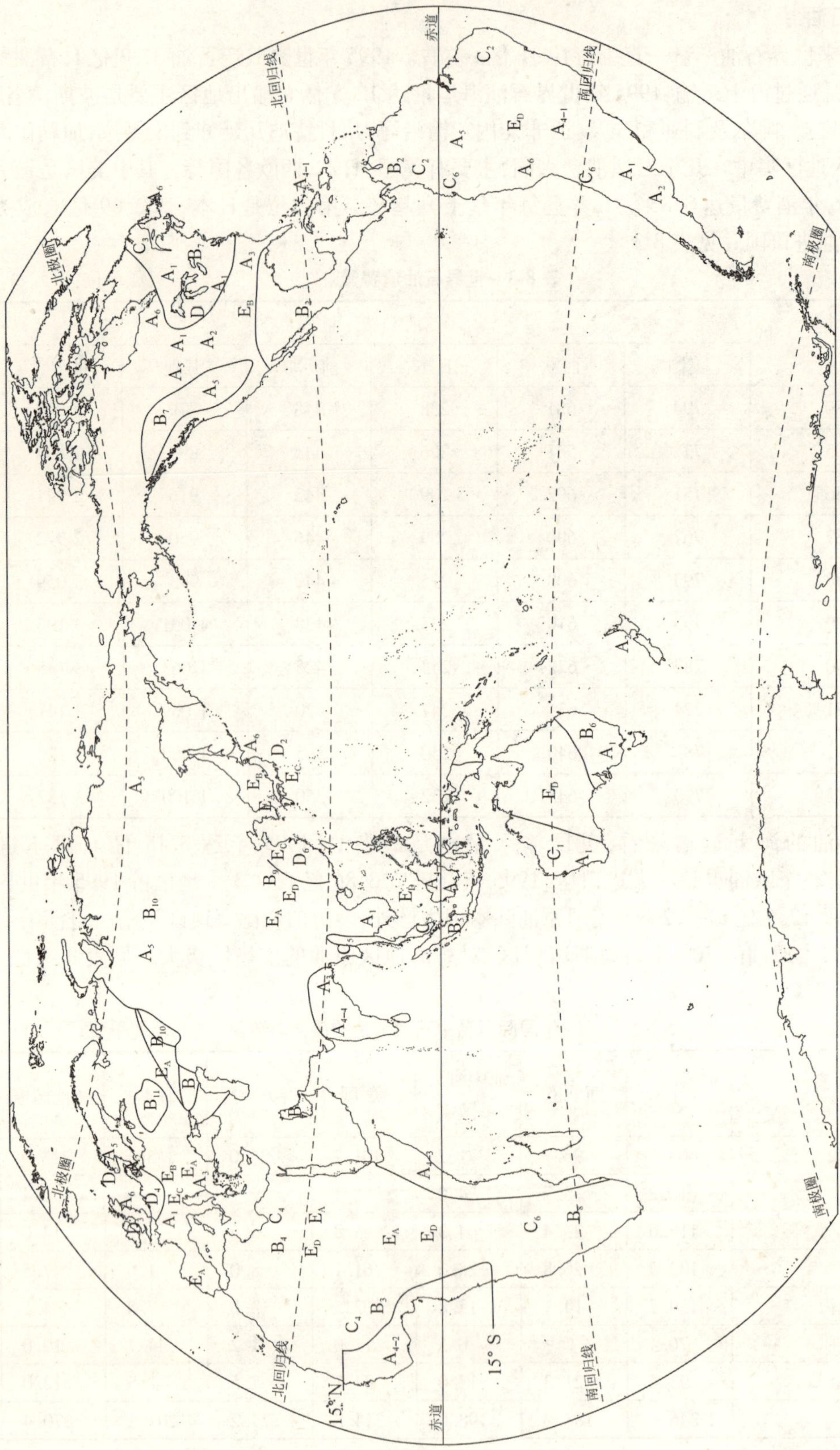

图 8-7 1995 年石油海运的流向与流量(单位:百万 t)

三、煤炭

煤炭是世界上分布最广泛，储量最大的矿物能源，地质储量达8兆3 982亿t，其中最大储量是前苏联，其储量占世界总储量的49.8%，其次是美国、中国、澳大利亚、英国、德国、印度、波兰、南非、博茨瓦纳等国，其储量见表8-5。

表8-5 世界各国煤炭地质储量(亿t)

国 家	储 量	百分比(%)	国 家	储 量	百分比%
前苏联	41 810	49.8	德国	2 609	3.1
美国	12 563	15.0	印度	2 413	2.9
中国	8 085	9.6	波兰	1 743	2.1
澳大利亚	6 446	7.7	南非	1 262	1.5
英国	3 770	4.5	博茨瓦纳	1 070	1.3

以上10个国家煤炭地质储量占世界总储量的97.5%。但可采储量只有1兆3 113亿t，集中在以下8个国家(见表8-6)。

表8-6 世界各国煤炭可采储量(亿t)

国 家	储 量	百分比(%)	国 家	储 量	百分比(%)
中国	6 503	49.6	澳大利亚	603	4.6
美国	1 870	14.3	南非	553	4.2
前苏联	1 659	12.7	德国	408	3.1
印度	613	4.7	博茨瓦纳	322	2.5

8个国家可采储量合计为12 536亿t，占世界95.7%。

煤炭生产也集中在上述各国，1995年世界煤炭产量为41.72亿t，其中中国、美国、俄罗斯、印度、英国、波兰、澳大利亚、南非8国产量占世界93.5%(详见表8-7)。

表8-7 1995年世界各国煤炭生产量(亿t)

国 家	生产量	百分比(%)	国 家	生产量	百分比(%)
中国	10.8	25.9	英国	2.0	4.8
美国	10.0	24.0	波兰	1.8	4.3
俄罗斯	8.8	21.0	澳大利亚	1.7	4.1
印度	2.2	5.3	南非	1.7	4.1

在煤炭贸易中，主要煤炭输出国是美国、澳大利亚、南非、中国等，1995年出口量分别占世界出口总量的35%、34%、13%、5%。煤炭进口国家和地区仍以欧洲、日本为最多，进口量分别占世界出口总量的41%和33%。煤炭贸易中除波兰、南非等国主要以区内消费为主，多以铁路运输外，大部煤炭贸易的运输是由海运进行，海运流量与流向参看表8-8和图8-8。

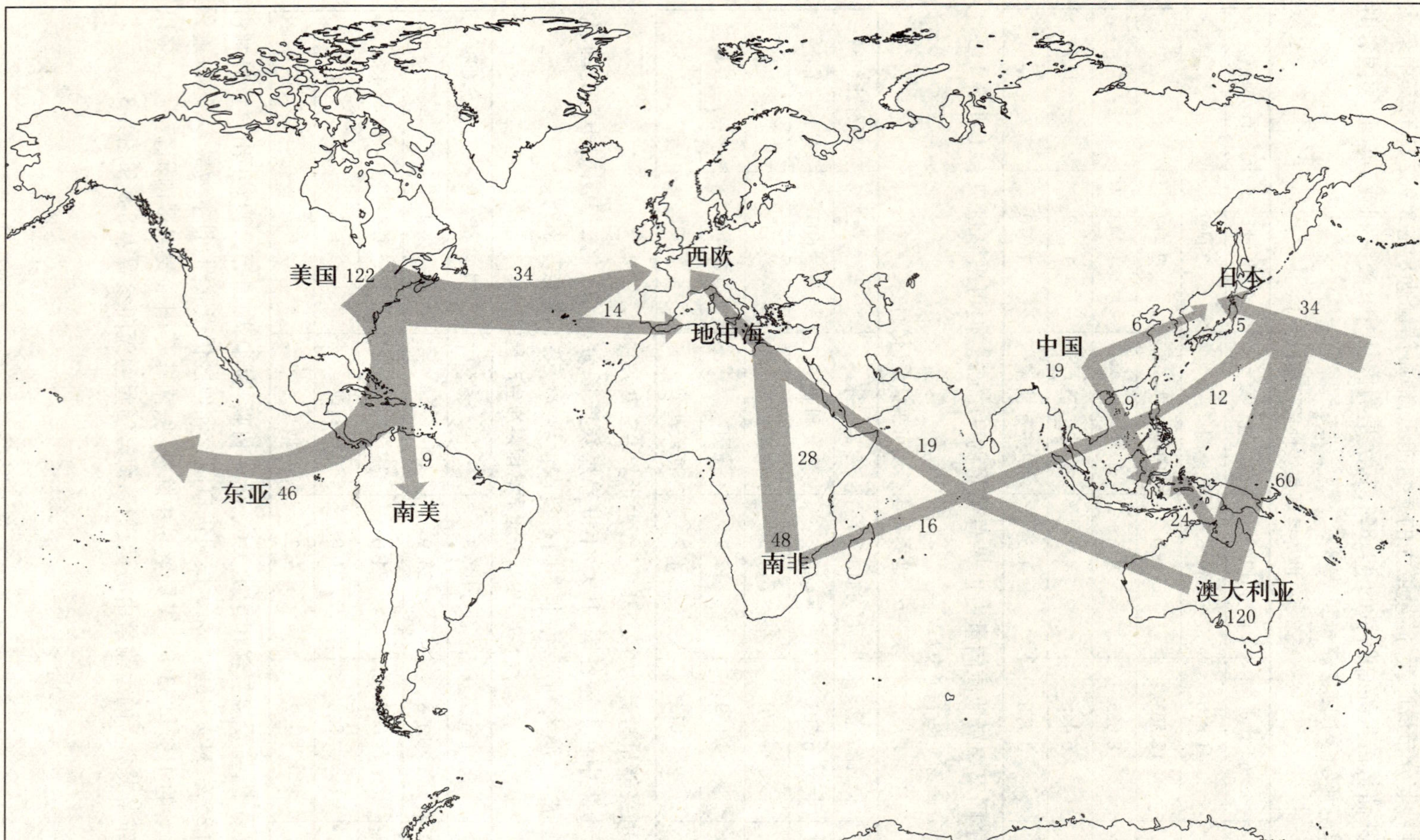

图 8-8　1995 年煤炭海运的流向与流量(单位:百万 t)

表 8-8　1995 年主要煤炭进出口国家和地区　　(单位:百万 t)

国　　家	出口量	国　　家	进口量
澳大利亚	13 670	日　本	12 580
美　国	8 030	韩　国	4 380
南　非	5 940	中国台湾省	2 920
加拿大	3 280	意大利	1 860
印　尼	3 130	荷　兰	1 770
中　国	2 860	英　国	1 590
俄罗斯	2 570	德　国	1 510
波　兰	2 320	比利时	1 440
哥伦比亚	1 870	西班牙	1 390
9 国合计	43 670	9 国合计	29 440

资料来源:《能源政策研究》,1996 年第 6 期。

表 8-9　1995 年国际贸易中煤炭海上运输的流向和流量　　(单位:百万 t)

输出＼输入	计	西欧	地中海沿岸各国	其他欧洲国家	南美各国	日本	其他远东国家	其他
美国	122.043	33.975	13.657	17.147	8.881	33.898	11.593	3.201
澳大利亚	120.183	16.333	3.227	4.535	2.826	60.378	24.190	8.694
南非	47.817	12.563	5.959	8.537	1.300	5.214	10.844	3.400
中国	18.844	2.679	0.295	0.758	0.100	5.710	9.202	0.100
俄罗斯	15.108	2.415	3.693	2.448	0	6.248	0.304	0
波兰	14.431	6.728	0.598	4.635	1.970	0	0	0.500
英国	3.820	1.595	0.521	1.421	0.009	0.012	0.161	0.121
其他	9.782	0.811	0.172	1.014	0	3.795	3.898	0.092
合计	352.028	76.679	28.122	40.495	15.086	115.346	60.192	16.108

四、铁矿石

铁矿石在世界分布也较广,但多为本区本国内消费,能够输出铁矿石的国家不多,主要集中在澳大利亚、加拿大、巴西、西非、北非各国。1995 年铁矿石产量为 9.5 亿 t,贸易量近 4 亿 t,海上运输量达 3.6 亿 t,周转量为 20 080 亿 t n mile(见表 8-10,图 8-9)。

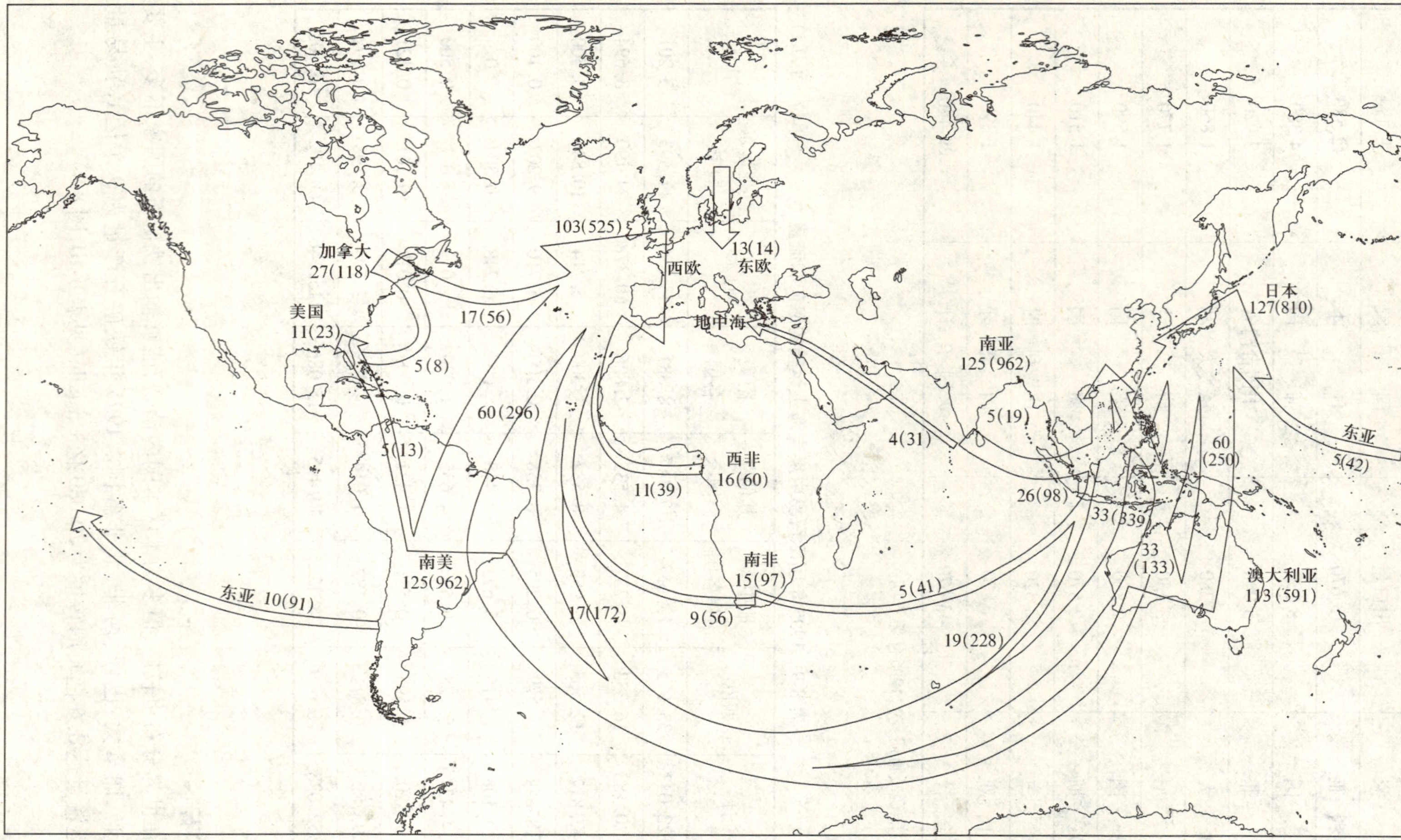

图 8-9　1995 年铁矿石海运的流向与流量(单位:百万 t)

表 8-10　1995 年国际贸易中铁矿石海运的流向与流量　　（单位：百万 t）

输出＼输入	计	西欧	地中海沿岸各国	其他欧洲国家	美国	日本	其他东亚国家	其他
北欧各国	15.980	13.234	–	0.231	0.051	–	0.950	1.514
其他欧洲国家	0.397	2.371	1.389	0.122	0.090	–	–	–
西非各国	11.623	6.288	3.268	1.304	0.459	0.236	–	0.050
其他非洲国家	15.500	3.411	2.437	3.330	–	4.993	1.329	–
加拿大	26.674	16.743	1.128	1.244	4.736	1.681	0.927	0.215
巴西	124.688	41.847	9.702	8.568	5.298	29.878	19.183	10.212
南美西岸	9.567	1.598	–	–	0.258	4.669	2.886	0.156
亚洲各国	36.392	0.983	1.205	1.633	–	25.879	5.325	1.340
澳大利亚	113.366	16.941	2.146	1.056	–	59.850	32.754	0.619
计	357.762	103.416	21.293	17.488	10.892	127.186	631 381	14.106

从表 8-10 可见，澳大利亚、巴西两国成为世界铁矿石输出量最多的国家，其次是加拿大等国；主要进口地区是西欧、日本等。1996 年仅西欧 4 国（法、德、意、英）从澳大利亚进口优质铁矿石 1 780 万 t，日本一国就进口 5 490 万 t，中国基于本国资源满足不了钢铁工业迅速发展的需要，加之国内资源品位低，近几年铁矿石进口量也在不断增加。1996 年分别从澳大利亚（1 650 万 t）、巴西（500 万 t）、秘鲁（170 万 t）、南非（470 万 t）、印度（300 万 t）、朝鲜（70 万 t）、委内瑞拉（61 万 t）等国进口 3 294 万 t，预计到 2000 年将增至 5 000 万 t，导致海上运输量也不断增加。

第四节　大宗货物货流区划

目前世界经济和人口大量向沿海地区集中的趋势越来越强，固然和沿海渔业、海洋化学、海底采矿、特别是海底采油有关，但更重要的还是由于为国际贸易服务的海洋运输发展所致，使沿海地带形成巨大的贸易港市，刺激临海工业的发展，如：美国、日本、法国、英国、德国等国的大城市、大工业区基本都临海，中国近十几年来，沿海工业也得到突飞猛进的发展，城市的扩大，人口的增加，港口能力的提高，这都是由于海洋运输业发展的结果。中国目前已成为世界航运大国，为充分利用中国有利的水运条件，加强对外贸易的发展，根据上述世界资源的分布及当前世界生产力分布状况，对世界大宗物资进行货流区划是十分必要的。一方面在中国从社会主义计划经济向市场经济转化的过程中，作为航运企业，除完成国家指令性运输任务外，在掌握世界各地资源分布的基础上，还可根据市场经济发展的需要，自行组织货源，以便搞活航运企业，提高单船运输效益；也为海运部门运力合理布局提供参考。

根据世界生产力布局及大宗农矿资源的分布情况可将货流分为两大区，即：农矿资源及工业品出口区和进口区。出口区多集中在北纬 32°以南的亚、非、拉发展中国家和北美、大洋洲等。进口地区则分布在北纬 32°以北的西欧、远东、北美发达国家。对于粮食、石油、煤炭、铁

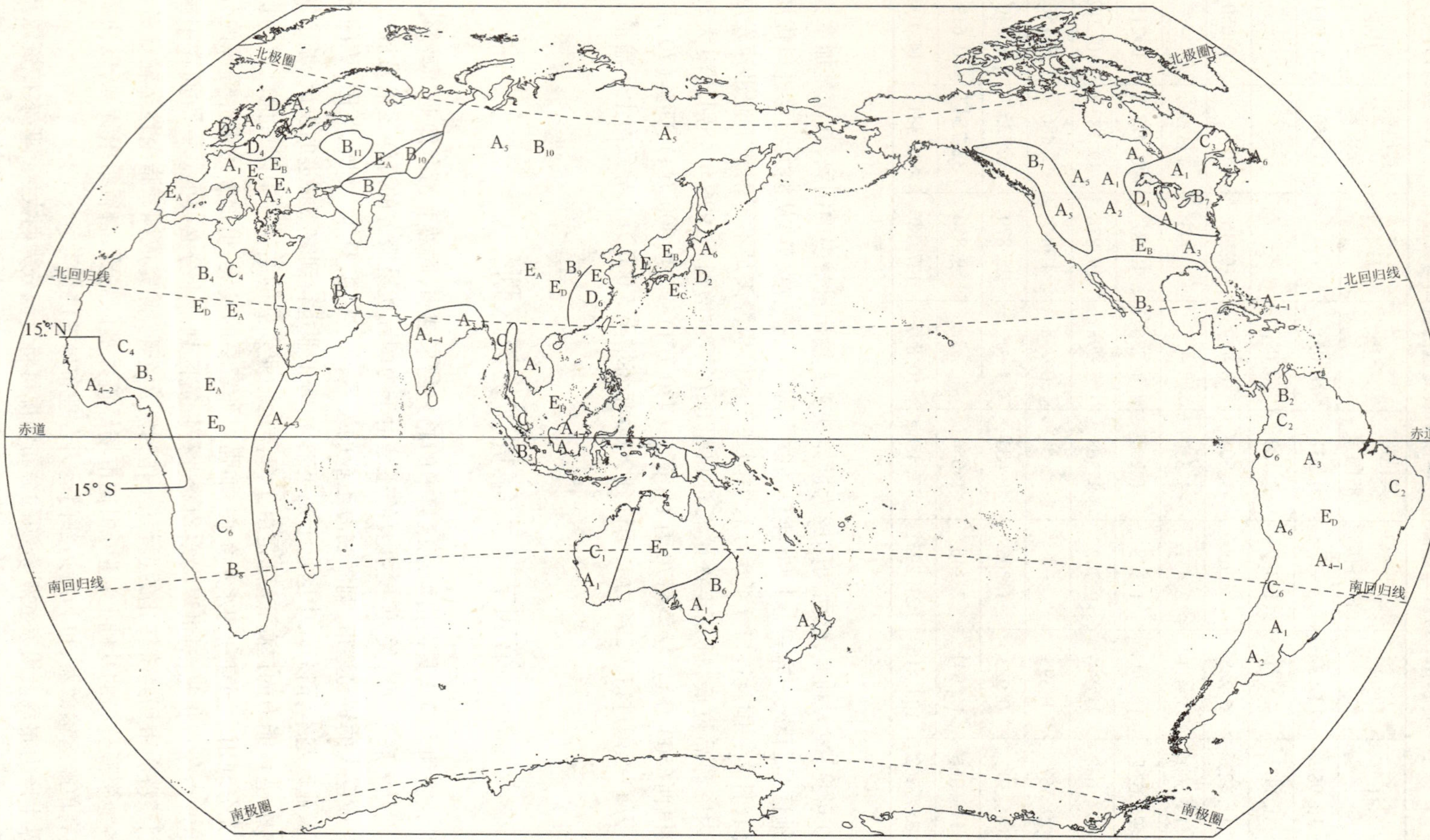

图 8-10 世界航运中大宗物资货流区划图

矿石等大宗货物，按每年进出口量在 1 000 万 t 以上为限可分为以下几个区。如图 8-10 所示。

A 区：国际贸易中农、林、牧、渔产品出口区

根据出口品种不同又可分为 6 个亚区：

A_1区：粮食输出亚区。

A_2区：畜产品输出亚区。

A_3区：温带和亚热带经济作物输出亚区。

A_4区：热带作物输出亚区。该区发展中国家占绝对优势，还可分为 5 个小区。

A_{4-1}区：南回归线以北的拉丁美洲沿海与近海区，主要产品有咖啡、香蕉、蔗糖、可可等，其产量、出口量均占世界热带作物产量的 1/4。

A_{4-2} 区：南北纬 15°之间的非洲西部沿海和近海地区，重要产品是可可、花生、棕油 3 种。

A_{4-3} 区： 赤道以南的东非沿海地区，主要产品是剑麻、丁香、香草等。

A_{4-4} 区：南亚地区主要产品有黄麻、茶叶、黑胡椒和橡胶。

A_{4-5} 区：东南亚地区主要产品有橡胶、白胡椒 、椰子、棕油、马尼拉麻。

A_5 区：木材及其加工品输出亚区。

A_6 区：大规模的海洋渔场亚区。

B 区：国际贸易中的能源输出区。

矿产资源在世界分布极为分散，而且有很大部分是埋藏在自然障区之中。而当代的 B 区都有越来越感到当地矿产资源的数量和种类的不足，或是质量下降，开采条件恶化，不得不依赖于边远地区、外国及自然障区的矿产资源，矿产资源运输成为世界地区贸易中最沉重的负担。1 000 km 以内的矿产流动已经属于近距离供应。

B_1 区：波斯湾石油输出亚区。

B_2 区：拉丁美洲石油输出亚区。

B_3 区：西非几内亚湾石油输出亚区。

B_4 区：北非地中海沿岸石油输出亚区。

B_5 区：东南亚石油输出亚区。

B_6 区：澳大利亚煤炭输出亚区。

B_7 区：美国煤炭输出亚区。

B_8 区：南非煤炭输出亚区。

B_9 区：中国煤炭输出亚区。

B_{10} 区：俄罗斯煤炭输出亚区。

B_{11} 区：波兰煤炭输出亚区。

C 区：国际贸易中的矿物原料输出区。

C_1 区：澳大利亚铁矿输出亚区。

C_2 区：拉丁美洲铁矿输出亚区。

C_3 区：加拿大铁矿输出亚区。

C_4 区：西非和北非铁矿输出亚区。

C_5 区：东南亚环太平洋锡矿输出亚区。

C_6 区:智利、秘鲁、赞比亚铜矿输出亚区。

D 区:国际贸易中工业品输出区。

D_1 区:北美东部工业品输出亚区。

D_2 区:日本的太平洋工业品输出亚区。

D_3 区:西欧工业品输出亚区。

D_4 区:德国鲁尔工业品输出亚区——位于莱茵河支流鲁尔河流域,其范围自西部的杜伊斯堡、莱茵豪森,经中部的波鸿、米尔海姆和埃森至东部的多特蒙德。

D_5 区:北欧工业品输出亚区——包括丹麦、挪威、瑞典、芬兰4国。

D_6 区:中国东部工业品输出亚区——包括辽南、京津唐、长江三角洲及珠江三角洲地带。

E 区:输入区。

E_A 区:粮食输入亚区——主要有东亚各国、东欧各国、非洲、印度洋沿岸各国、西欧、拉美及地中海沿岸各国。

E_B 区:能源输入亚区——以日本、美国、西欧各国为主。

E_C 区:铁矿石输入亚区——以日本、西欧各国为主。

E_D 区:工业品输入亚区——以发展中国家为主。

第五节　国际贸易中的"陆桥"运输

陆桥运输是指横贯大陆的铁路与公路运输把海与海连接起来的运输方式。简单地说,就是两边是海运,中间是陆运,大陆把海洋联结起来,形成海陆联运,而大陆起到了"桥"的作用,所以称之为"陆桥"。而海陆联运中的大陆运输部分就称之为"大陆桥运输"。大陆桥运输最早是从美国开始的,把日本—美国—欧洲之间的海上集装箱航线与横贯美国东西铁路连接起来,开展日本—欧洲之间的海陆集装箱联运。

国际标准集装箱运输的产生与发展,为大陆桥运输的形成提供了先决条件。集装箱海上运输始于50年代中期,是近30年来才发展起来的一种新的运输方式,第二次世界大战后,随着海洋运输业运量的增加和远洋船舶向大型化、高速化、自动化的方向发展,使得杂货运输中普通货船所暴露的缺点日益显著。船舶在港口装卸货停泊的时间长,周转率低,妨碍了船舶的大型化和船速的提高。因而装卸的合理化是解决这一矛盾的唯一出路,其关键是货物的成组化,将货物集成一组大单位,来适合装卸的机械化,加快船舶的周转,提高运输能力。这种成组化的运输方式就是集装箱运输。大陆桥运输是以集装箱这种载货工具为媒介的海陆联运,同时也包括空运在内的三位一体的立体运输。采用集装箱运输,有利于各种运输方式之间的中转换装,缩短换装作业时间,保证货物安全,最大限度地减少货损,使理货、储存、保管、搬运、装卸与中转换装等各个作业环节的运输手续得到简化。

如日本、美国与欧洲之间的大陆桥运输,使这些国家与地区之间的国际贸易运输合理化。由日本运往美国大西洋沿岸港口的货物可在太平洋沿岸港口卸货,由编组铁路集装箱专列,自西向东横贯美国内陆运往东岸港口。这样比经巴拿马运河的直达船运输可节省5天多的时间。另外,从远东运往欧洲的货物采用这种运输方式,可比经苏伊士运河缩短1/3的航程,运费可减少20%~25%,可缩短运输时间35天,从而可提高经济效益。1967年因海湾战争苏伊士运河关闭期间,由远东到西欧国家间的一部分集装箱货物,以前苏联远东地区的纳霍德卡港为起点，用集装箱专用列车，经西伯利亚大陆桥，运到西欧和中亚各地，使得国际贸易中的陆桥运输得到进一步发展。

在陆桥运输中，根据运输的需要，既可用大陆桥，也可使用小陆桥和微型陆桥。目前国际上常用的大陆桥有以下几条：

一、西伯利亚大陆桥

50 年代初，西伯利亚大铁路就开始了一般性的海陆联运，而且是分段进行的。1967 年开始组织集装箱运输，从而确定了西伯利亚大陆桥的运输形式。主要承运欧洲出口到亚洲 1/5 的杂货，日本到欧洲 1/3 的杂货。主要经营部门是全俄过境运输公司和国际铁路集装箱运输公司（由东、西欧各国铁路部门组成的跨国公司）。

西伯利亚大陆桥基本上有以下 3 种运输服务形式：

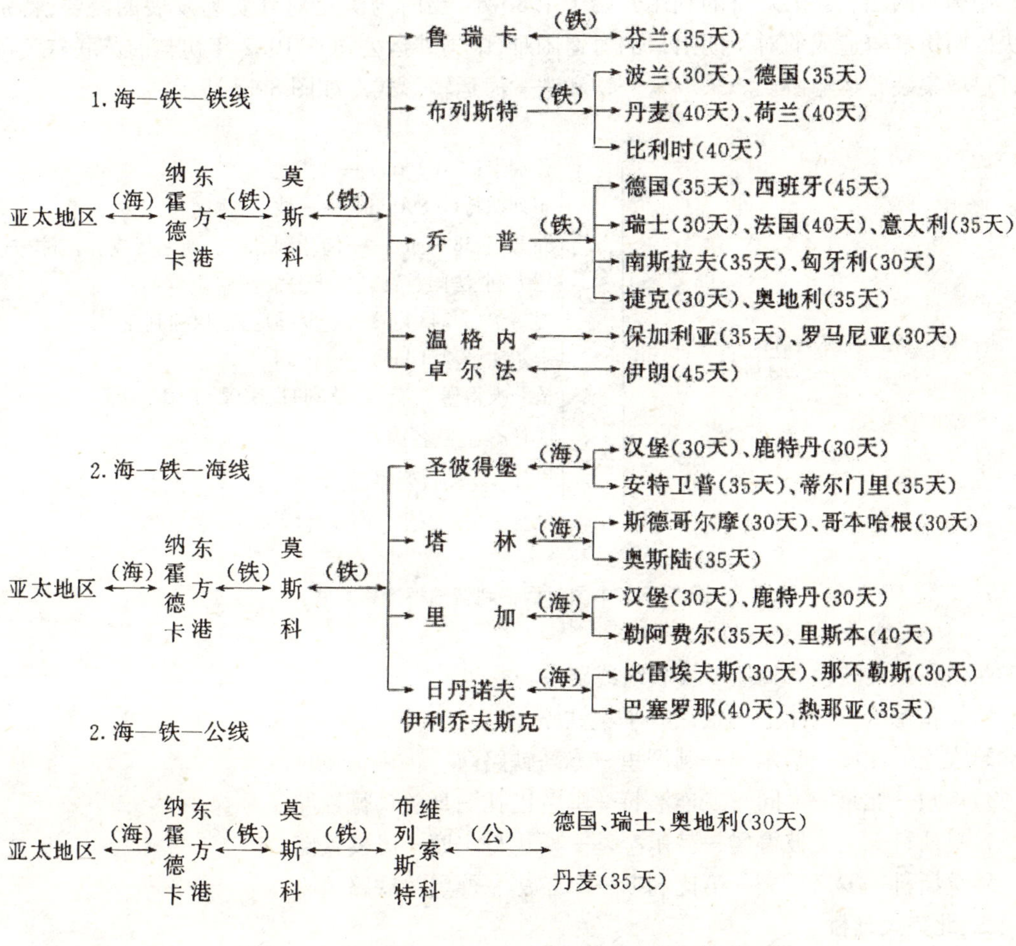

图 8-11　西伯利亚大陆桥主要运输方式、路径和时间表

1. 海—铁—海运输形式

由日本等亚太国家将集装箱经海运至俄罗斯的纳霍德卡港或东方港，经西伯利亚大陆桥运至莫斯科，然后分两路运往沿海港口，一路是由莫斯科以铁路运输至波罗的海沿岸的圣·彼得堡、里加、塔林等港口，再经海运至北欧、西欧各国。另一路是由莫斯科以铁路运输至黑海沿岸的日丹诺夫、新罗西斯克等港口经海运至黑海、地中海东部各国。运期大致在 35~40 天。

2. 海—铁—铁运输形式

由日本、香港等亚太国家和地区，将集装箱货物经海运至俄罗斯的纳霍德卡或东方港，再换装上西伯利亚大陆桥运至莫斯科，继续以铁路运输方式运至鲁瑞卡、布列斯特、乔普、翁格纳、赫鲁德等边境站，接洲际铁路至伊朗等西亚国家及芬兰、德国、法国、罗马尼亚等欧洲国家。运期约 25~35 天。如图 8-11 所示。

3. 海—铁—公路运输形式

由日本、香港等亚太国家和地区，将集装箱货经海运至俄罗斯的纳霍德卡或东方港，换装上西伯利亚大陆桥至西部边境站布列斯特附近的维索科里多夫斯克和库什卡捷尔梅兹，再换装转公路运输，至德国、法国、瑞士、奥地利等欧洲国家和阿富汗等西亚国家。运期大致在 30~35 天。

中国对西伯利亚大陆桥的利用开始于 1980 年，当时为满足对外贸易发展的需要，特别是解决因两伊战争造成的对伊朗出口的海运困难，中国外运公司于 1982 年初与前苏联有关部门签订过境集装箱运输协议。采取铁—铁和铁—海运输形式。如图 8-12 所示。

满洲里 —铁运→ 后贝加尔 —西伯利亚大陆桥→ 莫斯科 —铁运→

- 铁运
  - 鲁瑞卡（7 102 km）——芬兰
  - 布列斯特（6 890 km）——波兰、德国
  - 乔普（7 385 km）——匈牙利、捷克、斯洛伐克、南斯拉夫、意大利、法国、希腊、瑞士、奥地利
  - 温格尔（7 243 km）——罗马尼亚、保加利亚
  - 朱尔法（8 271 km）——伊朗
- 铁运
  - 圣·彼得堡 —海运→ 荷兰、比利时、德国、英国等
  - 塔林 —海运→ 北欧各国
  - 里加 —海运→ 法国、英国、爱尔兰
  - 日丹诺夫 —海运→ 南欧、西亚各国

图 8-12 中国对西伯利亚陆桥运输方式

西伯利亚大陆桥与其他干线联络线路有：

1）纳霍德卡—清津港—咸兴—平壤铁路。

2）大连—沈阳—哈尔滨—满洲里—赤塔铁路。

3）广州—北京—大同—二连浩特—乌兰巴托—乌兰乌德铁路。

4）莫斯科—圣·彼得堡—赫尔辛基—斯德哥尔摩—巴黎铁路。

5）莫斯科—罗斯托夫—第比利斯—卓尔法—德黑兰铁路。

二、北美大陆桥

北美大陆桥是连接太平洋与大西洋的陆桥，美国开办了世界上第一条大陆桥运输。在 20 世纪 50 年代初期，日本货运公司首先使用了这条大陆桥运输集装箱，在日本将集装箱装船运到美国太平洋沿岸港口上岸，再利用横贯美国东西的大铁路运到东海岸港口（大西洋岸），再装船继续运到欧洲。采用这种大陆桥运输方式，比经巴拿马运河的海上直达运输可节省 5 天多时间，并降低了运输费用，为亚太地区各国家向欧洲的货物运输，提供了一条捷径。

美国大陆桥开办初期，曾吸引了不少货源。无论运输费用和货运时间，均比走海运经巴拿

马运河直航要少，比绕道好望角、南美则更少。但因美国东部港口和铁路当时都十分拥挤，货物到后往往很难保证及时换装，从而抵消了大陆桥运输所节省的时间。同时，西伯利亚大陆桥的出现和发展，也使美国大陆桥受到了很大的影响。实践中，在经济效益的对比下，美国大陆桥运输线不甚理想。与西伯利亚大陆桥运输相比，美国大陆桥运输成本高、运期长，因此，客户对这条大陆桥逐渐失去了兴趣，以致使美国大陆桥运输缺乏竞争力，而没有得到预期的发展效果。

近些年来，由于船舶的大型化发展，巴拿马运河通过能力的限制，美国东部港口和铁路的改造，大陆桥运输有所发展。北美大陆桥主要线路有：(如图 8-1 所示)

1. 北太平洋铁路：由纽约—费城—匹兹堡—克利夫兰—托利多—芝加哥—圣保罗—明尼阿波利斯—俾斯麦—西雅图。

2. 联合太平洋铁路：纽约—匹兹堡—芝加哥—奥马哈—旧金山。

3. 圣菲铁路：纽约—华盛顿—辛辛那堤—圣路易斯—堪萨斯城—阿尔布开克—洛杉矶。

4. 南太平洋铁路：新奥尔良—休斯顿—圣安东尼奥—帕索—洛杉矶。

5. 加拿大太平洋铁路：圣约翰—蒙特利尔—湖顶港—温尼泊—卡尔加里—温哥华。

6. 加拿大国家铁路：哈利法克斯—魁北克—温尼伯—埃德蒙顿—鲁珀特港。

三、新亚欧大陆桥

由于世界海事中心东移，世界贸易中心开始从大西洋沿岸向太平洋沿岸转移，大西洋沿岸不再是世界贸易的唯一中心，西伯利亚大陆桥的通过能力已满足不了这种需要，加之桥东端终点港口纳霍德卡有近 5 个月的封冻期，集装箱货势必走苏伊士运河航线。另外，中国的对外开放政策和国际信誉的提高，越来越多的国家和地区，希望能建设一条横贯中国的“亚欧大陆桥”，即利用中国的陇海—兰新铁路为陆桥，绕过中东的是非之地，为世界贸易发展的需要，加强国际间经济技术协作，重建贯通东西方向的“现代丝绸之路”也是适应自然、经济、社会发展规律的必然结果。

新亚欧大陆桥和西伯利亚大陆桥比较有多方面的优越性。新亚欧大陆桥东端港口连云港可全年通航，港口自然环境优越；到欧洲的距离比西伯利亚大陆桥短，如两条大陆桥到西北欧一般都经过莫斯科，从纳霍德卡到莫斯科比连云港到莫斯科远 918 km，到伊朗的德黑兰远 3 345 km，到哈萨克斯坦的阿拉木图远 2 774 km，到土耳其的伊斯坦布尔远 1 216 km，这样既省时又省费用；陆桥沿途自然条件好，气候温和，资源丰富，吸引范围广阔，可上陆桥的港站和线路多。所以新亚欧大陆桥的发展前景十分看好。

基于上述情况，1982 年中国政府与前苏联达成协议，两国共建新亚欧大陆桥，1983 年我国开始兴建兰新铁路西段，由乌鲁木齐至阿拉山口段，前苏联从阿克斗卡(现哈萨克斯坦境内)向东至边境站德鲁日巴，1990 年底接轨。与此同时，中国加紧对连云港的集装箱码头、货场、泊位等设施的建设；对陇海铁路的连云港—徐州段复线和技术改造；徐州—郑州段复线及内燃化建设；郑州—宝鸡段电气化改造；宝鸡—中卫新线建设；徐州—宝鸡复线自动闭塞建设；徐州、郑州、西安枢纽扩建及现代化改造。对兰新线的兰州—武威段电气化改造；武威—乌鲁木齐段进行复线改造等重点工程的建设。1992 年底第一列大陆桥过境集装箱列车“东方特别快车”由连云港驶出，揭开新亚欧大陆桥运输的序幕，同时也改变了世界交通运输的格局。

新亚欧大陆桥的运行线路由亚太地区运往欧洲、中亚、西亚各国的货物，经海运在中国的连云港上桥，沿陇海和兰新铁路至中国西部边境站阿拉山口过境，在哈萨克斯坦的边境站德鲁日巴换装，到阿克斗卡后分三条线路运行（如图 8-1 所示）。

1）阿克斗卡—阿拉木图—比什凯克—塔什干—阿什哈巴德至伊朗、阿富汗、土耳其等西亚国家，形成连接东、中、西亚的运输干线，比经西伯利亚大陆桥可缩短距离 3 000 km 左右。

2）阿克斗卡—阿拉木图—比什凯克—奇姆肯特—十月城—乌拉尔斯克—伏尔加格勒—新罗西斯克港，换装转海运经黑海可达南欧的意大利、希腊、西班牙等国港口。

3）阿克斗卡—卡拉干达—奥伦堡—古比雷夫，接西伯利亚大陆桥经莫斯科至波罗的海沿岸各国港口，也可换装转海运至西欧、北欧、中欧各国。

从目前世界交通运输的布局和未来国际贸易的发展预测，专家们认为：为了适应国际贸易发展的需求，铁路运输的快速、便捷、直达、不受天气条件影响等优点，补海运慢速、运期相对长、受天气条件影响较大及其他一些不安全因素等，目前已有的陆桥满足不了国际贸易发展需要，且多集中在北太平洋和北大西洋，而印度洋及南太平洋、南大西洋目前还没有大陆桥运输，这就为发展新陆桥运输线创造了客观环境，产生新的需求。从现有的洲际之间铁路情况和预测需求来看，今后可建的大陆桥运输线路大致有两条：

一条是南亚欧大陆桥。东起新加坡港，北上经马来西亚的吉隆坡、泰国的曼谷、缅甸的仰光，西行经孟加拉国的达卡、印度的加尔各答、巴基斯坦的伊斯兰堡、伊朗的德黑兰、土耳其的伊斯坦布尔市等国家的重要港站，在土耳其过伊斯坦布尔海峡大桥进入欧洲铁路网，成为连接 3 大洋的纽带。该陆桥经过的国家较多，各国的政治、经济状况不同，对加强沿桥国家经济技术合作，推动沿桥地区经济发展具有重要意义。

另一条是美国和拉美间的南北向陆桥。该陆桥主要是远东与拉美间的货源充足、运量大，比经巴拿马运河的全程水运经济快速。同时世界银行正在帮助巴西等国完善港口集装箱装卸设施，对开发南北陆桥起促进作用。

主要参考文献

1 陈秀英主编．世界经济统计简编．北京:中国物价出版社,1997
2 裘克勤主编．国际贸易港口．北京:人民交通出版社,1996
3 吕向生主编．国际贸易地理．北京:中国审计出版社,1996
4 徐淑芳编著．大陆桥运输．北京:中国铁道出版社,1997
5 俞坤一主编．世界经济贸易地理．北京:首都经济贸易大学出版社,1997
6 曹淳亮主编．香港大辞典．广州:广州出版社,1994
7 雷海主编．世界航线．北京:人民交通出版社,1995